PBF VI, 5

(Gallay)

PRÄHISTORISCHE BRONZEFUNDE

Im Rahmen der
Union Internationale des Sciences Préhistoriques et Protohistoriques

herausgegeben von
HERMANN MÜLLER-KARPE
Deutsches Archäologisches Institut · Bonn

C. H. BECK'SCHE VERLAGSBUCHHANDLUNG
MÜNCHEN

PRÄHISTORISCHE BRONZEFUNDE

ABTEILUNG VI · BAND 5

Die kupfer- und altbronzezeitlichen
Dolche und Stabdolche in Frankreich

von

GRETEL GALLAY

C. H. BECK'SCHE VERLAGSBUCHHANDLUNG
MÜNCHEN

Mit 58 Tafeln

Schriftleitung: Seminar für Vor- und Frühgeschichte der Universität Frankfurt a. M.
H. Müller-Karpe, A. Jockenhövel

Redaktion: Eugen F. Mayer und Ulrike Wels-Weyrauch
Zeichnungen: Ingrid Dassbach, Gerhard Endlich, Bertold Hartung, Gerhard Lanz, Monika Seidel

Gefördert von der Deutschen Forschungsgemeinschaft

ISBN 3 406 07802 8

© C. H. Beck'sche Verlagsbuchhandlung (Oskar Beck) München 1981
Druck des Textteils: Passavia Druckerei GmbH Passau
Druck des Tafelteils: Graphische Anstalt E. Wartelsteiner Garching-Hochbrück
Printed in Germany

VORWORT

Die vorliegende Arbeit ist das Ergebnis von über zweijähriger Literaturarbeit und Materialaufnahme in den Museen vor allem Frankreichs. Ursprünglich konzipiert als Bestandsaufnahme aller erfaßbaren Dolche der gesamten Kupfer- und Bronzezeit in Frankreich und auf den Kanalinseln Guernsey und Jersey, ließ die Materialfülle es im Verlauf der Ausarbeitung im Nachhinein angeraten erscheinen, die Dolchfunde Frankreichs in zwei Bände aufzuteilen. Der hier vorgelegte erste Teil, „Die kupfer- und altbronzezeitlichen Dolche und Stabdolche in Frankreich", wurde im Frühjahr 1976 begonnen, das Manuskript und die Materialaufnahme weitgehend im Sommer 1978 abgeschlossen. Kleinere Ergänzungen fanden noch bis Mitte 1979 Eingang in die Arbeit, änderten die Gesamtsituation der Bestandsaufnahmen aber nicht mehr erheblich. Ein zweiter Band – „Die Dolche der mittleren und späten Bronzezeit in Frankreich" – ist derzeit in Vorbereitung.

Es ist mir ein ehrliches Anliegen, all denen zu danken, ohne deren Hilfe und Unterstützung die Arbeit und ihre Beendigung in dem weitgestreckten geographischen Rahmen nicht möglich gewesen wäre. Bei den notwendigen Reisen in Frankreich fand ich ein so weitgehendes Entgegenkommen, daß mir die Zeit der unmittelbaren Museumsarbeit – vorwiegend im Jahre 1976 – in der allerbesten Erinnerung bleiben wird. Ich danke all jenen, die mir die von ihnen verwalteten oder in ihrem Privatbesitz befindlichen Sammlungen zugänglich gemacht haben und im Gespräch und dem oft darauf folgenden Briefwechsel mir engeren Zugang zu den vielfältigen Erscheinungen der Kupfer- und Bronzezeit Frankreichs ermöglichten; oft auch konnte ich die Materialbasis durch großzügiges Überlassen von Zeichnungen vor allem auch verschollener oder sonst unerreichbarer Funde vervollständigen.

Meine Kollegen und Freunde in Frankreich werden verstehen, daß ich mich auf eine einfache Namensnennung beschränke; noch andauernde Kontakte mögen belegen, daß mein Dank nicht allein mit diesen Worten abgegolten ist und ich mich auf weitere gute Zusammenarbeit freue, bin ich doch in Frankreich und seiner Vorgeschichte ein wenig heimisch geworden.

Und so bedanke ich mich ganz herzlich bei Mme Ablon (Melun), P. Ambert (Béziers/Olonzac), R. André (Beaune), G.B. Arnal (Montpellier), J. Arnal (Saint-Mathieu-de-Tréviers), R. Bague (Soissons), G. Bailloud (Carnac/Paris), P. Bailly (Bourges), L. Balsan (Rodez), J. Bienaimé (Troyes), J.-C. Blanchet (Compiègne), L. Bonnamour (Chalon-sur-Saône), M. Bordreuil (Alès), Mr. Bort (Coronne), A.-P. Boucher (Orléans), R. Boyer (Draguignan), M. Brezillon (Paris), A.M. Burg (Haguenau), H. Carré (Sens), Ph. Chabert (Saint-Omer), Mme Chagot (Verdun), J. Clottes (Foix), A. Coffyn (Bordeaux), R. Colle (Saint-Georges-de-Didonne), C. Cosneau (Nantes), G. Costantini (Millau), S. Cours (Lesparre-Médoc), J. Courtin (Marseille), J.-C. Courtois (Saint-Germain-en-Laye), J.-P. Daugas (Chamalières/Clermont-Ferrand), G. Doudon (Beaufort-en-Vallée), Mme Fortin (Blois), J. Gachina (Pont-l'Abbé-d'Arnoult), G. Gaucher (Méry-sur-Oise), J. Gomez (Cognac), Mr. Griess (Strasbourg), M. Gruet (Angers), J. Guilaine (Carcassonne), M. Guillemain (Reims), X. Gutherz (Montpellier), L. Hardy-Maret (Maubeuge), R. Joussaume (Talmont-Saint-Hilaire), R. Jacob (Cuers), Ch.H. Lagrand (Marseille), Mr. Lagrange (Besançon), F. Lambach (Colmar), Ch. Lasalle (Nîmes), R. Lecompte (Bernay), G. Levy (Saverne), G. Lobjois

(Laon), Mr. Marez (Denain), A. Marguet (Gennevilliers), J.-L. Martel (Paris), R. Mauny (Chinon), J.-P. Mohen (Saint-Germain-en-Laye), C. Mordant (Tonnerre), J.-P. Nicolardot (Issy-les-Moulineaux), A. Nicolas (Auxerre/Marseille), L. Ogel (Lons-les-Sauniers/Montbéliard), D. Ojalvo (Orléans), B. Palix (Trévoux), P. Parruzot (Sens), E. Patte (Poitiers), J.-P. Pautreau (Niort), P. Perin (Paris), P. Petrequin (Gray/Besançon), F. Quatrehomme (Meung-sur-Loire), R. Riquet (Bordeaux), Y. Rollando (Vannes), A. N. Rollas (Laon), Mr. Ramond (Caylus), L. Roudil (Montpellier), J. Roussot-Larroque (Bordeaux), J.-G. Rozoy (Charleville), Mr. Sanquer (Brest), R. Schweitzer (Mulhouse), J.-P. Serres (Roquefort-sur-Soulzon), D. Sommier (Vendôme), M. Soubeyran (Perigueux), P. Temple (Montpellier), A. Thévenin (Strasbourg), G. Tisserand (Nancy), R. Vallentin du Cheylard (Montélimar), J. Vallon (Montpellier), A. Vernhet (Millau/La Graufesenque), G. Verron (Caen), Mme Viallefond (Evreux), D. Vuillat (Besançon), J.-P. Willesme (Paris), J.-C. Yvard (Tours), H. Zumstein (Strasbourg) und vielen andern mehr.

Die französischen Dolche im Ashmolean Museum, Oxford und dem Britischen Museum machten mir A. G. Sherratt und G. Wilson in Fotografien und Katalogauszügen zugänglich.

A. Gallay (Genf) stellte sich für die Korrektur der französischen Zusammenfassung zur Verfügung und veranlaßte auf meine Bitte hin in dankenswerter Weise die Metallanalysen des Fundkomplexes von Nant (Nr. 185). F. Schweitzer (Genf) führte sie durch; für seinen Bericht bin ich ihm sehr zu Dank verbunden.

Die Bearbeitung der bretonischen Funde und Befunde hätte nicht in der vorliegenden Weise durchgeführt werden können ohne die Bereitschaft von H. Schickler (Stuttgart), mir seine Materialsammlung bretonischer Altbronzezeit, die Funde aus derzeit nicht zugänglichen Museumsbeständen in Skizze und Foto enthält, in freundlichster Weise für einige Zeit zu überlassen.

Auch meinen Kollegen in Frankfurt, P. Betzler, A. Jockenhövel, K. Kibbert, I. Kubach-Richter, W. Kubach, E. F. Mayer und U. Wels-Weyrauch danke ich für Diskussionsbereitschaft und mannigfaltige Hinweise, Herrn Mayer zudem für die Anfertigung und Überlassung von Zeichnungen und Fotos französischer Dolche im Museum West-Berlin. Frau K. Paszthory half mir mit Unterlagen aus den Museen Bern und Genf; die abschließende Redaktion übernahmen E. F. Mayer und vor allem Frau Wels-Weyrauch. Die Zeichenarbeiten unter der bewährten Leitung von G. Endlich wurden weitgehend von I. Daßbach ausgeführt.

Mein ganz besonderer Dank gilt aber vor allem Herrn Professor Dr. H. Müller-Karpe, der die Arbeit anregte und mir alle erdenkliche Unterstützung zuteilwerden ließ. Durch die von ihm gewährte Hilfe konnte ich mich während einer geraumen Zeitspanne ausschließlich mit der Kupfer- und Bronzezeitforschung in Frankreich befassen, einem Thema, das mich seit jeher fasziniert hatte.

Dank sei auch der Deutschen Forschungsgemeinschaft gesagt, vor allem ihrem Referenten Dr. W. Treue, für die zur Anfertigung der Arbeit gewährte finanzielle Hilfe.

Frankfurt, im Dezember 1980 Gretel Gallay

INHALTSVERZEICHNIS

Einleitung

Zur Forschungsgeschichte 1
Zur Definition und Nomenklatur 4
Zur Chronologie und Chorologie 6

Der Fundstoff

Dolche der Kupferzeit
  Kupferzeitliche Kerbdolche
    Einfache Kerbdolche vom Typ Veyreau 9
    Einfache Kerbdolche mit einseitigem Mittelgrat der Art Buzeins 10
    Dolche mit einseitigem Mittelgrat und mehreren Kerben vom Typ Creissels ... 11
    Einfache Kerbdolche mit Niet und einseitigem Mittelgrat vom Typ Saint-Bauzile ... 12
    Den Kerbdolchen verwandte Einzelformen 13
    Kerbdolche nicht näher bekannter Form 14
    Funktion, Zeitstellung und Verbreitung kupferzeitlicher Dolche 14
  Kupferzeitliche Griffzungendolche
    Dolche vom Typ Fontbouisse 21
    Dolche mit einfacher, dreieckiger Griffzunge 29
    Dolchspitzen 32
    Dolche mit schmaler Griffzunge
      Kleine Dolche der Art Soyons 33
      Dolche mit schmaler einfacher Griffzunge vom Typ Bois-en-Ré 35
      Dolche vom Typ Trizay 38
      Zur Zeitstellung, Verbreitung und Herkunft der Dolche der Art Soyons sowie der Typen Bois-en-Ré und Trizay ... 40
    Griffzungendolche mit Nietloch 44
  Sonderformen kupferzeitlicher Dolche
    Griffzungendolche 46
    Griffplattendolche mit Niet 47
  Klingenfragmente kupferzeitlicher Dolche 48
  Kupferzeitliche Dolche nicht näher bekannter Form 49
  Zur Funktion der kupferzeitlichen Dolche 50
Dolche der älteren Bronzezeit
  Griffplattendolche vom Typ Lussan 53
    Variante Salinelles 54
  Sonderformen der Griffplattendolche mit zwei Nietlöchern
    Dolche mit verbreiterter Griffplatte 60

Dolche mit gebogener Klinge	61
Griffplattendolche mit drei Nietlöchern vom Typ Caunes	62
Sonderformen der Griffplattendolche mit drei Nietlöchern	63
Miniatur-Griffplattendolche	64
Griffplattendolche vom Typ Nant (El Argar Typ III)	66
Griffplattendolche vom Typ Collias	69
Sonderformen der Griffplattendolche mit vier Nietlöchern	70
Griffplattendolche der Art Cannes-Ecluse	70
Kannelierte Griffplattendolche	72
Trianguläre Vollgriffdolche	
Vollgriffdolche vom Rhône-Typ	73
Vollgriffdolche vom italischen Typ	76
Vollgriffdolche: Mischformen	77
Vollgriffdolche der Art Charnay	78
Sonderformen von Vollgriffdolchen	78
Vollgriffdolche nicht näher bestimmbarer Form	79
Vollgriffdolchklingen	82
Bretonische Dolche	
Dolche der Art Loucé	85
Dolche der Art Rumédon	86
Langdolche der Art Rumédon	93
Dolche der Art Trévérec	96
Dolche der Art Plouvorn	98
Dolche der Art Bourbriac	100
Dolchfragmente	101
Sonderformen bretonischer Dolche	102
Dolche nicht näher bestimmbarer Form	102
Funktion, Zeitstellung und Verbreitung der bretonischen Dolche	104
Sonderformen älterbronzezeitlicher Griffplattendolche	119
Einfache Langdolche mit sechs Nietlöchern	120
Dolche der Art Winwick	121
Dolchfragmente	121
Älterbronzezeitliche Dolche nicht näher bestimmbarer Form	122
Stabdolche	
Stabdolche der Art Luynes	124
Stabdolche der Art Amboise	125
Stabdolche der Art Glomel	125
Stabdolche der Art Rouans	126
Sonderformen von Stabdolchen	127
Stabdolche nicht näher bestimmbarer Form	128
Résumé	131

Verzeichnisse und Register

Verzeichnis der allgemeinen Abkürzungen 142
Verzeichnis der Literaturabkürzungen 143
Verzeichnis der Museen und Sammlungen 150
Verzeichnis der Fundortabkürzungen auf den Tafeln 39–41 153
Sachregister 154
Ortsregister 159

Tafeln 1–58

EINLEITUNG

Gegenstand der vorliegenden Arbeit sind die Metalldolche der Kupferzeit und der älteren Bronzezeit in Frankreich (europäisches Festland), angeschlossen die britischen Kanalinseln Guernsey und Jersey. Eine Gesamtbearbeitung Frankreichs bot sich insofern an, als die Landesgrenzen weitgehend natürlichen Landschaftsgrenzen entsprechen: Im Südosten Alpen und Seealpen, im Süden die Mittelmeerküste und der nach Westen anschließende Pyrenäenkamm, der nur wenige leicht begehbare Pässe aufweist, im Westen und Nordwesten Atlantik und Ärmelkanal. Ardennen und Vogesen im Norden und Nordosten sind zwar keine Hochgebirge wie die Alpen oder die Pyrenäen, wurden aber offenbar weitgehend nur auf dem Weg durch breite natürliche Talsenken wie die Zaberner Senke (Trouée de Saverne) und die Burgundische Pforte (Trouée de Belfort) überwunden oder eher umgangen.[1] In der älteren Bronzezeit ist das Depot vom Col du Bonhomme[2] bislang der einzige Hinweis für eine Paßüberquerung der Vogesen. So weisen Kupferzeit und ältere Bronzezeit des Elsass' wenig Bezug zu französischen Kulturgruppen auf, sondern sind weitgehend nach der Zone nordwärts der Alpen (Süddeutschland/Schweiz) hin orientiert.[3] Lediglich der Höhenzug des französischen Jura und das obere Rhônetal erscheinen mehr kulturvermittelnd als trennend, wobei im Jura neben Metallsuche sicher auch das Salzvorkommen um Salins-les-Bains eine Rolle für die Begehung oder Besiedlung in der älteren Bronzezeit spielte.

Es erschien daher angemessener, die Dolche Frankreichs insgesamt in zwei Bänden (Kupferzeit und ältere Bronzezeit/mittlere, jüngere und späte Bronzezeit) zeitlich gruppiert, als im Rahmen von Teilregionen zu behandeln. Der zweite Band wird zu einem späteren Zeitpunkt erscheinen.

Zur Forschungsgeschichte

Innerhalb der Geschichte der Vorgeschichtsforschung Frankreichs richtete sich die Aufmerksamkeit relativ früh auf Metalldolche, vor allem auf die als Gegenstand doch auffallenden, meist reich verzierten Vollgriffdolche wie z.B. von Guilherand/Crussols (Nr. 213), Loriol (Nr. 221) und Singleyrac (Nr. 230). Diesem Umstand verdanken wir z.B. die vollständige Überlieferung des Depots von Loriol[4] und die Kenntnis des schon früh verschollenen Fundes von Singleyrac. Auch konnte G. de Villers bereits im Jahre 1845/46[5] die bretonischen Dolche von Longues (chronologisch zu Recht) mit dem Vollgriffdolch von Guilherand vergleichen. Diese frühe Wertschätzung der Vollgriffdolche ist aber leider wohl auch ein Grund für die bisweilen nicht mehr entwirrbaren Fundgeschichten einzelner Exemplare.

---

[1] z.B. kann der älterbronzezeitliche Depotfund von Offwiller den Weg durch die Zaberner Senke belegen (G. Gallay, Oberrhein 166 Nr. 18).

[2] Ebd. 164 Nr. 5.

[3] z.B. das Zentralgrab vom Hagenauer Forst, Donauberg (Nr. 275) oder das Doppelgrab von Eguisheim (Nr. 262) mit einer Rautennadel und das Grab von Riedisheim (H. Zumstein, Rev. Arch. Est 16, 1965, 34f. Abb. 57, 360–364).

[4] Jouannet, Musée d'Aquitaine (1824) 210ff.

[5] Villers, Longues 379ff.

A. Cassan veröffentlichte m.W. als erster Stabdolche,[6] bezeichnete sie allerdings als Lanzenspitzen.[7] Auch dieser frühe Fund (1835) ist verschollen.

Die Bronzezeitforschung Frankreichs insgesamt nahm in den siebziger Jahren des vergangenen Jahrhunderts ganz allgemein Aufschwung mit Monographien wie jenen von E. Chantre[8] und G. u. A. de Mortillet[9] und zahlreichen kleineren Aufsätzen und Fundberichten, vorwiegend veröffentlicht in den „Matériaux pour L'Histoire primitive de l'Homme". Zum Teil war die lebhafte Forschungstätigkeit sicher angeregt durch die Monographie von J. Evans über die Bronzegeräte der britischen Inseln, deren Ausgabe in französischer Sprache lange Zeit als eine Art Handbuch diente.[10] Mit ihren guten Beschreibungen, ausgezeichneten Abbildungen und geordneter Typenübersicht war sie richtungsweisend. Allerdings fanden in Frankreich Kupfer- und Bronzebeile, auch auf Grund ihrer relativ großen Fundmenge, weitaus mehr Beachtung als die vergleichsweise doch seltenen Dolche.[11]

Eine bemerkenswerte Hochblüte erlebte die Erforschung vor allem der älteren Bronzezeit der Bretagne in der zweiten Hälfte des 19. Jahrhunderts, die zu Beginn des 20. Jahrhunderts und schließlich mit dem ersten Weltkrieg – wie fast die gesamte Bronzezeitforschung Frankreichs – für Jahrzehnte ein vorläufiges Ende fand. Bekanntester Archäologe der Bretagne ist wohl P. du Chatellier, der nicht nur zahlreiche Ausgrabungen durchführte und Grabungsberichte sowie zusammenfassende Arbeiten vor allem auch über die Bronzezeit der Bretagne veröffentlichte, sondern auch in dem ihm eigenen Château Kernuz bei Pont-L'Abbé (Dép. Finistère) ein Museum für die Vorgeschichte der Bretagne einrichtete,[12] dessen Bestände soweit feststellbar später an das Musée d'Antiquités Nationales in Saint-Germain-en-Laye gingen. Ihm sind für die bretonische Vorgeschichte nicht minder bedeutende Ausgräber und Forscher zur Seite zu stellen wie Abbé Prigent, A. Martin, C. Bertholet du Chesnay, V. Micault, A. de la Grancière[13] und andere. Für die Bronzezeit der Bretagne sind ihre minutiösen Grabungsberichte, meist mit hervorragenden Zeichnungen versehen, unentbehrliche Quellen, vor allem da die Sekundärliteratur Funde und Befunde nicht immer richtig wiedergibt.

Die Funde im Pariser Becken und in der Normandie wurden von Abbé H. Breuil und L. Coutil[14] bearbeitet. Eine Gesamtübersicht über die Vorgeschichte Frankreichs gab der Katalog „Musée préhistorique" von G. u. A. de Mortillet, dessen zweite Auflage weiteste Verbreitung und größtes Echo fand. Die monographische Aufarbeitung und Zusammenschau der Bronzezeit Frankreichs durch J. Déchelette[15] ist heute noch unentbehrlich.

Bereits vor dem ersten Weltkrieg, mit fast ausschließlicher Konsequenz aber danach, verlagerte die Forschung in Frankreich nahezu ihr gesamtes Gewicht auf die Funde der Altsteinzeit und wurde für diesen Bereich der Menschheitsgeschichte auch bald führend und maßstabgebend. Dies hatte aber zur Folge, daß jüngere Epochen, mit Ausnahme vielleicht des auch aus ethnischen

---

[6] Cassan, Antiquités gauloises et gallo-romaines de l'Arrondissement de Mantes (Seine-et-Oise), (Mantes 1835) 24.

[7] Ebd.-Vgl. auch F. Liénard, Archéologie de la Meuse 3 (1885) 8f. (zu Nr. 521).

[8] Chantre, Age du Bronze.

[9] de Mortillet, La fonderie de Larnaud (Lyon 1878).

[10] Evans, Bronze Implements.

[11] vgl. G. Cordier, in: Congrès préhist. France 15, Poitiers-Angoulême 1956, 425 ff. mit weiteren Literaturangaben.

[12] Abbé A. Millon hat in seiner kleinen Monographie „Le Château de Kernuz. Son Histoire-ses Collections" (1905) die Entstehung der Ausstellung und ihren Inhalt ausführlich gewürdigt und vor allem auch ein relativ ausführliches Verzeichnis der Funde angefügt (ebd. 15 ff.).

[13] Vgl. Verzeichnis der Literaturabkürzungen S. 143 ff.

[14] z.B. H. Breuil, L'Anthropologie 11, 1900, 503 ff.; 12, 1901, 283 ff.; 29, 1918, 251 ff.; Coutil, Normandie 46 ff.

[15] Déchelette, Manuel II.

Zur Forschungsgeschichte

Gründen interessierenden spätkeltisch-römischen Kulturbereiches, des „Gallo-Romain", weitgehend vernachlässigt wurden.

Nur noch wenige Forscher befaßten sich mit Neolithikum, Bronze- und Eisenzeit, so etwa M. Piroutet, dessen kenntnisreiche Abhandlungen leider nur wenig illustriert sind,[16] oder C.F.A. Schaeffer, der die Funde des Hagenauer Forstes aufarbeitete.[17] Die Vollgriffdolche Frankreichs fanden in weiter gestecktem Rahmen Beachtung und typologische Einteilung.[18]

Erst in den fünfziger Jahren erwachte – zunächst sehr langsam – das Interesse an Jungsteinzeit und Bronzezeit wieder, nicht zuletzt angeregt durch bewußt provokativ verfaßte Aufsätze von R. Vaufrey („France, éveille-toi!")[19] und R. Riquet („Chassey, où-en-est-tu?").[20] Anlaß zu diesen Äußerungen waren zum Teil Vergleiche mit dem besseren Forschungsstand der Nachbarländer und außerdem die Tatsache, daß Neolithikum und Bronzezeit Frankreichs vom Ausland her mehr Beachtung fanden als im Land selbst.[21]

Die wiedererwachende Aufmerksamkeit äußert sich in ersten zusammenfassenden Arbeiten wie denen von J. Arnal/C. Burnez und Arnal/G. Bailloud/R. Riquet[22] oder von G. Bailloud/P. Mieg de Boofzheim.[23] Aus den etwas sparsam gehaltenen Fundberichten über Neolithikum und Bronzezeit in der Zeitschrift „Gallia" entwickelte sich die selbständige „Gallia Préhistoire" (der erste Band erschien 1959), die, neben Berichten über das Paläolithikum, ausführliche, denkmalpflegerisch organisierte Fundberichte über Jungsteinzeit und Bronzezeit enthält, vor allem aber auch Aufsätze monographischen Charakters über Kupfer- und Bronzezeit (z.B. von J.-C. Courtois, A. Bocquet, J. Guilaine, A. Coffyn, C. Burnez, R. Riquet, J. Arnal).[24] Auch Museumsinventare wurden in Katalogform herausgegeben (z.B. von Bocquet, L. Bonnamour);[25] in erfreulich zahlreichen Monographien liegen Bearbeitungen von Teilgebieten und Fundgattungen Frankreichs vor oder sind im Druck.[26]

Für das recht eigenständige Fundmaterial der Bretagne sind u.a. Arbeiten von J. Briard, Briard/ J. L'Helgouach, Briard/J.-P. Mohen und P.-R. Giot zu nennen.[27]

Allgemeinere chronologische Betrachtungen befaßten sich zur Schaffung eines grundlegenden Zeitgerüstes mit der Kupfer- und Bronzezeit in der Zone nordwärts der Alpen,[28] deren Chronologie mangels regionaler Feinchronologien französischer Fundprovinzen soweit möglich auf Funde und Befunde Frankreichs Anwendung findet.

Willkommene und bereits unentbehrlich gewordene regional und zeitlich geordnete Bestandsaufnahme der Kupfer- und Bronzezeit Frankreichs bietet die anläßlich des 9. Kongresses der UISPP. 1975 herausgegebene „Préhistoire française" (Bd. 2), auch wenn die Volumenverteilung

---

[16] Bibliographie bei Millotte, Jura.

[17] Schaeffer, Fôret de Haguenau; ders., Les Haches de Pierre néolithiques du Musée de Haguenau (Strasbourg 1924).

[18] Uenze, Vollgriffdolche 11 ff.

[19] Vaufrey, L'Anthropologie 57, 1953, 567 ff.; ders. BSPF. 53, 1956, 491.

[20] Riquet, BSPF. 56, 1959, 364 ff.

[21] z.B. M. Dunlop, L'Anthropologie 48, 1938, 457 ff.; diess., ebd. 49, 1939–40, 35 ff.; St. Piggott, ebd. 47, 1953, 406 ff.; ders., ebd. 58, 1954, 1 ff.; Sandars, Bronze Age, passim.

[22] Arnal/Burnez, 37–38. Ber. RGK 1956–57, 1 ff.; Arnal/Bailloud/Riquet, Préhistoire 14, 1960, 7 ff.

[23] Bailloud/Mieg de Boofzheim, Civilisations néolitiques.

[24] Courtois, Hautes Alpes; Bocquet, Gallia Préhist. 12, 1969, 121 ff.; Coffyn, ebd. 83 ff.; Riquet/Guilaine/Coffyn, ebd. 6, 1963, 63 ff.; Arnal, ebd. 16, 1973, 131 ff.

[25] Bocquet, Musée Dauphinois; Bonnamour, Chalon-sur-Saône.

[26] z.B. Audouze/Courtois, PBF. XIII, 1 (1970); Reim, PBF. IV, 3 (1974); Chardenoux/Courtois, PBF. IX, 11 (1979); Gaucher/Mohen, Nord de la France; Gomez, Bassin de la Charente u.a.m.

[27] Briard, Dépôts bretons; ders./L'Helgouach, Chalcolithique; Briard/Mohen, Antiqu. Nat. 6, 1974, 46 ff.; Giot, Brittany.

[28] Millotte, Jura; J.-J. Hatt, BSPF. 51, 1954, 379 ff.

Einleitung

(zwei Bände Alt- und Mittelsteinzeit, ein Band Neolithikum bis Latène) immer noch ein Schwergewicht der Paläolithforschung verrät.

Zur Definition und Nomenklatur

Der so geläufige Begriff „Dolch" ist bislang weniger verbindlich definiert sondern eher umschrieben worden als zwei- bis dreischneidige, möglicherweise aber auch einschneidige, kurze Stichwaffe oder Prunkwaffe bzw. als Hoheitszeichen.[29] Auch in der monographischen Bearbeitung von H. Seitz wird weniger der Dolch definiert; der Autor stellt vielmehr verschiedene Dolchformen vor.[30] Ganz allgemein ist für Seitz der Dolch „eine Waffe, die einen symmetrischen Griff mit Knauf hat und daher im Prinzip den Charakter eines Schwertgriffes besitzt. Die Klinge ist nur für den Stoß gestaltet und kann eine oder mehrere Schneiden haben, der Querschnitt ist mehr oder weniger verdickt; sie ist meist gerade, kann aber auch gebogen sein".[31] Auch ein anderer Weg zu einer Definition zu gelangen, nämlich festzustellen, was ein Dolch nicht ist, führt kaum weiter. Die Abgrenzung gegenüber dem Messer nimmt Seitz vorwiegend auf Grund der Griffgestaltung vor: „Ein Messer kann ein Werkzeug, Hausgerät oder Waffe sein, das im Prinzip ein unsymmetrisches Heft ohne Knauf hat ... Die Klinge ist in erster Linie für Schnitt und Hieb gestaltet, aber meist auch zum Stechen geeignet; sie ist in der Regel einschneidig und der Querschnitt ist flach".[32] Seitz schickte aber beiden Definitionsversuchen voraus, daß er eine Trennung in Dolch und Messer nur ungern vollzieht: „Bei den kurzen Seitenwaffen unterscheidet man zwischen Dolch und Messer, wenn auch die beiden Haupttypen oftmals die gleiche Funktion haben. Eine exakte und bedingungslose typologische Grenze zwischen ihnen anzugeben ist indessen nicht immer möglich – vielleicht auch nicht notwendig".[33]

Bei dem Versuch einer Abgrenzung gegenüber dem Schwert spielt vor allem die Klingenlänge eine Rolle; ein Dolch ist im allgemeinen kürzer als ein Schwert. Wie lang jedoch eine Klinge sein kann, um „noch" als Dolch oder „schon" als Schwert angesprochen zu werden, ist schwer festzulegen. P. Schauer führte z. B. älterbronzezeitliche Dolche der Art Cannes-Ecluse (vgl. S. 70) und kannelierte Dolche mit Längen um 25 cm als Kurzschwerter auf;[34] R. Forrer dagegen wollte erst bei Klingenlängen ab 50 cm den Terminus Schwert bedingt verwenden.[35] H. Schwab wiederum betrachtete eine Klinge von 37,5 cm als zu lang, um noch ein Dolch zu sein.[36] B. Blance sah 30,5 cm als Grenzwert zwischen Dolch und Schwert an;[37] die Aufzählung ließe sich beliebig verlängern. Es ist aber auch wohl vom Gegenstand selbst her gesehen nicht möglich, einen genauen Grenzwert Dolch/Schwert zu geben; eine Definition zu erzwingen, erscheint uns nicht sinnvoll.

Vielmehr erscheint es wichtig, zu erläutern, was wir im Rahmen dieser Arbeit unter einem Dolch verstehen. Bei der Materialaufnahme haben wir alle *zweischneidigen* Klingen erfaßt und

---

[29] z.B. Meyers Großes Konversations-Lexikon⁶ (1909) („Dolch, kurze Stoßwaffe mit Griff, meist zwei-, auch ein- und dreischneidig ... entwickelte er sich häufig zur Prunkwaffe, und in Rom galt er vielfach als Hoheitszeichen").
[30] Seitz, Blankwaffen I (1965) 198 ff.
[31] Ebd. 198.
[32] Ebd. 198 f.
[33] Ebd. 198.
[34] PBF. IV, 2 (Schauer) Nr. 1–12.

[35] Forrer, Die Schwerter und Dolche in ihrer Formentwicklung (1905) 3.
[36] Schwab, Jb. SGU. 55, 1970, 20.
[37] Blance, SAM. IV 175 (Liste zur Karte 5). – Unter den Nachschlagewerken gibt lediglich der erste Brockhaus von 1837 verbindliche Längen an: 12–18 Zoll. Nimmt man das preußische Zoll als Berechnungsgrundlage, ergäben das immerhin Maße von etwa 35–55 cm Länge!

Zur Definition und Nomenklatur

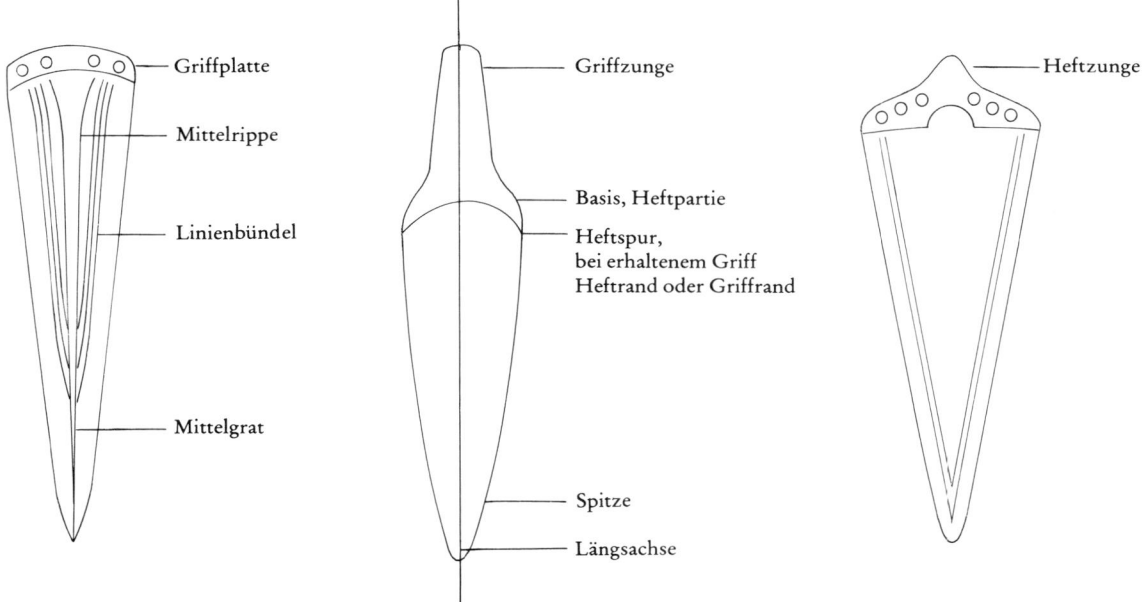

Abb. 1. Bezeichnungen der wichtigsten Dolchpartien.

einschneidige Klingen mit eventuell möglicher Dolchfunktion als Messer ausgesondert. Meist ist die Klinge zur Mittellängsachse symmetrisch, ebenso sind es, soweit erhalten, die Griffteile. In bezug auf die Länge haben wir nach unten keine Grenze gesetzt, auch wenn eine Funktion als Stich- oder Stoßwaffe bei sehr kleinen Klingen nicht mehr in Frage kommt. Als größte Längen können Maße zwischen 30 und 40 cm gelten; allerdings mit Ausnahmen wie den Langdolchen der Art Rumédon, von denen zwar einige 50 cm erreichen oder überschreiten, die aber in allen sonstigen Merkmalen mit den „normalen" bretonischen Dolchen übereinstimmen.

Die für die Beschreibung der einzelnen Dolchtypen und -arten verwendeten Termini sind allgemein üblich und geläufig (s. Abb. 1). Die von Schauer vorgeschlagene, an Schwertern erarbeitete Unterscheidung und Definition von Griffplatte und Griffzunge kann für Dolche nicht in derselben Form übernommen werden. Nach seiner Auffassung waren Griffplatten mit Überschubschäftung, Griffzungen hingegen mit zweischaliger Fassung versehen.[38] Nach den erhaltenen Dolchgriffen der Kupferzeit und der älteren Bronzezeit ist die Griffgestaltung sehr komplex und läßt sich mit dieser für Schwertgriffe zutreffenden Formel nicht erfassen. Dolche mit Griffplatte weisen in der Hauptsache zweischalige oder aus mehreren Teilen zusammengesetzte Griffe auf, bei Griffzungendolchen sind die unterschiedlichsten Schäftungsarten bekannt (s. S. 50); außerhalb Frankreichs sind außerdem Dolche mit verzierten, also wohl primär überhaupt nicht gefaßten Griffzungen bekannt.[39]

Im Bezug auf Dolche erscheint es plausibler, die Bezeichnungen unabhängig von der eigentlichen Griffkonstruktion zu machen und eher auf die Gestaltung der Klingenbasis zu beziehen.

Unter Griffzungen (mit oder ohne Niet) verstehen wir eine schmalere Verlängerung bzw. Fortsetzung der Klinge, die zur Befestigung des Griffes diente. Eine Heftzunge hingegen ist lediglich ein kleiner Fortsatz in der Basismitte; bislang tritt sie in Frankreich nur an bretonischen

---

[38] Schauer, PBF. IV, 2 (1971) 3.   [39] Uenze, Vollgriffdolche Taf. 69 d. 99.

6 *Einleitung*

v. Chr.	Europa, Vorderer Orient		Mitteleuropa	Süd- und Südwestfrankreich		Nord- und Nordwestfrankreich (Bretagne)	
1500	B R O N Z E Z E I T	Mittel-	Ältere Hügelgräber	Mittlere Bronzezeit		Mittlere Bronzezeit	
		Alt-	Flachhocker	Ältere Bronzezeit	IV III II + I	Ältere Bretonische Bronzezeit	IV III I + II
2000		Früh- Spät-	Glockenbecher	Glockenbecher		Glockenbecher	
	K U P F E R Z E I T	Jung-	Schnurkeramik	Fontbouissien	Artenacien Rodézien		
		Mittel-	Megalithgräber			Seine-Oise-Marne-Kultur	
2500		Alt-	Michelsberg	Ferrières	Groupe de Treilles		
				Chasséen		Chasséen (breton)	

Abb. 2. Synchronistische Tabelle mit den im Text verwandten Stufenbezeichnungen.

Dolchen auf. Als Griffplatte bezeichnen wir Heftpartien, die bei geradem, eckigem oder gerundetem Klingenabschluß keine Verlängerung zur Befestigung des Griffes aufweisen.

Zur Chronologie und Chorologie (Abb. 2; Taf. 58)

Für eine Beurteilung der Kupferzeit und der älteren Bronzezeit Frankreichs standen uns etwa 550 Kupfer- und Bronzedolche zur Verfügung (Stabdolche eingeschlossen). Davon gehören 144 Exemplare sicher oder wahrscheinlich der Kupferzeit an und 400 der älteren Bronzezeit. Diese Zahlen sind möglicherweise wenig verbindlich, die Dunkelziffer kann in Frankreich relativ hoch sein. Einige Fundbestände sind in den zahlreichen französischen Privatsammlungen aufgesplittert und z.T. nur schwer zugänglich oder verloren. Bereits im vergangenen Jahrhundert mußten Dolche schon kurze Zeit nach ihrer Auffindung als verschollen gelten (z.B. Singleyrac),[40] aber

---

[40] Vgl. z.B. auch die Fundlisten bei Micault, Poignards, in denen bereits 1883 manches Stück als verschollen gemeldet ist.

auch die jüngere Geschichte Frankreichs hat zu Verlusten geführt.[41] Die als verschollen zu betrachtenden Exemplare sind, soweit bekannt, miterfaßt, auch wenn keine Abbildung mehr erhalten ist, und weitmöglichst nach den erreichbaren Beschreibungen den einzelnen Dolchgruppen oder zumindest der Kupferzeit oder der älteren Bronzezeit zugeordnet, um dem eigentlichen Fundbestand in etwa gerecht zu werden und eine Annäherung an eine verläßliche Fundziffer zu erreichen.

Metalldolche – die ältesten Formen sind ausnahmslos aus Kupfer – gehören neben Beilen, Pfriemen und Perlen zu den frühesten Formen der beginnenden Metallzeit in Frankreich. Im Bereich der Mittelmeerküste verrät das erste Auftreten von Kupferartefakten wohl die Tätigkeit von Prospektoren auf der Suche nach Metallvorkommen, ähnlich etwa den frühen „Kolonisten" der iberischen Halbinsel. Dazu gehören auch befestigte Siedlungsanlagen wie z. B. Le Lébous (s. S. 21). Bevorzugtes Verbreitungsgebiet der frühesten Dolche sind die Grands Causses und das Languedoc, während die Provence weitgehend fundleer bleibt (vgl. Taf. 42, A. B).

An Dolchformen finden wir einmal einfache Kerbdolche und solche mit einseitigem Mittelgrat und Mehrfachkerben sowie Kerbdolche mit Niet, zum andern Dolche mit wellig gehämmerter Griffzunge. Erstere erweisen sich als typisch für die untereinander eng verwandten kupferzeitlichen Gruppen des Ferrières und Rodézien, letztere für das Fontbouissien. Ihre kleinräumigen Verbreitungsgebiete schließen sich weitgehend aus (vgl. Taf. 42). Zusammenfunde lassen eine gewisse Gleichzeitigkeit vermuten. Auf Grund des Verbreitungsbildes und der Beifunde kann eine kleine Gruppe von Dolchspitzen diesen frühen Dolchformen zugeordnet werden (s. S. 32 f.).

Beide Dolchgruppen (sowohl Kerbdolche als auch Dolche mit wellig gehämmerter Griffzunge) lassen sich von der Gestaltung her von den Griffzungendolchen der Glockenbecherkultur (der Art Soyons, der Typen Bois-en-Ré, Trizay u. a.) trennen. Nach Aussage der Fundverbände und ihrer relativen Chronologie sind sie außerdem früher anzusetzen als die Glockenbecherkultur und belegen eine älteste kupferführende und -verarbeitende Kulturprovinz im Süden Frankreichs, deren Ursprung wahrscheinlich in der Ägäis oder im vorderen Orient zu suchen ist.

Die Griffzungendolche der Glockenbecherkultur, die nach den bisher bekannten Fundverbänden etwas später anzusetzen sind als der Beginn der Glockenbecherkultur selbst (s. S. 43. 52 f.), weisen ein großräumigeres Verbreitungsbild auf, das auch Nord- und Westfrankreich einbezieht. Neben Dolchen gehören Kupferflachbeile, Pfrieme, Palmelaspitzen und auch Gegenstände aus Gold zum Metallinventar der Glockenbecherkultur.

Italienischer Herkunft sind offenbar die Dolche mit kleiner Griffzunge und ein oder zwei Nieten von Orgon (Nr. 114) und Salins (Nr. 115), während der Griffzungendolch mit Niet von Pépieux (Nr. 116) an kleinasiatische Dolchformen denken läßt.

Vor allem im Bereich der Rhônekultur erfolgt der Übergang von der späten Kupferzeit zur älteren Bronzezeit offenbar bruchlos. Die ältesten, eher älterbronzezeitlichen Griffplattendolche vom Typ Lussan treten noch in Glockenbecher-Fundverband auf. Die Dolchformen selbst ändern sich allerdings erheblich. Der Griffzungendolch verschwindet ganz, an seine Stelle tritt der mehr oder weniger trianguläre Griffplattendolch (z. B. der Typen Lussan, Caunes oder Collias, der Art Cannes-Ecluse), sowie der Vollgriffdolch mit triangulärer Klinge.

Die ältere Bronzezeit Frankreichs begegnet uns in zwei großen Kulturprovinzen: Die Rhône-

---

[41] Das Museum Avranche brannte 1899 vollständig ab; die Zerstörung zahlreicher anderer Museen wie Peronne, Reims usw. waren Folgen der beiden Weltkriege.

kultur und die ältere Bronzezeit der Bretagne. Einige noch nicht sehr zahlreiche Funde könnten aber auf weitere älterbronzezeitliche Gruppen in Südwestfrankreich und in Innerfrankreich westlich und nordwestlich des Zentralmassivs hinweisen (s. S. 57. 64. 123).

Während die relative Chronologie der Rhônekultur in etwa an die ältere Bronzezeit Mitteleuropas angeschlossen werden kann, erwies sich die bretonische Bronzezeit lange als feinchronologisch relativ spröde. In ihrer Arbeit über die Wessexkultur setzte S. Gerloff[42] erste Streiflichter auf eine mögliche relativ-chronologische Abfolge der verschiedenen Wessexdolchtypen und somit der eng verwandten bretonischen Dolche. Eine genauest mögliche Rekonstruktion der bretonischen Grabungsbefunde und der Grabinventare erlaubt uns die Aufstellung einer relativchronologischen Korrelationstabelle (s. Abb. 6). Diese läßt sich durch Importfunde aus Kulturgruppen Mitteleuropas und durch andere Verbindungen in etwa mit der mitteleuropäischen Kulturentwicklung parallel schalten (s. S. 110ff.). Dies gilt für die sogenannte „erste Hügelserie" der Bretagne, während die „zweite Serie", bisweilen auch der älteren Bronzezeit zugeordnet, wohl mit Sicherheit mittelbronzezeitlich ist.[43]

Die ältere Bronzezeit der Bretagne erscheint insgesamt als eine weitgehend atlantisch orientierte Gruppe mit Bezug zur El Argar-Kultur und eng verwandt mit der Wessex-Kultur, während die Verbindung mit der älteren Bronzezeit der Zone nordwärts der Alpen sich auf einige Einzelformen beschränkt. Wie bei der Rhônekultur läßt sich Glockenbechereinfluß feststellen, ebenso eine Übergangsphase zur mittleren Bronzezeit.

Die Stabdolche sind für keine der beiden großen älterbronzezeitlichen Fundprovinzen Rhônekultur/bretonische Bronzezeit kulturtypisch, auch wenn das Exemplar von Glomel (Nr. 504) in spezifisch bretonischem Fundverband auftritt. Sie scheinen das Gebiet der Rhônekultur eher zu meiden und treten auch in der Bretagne nur vereinzelt auf. Es handelt sich vielmehr um eine überregionale, in Frankreich weitgehend nach dem Atlantik und Flußläufen orientierte Fundgattung (vgl. Taf. 45, B), deren Zeitstellung innerhalb der älteren Bronzezeit am ehesten der mittleren Stufe (Phase III) zu entsprechen scheint.

Deutliche Fremdformen innerhalb der älteren Bronzezeit Frankreichs sind der Dolch von Fontaine-les-Puits (Nr. 459) – nach den Fundumständen erscheint das kleine Gräberfeld als eine Art Enklave der (späten?) Remedello-Kultur – und vor allem die drei Exemplare vom Typ Winwick (Nr. 469–471): zweifellos ein Import aus dem Bereich der späten Wessex-Kultur.

---

[42] Gerloff, PBF. VI, 2 (1975).

[43] Zur etwas schwierigen Erfassung der bretonischen Fundbestände vgl. P.-R. Giot, Ann. Bretagne 76, 1, 1969, 169: „Certes, il est quelques établissements plus ouverts et quelques conservateurs plus affables ou compréhensifs. Mais dans l'ensemble les musées traditionnels français ont beaucoup à se faire pardonner avant de retrouver la faveur des préhistoriens."

DER FUNDSTOFF

DOLCHE DER KUPFERZEIT

KUPFERZEITLICHE KERBDOLCHE

Einfache Kerbdolche vom Typ Veyreau

Kennzeichnend für die einfachen Kerbdolche ist eine blattförmige Klinge, die entweder einen beidseitigen leichten Mittelgrat oder flachovalen Querschnitt aufweist. Soweit erhalten, sind die Schneiden meist gedengelt. Die zungenförmige Griffpartie ist von der Klinge durch zwei symmetrisch angeordnete seitliche „Kerben" abgesetzt. Der geläufig gewordene Terminus Kerbdolch (poignard á encoches) beinhaltet aber nicht, daß diese seitlichen Einziehungen im technischen Sinne gekerbt, also eingeschnitten seien. Sie kamen entweder bereits beim Guß zustande oder sie sind, was am wahrscheinlichsten ist, durch nachträgliche Bearbeitung entstanden. Wir behalten aber dennoch die eingebürgerte, sich auf das Erscheinungsbild beziehende Bezeichnung der Verständigung halber bei.

1. Veyreau, Dép. Aveyron. – Ossuaire des Gaches; mehrere Bestattungen unter einem Abri-sous-Roche, dabei: weiterer Kerbdolch vom Typ Veyreau (Nr. 7), Pfeilspitzen, Anhänger, Perlen (darunter auch solche aus Kupfer). – Schmaler Kupferdolch mit kurzer Griffzunge, zwei Kerben, Mittelgrat, Schneiden gedengelt, L. 13,6 cm, B. 2,7 cm *(Taf. 1, 1)*. – Slg. Temple, Montpellier. – Procés verbal de la Société des Lettres, Sciences et Arts de l'Aveyron 32. 91; Temple, Aveyron 92.

2. Tournemire, Dép. Aveyron. – Grotte de Taurin; Kollektivgrab vgl. Nr. 43. – Kupferdolch mit kurzer, durch zwei Kerben abgesetzter Griffzunge, L. 10,2 cm, B. 2,7 cm *(Taf. 1, 2; nach Matériaux)*. – Verschollen. – Matériaux 1888, 158 Abb. 86.

3. Saint-Léons, Dép. Aveyron. – Dolmen de Baldare; Kollektivgrab vgl. Nr. 13. – Kupferdolch mit kurzer Griffzunge, zwei Kerben, Schneiden gedengelt, Spitze fehlt, L. noch 11 cm, B. 2,2 cm *(Taf. 1, 3)*. – Mus. Millau (19). – A. Soutou, BSPF. 61, 1964, LXIX Nr. 16 Abb. 2, 3.

4. Salles-Curan, Dép. Aveyron. – Mas Rouquous oder Roucous; einfacher Dolmen, Kollektivgrab mit reichhaltigem kupferzeitlichen Material (Rodézien); vor allem Silexpfeilspitzen sowie Fragment eines Silexkerbdolches. – Kupferdolch mit kurzer, durch zwei (?) Kerben abgesetzter Griffzunge, Schneiden gedengelt, Mittelgrat, L. noch 10,8 cm, B. 2,9 cm *(Taf. 1, 4; nach Costantini)*. – Aufbewahrungsort unbekannt. – G. Costantini, BSPF. 55, 1958, 698 Abb. 7 (unten Mitte); ders., ebd. 65, 1968, 75 ff. Abb. 2, 3.

5. Villevieille, Dép. Gard. – Fontbouisse; Streufund in der Siedlung vgl. Nr. 36. – Kupferdolch mit kurzer, durch zwei seichte Kerben abgesetzter Griffzunge, Dolchspitze alt verbogen, L. 6,8 cm, B. 1,6 cm *(Taf. 1, 5; nach Photo Arnal)*. – Slg. J. Arnal, Saint-Mathieu-de-Tréviers. – J. Arnal, Bull. Mus. Monaco 20, 1975–76, 135 Abb. 5, 3.

6. Buzeins, Dép. Aveyron. – Dolmen de la Gachette; Kollektivgrab in Steinkammer unter Hügel; ca. 15 Bestattungen; Funde nur zum Teil überliefert, darunter einfacher Kerbdolch mit einseitigem Mittelgrat der Art Buzeins (Nr. 11) und Kerbdolch Nr. 29, Kupferperlen, Pfeilspitzen, Silexgerät und weiteres Rodézien-Inventar *(Taf. 46, A)*. – Flacher Kupferdolch, zwei Kerben, Heftspur, L. 6,3 cm, B. 2,8 cm *(Taf. 1, 7)*. – Mus. Rodez („Bertholène"). – Maury, Grands Causses 269 ff. Abb. 80, 9.

7. Veyreau, Dép. Aveyron. – Ossuaire des Gaches;

Kollektivgrab vgl. Nr. 1. – Schlecht erhaltener Dolch mit dem Ansatz einer durch zwei Kerben abgesetzten Griffzunge, Spitze nicht erhalten, L. noch 9,8 cm, B. noch 1,7 cm *(Taf. 1, 7)*. – Slg. Temple, Montpellier. – Lit. vgl. Nr. 1.

Den einfachen Kerbdolchen ähneln die im Folgenden aufgeführten Exemplare; der schlecht erhaltene Dolch von Saint-Léons (Nr. 8) hatte möglicherweise mehrere Kerben, der kleine Dolch von Laissac (Nr. 9) weicht in der Klingenform, der von Millau (Nr. 10) in der Ausbildung der Griffzunge etwas ab.

8. Saint-Léons, Dép. Aveyron. – Dolmen de Baldare; Kollektivgrab vgl. Nr. 13. – Fragment eines Kupferdolches mit Ansatz einer Griffzunge und zwei (?) Kerben auf einer Seite, L. noch 12,2 cm, B. 3,2 cm *(Taf. 1, 8)*. – Mus. Millau. – A. Soutou, BSPF. 61, 1964, LXIX Abb. 2, 1.

9. Laissac, Dép. Aveyron. – Ossuaire des Caires; Kollektivgrab unter einem Abri-sous-roche, mit Steinsetzung („Halbdolmen"), mit kupferzeitlichem Material (Rodézien): Silexpfeilspitzen unterschiedlicher Form, Klingen, verschiedene Anhänger, Perlen aus Knochen, Stein und Kupfer, Scherben *(Taf. 46, B)*. – Kupferdolche mit kurzer, durch zwei weite Kerben abgesetzter Griffzunge, Schneiden gedengelt, L. 4,7 cm, B. 1,9 cm *(Taf. 1, 9)*. – Mus. Rodez. – L. Balsan, BSPF. 56, 1959, 110 Abb. 5 (rechts).

10. Millau, Dép. Aveyron. – Dolmen de la Clapade; Kollektivgrab mit kupferzeitlichem Material (Rodézien). – Dolch aus Kupfer (?) mit kleiner, durch zwei Kerben abgesetzter Griffzunge, Schneiden gedengelt, Heftspur, Längsachse leicht verbogen, L. 6,3 cm, B. 1,5 cm *(Taf. 1, 10)*. – Mus. Millau.

Die Länge der einfachen (und nahestehenden) Kerbdolche variiert von etwa 5–14 cm, mit Schwerpunkten bei 11–12 cm (Nr. 1–4. 7. 8) und 7 cm (Nr. 5. 6. 10); mit Klingenbreiten von 1,5–3,2 cm sind die einfachen Kerbdolche insgesamt sehr schmal. Bei drei Exemplaren ist unterhalb der Kerben eine einfache horizontale Heftspur erhalten (Nr. 6. 9. 10).

Einfache Kerbdolche mit einseitigem Mittelgrat der Art Buzeins

Zu den einfachen Kerbdolchen zählt eine kleine Gruppe mit weitgehend den gleichen Merkmalen wie die blattförmige Klinge, zwei symmetrisch angebrachte seitliche Kerben, zungenartige Griffpartie. Auch die Längen und die Klingenbreiten sind vergleichbar, soweit erhalten ebenso die einfache Heftspur. Unterscheidend ist der nur auf einer Seite der Klinge ausgebildete Mittelgrat, der bisweilen auch abgerundet erscheint (Nr. 14. 15); die andere Seite ist flach gerade bis leicht gewölbt.

11. Buzeins, Dép. Aveyron. – Dolmen de la Gachette; Kollektivgrab vgl. Nr. 6; der Dolch ist bei Maury (vgl. Nr. 6) nicht erwähnt, gehört aber nach dem Museumsinventar zu dem Dolmen. – Flacher Dolch, zwei Kerben, Griffzunge, einseitiger Mittelgrat, Heftspur, L. 9,3 cm, B. 2,4 cm *(Taf. 1, 11)*. – Mus. Rodez („Bertholène").

12. Saint-Geniès-de-Comolas, Dép. Gard. – Grotte Nicolas (Höhle 46); Grab- und Siedlungsfunde des Fontbouisien; Dolch stammt aus „Schicht mit einer Kupferperle". – Kupferdolch mit zwei angedeuteten Kerben, einseitiger Mittelgrat, Heftspur, L. 16,5 cm, B. 3,2 cm *(Taf. 1, 12;* nach Raymond*)*. – Verschollen. – Raymond, Uzès 144 Abb. 4, 9; J. de Saint-Venant, in: Congr. Préhist. France 4, Chambéry 1908 (1909), mit Abb.; J. Audibert, BSPF. 51, 1954 Abb. 3, 3; ders., Languedoc 25 Abb. 1 b, 3; J. Arnal/H. Prades, Ampurias 21, 1959 Abb. 28, 8; Gutherz, Fontbouisse 91.

13. Saint-Léons, Dép. Aveyron. – Dolmen du Baldare; Kollektivgrab mit kupferzeitlichem Inventar (Rodézien?), darunter Kerbdolch vom Typ Veyreau (Nr. 3), Kerbdolch, dem Typ Veyreau nahestehend (Nr. 8). – Kupferdolch mit zwei ausgeprägten Kerben, einseitiger Mittelgrat, Schneiden leicht gedengelt, Heftspur. L. 10,3 cm, B. 2,8 cm *(Taf. 1, 13)*. – Mus. Millau (20). – A. Soutou, BSPF. 61, 1964, LXIX Nr. 15 Abb. 2, 2.

14. Saint-Bauzile, Dép. Lozère. – Freyssinel; Hügel 10 mit kupferzeitlichem Zentralgrab: Kollektivbestattung mit Steineinfassung, Leichenbrand; die Metallbeigaben zeigen teilweise Spuren von Feuereinwirkung; Funde: drei weitere Kerbdolche in Art Buzeins (Nr. 15–17), drei Kerbdolche vom Typ Creissels (Nr. 18. 19. 22), drei Kerbdolche vom Typ Saint-Bauzile (Nr. 26–28), drei Silexpfeilspitzen, doppelkonische und einfache Kupferperlen. – Kupferdolch, zwei Kerben, verflachter einseitiger Mittelgrat, Feuerverformung, L. noch 12,8 cm, B. 2,9 cm *(Taf. 1, 14; nach Morel)*. – Mus. Mende. – Ch. Morel, BSPF. 31, 1934, 185 ff. Abb. 7 (links); ders., Bull. Soc. Lettr. Sc. Arts Lozère NS.8, 1962, 3 ff. Taf. 3, 7872; Maury, Grands Causses 275 f.

15. Saint-Bauzile, Dép. Lozère. – Freyssinel; Kollektivgrab vgl. Nr. 14. – Fragment eines Kupferdolches, feuerverformt, verflachter einseitiger Mittelgrat, L. noch ca. 7,5 cm *(Taf. 1, 15; nach Morel)*. – Mus. Mende. – Ch. Morel, BSPF. 31, 1934, 185 ff. Abb. 7 (rechts unten).

16. Saint-Bauzile, Dép. Lozère. – Freyssinel; Kollektivgrab vgl. Nr. 14. – Fragment eines Kupferdolches, zwei Kerben mit Knochennieten, kleine, runde Griffzunge, einseitiger Mittelgrat, L. noch ca. 8,6 cm, B. ca. 2,9 cm *(Taf. 1, 16; nach Morel)*. – Mus. Mende. – Ch. Morel, BSPF. 31, 1934, 186 f.; ders., Bull. Soc. Lettr. Sc. Arts Lozère NS 8, 1962, 39 Taf. 3, 78; Maury, Grands Causses, 275 f.; P. Ambert, BSPF. 74, 1977, 124.

17. Saint-Bauzile, Dép. Lozère. – Freyssinel; Kollektivgrab vgl. Nr. 14. – Fragment eines Kupferdolches mit leichten Kerben, Ansatz einer Griffzunge, einseitiger Mittelgrat, L. noch ca. 11 cm, B. ca. 3,3 cm *(Taf. 1, 17; nach Morel)*. – Mus. Mende. – Ch. Morel, BSPF. 31, 1934, 186 l.; ders., Bull. Soc. Lettr. Sc. Arts Lozère NS 8, 1962, 3 ff. Taf. 3, 7868; Maury, Grands Causses, 275 f. Abb. 28, 10.

Dolche mit einseitigem Mittelgrat und mehreren Kerben vom Typ Creissels

Neben die einfachen Kerbdolche mit einseitigem Mittelgrat oder einseitig gewölbtem Klingenquerschnitt sind die Dolche mit einseitigem Mittelgrat und mehreren Kerben zu stellen. Bei den Dolchen Nr. 19 und 22 von Saint-Bauzile ist der Mittelgrat verflacht ausgebildet. Der kleine Dolch von Creissels (Nr. 20) zeigt eindeutig einen einseitigen Mittelgrat, von dem Dolch Nr. 21 aus der gleichen Grotte ist der Querschnitt nicht mit Sicherheit überliefert. Dasselbe gilt für die Dolche „gleicher Art" Nr. 34. 35 von Creissels.

18. Saint-Bauzile, Dép. Lozère. – Freyssinel; Kollektivgrab vgl. Nr. 14. – Kupferdolch mit kurzer, an den Seiten zweifach gekerbter Griffzunge, einseitiger Mittelgrat, L. 17,5 cm, B. 3,7 cm *(Taf. 1, 18; nach Morel)*. – Mus. Mende. – Ch. Morel. BSPF. 31, 1934, 186 Abb. 6 („lance Nr. 3"); ders., Bull. Soc. Lettr. Sc. Arts Lozère NS 8, 1962, 37 Taf. 2, 7870; Maury, Grands Causses 275 f. Abb. 82, 2.

19. Saint-Bauzile, Dép. Lozère. – Freyssinel; Kollektivgrab vgl. Nr. 14. – Kupferdolch mit kurzer, spitz zulaufender Griffzunge, zweifach gekerbt, einseitig gewölbter Querschnitt, L. 17,8 cm, B. 3,6 cm *(Taf. 1, 19; nach Morel)*. – Mus. Mende. – Ch. Morel, BSPF. 31, 1934, 185 Abb. 6 („lance Nr. 2"); ders., Bull. Soc. Lettr. Sc. Arts Lozère NS. 8, 1962, 37 Taf. 2, 7865; Maury, Grands Causses 275 f. Abb. 82, 1; Guilaine/Vaquer, Débuts Abb. 6, 1 („Balsiège").

20. Creissels, Dép. Aveyron. – Grotte 1 des Cascades vgl. Nr. 21; aus dem Aushub. – Fragment eines kleinen Dolches mit an den Seiten zweifach gekerbter Griffplatte, einseitiger Mittelgrat, L. noch 4,2 cm, B. 1,5 cm *(Taf. 1, 20)*. – Mus. Millau.

21. Creissels, Dép. Aveyron. – Grotte 1 des Cascades; Schicht 6, Kollektivgrab, dabei: Zwei Kerbdolche (Nr. 34. 35), Pfeilspitzen, reiches Silexinventar, Perlen aus Stein und Kupfer, Keramik Typ Rodézien *(Taf. 46, C)*. Ein weiterer Kerbdolch vom Typ Creissels stammt aus dem Aushub (Nr. 20), bei einer Dolchspitze (Nr. 79) handelt es sich um einen Streufund aus der Höhle. – Kupferdolch mit kurzer, an den Seiten gekerbter Griffzunge, wahrscheinlich einseitiger Mittelgrat, L. 12,2 cm, B. 2,3 cm. *(Taf. 1, 21; nach Costantini)*. – Mus. Millau, derzeit verliehen. – G. Costantini, BSPF. 62, 1965, 653 Abb. 3. 1; ders., ebd. 65, 1968, 575 ff. Abb. 2,1; Guilaine/Vaquer, Débuts Abb. 6. 3.

22. Saint-Bauzile, Dép. Lozère. – Freyssinel; Kollektivgrab vgl. Nr. 14. – Fragment eines Kupferdolches, noch in Knochenkonglomerat verbacken, leicht feuerverformt, verflachter einseitiger Mittelgrat, Basis weitgehend zerstört, wahrscheinlich mehrere Kerben (vgl. Nr. 20. 21), L. noch ca. 15 cm, B. ca. 3,7 cm (*Taf. 2, 22;* nach Morel). – Mus. Mende. – Ch. Morel, BSPF. 31, 1934, 185 ff. Abb. 5.

Mehrfache Kerben unterhalb einer rechteckig ausgebildeten Griffzunge weist auch der Dolch von Armissan (Nr. 23) auf. Er unterscheidet sich aber von den vorangehenden Dolchen mit mehrfachen Kerben durch seinen flachovalen Querschnitt und steht auch den Dolchen mit wellig gehämmerter Griffzunge (Nr. 49–53) nahe.

23. Armissan, Dép. Aude. – Grotte des Escaliers; Bestattungshöhle, Fundmaterial nur typologisch trennbar. – Schmaler Griffzungendolch, mehrfach seitlich gekerbt, Schneiden gedengelt, L. 9,4 cm, B. 2,1 cm (*Taf. 2, 23;* nach Héléna). – Mus. Narbonne. – J. Audibert, BSPF. 51, 1954, 443 ff. Abb. 3, 7; Héléna, Origines Abb. 63; Guilaine, Campaniforme 49 Taf. 12, 1; ders./Vaquer, Débuts 46 ff. Abb. 4, 6.

Einfache Kerbdolche mit Niet und einseitigem Mittelgrat vom Typ Saint-Bauzile

Vier einfache Kerbdolche mit einseitigem Mittelgrat weisen auf der Mittelachse je ein Nietloch auf, das einmal in Höhe der Kerben (Nr. 24), einmal unterhalb der Kerben (Nr. 25) und zweimal auf der Griffzunge angebracht ist (Nr. 26. 27). Der Dolch von Millau (Nr. 24) mit sehr ausgeprägten Kerben zeigt nicht wie sonst bei den Kerbdolchen üblich eine gerade, sondern eine bogenförmige Heftspur.

24. Millau, Dép. Aveyron. – Dolmen de Saint-Martin-du-Larzac; im Aushub; Inventar des Dolmens: Rodézien, Goldspirale (*Taf. 47, A*). – Kleiner, annähernd ovaler Dolch mit zwei Kerben und einem Nietloch, Schneiden leicht gedengelt, einseitiger Mittelgrat, Heftspur, L. 8,9 cm, B. 3,1 cm (*Taf. 2, 24*). – Mus. Rodez. – L. Balsan/G. Costantini, BSPF. 57, 1960, 417 Abb. 3.

25. Saint-Georges-de-Lévejac, Dép. Lozère. – Aus einem Dolmen. – Dolch mit je einer seitlichen Kerbe am Griffende, einseitiger Mittelgrat, Nietloch, L. 13,9 cm, B. 3,6 cm (*Taf. 2, 25;* nach Morel). – Mus. Mende. – Matériaux 12, 451 Abb. 44 („Lozère"); Ch. Morel, Bull. Soc. Lettr. Sc. Arts Lozère NS 8, 1962, 39 Taf. 3, 7873; Maury, Grands Causses Abb. 82, 4 („Freyssinel"); J. Clottes/G. Costantini, in: Préhist. Franç. 2, 286 Abb. 4, 4.

26. Saint-Bauzile, Dép. Lozère. – Freyssinel; Kollektivgrab vgl. Nr. 14. – Kupferdolch mit kurzer, runder Griffzunge, „Knochenniet" (bei der Auffindung noch vorhanden), einseitiger Mittelgrat, L. 13 cm, B. 3,2 cm (*Taf. 2, 25;* nach Morel). – Mus. Mende. – Ch. Morel, BSPF. 31, 1934, 186 f.; ders., Bull. Soc. Lettr. Sc. Arts Lozère NS. 8, 1962, 39 Taf. 3, 7869; Maury, Grands Causses 275 f. Abb. 82, 3; Guilaine/Vaquer, Débuts Abb. 6, 2 („Balsiège").

27. Saint-Bauzile, Dép. Lozère. – Freyssinel; Kollektivgrab vgl. Nr. 14. – Kupferdolch mit kurzer, breiter Griffzunge, zwei Kerben, Nietloch, einseitiger Mittelgrat, L. 11,6 cm, B. 2,9 cm (*Taf. 2, 27;* nach Morel). – Mus. Mende. – Ch. Morel, BSPF. 31, 1934, 186 f. Abb. 6, 4; ders., Bull. Soc. Lettr. Sc. Arts Lozère NS. 8, 1962, 39 Taf. 3, 7866; Maury, Grands Causses 275 f. Abb. 82, 11.

Einer der Dolche von Saint-Bauzile weist neben zwei leichten Kerben zwei Nietlöcher auf:

28. Saint-Bauzile, Dép. Lozère. – Freyssinel; Kollektivgrab vgl. Nr. 14. – Kupferdolch mit zwei leichten Kerben, zwei Nietlöcher, einseitiger Mittelgrat, L. 10,8 cm, B. 3,4 cm (*Taf. 2, 28;* nach Morel). – Mus. Mende. – Ch. Morel, BSPF. 31, 1934, 186 f. Abb. 6 (rechts oben); ders., Bull. Soc. Lettr. Sc. Arts Lozère NS. 8, 1962, 39 Taf. 3, 7867; Maury, Grands Causses 275 f. Abb. 82, 5.

Den Kerbdolchen verwandte Einzelformen

Einige kupferzeitliche Dolchformen haben einzelne, den verschiedenen Kerbdolchgruppen verwandte oder vergleichbare Merkmale.

Der Dolch von Buzeins (Nr. 29), aus dem gleichen Dolmen wie der einfache Kerbdolch Nr. 6, mit zwei asymmetrisch angebrachten Nietlöchern und sehr flachem Querschnitt weist eine kleine, durch zwei wenig ausgeprägte Kerben abgesetzte Griffzunge auf. Entfernt ihm vergleichbar ist das hier nur mit Vorbehalt zugeordnete Dolchfragment von Roussas mit einseitiger Mittelrippe und rudimentärer, durch seichte Kerben (?) abgesetzter schmaler Griffzunge (Nr. 30). Die annähernd dreieckige Griffzunge des Dolches von Casalz (Nr. 31) besitzt drei Nietlöcher. Sie ist von der Klinge nur wenig abgesetzt, nur auf einer Seite ist die Kerbe deutlich. Der Querschnitt des Dolches ist asymmetrisch und ähnelt dem der Dolche mit einseitigem Mittelgrat. Die Zuweisung des verschollenen Dolches von Vilhonneur (Nr. 32) mit sehr deutlichen Kerben und sehr breiter, trapezförmiger Griffzunge (oder eher Griffplatte) und zwei Nietlöchern, wie die der anderen kleinen Dolche von Vilhonneur (Nr. 70. 71) in die Spätkupferzeit erscheint fraglich, da die sonstigen Funde aus der Siedlung in der Hauptmasse spätbronzezeitlich sind.[1] Der Dolch von Verrières (Nr. 33) gehört mit seinen Mehrfachkerben sicher zu den Kerbdolchen, seine Form ist jedoch keiner der genannten Gruppen vergleichbar.

29. Buzeins, Dép. Aveyron. – Dolmen de la Gachette; Kollektivgrab vgl. Nr. 6. – Schmaler, sehr flacher Dolch mit rudimentärer Griffzunge, zwei Nietlöcher, Heftspur, L. 11 cm, B. 2,5 cm *(Taf. 2, 29).* – Mus. Saint-Germain-en-Laye (30852; ohne Fundortangabe). – G. Costantini, BSPF. 65, 1968, 575 ff. Abb. 2, 2; Maury, Grands Causses 269 ff. Abb. 80, 3.

30. Roussas, Dép. Drôme. – Baumo dou Chinas; Höhle, aus der Fountbouisse-Funde bekannt sind. – Fragmente eines schmalen Bronzedolches mit kurzer, schmaler Griffzunge, in der Heftpartie zwei Nietlöcher, einseitiger Mittelgrat, L. noch ca. 12 cm, B. 2,5 cm *(Taf. 2, 30;* nach Vignard). – Slg. Veyrier, Montélimar. – M. Veyrier, Bull. Soc. Arch. Stat. Drôme 66, 1937–38, 229 f.; M. Vignard, Celticum 1, 1960 (1961), 38 Abb. 2, 1; Gallia Préhist. 4, 1961, 334 f. („Dolch mit trapezförmiger Griffplatte und zwei Nieten"); Gallia Préhist. 6, 1963, 307 Abb. 37, 8.

31. Cazals, Dép. Tarn-et-Garonne. – „Frau-de-Cazals"; Dolmen mit Kollektivbestattung (alt gestört), dabei Material des Rodézien: Silexpfeilspitzen, Knochennadeln, gelochte Eberhauer, Perlen aus Knochen, Muschelschale und Stein, z. T. mit Kreisaugenverzierung, Scherben. – Kupferdolch mit abgesetzter, schmaler Griffzunge, drei Nietlöcher, leichter Mittelgrat, L. 12,7 cm, B. 3 cm *(Taf. 2, 31;* nach Clottes und Photo Mus. Montauban). – Mus. Montauban. – G. de Mortillet, Matériaux 1867, 231; Dictionaire Archéologique de la Gaule I (1875) 244 Taf. „épées et poignards" Nr. 22; Guilaine, Languedoc 411; Clottes, Mégalithes 234 f. Abb. 164, 2; Clottes/ G. Costantini, in: Préhist. Franç. 2, 285, Abb. 3, 9.

32. Vilhonneur, Dép. Charente. – Bois-du-Roc; Siedlung vgl. Nr. 70. – Kleiner Dolch mit durch zwei Kerben abgesetzter, annähernd trapezförmiger Griffzunge, zwei Nietlöcher, L. 9,4 cm, B. 2,4 cm *(Taf. 2, 32;* nach Unterlagen Gomez). – Verschollen. – G. Delaunay, Matériaux 1878, 288 ff. Abb. 202; de Mortillet, Musée Préhistorique Taf. 85, 1030; Gomez, Bassin de la Charente Abb. 15, 5.

33. Verrières, Dép. Aveyron. – Grotte de la Graillerie; Bestattungshöhle mit kupferzeitlichem Inventar (Ferrières; *Taf. 47, B).* – Ovaler Kupferdolch, eine Schmalseite (Griffende) etwas abgeflacht, etwas oberhalb der Dolchblattmitte je zwei seitliche Kerben, der Dolch ist stark korrodiert, das Metall aufgeblüht, das Blatt erscheint aber an allen Kanten gedengelt; L. 6,7 cm, B. 2,2 cm *(Taf. 2, 33).* – Mus. Millau. – A. Soutou, Gallia Préhist. 10, 1967, 257 f. Abb. 28; 30, 9; Guilaine/Vaquer, Débuts Abb. 6, 4.

---

[1] Gomez, Bassin de la Charente Abb. 15.

Kerbdolche nicht näher bekannter Form

34. Creissels, Dép. Aveyron. – Grotte 1 des Cascades vgl. Nr. 21. – Dolch „wie Dolch Nr. 21". – Mus. Millau (Dolch derzeit nicht vorhanden). – Mitt. A. Vernhet, Millau.

35. Creissels, Dép. Aveyron. – Grotte 1 des Cascades vgl. Nr. 21. – Kerbdolch. – Verschollen (aus Mus. Millau entwendet). – Mitt. A. Vernhet, Millau.

Funktion, Zeitstellung und Verbreitung kupferzeitlicher Kerbdolche

Funktion: Nach den erhaltenen Heftspuren und anderen Merkmalen wie Nieten waren die Kerbdolche auf unterschiedliche Art geschäftet. Die überwiegenden, einfachen horizontalen Heftspuren sprechen für die sogenannte Wickel- oder gebundene Schäftung, wie sie in der Schweiz und in Ostfrankreich mehrfach an Silex- und Kupferdolchen überliefert ist.[2] Der eigentliche Griff aus Horn oder Holz wurde mit Bänderwicklung aus organischem Material (Waldrebe, Weide) mit der gekerbten Heftpartie des Dolches verbunden, die Kerben dienten offenbar zum besseren Halt der Wicklung, ebenso wie die Verwendung von Teer als Klebemasse zwischen Wicklung, Griff und Griffzunge. Am häufigsten ist bisher der sogenannte Federgriff belegt: Ein langschmales Holzstück wurde in seiner Längsachse so geschlitzt oder geschnitten, daß zwei an einem Ende noch miteinander verbundene Hälften entstanden, die die Griffzunge des Dolches klammerartig halten. Durch das meist als Knauf gestaltete, die beiden Hälften verbindende Ende wurde erreicht, daß die Griffhälften in der Längsachse nicht einzeln über die Klinge verrutschen konnten, für sicheren Halt in der Querachse sorgten Wicklung und Klebemasse. Die Griffzunge konnte den Griff in seiner ganzen Länge oder nur zu einem Teil ausfüllen. Der Knauf diente auch bei rundum geschlossenen Griffen („Tüllenfassung") – ebenso wie das verbundene Ende der Federgriffe – zu einer besseren Halterung der Griffzunge. Der Griff konnte aber auch nur aus einer Bahn und Endknauf bestehen. Bisweilen trug die Griffzunge lediglich eine Umwicklung.[3]

Auch bei Kerbdolchen mit Niet ist bei gerader Heftspur die gebundene Schäftung durchaus zu erwägen. Durch den Niet oder die Niete ist ein Federgriff nicht unbedingt notwendig, denn die Niete garantieren den Halt der Griffteile auf der Griffzunge auch in der Längsachse. Der Griff konnte somit durchaus aus zwei getrennten Hälften bestehen. Bei einem Dolch mit Nietloch aus Saint-Bauzile (Nr. 26) wurde ein Niet aus „Knochen" beobachtet. Anbringung und Befestigung des Griffes allein mit Hilfe von Nieten erwog Ch. Morel; bei Dolchen ohne Niet betrachtete er die Kerben als Nietkerben, da er bei der Ausgrabung des Hügels 10 von Freyssinel (Saint-Bauzile) „Knochenniete" auch in den Kerben eines Dolches (Nr. 16) festgestellt hatte.[4] Der Dolch von Millau (Nr. 24) mit einem Nietloch und zwei ausgeprägten Kerben weist eine gebogene Heftspur auf, die mit einer Wickelschäftung bis zum Heftabschluß nicht in Einklang zu bringen ist.

Elf Kerbdolche wurden in Dolmen gefunden, neun in Bestattungshöhlen, drei in Siedlungen, die zehn Exemplare von Saint-Bauzile zusammen in einem Kollektivgrab unter Hügel. Das Vorkommen in Siedlungen weist auf eine Funktion als Gebrauchsgegenstand hin, die relativ große Anzahl von Grabfunden belegt die Bedeutung der Dolche im Totenkult. Bei den Grabfunden handelt es

---

[2] Ch. Strahm, Jb. Hist. Mus. Bern 41–42, 1961–62, 447ff.; H. Müller-Beck, Arch. Inf. 1, 1972, 63ff.; A. Bocquet, Etud. Préhist. 9, Juni 1974, 7ff.

[3] Federgriff: Strahm, Jb. Hist. Mus. Bern 41–42, 1961–62, 461f. Abb. 12; Bocquet, Etud. Préhist. 9, Juni 1974 Abb. 5. – Rundum geschlossene Griffe: Strahm, Jb. Hist. Mus. Bern 41–42, 1961–62, 462, Abb. 11, 15. – Einbahniger Griff: ders., ebd. Abb. 4.

[4] Ch. Morel, Bull. Soc. Lettr., Sc. Arts Lozère, NS. 14, 1968, 31; Clottes, Mégalithes 411.

sich um – z.T. schlecht beobachtete – Kollektivbestattungen; die jeweilige Lage der Dolche bei den einzelnen Individuen und somit die eventuelle Tragweise ist nicht mehr feststellbar.

Nicht alle der aufgeführten Kerbdolche erscheinen als Waffe funktionsfähig, sei es in Hinsicht auf geringe Länge (Nr. 6. 9. 10. 32) oder Stärke des Querschnittes. Der Dolch Nr. 7 (Veyreau) z.B. weist ein extrem dünnes Blatt auf. Als Waffe oder Gerät unverwendbar erscheint auch der Dolch von Verrières (Nr. 33) mit halbrunder „Spitze" und stumpfen Schneiden.

Einige vor allem der einfachen Kerbdolche ähneln einer Gruppe von dolchähnlichen Gegenständen, die J. Clottes kürzlich zusammengestellt hat.[5] Ein „zweischneidiges", aus Kupfer gehämmertes Blatt zieht im oberen Viertel zu zwei kerbenähnlichen Einbuchtungen ein und schließt mit einer kleinen, halbrunden Zunge ab. In Höhe der Kerben befindet sich auf einer Seite eine Öse, die nach J. Guilaine und J. Vaquer durch Hämmerung entstanden ist.[6] Ein Exemplar von Caylus trägt wie einige der Kerbdolche einen einseitigen Mittelgrat. Unterscheidendes Merkmal dieser sogenannten Anhänger und der Kerbdolche ist die Rückenöse, die als Aufhängevorrichtung betrachtet wird. Bisher sind folgende Exemplare bekannt:

1.2. Saint-Rome-de-Cernon, Dép. Tarn. – Aus einer kupferzeitlichen Bestattungsschicht über einer Chasséen-Siedlung. – Zwei Dolchanhänger, L. 9,1 cm und 8,8 cm (Taf. 57, G 1.2).[7]

3. Saint-Rome-de-Tarn, Dép. Aveyron. – Aus einem Dolmen. – Dolchanhänger, L. 9,4 cm (Taf. 57, G 3).[8]

4.5. Caylus, Dép. Tarn-et-Garonne. – Aus einer kupferzeitlichen Bestattungsschicht (Artenacien). – Zwei Dolchanhänger, davon einer mit einseitigem Mittelgrat, L. 10,5 und 9,4 cm (Taf. 57, G 4.5).[9]

Die aufgeführten „Dolchanhänger" entsprechen in Form und in der Größenordnung weitgehend den einfachen Kerbdolchen; eine Gruppe deutlich kleinerer, vergleichbarer Anhänger aber betont stärker den Schmuckcharakter[10] (Taf. 57, G 6–14). Vier Anhänger aus der Grotte du Four, Caylus, Dép. Tarn-et-Garonne[11] und einer von Esclauzels, Dép. Lot[12] wurden in Artenacien-Zusammenhang gefunden. Gleichfalls kupferzeitlich (meist Rodézien) sind fünf kleine Anhänger aus dem Aveyron: Zwei Exemplare von Salles-la-Source,[13] je eines von Canilhac[14] und Villefranche-de-Rouergue[15] sowie von einem „Dolmen aus dem Départment".[16] Zwei ehemals im Museum Saint-Antonin-Noble-Val aufbewahrte kleine Anhänger sind verschollen.[17]

Ein den kleinen Anhängern ähnlicher „Krallenanhänger" aus Kupfer wurde in dem Dolmen de la Gachette, Buzeins (vgl. Nr. 29) gefunden.[18] Clottes erwähnt einen Anhänger aus dem Kollek-

---

[5] Clottes, BSPF. 71, 1974, 383 ff.

[6] Guilaine/Vaquer, Débuts 62; s. auch Clottes, BSPF. 71, 1974, 386.

[7] Gallia 6, 1948, 405; P. Darasse/A. Soutou, BSPF. 60, 1963, 404 ff. Abb. 1, 4; Clottes, ebd. 71, 1974, 393 Abb. 9, 1. 2. J.-P. Serres (Mus. Roquefort) spricht die Anhänger direkt als Dolche an (schriftl. Mitt.).

[8] Ferrier, Pendeloques Abb. 54; Clottes, BSPF. 71, 1974, 393 Abb. 9, 3.

[9] Darasse/Soutou, BSPF. 60, 1963, 405 Abb. 1, 3; Clottes, ebd. 71, 1974, 385 Abb. 2, 1. 2; Guilaine/Vaquer, Débuts Abb. 6, 5.

[10] Zu den beiden Größengruppen s. Clottes, BSPF. 71, 1974 387 (Tabelle).

[11] Darasse/Soutou, BSPF. 60, 1963, 404 ff. Abb. 1, 2; Clottes, ebd. 71, 1974, 385 Abb. 2, 3–6; Gallia Préhist. 18, 1975, 625 f. Abb. 14. 15.

[12] Clottes/M. Lorblanchet, in: Congr. préhist. France 19, Auvergne 1969 (1972), 145 ff.; Clottes, BSPF. 71, 1974, 394 Abb. 9, 6.

[13] Ders., ebd. 394 Anm. unten links u. Abb. 10.

[14] G. Carrière, BSPF. 61, 1964, CXIII Abb. 1.

[15] Darasse/Soutou, BSPF. 60, 1963, 405 Abb. 1, 1 („Padern, Dép. Aude"); Clottes, ebd. 71, 1974, 391 f. Abb. 9, 5.

[16] Ders., ebd. Abb. 9, 7.

[17] Ders., ebd. 386.

[18] Maury, Grands Causses Abb. 80, 5; Clottes, in: Préhist. Franç. 2, 286 Abb. 4, 11.

tivgrab von Saint-Bauzile (vgl. Nr. 14), allerdings ohne Maßangabe.[19] Dolche und Dolchanhänger sind also nicht nur durch Merkmale, sondern auch durch gemeinsames Vorkommen verbunden. Die größeren Dolchanhänger könnten ein Hinweis auf eventuellen Schmuckcharakter oder auf eine Abzeichenfunktion einiger Kerbdolche sein.[20]

Zeitstellung, Kulturzugehörigkeit und Herkunft: Wie in der Einleitung bereits angedeutet, stagnierte die Erforschung auch der Kupferzeit in Frankreich lange Zeit erheblich, so daß E. Sangmeister – G. Bailloud folgend – noch während der sechziger Jahre feststellen mußte, daß das Auftreten von Kupfer, Kupfergeräten und -schmuck, Megalithgrab und Glockenbecherkultur in Frankreich zwar kupferzeitliche Elemente darstellte, über die Reihenfolge ihres Erscheinens aber nichts bekannt sei und daß es vor allem auch in Südfrankreich keine echten geschlossenen Funde mit Kupfer oder Kupfergegenständen gäbe.[21]

Dieses eher negative Bild hat sich durch mannigfaltige Geländearbeiten, neuere Ausgrabungen und deren Veröffentlichung und die Publikation älterer Bestände in den letzten Jahren jedoch weitgehend gewandelt, zahlreiche Stratigraphien wurden erschlossen und aufgearbeitet.[22]

Von den 35 aufgezählten Kerbdolchen weisen die meisten einen mehr oder weniger sicheren Fundverband auf;[23] elf der Dolche wurden in Dolmen mit kupferzeitlichem Inventar gefunden (vgl. Abb. 3), neun in Bestattungshöhlen und drei in Siedlungen. Ein Dolch (Nr. 12) stammt ohne nähere Angaben aus einer „Schicht mit einer Kupferperle", es ist nicht sicher, ob es sich um eine Bestattungshöhle oder eine Siedlung handelt. Der kleine Dolch von Creissels (Nr. 20) wurde zwar im Aushub entdeckt, gehört aber wahrscheinlich doch wie die anderen Dolche von Creissels zu dem Bestattungshorizont von Schicht 6.

Bei aller noch sehr im Fluß befindlicher, lebhafter Diskussion der bisher bekannten Befunde zeichnet sich doch aus den derzeit ergrabenen und bearbeiteten Stratigraphien des südfranzösischen Neolithikums und der Kupferzeit die allgemeine Kulturabfolge[24] Chasséen (Néolithique moyen/Mittelneolithikum) – Ferrières und verwandte Gruppen (Néolithique tardif/Spätneolithikum) – Fontbouisse,[25] ehemals „Pasteurs des Plateaux" und Untergruppen (Chalcolithique/Kupferzeit) ab, wobei Ferrières und Fontbouisse sich teilweise überschneiden. Mit dem Ende des Chasséen verändert sich offenbar auch die Wirtschaftsform; bisher wenig besiedelte Gebiete weisen eine zunehmende Fundmenge auf, Lokalgruppen entstehen wie das Vérazien, Saint-Ponien, Gourgasien u. a.[26]

So entspricht das Rodézien[27] der Grands Causses in etwa der Fontbouisse-Kultur, während die Groupe de Treilles, eine Frühphase des Rodézien, ungefähr der Ferrières-Kultur gleichzusetzen ist.[28]

---

[19] Ders., ebd. 286. – Ein weiterer Anhänger ohne Abb. aus dem Dolmen du Sec, Chanac (ebd.).

[20] Soutou, Gallia Préhist. 10, 1967, 261 möchte auch einige der großen, gut gearbeiteten Silexdolche nicht als Gebrauchsgegenstände sehen.

[21] Sangmeister, in: SAM. II, 96.

[22] Zusammenfassend etwa die verschiedenen Beiträge über Neolithikum und Kupferzeit in: Préhist. Franç. 2 und Actes Narbonne 89 ff.

[23] Dabei ist allerdings anzumerken, daß die zehn Dolche von Saint-Bauzile ja aus einem Kollektivgrab stammen, ebenso wie die drei aus dem Dolmen von Buzeins und die Dolche von Veyreau und Saint-Léons, wie auch die aus der Grotte de la Cascade von Creissels; die Anzahl der Fundkomplexe ist also geringer als die Anzahl der Dolche. Unter Fundverband verstehen wir außerdem auch ungenügend beobachtete, aber homogen erscheinende Grab- oder Siedlungsinventare.

[24] In Klammern stehen die im französischen Sprachgebrauch geläufigen Begriffe.

[25] Ferrières-Fontbouisse: J. Arnal/C. Burnez/J. Roussot-Larroque, BSPF. 64, 1967, 526 f. mit Verbreitungskarte; Gutherz, Fontbouisse. – Ferrières: R. Montjardin, Ogam 19, 1967, 102 ff. – Zuletzt J. Arnal, Bull. Mus. Monaco 20, 1975–76, 125 ff.

[26] Vgl. Montjardin, BSPF. 67, 1970, 277 ff.; G. Bailloud, in: Actes Narbonne 90; J. Guilaine, in: Glockenbecher Symposium 353 ff.

[27] G. Costantini, BSPF. 65, 1968, 575 ff.

[28] Clottes, Mégalithes 26 ff. Tab. 1.

Dolchtypen	Katalognummer	Fundort	Fundart				Beigaben					Kulturgruppe			
			Dolmen	Kollektivgrab	Bestattungshöhle	Siedlung	gezähnte Pfeilspitzen	kurze Kupferperlen	lange Kupferperlen	Anhänger	Silexkerbdolche	Ferrières/Groupe de Treilles	Rodézien/Groupe de Treilles	Kupferzeit, wohl Rodézien	Fontbouissien
einfache Kerbdolche	1	Veyreau		●			●	●	●	●				●	
	2	Tournemire		●					●			●			
	3	Saint-Léons	●									●			
	4	Salles-Curan	●				●					●			
	5	Villevieille				●									●
	6	Buzeins	●				●	●		●		●			
	7	Veyreau		●			●	●	●	●				●	
	8	Saint-Léons	●											●	
	9	Laissac		●			●		●			●			
	10	Millau	●				●					●			
einfache Kerbdolche mit einseitigem Mittelgrat	11	Buzeins	●				●		●			●			
	12	Saint-Geniès-de-Comolas		●	●										●
	13	Saint-Léons	●											●	
	14	Saint-Bauzile				●	●	●	●	●		●			
	15	Saint-Bauzile				●	●	●	●	●		●			
	16	Saint-Bauzile				●	●	●	●	●		●			
	17	Saint-Bauzile				●	●	●	●	●		●			
mehrfach gekerbte Dolche mit einseitigem Mittelgrat	18	Saint-Bauzile				●	●	●	●	●		●			
	19	Saint-Bauzile				●	●	●	●	●		●			
	20	Creissels		●			●	●	●	●		●			
	21	Creissels		●			●	●	●			●	●		
	22	Saint-Bauzile				●	●	●	●			●			
einfache Kerbdolche mit Niet und einseitigem Mittelgrat	23	Armissan		●										●	
	24	Millau	●				●							●	
	25	Saint-Georges-de-Lévejac	●											●	
	26	Saint-Bauzile				●	●	●	●	●		●			
	27	Saint-Bauzile				●	●	●	●	●		●			
	28	Saint-Bauzile				●	●	●	●	●		●			
verschiedene Kerbdolchformen	29	Buzeins	●				●					●			
	30	Roussas			●										●
	31	Cazals	●				●					●			
	32	Vilhonneur			●										
	33	Verrières		●			●	●				●	●		
ohne Abb.	34	Creissels		●			●	●	●		●	●			
	35	Creissels		●			●	●	●		●	●			

Abb. 3. Fundzusammenhänge und Kulturzugehörigkeit kupferzeitlicher Kerbdolchvarianten (auch nicht ganz gesicherte Befunde).

Weiterhin kann es als gesichert gelten, daß sich die spätkupferzeitliche Glockenbecherkultur nicht, wie lange Zeit angenommen, als eine Art ausschließliches Stratum über die genannten Kulturen breitet, sondern, nach Aussage zahlreicher Befunde, neben spätem Ferrières und allgemein neben dem Fontbouissien als eine Art Fremdling auftritt[29] und wahrscheinlich bis in die ältere Bronzezeit hineinreicht.[30]

Ist der Beginn der lokalen kupferzeitlichen (oder nach französischer Terminologie spätneolithischen) Erscheinungen Südfrankreichs relativchronologisch gut faßbar durch die mehrfach belegte Abfolge Chasséen-Ferrières, so ist ihr Ende außerhalb des eigentlichen Rhônegebietes und der Mittelmeerküste weniger gut abgesichert, da eine ältere Bronzezeit im mitteleuropäischen Sinne in Gebieten wie den Grands Causses und dem westlicheren Aquitaine bisher nicht in Erscheinung trat. So wird das Rodézien bisweilen chronologisch der älteren Bronzezeit gleichgestellt,[31] jedenfalls aber für dieses eine längere Lebensdauer als für das Fontbouissien angenommen.[32] In Südwestfrankreich soll das dem Kulturhabitus nach spätkupferzeitliche Artenacien[33] – ähnlich wie die Kultur von Seine-Oise-Marne im Pariser Becken – der älteren Bronzezeit chronologisch entsprechen.[34] Diese Datierung wird allerdings in der Folge mit einigem Grund in Frage gestellt. Einmal weil die wenigen Metallfunde des Artenacien aus Kupfer sind und nicht, wie zuerst angenommen, aus Bronze, hier spielt also nach Ansicht der Autoren die Zusammensetzung des Metalls eine datierende Rolle;[35] auch entsprechen die häufig zur relativen Datierung herangezogenen C-14-Daten nicht denen der älteren Bronzezeit, sondern eher der Kupferzeit.[36] Zum andern liegt ein Befund vor, in dem Artenacien älter als ältere Bronzezeit ist.[37] Eine auch geographische Schlüsselstellung nimmt hier die Grotte de Marsa (Beaurégard, Dep. Lot) ein. In Schicht Marsa II wurden neben Artenacien-Keramik und einem Dolchfragment (Nr. 80) Knochennadeln gefunden, die der Ausgräber in die ältere Bronzezeit datierte, eine Zuweisung, die von Ch. Eluère mit Recht in Frage gestellt wurde.[38] Ist hier sicher derzeit das letzte Wort noch nicht gesprochen, so kann das Artenacien doch weitgehend nun nicht mehr allein dem Kulturbild nach sondern auch chronologisch als spätkupferzeitlich betrachtet werden, möglicherweise mit einer gewissen Überschneidung mit der älteren Bronzezeit. Sicher ist es teilweise mit Fontbouisse und Rodézien gleichzeitig, wie einige Fund belegen können (einseitig polierte Silexdolche, Pfeilspitzen mit gezähnten Schneiden, doppelkonische Kupferperlen, Kerbdolch aus Silex u.a.m.).[39]

Die kupferzeitlichen Kerbdolche sind nun – außer mit anderen Dolchformen, z.B. Griffzungendolchen vom Typ Fontbouisse (vgl. Nr. 36. 43) –, einmal unter sich vergesellschaftet (vgl. Abb. 2), so in Saint-Bauzile, Veyreau, Buzeins, Creissels und Saint-Léons, was ihnen als Gruppe eine

---

[29] Montjardin, BSPF. 67, 1970, 281.

[30] Guilaine, Campaniforme 113f.; ders., Languedoc 99ff.; Roudil, Age du Bronze 27f.

[31] Costantini, BSPF. 65, 1968, 587.

[32] Clottes, Mégalithes Tab. 1.

[33] Bailloud/Burnez, BSPF. 59, 1962, 515ff.

[34] Vgl. auch Burnez, Néolithique 285ff.

[35] Vgl. Roussot-Larroque, BSPF. 70, 1973, 216 und Bailloud/Burnez, ebd. 59, 1962, 518.

[36] Roussot-Larroque, ebd. 70, 1973, 217; diess. in: Préhist. Franç. 2, 346ff. bes, 348; R. Joussaume, in: ebd. 361 f.

[37] Roussot-Larroque, BSPF. 70, 1973, 216; vgl. J. Briard, in: IX⁰ Congr. UISPP. (1976), Colloque XX 36f.

[38] Eluère, BSPF. 74, 1977, 407 bezweifelt die Datierung der gebogenen Knochennadeln mit Öse in die ältere Bronzezeit und bezieht sich auf einen kupferzeitlichen Fund aus Nordspanien. Die Nadeln von Marsa (A. Galan, Gallia Préhist. 4, 1961, 100ff. Abb. 51. 52) stehen außerdem schweizerischen Nadeln der Horgener Kultur und Verwandtem näher als frühbronzezeitlichen Knochennadeln (Schwab, Kanton Freiburg Taf. 27), was gleichfalls für eine Zuweisung der Schicht Marsa II in die Kupferzeit und nicht in die ältere Bronzezeit spricht. Schicht Marsa II enthielt außerdem bezeichnenderweise neben einem Dolchfragment (Nr. 80) doppelkonische Kupferperlen (ebd. 100ff. Abb. 53. 54); vgl. auch P. Ayroles/Y. Combier, Etud. Préhist. 10–11 1974, 44.

[39] Bailloud/Burnez, BSPF. 59, 1962, 520 Nr. 17; Burnez, Néolithique 292ff.; Joussaume, in: Préhist. Franç. 2, 359 Abb. 4, 42–44; Clottes/Lorblanchet, in: Congr. préhist. France 19, Auvergne 1969 (1972), 145ff.

gewisse interne Gleichzeitigkeit belegt. Zum andern sind die übrigen Beifunde recht typisch: Pfeilspitzen mit gezähnten Schneiden („pointes de flèches crenelées" oder „crantées", auch „pointes de flèches type aveyronnais"[40]), verschiedene Stein-Knochen- und Muschelperlen, Diskusperlen aus Kupfer, kurze und lange, doppelkonische gegossene Kupferperlen z.T. mit rechteckiger Lochung, Silexdolche verschiedener Art, dabei auch Kerbdolche (vgl. Abb. 3).[41] Auffallend ist hier der bei den Metallkerbdolchen häufig auftretende einseitige Mittelgrat im Vergleich zu den Silexdolchen, die oft eine gerade, polierte und eine retuschierte Seite aufweisen. Man könnte bei diesen Silexdolchen, ebeso wie bei dem fast ganz polierten Exemplar von Creissels[42] an eine Nachahmung der Metallformen denken. Da Silex- und Metalldolche in diesem Falle aber gleichzeitig sind und keine Priorität einer der beiden Formen nachzuweisen ist, kann man hier nur ein Nebeneinander vergleichbarer Stein- und Metallformen feststellen (vgl. auch Nr. 121: Kupferdolchfragment mit Silexkerbdolch). Sicher ist, daß Kerbdolche aus Silex wesentlich weiter verbreitet sind als die metallenen Kerbdolche und vor allem auch in Gebieten auftreten, in denen Metallkerbdolche dem heutigen Fundbild nach völlig unbekannt waren. Außerdem kann Kerbung in der Entwicklungsreihe der Silexdolche eine technisch vorgezeichnete Tendenz von der Retusche zur Kerbe zum besseren Halt der Schäftung spiegeln, während die gehämmerten Einkerbungen der Kupferdolche sich nicht primär aus dem Material heraus anbieten. Dies ist nur ein Aspekt aus der wohl nie ganz zu lösenden Frage von Vorbild und Nachahmung, also Formenpriorität verschiedener Werkstoffe.

Zusammen mit dem Dolch von Millau (Nr. 24) wurde außerdem eine kleine Goldspirale gefunden.[43]

Die genannten Beifunde entsprechen weitgehend dem Inventar des Rodézien; vor allem die einfachen und die langen doppelkonischen Kupferperlen (Abb. 3) sind aber auch in Fontbouisse-Zusammenhang geläufig.[44] Einer der einfachen Kerbdolche wurde ja auch in der namengebenden Siedlung von Fontbouisse selbst gefunden (Nr. 5). Die weitaus größte Anzahl der Kerbdolche aus Kupfer gehört somit der Rodézien-Kultur an, einige dem Fontbouissien. Dem entspricht in etwa auch die zeitliche und kulturelle Einordnung der Dolchanhänger (Artenacien/Rodézien). Es ergibt sich hier anhand der Dolche und ihrer Beifunde das Bild einer spätkupferzeitlichen Gruppe in Südfrankreich, deren Kulturzugehörigkeit sich recht deutlich abzeichnet; ihre relativ-chronologische Position im Verhältnis zu der eigentlich als metallbringend geltenden Glockenbecherkultur läßt sich mit Hilfe einiger Befunde feststellen. Der Kerbdolch von Verrières, Grotte de la Graillerie (Nr. 33) wurde in eindeutigem Ferrières-Zusammenhang gefunden, somit gehört er zu den ältesten Kerbdolchen aus Kupfer. Aller Wahrscheinlichkeit nach kann man auch zumindest einen Teil der Rodézien-Dolche, vor allem die der älteren Groupe de Treilles angehörenden[45] (Creissels, Saint-Georges-de-Lévéjac, Saint-Bauzile u.a.) als vorglockenbecherzeitlich betrachten. Unterstützt wird die Annahme einer vorglockenbecherzeitlichen Kupferindustrie durch andere Metallformen wie Kupferflachbeile in Ferrières-Zusammenhang,[46] die bereits öfter erwähnten Kupfer-

---

[40] J. Maury, Trav. Inst. Art Préhist. Toulouse 11, 1962, 79ff.

[41] Creissels: Costantini, BSPF. 62, 1965, 654 Abb. 4. – Silexkerbdolche: z.B. C. Hugues, in: Congr. préhist. France 13, Paris 1950 (1952) 365ff. Abb. 1. 1 bis 3; Centre de recherches des Chênes Verts, Cah. Ligures 3, 1954, 38 Abb. 13. – Polierte Dolche: F. Bazile, Ogam 19, 1967, 435ff. – Kupferperlen: Sangmeister, in: Festschr. Varagnac, 641ff.; G.-B. Arnal/J. Arnal u.a., Etud. Préhist. 10–11, 1974, 16ff. Ayroles/Combier, ebd. 40ff.

[42] Costantini, BSPF. 62, 1965, 649ff. Abb. 4, 2.

[43] Zur Zeitstellung s. Eluère, BSPF. 74, 1977, 407f.

[44] Gutherz, Fontbouisse Abb. 35.

[45] Clottes, in: Préhist. Franç. 2, 287 Abb. 4.

[46] Verrières, Grotte de la Médecine, La Vacquerie, Grotte de Maurous: Soutou, Gallia Préhist. 10, 1967, 261f. Abb. 12. 14. – Sainte-Anastasie, Grotte Nicolas: Vgl. Nr. 140. – Roquefort, Grotte des Fées: Temple, Aveyron 128. – S. auch Déchelette, Manuel II App. 1 Nr. 373 (Depot von Siran); Guilaine/Vaquer, Débuts 53f. Abb. 1, 20. 22; 4, 10–12; 5, 3.

perlen und -anhänger, Kupferschlacke[47] und auch Dolchfragmente (Nr. 73. 74. 84) und Dolche anderer Form wie Kerbdolche (Nr. 40. 41. 60). Diese Funde und Befunde belegen eine lokale Verarbeitung von Kupfer, aber auch von Gold und von Blei, die sich nicht nur durch einen früheren Beginn von der Glockenbecherkultur abhebt, sondern sich auch in ihrem Formenschatz von dieser unterscheidet[48] (vgl. auch S. 25 ff.). Damit muß ein Bestehen noch neben den Glockenbechern aber nicht unbedingt ausgeschlossen werden. Aller Wahrscheinlichkeit nach wurde das verarbeitete Metall nicht eingeführt, sondern an Ort und Stelle beziehungsweise im näheren Umkreis der Rodézien-Kultur[49] und des Fontbouissien gewonnen und aufgearbeitet (vgl. auch S. 28).[50] Es ist in Erwägung zu ziehen, ob nicht die Suche nach Metall als einer der Gründe für die Besiedlung der eher unwirtlichen Grands Causses[51] gelten kann.

Die Herkunft dieser frühen Metallurgie in Südfrankreich und dort vor allem im Bereich des Rodézien (Cévennes, Grands Causses) ist vorderhand kaum zu klären, da Vergleichsfunde vor allem für die so typischen Kerbdolche weitgehend fehlen. Im ägäischen Raum sind frühe Kerbdolche selten.[52] Einzelne Details wie der einseitige Mittelgrat mancher Kerbdolche finden sich an Dolchen anderer Form der schweizerischen Schnurkeramik wieder,[53] auch sind die kurzen doppelkonischen Kupferperlen vergleichbar.[54] Von Urmitz und Mülheim-Kärlich ist jeweils ein möglicherweise früher Kerbdolch bekannt,[55] die den südfranzösischen jedoch nur entfernt ähneln.

Besser vergleichbar sind Dolche aus dem Süden und Südwesten der Iberischen Halbinsel (Los Millares, Vila Nova de São Pedro, Alcalá u. a.),[56] Kerbdolche, die bisweilen einen einseitigen Mittelgrat aufweisen; auch in der Größenordnung entsprechen sie in etwa den südfranzösischen Exemplaren. Allerdings ist bei den Dolchen der Iberischen Halbinsel beidseitiger Mittelgrat häufiger als einseitiger, auch kommen Kerbdolche mit Niet bisher nicht vor,[57] so daß man bei den

---

[47] Costantini, in: Actes Narbonne 125 f.

[48] Vgl. J. Audibert, Mém. Soc. Préhist. Franç. 5, 1958 (1960), 301 f. (Manuskript 1954), der allerdings Sardinien als Ursprungsland dieser frühen Metallurgie annimmt. Andererseits wurden noch vor kurzem statigraphische Befunde mit vorglockenbecherzeitlichen Metallfunden mit Unbehagen betrachtet (Guilaine, Campaniforme 52 Anm. 1 [Fontbouisse-Pfriem von Boun Marcou]). Zu dem gesamten Fragenkomplex s. Guilaine/Vaquer, Débuts 46 ff.; s. auch J.-L. Roudil, Cah. Ligures 19, 1970, 5 ff. Abb. 8. – Blei: Ayroles/Combier, Etud. Préhist. 10–11, 1974, 44.

[49] Guilaine/Vaquer, Débuts 64 ff.

[50] J. Arnal, Bull. Mus. Monaco 20, 175–76, 146 f.; Gutherz, Fontbouisse 37; Arnal/A. Martin/Sangmeister, Germania 41, 1963, 229 ff. – Im Gegensatz zu den Silexminen ist vorgeschichtlicher Metallbergbau in Frankreich leider noch kaum erforscht; Ansätze bei Daubré, Rev. Arch. 41, 1886, 270 ff.; G. Vasseur, L'Anthropologie 22, 1911, 413 ff.; s. auch M. Bordreuil, in: Act. 98ᵉ Congr. Soc. Sav. Saint-Etienne (1973) 21 ff.; Monteagudo, PBF. IX, 6 (1977) 10 ff. (Metallbergbau auf der Iberischen Halbinsel).

[51] S. Lorblanchet, BSPF. 62, 1965, 667 ff.

[52] Branigan, Aegean Metalwork Taf. 1 ff.; Savory, Spain and Portugal 164 spricht sich, Sangmeister folgend, auf Grund von Metallanalysen für eine östliche Herkunft der spanischen und portugiesischen Funde aus. Diese Möglichkeit ist für die Dolche Südfrankreichs insofern nicht unbedingt verbindlich, da die verarbeiteten Metallgruppen vor Ort gewonnen werden können (Guilaine/Vaquer, Débuts 64 ff.).

[53] Ein Dolch von Mörigen mit zwei Nieten und einseitigem Mittelgrat: Junghans/Sangmeister/Schröder, SAM. II Tl. II Taf. 39, 2834, s. auch Strahm, Schnurkeramische Kultur Abb. 25, 14; ders., in Archäologie Schweiz II Abb. 12, 19; Schwab, Jb. SGU. 55, 1970, 18 Abb. 4, 15. 16. – Silexkerbdolch aus dem Bereich der Saône-Rhône-Kultur: Munro, Stations lacustres Abb. 26 (Lac de Chalain).

[54] Strahm, Schnurkeramische Kultur Abb. 26; ders., in: Archäologie Schweiz II Abb. 6, 15–18.

[55] Behrens, Bronzezeit 278; A. Günther, Germania 18, 1934, 53 Abb. 12, 5 (asymmetrischer Querschnitt).

[56] Junghans/Sangmeister/Schröder, SAM. I 16 Taf. 25, 723; 26, 735–736 (Vila Nova); Junghans/Sangmeister/Schröder, SAM. II Tl. III Nr. 837 (Vila Nova), 1390–91, 1393. 94 (Alcalá). 1505. 1508. 2297 (div.). 2297 (Los Millares); Leisner, Süden Taf. 13, 2, 1 (Los Millares); 79, 5–9 (Alcalá); Müller-Karpe, Handbuch Vorgeschichte III Tl. III, Taf. 538, C 2 (Los Millares); 549, K 8–10. 16–17 (Alcalá); 554, C 3 (Vila Nova); Savory, Spain and Portugal Abb. 50 (Alcalá); s. auch Schubert, Bronzezeit 75; R. J. Harrison, Palaeohistoria 16, 1974, 63 ff. Abb. 1, 16–18 (Vila Nova).

[57] Ein der Form nach sehr verschiedener Kerbdolch mit Nietlöchern tritt erst in späterem Zusammenhang auf: Leisner, Süden Taf. 48, 29.

beiden Kerbdolchprovinzen eher an einen gemeinsamen Ursprung mit nachfolgender divergierender Entwicklung denken möchte[58] als an einen direkten gegenseitigen Kontakt. Ähnliches wird etwa für die „Kolonie"-Bauten wie Los Millares, Vila Nova de São Pedro und Zambujal in Spanien und Portugal im Vergleich zu der Anlage von Le Lébous[59] in Südfrankreich angenommen.

Zeitlich entsprächen die frühen Kerbdolche der Iberischen Halbinsel etwa der Stufe Los Millares I;[60] sie sind somit sicher vorglockenbecherzeitlich,[61] was sich durchaus mit dem für die südfranzösischen Kerbdolche vorgeschlagenen Zeitansatz in Übereinstimmung bringen läßt.

Verbreitung (Taf. 42, A): Das Verbreitungsgebiet der kupferzeitlichen Kerbdolche ist überraschend begrenzt und deckt sich mit wenigen Ausnahmen mit dem Gebiet der Rodézien-Kultur,[62] das in etwa mit dem Dreieck Rodez-Millau-Mende umschrieben werden kann (Taf. 41, A); dabei mag die dort intensive Geländeforschung nur eine geringe Rolle spielen, ist doch das angrenzende Rhônegebiet archäologisch weit besser erfaßt. 18 der Dolche wurden im Dép. Aveyron gefunden, elf im Dép. Lozère (davon allein zehn im Grab von Saint-Bauzile). Zwei Kerbdolche aus dem Dép. Gard belegen auch geographisch die Beziehung zum Fontbouissien, während der Dolch von Cazals (Dép. Tarn-et-Garonne) den bisher nordwestlichsten sicher kupferzeitlichen Kerbdolch darstellt. Die drei Dolche aus den Départements Aude, Charente und Drôme (Nr. 23. 30. 32) weisen Besonderheiten auf; vor allem die beiden letzteren (Nr. 30. 32) wurden nur mit Vorbehalt den kupferzeitlichen Kerbdolchen zugeordnet.

Ein ähnliches, wenn auch etwas weiter nach Westen verlagertes Verbreitungsbild weisen die großen Dolchanhänger und die kleinen Anhänger auf[63] (Taf. 42, B).

KUPFERZEITLICHE GRIFFZUNGENDOLCHE

Dolche vom Typ Fontbouisse

Die Griffzungendolche vom Typ Fontbouisse sind im allgemeinen lang und schmal, die Griffzunge ist von der Klinge nur wenig abgesetzt und relativ breit; ihre Länge beträgt etwa ein Drittel bis ein Viertel der eigentlichen Klingenlänge. Die Schneiden und oft auch die Griffzungenseiten sind gedengelt. Durch Hämmerung erscheinen die Griffzungenkanten wellig gezähnt, ohne daß aber durch die Hämmerung eine leichte Randleiste oder auch nur eine geringe Aufbördelung entstanden ist. Der Querschnitt ist flachoval, bisweilen mit leichtem Mittelgrat.

Die Längen der Dolche vom Typ Fontbouisse bewegen sich zwischen etwa 17 und 21 cm, die Breiten zwischen 3 und 4 cm. Verhältnismäßig kurz, aber auch schmal ist der Dolch von Ville-

---

[58] Junghans/Sangmeister/Schröder, SAM. II Tl. I 97; Sangmeister erwägt hier für Südfrankreich „unmittelbaren Import frühester Kupferkenntnis auf dem Seeweg", ohne sich jedoch auf ein bestimmtes Herkunftsgebiet festlegen zu können. Demnach wäre also die Kenntnis der Metallverarbeitung ohne begleitenden Formenschatz vermittelt worden (vgl. ders., in: Festschr. Varagnac 641 ff).

[59] J. Arnal, Gallia Préhist. 16, 1973, 174 ff./Müller-Karpe, Fundber. Hessen 14, 1974, 221 ff.; ders., Handbuch Vorgeschichte III Tl. I 404 f. – Eine zweite Siedlung der gleichen Art in unmittelbarer Nähe von Le Lébous („Petit-Lébous") befindet sich derzeit noch im Stadium der Ausgrabung.

[60] Junghans/Sangmeister/Schröder, SAM. I 16; zur vorglockenbecherzeitlichen Metallurgie auf der iberischen Halbinsel s. auch Harrison, Palaeohistoria 16, 1974, 63 ff. bes. Karte 1.

[61] Leisner, Westen 266 f.; Müller-Karpe, Handbuch Vorgeschichte III Tl. I 280; Savory, Spain and Portugal 150.

[62] Costantini, BSPF. 65, 1968, 375 ff. Abb. 1.

[63] s. S. 15 u. Anm. 2–19.

vieille-Fontbouisse (Nr. 37), ebenso der Dolch Nr. 45 von Blandas, der außerdem durch seine betonte Schulterpartie, den leichten Mittelgrat und eine etwas schräge Heftspur auffällt. Im allgemeinen sind die erhaltenen Heftspuren gleichmäßig leicht bogig (Nr. 36. 38. 40–42. 44).

36. Villevieille, Dép. Gard. – Fontbouisse; namengebende Station des Fontbouissien; Freilandsiedlung mit Hütten aus Trockenmauerwerk; die Dolche Nr. 36 und 37 stammen aus der Hütte Nr. 7, bei einem einfachen Kerbdolch vom Typ Veyrau handelt es sich um einen Streufund in der Siedlung (Nr. 5) – Kupferdolch mit wellig gehämmerten Griffzungenkanten, Schneiden und Griffzungenseiten gedengelt, Heftspur, L. 21,4 cm, B. 3,5 cm *(Taf. 2, 36)*. – Mus. Nîmes. – M. Louis/M. Peyrolle/J. Arnal, Gallia 5, 2, 1947, 250; J. Audibert, BSPF. 51, 1954, 443 ff. Abb. 3, 4; ders., Languedoc 77 ff. (ausführliche Beschreibung der Station); Arnal/Prades, Ampurias 21, 1959, 69 ff. Abb. 28, 5; Gutherz, Fontbouisse Abb. 30, 1; Guilaine/Vaquer, Débuts 78 Abb. 5, 1.

37. Villevieille, Dép. Gard. – Fontbouisse; Hütte Nr. 7 vgl. Nr. 36. – Annähernd rautenförmiger Kupferdolch, wellig gehämmerte Griffzungenkanten, Schneiden- und Griffzungenseiten gedengelt, L. 10,5 cm, B. 2,4 cm *(Taf. 2, 37)*. – Mus. Nîmes. – M. Louis/M. Peyrolle/J. Arnal, Gallia 5, 2, 1947, 250; Arnal/H. Prades, Ampurias 21, 1959, 69 ff. Abb. 28, 10; Audibert, Languedoc 77 ff.; Gutherz, Fontbouisse Abb. 30, 2; Guilaine/Vaquer, Débuts Abb. 5, 2.

38. Trèves, Dép. Gard. – Aven de Combe-Albert; Dolch bei einem sonst beigabenlosen Skelett. – Kupferdolch, Griffzungenende alt abgebrochen, Schneiden und Griffzungenseiten gedengelt, Griffzungenkanten wellig gehämmert, Heftspur, L. noch 18,2 cm, B. 3,3 cm *(Taf. 2, 38)*. – Mus. Millau. – J. Audibert, Gallia Préhist. 1, 1958, 42 Anm. 14; ders., Languedoc 25 Abb. 2.

39. Saint-Vallier-de-Thiey, Dép. Alpes-Maritimes. – Wahrscheinlich Dolmen d'Arboin; Kollektivgrab mit kupferzeitlichem Inventar; Dolch (vgl. Nr. 143) und Dolchfragment „miteinander vergesellschaftet". – Etwa rautenförmiger Dolch, nach Zeichnung Courtin (nach einem alten Foto) Schneiden und Griffzungenseiten gedengelt, L. 18 cm, B. 3,5 cm *(Taf. 2, 39; nach Courtin)*. – Verschollen. – P. Coby, Congr. préhist. France 2, Vannes 1906 (1907), 394; Courtin, Néolithique 209 Anm. 136 (Dolche nicht erwähnt); Courtin/G. Sauzade, BSPF. 72, 1975, 185 Abb. 2, 6.

40. Lunas, Dép. Hérault. – Grotte des Fées; vier Bestattungen in einer Nische, dabei: weiterer Griffzungendolch vom Typ Fontbouisse (Nr. 41), Silex-pfeilspitzen, kleiner Kupferring, ein Kupferplättchen, Perlen, darunter auch solche aus Kupfer, Keramik (Ferrières). – Kupferdolch, Griffzungenkanten wellig gehämmert, Schneiden gedengelt, Heftspur, L. 17,7 cm, B. 3,1 cm *(Taf. 2, 40)*. – Mus. Montpellier (4370). – Brunel, Bull. Soc. Arch. Béziers 1942, 87 ff. Taf. 2; Audibert, Languedoc 25. 116 f. Abb. 1, b1; Guilaine/Vaquer, Débuts 53 Abb. 1, 14.

41. Lunas, Dép. Hérault. – Grotte des Fées vgl. Nr. 40. – Kupferdolch mit wellig gehämmerten Griffzungenkanten, Schneiden gedengelt, Heftspur, L. 17,2 cm, B. 3,4 cm *(Taf. 2, 41)*. – Mus. Montpellier (4369). – J. Audibert, BSPF. 51, 1954, 443 ff. Abb. 3, 1; ders., Languedoc 25. 116 f. Abb. 16, 2; Guilaine/Vaquer, Débuts 53 Abb. 1, 13.

42. Saint-Beaulize, Dép. Aveyron. – Grotte de Landric; in der Höhle, „foyer 21", Siedlung (?); von der gleichen Fundstelle: zwei kleine Ringe aus Kupfer oder Bronze. – Fragment eines Dolches aus Kupfer (?). Griffzungenkanten wellig gehämmert, Schneiden gedengelt. Heftspur, L. noch 13,6 cm, B. noch 3 cm *(Taf. 2, 42)*. – Slg. Temple, Montpellier.

43. Tournemire, Dép. Aveyron. – Grotte de Taurin; Bestattungshöhle, insgesamt fünf Skelette; kupferzeitliche, aber auch jüngere Funde, der Kupferzeit gehören an: einfacher Kerbdolch von Typ Veyreau (Nr. 2), doppelkonische Kupferperlen (Rodézien), Stein- und Muschelperlen. – Kupferdolch mit wellig gehämmerten Griffzungenkanten, L. ca. 20,4 cm, B. ca. 4,4 cm *(Taf. 2, 43; nach Matériaux)*. – Verschollen. – Matériaux 1888, 158 Abb. 85; P. de Mortillet, in: Congr. préhist. France 7, Nîmes 1911 (1912) 93 f.; St. Piggott, L'Anthropologie 58, 1954, 27.

44. Blandas, Dép. Gard. – Grotte du Roc du Midi; Höhle mit Siedlungs- und Grabfunden; Material nur noch typologisch trennbar, sowohl Ferrières als auch Fontbouisse vertreten; „Puits 13"; aus der Höhle: weiterer Griffzungendolch vom Typ Fontbouisse (Nr. 45). – Kupferdolch mit wellig gehämmerten Griffzungenkanten, Schneiden gedengelt, Heftspur, L. 16,9 cm, B. 3,8 cm *(Taf. 3, 44)*. – Dépôt de Fouilles de la Paillade, Montpellier. – J.-L. Roudil/P. Vincent, BSPF. 71, 1974, 203 f. Abb. 1, 2; Gutherz, Fontbouisse 69 Abb. 31, 1.

45. Blandas, Dép. Gard. – Grotte du Roc du Midi vgl. Nr. 44. – Kupferdolch, Griffzungenkanten wellig gehämmert, Schneiden gedengelt, leichter Mittelgrat, Heftspur, L. 11,4 cm, B. 3,4 cm *(Taf. 3, 45)*. – Dépôt de Foullies de la Paillade, Montpellier. – J.-L. Roudil/P. Vincent, BSPF. 71, 1974, 203 f. Abb. 1, 1; Gutherz, Fontbouisse 69 Abb. 31, 2.

Die wellige oder kerbenähnliche Hämmerung der Griffzungenkanten ist bei den folgenden fünf, dem Typ Fontbouisse nahestehenden Dolchen sehr ausgeprägt. Mit betonter Heftpartie erscheinen sie annähernd rautenförmig, die Klinge ist leicht geschweift. Sie sind schmaler und kürzer als die Fontbouisse-Dolche (L. 8,8–12,5 cm).

46. Nizas, Dép. Hérault. – Zwischen Nizas und Fontès; künstliche Grabgrotte mit kupferzeitlichem, älterbronzezeitlichem und jüngerem Inventar, dabei Griffplattendolch (Nr. 195), Glockenbecher und Scherben mit nach dem Brand geritzter Verzierung. – Kupferdolch mit wellig gehämmerten Griffzungenkanten, L. 8,8 cm, B. 2,4 cm *(Taf. 3, 46; nach Zeichnung Courtin)*. – Mus. Marseille. – J. Audibert, BSPF. 55, 1958, 90 Abb. 3,3; ders., Gallia Préhist. 1, 1958, 39 ff. Abb. 1,5; ders., Languedoc 25 Abb. 16,5; Gutherz, Fontbouisse Abb. 30,4.

47. Soubès, Dép. Hérault. – Dolmen de Molentie; kleiner Dolmen unter Hügel, Kollektivgrab, Dolch bei menschlichen Knochen; weitere Funde: Silexpfeilspitzen, auch mit gezähnten Schneiden, Steinperlen verschiedener Art, dabei eine Flügelperle, unverzierte Keramik u.a. (Rodézien? *Taf. 47, C*). – Annähernd rautenförmiger Dolch, wahrscheinlich mit sehr geringem Zinnanteil (s. Literaturangaben), Klinge leicht geschweift, Griffzungenkanten wellig gehämmert, leichter Mittelgrat, Schneiden gedengelt, L. 12,2 cm, B. 3,1 cm *(Taf. 3, 47; nach Arnal)*. – Dépôt de Fouilles du Groupe archéologique lodévois, Lodève. – J. Audibert, BSPF. 51, 1954, 443 ff. Abb. 3,2 („Saint-Etienne-de-Gourgas"); G. B. Arnal, Cah. Ligures 5, 1956, 206 ff. Abb. 2,8; Groupe archéologique lodévois, ebd. 10, 1961, 84 f. Abb. 49 („Bronze"); ebd. 94 (Analyse J. Maréchal: SN 10,4%); J. Arnal/H. Prades, Ampurias 21, 1959, 69 ff. Abb. 28, 26 („Grotte de Clamouze, Saint-Guilhem-le-Désert", Maßstab unrichtig); Vallon, L'Hérault 178; Junghans/Sangmeister/Schröder, SAM.II Tl. IV Nr. 21 135 (SN Spur).

48. Lauroux (?), Dép. Hérault. – Grotte de Labeil (?); möglicherweise liegt eine Verwechslung mit einem andern Dolch vor. – Rautenförmiger Dolch, Griffzungenkanten wellig gehämmert, ohne M. *(Taf. 3, 48; nach Riquet, Guilaine u. Coffyn)*. – Slg. Ster, Lamalou-les-Bains (?). – R. Riquet/J. Guilaine/A. Coffyn, Gallia Préhist. 6, 1963, 63 ff. Abb. 23.

49. Gondenans-les-Montby, Dép. Doubs. – Grotte de la Tuilerie; ohne nähere Beobachtung; wahrscheinlich Grabfund mit einer kleinen Knochennadel und einem dreifach durchbohrten Amulett (aus einem menschlichen Schädelknochen?). – Schmaler Kupferdolch, Griffzungenkanten wellig gehämmert, Schneiden gedengelt, L. 12,5 cm, B. 2,7 cm *(Taf. 3, 49; nach Petrequin)*. – Slg. Collot, Vesoul. – P. Petrequin, Ann. Litt. Univ. Besançon 137, 1972, 101 Abb. 9, 1.

50. Les Mureaux, Dép. Yvelines. – Les Gros Murs; Allée couverte; Kollektivgrab mit typischem SOM-Inventar, aber auch anderer Keramik, wie einem Knickwandgefäß, Scherben mit Kannelurverzierung sowie einer Glockenbecherscherbe. Dolch nach de Mortillet im Abraum der oberen Schicht, nach Verneau in sekundärer Lage, Fundumstände sehr ungewiß. – Schmaler Kupferdolch, Griffzungenkanten wellig gehämmert, Schneiden und teilweise Griffzungenkanten gedengelt, leichter Mittelgrat, Heftspur, L. 12,6 cm, B. 2,1 cm *(Taf. 3, 50; nach Museumsphoto)*. – Musée de l'Homme, Paris (1889–39; coll. Verneau). – L. Verneau, L'Anthropologie 1, 1890, 170; P. de Mortillet, L'Homme Préhist. 6, 1908, 232; R. Riquet/J. Guilaine/A. Coffyn, Gallia Préhist. 6, 1963, 63 ff. Abb. 17, 4; Bailloud, Bassin parisien 328 Abb. 51, 7.

Einige weitere Dolche weisen in etwa dieselben Merkmale auf: Wellig gehämmerte Griffzungenkanten, gedengelte Schneiden, zum Teil auch geschweifte Klingen. Im Unterschied zu den vorangehenden Exemplaren ist die teilweise sehr lange Griffzunge deutlich von der Klinge abgesetzt, die Schulterpartie bei einigen „gezipfelt". Zwei der Dolche tragen einen deutlichen Mittelgrat. Die Dolche dieser Gruppe weisen Längen von 6,8–13,5 cm auf; die größte Breite variiert je nach Ausprägung der Schulterpartie zwischen drei und vier cm. Bei zwei Dolchen (Nr. 52. 53) ist die Heftspur erhalten; sie ist, wie bei der Mehrzahl der Dolche vom Typ Fontbouisse und verwandten Dolchen, leicht bogig.

51. Sainte-Anastasie, Dép. Gard. – Grotte Saint-Joseph; Höhle mit Grab- und Siedlungsfunden; der Dolch wurde „mitten unter neolithischen Relikten" gefunden. – Kupferdolch mit ausgeprägter Schulterpartie, Griffzungenkanten wellig gehämmert, Schneiden gedengelt, leichter Mittelgrat, L. 13,5 cm, B. 3,5 cm (Taf. 3, 51; nach Raymond). – Verschollen. – Raymond, Uzès 129 Abb. 47; J. de Saint-Venant, in: Congr. préhist. France 4, Chambéry 1908 (1909), 631 Abb. 2; J. Audibert, BSPF. 51, 1954, 443 ff. Abb. 3, 5; ders., Languedoc 25 Abb. 16, 4.

52. Gegend von Montpellier (?). – Annähernd rautenförmiger Dolch mit breiter, an den Kanten wellig gehämmerter Griffzunge, Schneiden gedengelt, Klinge mit schmaler Mittelbahn, Heftspur, L. 6,8 cm, B. 2,9 cm (Taf. 3, 52). – Mus. Montpellier.

53. Laure-Minervois, Dép. Aude. – Dolmen de Saint-Eugène; Kollektivbestattung in einem Galeriegrab; Fundmaterial ausgesiebt; Funde: u. a. zahlreiche Silexpfeilspitzen, Silexdolche, Obsidianklingen, Pfeilglätter, zwei Pfrieme mit Mittelschwellung aus Kupfer (?), Kupferringchen, Muschelschmuck, Knochenperlen, Glockenbecherscherben. – Rautenförmiger Dolch mit abgesetzter, breiter Griffzunge, Griffzungenkanten wellig gehämmert, Schneiden gedengelt. Heftspur, L. 8,1 cm, B. 3,5 cm (Taf. 3, 53). – Dépôt de Fouilles, Carcassonne. – G. Sicard, BSPF. 27, 1930, 536 ff. Abb. 2; Guilaine, Campaniforme 49 Taf. 12, 5; Guilaine/J.-L. Roudil, in: Préhist. Franç. 2, 267 ff. Abb. 4, 13; P. Ambert, BSPF. 74, 1977, 121 Abb. 1, 2.

54. Sainte-Anastasie, Dép. Gard. – Baume Latrone; Höhle mit Grab- und Siedlungsfunden; Fontbouisse. – Rautenförmiger Kupferdolch mit abgesetzter Griffzunge, Griffzungenkanten wellig gehämmert, beide Enden beschädigt, L. noch 10,5 cm, B. 3,6 cm (Taf. 3, 54; nach Raymond). – Mus. Montpellier (derzeit nicht auffindbar). – R. Raymond, Uzès 186 Abb. 46; J. de Saint-Venant, in: Congr. préhist. France 4, Chambéry 1908 (1909) 631 mit Abb.; M. Louis, Cah. Ligures 2, 1953, 98 Abb. 60, 2; J. Audibert, BSPF. 51, 1954, 443 ff. Abb. 3, 6; ders., Languedoc 25 Abb. 16, 6; Gutherz, Fontbouisse Abb. 30, 3 („Grotte Saint-Joseph").

55. Pardailhan, Dép. Hérault. – Grotte Tournié; bei einer Sondierungsgrabung in einer leicht gestörten Zone, Siedlungsschicht (?); in „geringer Entfernung" von dem Dolch wurde ein Henkelgefäß mit glockenbecherähnlicher Verzierung gefunden, aus der gleichen Schicht stammen aber auch Funde des Vérazien. – Rautenförmiger Dolch, Griffzungenkanten wellig gehämmert, Schneiden gedengelt, L. 9,5 cm. B. 3,6 cm (Taf. 3, 55; nach Ambert). – Aufbewahrungsort unbekannt. – Gallia Préhist. 15, 1972, 519 f. Abb. 34; P. Ambert, BSPF. 70, 1973, 17 ff. Abb. 1, 2; ders., ebd. 74, 1977, 122 Abb. 1, 1.

56. Saint-Paul-et-Valmalle, Dép. Hérault. – Grotte de Liouzière; Bestattungshöhle; der Dolch wurde in der gleichen Schicht wie eine verzierte Fontbouisse-Scherbe gefunden. – Kleiner Dolch mit dreieckiger Klinge und stark abgesetzter, an den Kanten wellig gehämmerter Griffzunge, L. 8, 9 cm, B. 3, 8 cm (Taf. 3, 56). – Dépôt de Fouilles du Groupe archéologique du Painlevé, Montpellier. – Gutherz, Fontbouisse 109 f. Abb. 30, 5.

57. Minverve, Dép. Hérault. – Der Dolch soll mit anderen, jetzt verschollenen Dolchen zusammen gefunden worden sein. – Kleiner Griffzungendolch, Griffzungenkanten gehämmert, Schneiden zweifach gedengelt, L. 8, 2 cm, B. 3 cm (Taf. 3, 57). – Mus. Montpellier (294). – J. Arnal/H. Prades, Ampurias 21, 1959, 69 ff. Abb. 28, 19; J.-L. Roudil/P. Vincent, BSPF. 71, 1974, 203 ff. Abb. 2, 1; P. Ambert, ebd. 74, 1977, 121 Abb. 1, 6; Guilaine, Campaniforme 51.

Einige weitere, meist nicht sehr gut erhaltene Dolche kann man dem Typ Fontbouisse und seinen Varianten auf Grund einiger Einzelkriterien anschließen: relativ breite Griffzungen, die bisweilen länger als die eigentlichen Klingen sind, Annäherung an Rautenform, gedengelte Schneiden.

Die breite Griffzunge des Dolches von Sainte-Anastasie (Nr. 59) ist wie die des Dolches von Lauroux (Nr. 60) leicht asymmetrisch; bei diesen Dolchen ist sie durch eine Kerbe – die P. Raymond als Vorrichtung zur Aufnahme eines Nietes betrachtete[1] – oder einen Absatz markiert.

58. Tuchan, Dép. Aude. – Grotte des Festes; aus der Höhle. – Annähernd rautenförmiger Kupferdolch, Griffzungenkanten wellig gehämmert, L. 8 cm, B. 2,5 cm (Taf. 3, 58; nach Guilaine). – Mus. Narbonne. – J. Guilaine, Campaniforme 49 Taf. 12, 1; Guilaine/Vaquer, Débuts Abb. 4, 7.

---

[1] Raymond, Uzès, 127.

59. Sainte-Anastasie, Dép. Gard. – Baume Latrone; Höhle mit Siedlungs- und Grabfunden, meist Fontbouisse; nach Louis keine genauen Angaben über die Fundumstände des Dolches möglich. – Annähernd rautenförmiger Dolch, Griffzungenkanten wellig gehämmert, Schneiden gedengelt, L. 12,5 cm, B. 3,3 cm *(Taf. 3, 59)*. – Mus. Montpellier (2448). – Raymond, Uzès 127; M. Louis, Cah. Ligures 2, 1953, 98 Abb. 60, 1; J. Audibert, BSPF. 51, 1954, 443 ff. Abb. 2, 3; Gutherz, Fontbouisse Abb. 31, 1.

60. Lauroux, Dép. Hérault. – Grotte de Labeil; Siedlung mit Ferrières-Inventar, Schicht 6. – Annähernd rautenförmiger Kupferdolch, Griffzungenkanten wellig gehämmert, Schneiden gedengelt, Heftspur, L. 9,4 cm, B. 3,6 cm *(Taf. 3, 60; nach Bousquet, Gourdiole, Guiraud)*. – Aufbewahrungsort unbekannt. – N. Bousquet/R. Gourdiole/R. Guiraud, Cah. Ligures 15, 1967, 164 Abb. 49; 82, VIN2; Guilaine/Vaquer, Débuts Abb. 1, 21.

61. Cournonterral, Dép. Hérault. – Grotte de la Baumette; Höhle mit weitgehend zerstörten Bestattungen, Dolch ausgeschwemmt. – Annähernd rautenförmiger Dolch mit breiter, an den Kanten wellig gehämmerter Griffzunge, Schneiden gedengelt, L. 6,4 cm, B. 3,4 cm *(Taf. 3, 61; nach Audibert)*. – Wahrscheinlich Slg. Audibert, Montpellier; unzugänglich. – J. Audibert/J. Boudou, in: Congr. préhist. France 14, Strasbourg-Metz 1953 (1955), 91 ff. Abb. IV; J.-L. Roudil/P. Vincent, BSPF. 71, 1974, 203 ff. Abb. 2, 2.

62. Gegend von Montpellier (?). – Kleiner Dolch mit breiter, an den Kanten wellig gehämmerter Griffzunge, leichter Mittelgrat, L. 4,2 cm, B. 2,2 cm *(Taf. 3, 62)*. – Mus. Montpellier.

Entfernt ähnelt ein Dolch mit weich abgerundetem Umriß und leicht wellig gehämmerten Griffzungenkanten:

63. Sauve, Dép. Gard. – Grotte du Salpêtre de Coutach: Höhle mit Fontbouisse-Siedlung. – Kupferdolch mit breiter, an den Kanten leicht wellig gehämmerter Griffzunge, L. 9,4 cm, B. 2,5 cm *(Taf. 3, 63; nach Zeichnung Cours)*. – Slg. Cours, Lesparre-Médoc. – Unveröffentlicht; zum sonstigen Inventar der Höhle s. Gutherz, Fontbouisse 97.

Funktion: Die Heftspuren der stets nietlosen Dolche vom Typ Fontbouisse und seiner Varianten belegen einen bogigen unteren Griffabschluß. Die für einige Kerbdolche indizierbare rein gebundene Schäftung ist nur für den Dolch von Lauroux (Nr. 60) mit gerader Heftspur anzunehmen.

Diente die Hämmerung der Griffzungenkanten wie bei dem schweizerischen Dolch von Saint-Blaise dem sicheren Halt einer Wicklung, so erscheint eine teilweise gebundene Schäftung plausibel, der bogige Heftabschluß des Griffes trug keine Wicklung. Die sogenannte Überschubschäftung mit einteiligem, rundum geschlossenem Griff ist gleichfalls bei schweizerischen Dolchen belegt (auch mit geradem Griffabschluß), allerdings ist die Gestaltung der jeweiligen Griffzunge nicht bekannt.[2] Die Griffzungenkanten der Dolche vom Typ Fontbouisse hätten bei Überschubschäftung eine Art Dübeleffekt, eventuell in Verbindung mit einer Klebemasse.

Die Dolche treten sowohl in Siedlungen als auch bei Bestattungen auf (vgl. unten). Das Längenspektrum der Dolche – 4,2 bis 21,4 cm – läßt unterschiedliche Funktionen vermuten (vgl. S. 4 f. 15 f.).

Zeitstellung, kulturelle Zuordnung und Herkunft: Mangels genauerer Fundbeobachtungen, vor allem bei älteren Ausgrabungen, ist über die Fundumstände der Dolche vom Typ Fontbouisse etwas weniger bekannt als über jene der Kerbdolche. Von insgesamt 28 Dolchen wurden 18 in Höhlen gefunden (Nr. 46 in einer künstlich angelegten Höhle). Sieben dieser Dolche (Nr. 38. 40. 41. 43. 46. 56. 61) sind sicher Grabbeigaben, einer (Nr. 49) wahrscheinlich. Die Dolche Nr. 60 und 63 stammen aus Höhlensiedlungen. Bei acht weiteren in Höhlen (Nr. 42. 44. 45. 51. 54. 55. 58. 59) gefundenen Dolchen ist nicht mehr zu klären, ob sie zu Bestattungen oder Siedlungen gehörten.

---

[2] Ch. Strahm, Jb. Hist. Mus. Bern 41–42, 1961–62, 454 Nr. 13–15; A. Bocquet, Etud. Préhist. 9, 1974, 15 Abb. 8, 5. 8. 10; H. Müller-Beck, Arch. Inf. 1, 1972, 69 Abb. 2. 8. 9.

Drei Dolche (Nr. 47. 50. 53) stammen aus Megalithgräbern. Einzelgräber sind, mit Ausnahme eventuell von Trèves (Nr. 38), nicht bekannt. Dolche des Types Fontbouisse treten öfters mehrfach am gleichen Fundort auf (Villevielle-Fontbouisse [Nr. 36. 37], Lunas [Nr. 40. 41], Blandas [Nr. 44. 45]).

Nach Aussage der Fundvergesellschaftungen gehören drei der Dolche dem Ferrières an, vier sicher und zwei wahrscheinlich dem Fontbouissien, zwei weitere einer der beiden Kulturen (vgl.

Katalognummer	Fundort	Fundart					Kulturgruppe						Heftspur: ● = bogig; S = schräg; G = gerade
		Dolmen	Bestattungshöhle	Galeriegrab	Siedlung (Höhle oder Freiland)	Höhlenfund ohne nähere Angaben	Ferrières/Vérazien	Ferrières/Fontbouissien	Fontbouissien	Rodézien und Verwandtes	Kupferkerbdolch	Glockenbecherbeifunde (?)	
36	Villevielle				●				●		●		●
37	Villevielle				●				●		●		
38	Trèves		●										●
39	Saint-Vallier-de-Thiey	●											
40	Lunas		●						●				●
41	Lunas		●						●				●
42	Saint-Beaulize				●								●
43	Tournemire		●							●	●		
44	Blandas				●	●			●				●
45	Blandas				●				●				S
46	Nizas		●									●	
47	Soubès	●							●				
48	Lauroux				●								●
49	Gondenans-les-Montby		●						●				
50	Les Mureaux			●					●		●		
51	Sainte-Anastasie				●								
52	Fundort unbekannt												●
53	Laure-Minervois			●						●		●	●
54	Sainte-Anastasie						●		●				
55	Pardailhan						●	●			●		
56	Saint-Paul-et-Valmalle	●							●				
57	Minerve												●
58	Tuchan				●								
59	Sainte-Anastasie				●			●					
60	Lauroux				●		●						G
61	Cournonterral				●								
62	Gegend von Montpellier												●
63	Sauve				●				●				

Abb. 4. Dolche vom Typ Fontbouisse und Varianten: Fundarten und Kulturzugehörigkeit; Zusammenfunde mit Kerbdolchen und Glockenbecherfunden; Ausbildung der Heftspur.

Abb. 4). Der Dolch von Tournemire (Nr. 43) wurde zusammen mit einem Kerbdolch (Nr. 2) und doppelkonischen Kupferperlen gefunden, ist also am ehesten dem Rodézien zugehörend (vgl. S. 16); ähnliches gilt für den leicht zinnhaltigen Dolch von Soubès (Nr. 47), der u. a. zusammen mit einer Pfeilspitze mit gezähnten Schneiden und einer Flügelperle aus einem kleinen Dolmen stammt. Die mutmaßlichen Beifunde des Dolches von Gondenans-les-Montby (Nr. 49) sprechen einmal für schnurkeramischen Einfluß oder einen Zusammenhang mit lokaler Mittel- bis Spätkupferzeit (Knochennadel),[3] möglicherweise auch für Beziehungen zu Südfrankreich;[4] das dreifach durchbohrte Amulett (aus einer menschlichen Schädeldecke geschnitten?) findet zum andern Vergleichbares in der Seine-Oise-Marnekultur[5] aber auch in Rodézien-Zusammenhang.[6]

Hieraus ergibt sich insgesamt eine den Kerbdolchen (s. S. 16 ff.) durchaus vergleichbare Zeitstellung: Beginn bzw. erstes belegbares Vorkommen der Fontbouisse-Dolche und Varianten in der Kultur von Ferrières, weiteres Vorkommen im Fontbouissien und auch Rodézien. Der Schwerpunkt liegt auf Ferrières und Fontbouisse; die Dolche scheinen hier kulturspezifisch zu sein (s. auch Verbreitung Taf. 42, B). Dem könnte widersprechen, daß an vier Fundstellen (Nr. 46. 50. 53. 55) auch Glockenbecher auftreten. Der relativ sicher erscheinende Befund von Pardailhan (Nr. 55) wird aber bei näherer Betrachtung doch recht fraglich und kann derzeit wohl kaum als Beleg für das Vorkommen des Fontbouisse-Dolches in Glockenbecherzusammenhang gewertet werden: Bei einem Sondierschnitt in einer „leicht gestörten Zone" wurden der Dolch, Keramik des Vérazien und eine älterbronzezeitliche Tasse mit Verzierung in Glockenbechertradition gefunden. In Anbetracht der Form des Dolches, der Ausbildung seiner Griffzunge und der Tatsache, daß der Dolch aus Kupfer hergestellt ist, erscheint es plausibler und weniger gezwungen, ihn in Zusammenhang mit den Funden des Vérazien[7] zu sehen, einer zeitlich dem Ferrières parallelen Gruppe.[8] Das Inventar der Grotte de Nizas (Nr. 46) ist ebenso wie das von Laure-Minervois (Nr. 53) heterogen: es wurden sowohl lokale kupferzeitliche Funde als auch Glockenbecherscherben ohne genauere Beobachtung geborgen bzw. ausgesiebt. Ähnliches gilt für die Allée couverte von Les Mureaux (Nr. 50); außer SOM-Material und anderem kam auch eine Glockenbecherscherbe zutage, die wie selbstverständlich dem Dolch zur Seite gestellt wurde.[9] Die Zuordnung erscheint uns nicht unbedingt als zwingend; der Dolch könnte durchaus auch als Importgegenstand zu den SOM-Funden gehören,[10] gibt doch möglicherweise auch der sehr ähnliche Dolch von Gondenans-les-Montby (Nr. 49) mit dem Schädel(?)amulett einen Hinweis auf Beziehungen zur SOM-Kultur. Insgesamt erscheint ein direkter Zusammenhang Dolche Typ Fontbouisse/Glockenbecher derzeit nicht belegbar.[11]

---

[3] Petrequin, La Tuilerie Abb. 9, 3; vgl. A. u. G. Gallay, Arch. Suisses Anthr. Gén. 33, 1968, 22 ff. Abb. 19; J.-P. Thevenot/Strahm u. a., Rev. Arch. Est 27, 1976, 333 ff. bes. 400.

[4] Zu südfranzösischen Knochennadeln s. Clottes, Mégalithes 420 f.

[5] Bailloud, Bassin parisien 208.

[6] G. Costantini, BSPF. 65, 1968, 577 (ossuaire de Lauradou). P. F. Mauser/H. Schickler danke ich für den Hinweis, daß diese Amulette nicht hinreichend bestimmt sind und es sich wohl meist um *Tier*knochen handelt.

[7] Zu dem Begriff Vérazien s. J. Guilaine, in: Actes Narbonne 113 ff.; ders., in: Préhist. Franç. 2, 333.

[8] Mit dieser Zuordnung entfielen auch Überlegungen wie bei P. Ambert, BSPF. 74, 1977, 122. 124, die von vereinfacht dargestellten Fundumständen ausgingen. Vgl. ders., ebd. 70, 1973, 18.

[9] Bailloud, Bassin parisien 345. 348 Abb. 51, 6. 7.

[10] In der Allée couverte von Les Mureaux wurde auch Keramik gefunden, die nicht dem SOM angehört, dabei ein Knickwandgefäß und Scherben mit Kannelurverzierung (L. Verneau, L'Anthropologie 1, 1890, 157 ff. Abb. 9. 10. 12. 13; Bailloud, Bassin parisien 328 vgl. auch 201). Aus Fragen der Kulturzugehörigkeit erscheint es uns wichtig, den Dolch nicht unbesehen nach der Formel Kupferdolch = Glockenbecherkultur als zu der Glockenbecherscherbe gehörend zu betrachten.

[11] Entgegen Gutherz, Fontbouisse 33; er weist Kupferdolche ganz allgemein der Glockenbecherkultur zu und möchte die in Fontbouisse-Fundverband auftretenden Exemplare nur ungern von der Glockenbecherkultur trennen.

Die Frage nach einer möglichen Herkunft der Dolche mit wellig gehämmerten Griffzungenkanten ist noch kaum zu beantworten. Sind Griffzungendolche ganz allgemein weitverbreitetes kupferzeitliches Formengut, so ist doch die Anzahl der auch in Einzelheiten den Dolchen vom Typ Fontbouisse vergleichbaren Stücke noch recht gering.[12]

Ein Kupferdolch von Vinelz mit allerdings glatten Griffzungenkanten[13] ähnelt dem Dolch Nr. 59 von Sainte-Anastasie. Das in etwa rautenförmige Exemplar von Saint-Blaise unterscheidet sich durch umgebördelte Griffzungenkanten und bedingt auch durch seine volle gebundene Schäftung.[14]

Die Höhle von Gobaederra (Alavà), südlich der Pyrenäen in Nordspanien am oberen Ebro gelegen, enthielt in zwei sich überlagernden Bestattungsschichten mit steriler Zwischenschicht neben zahlreichen gestielten und geflügelten Silexpfeilspitzen, Diskusperlen u.a. ein ungewöhnlich reiches Inventar an Kupfergegenständen, dabei auch für Fontbouisse typische Pfriemen und vor allem mehrere auch in Einzelheiten den Fontbouisse-Dolchen sehr ähnliche Kupferdolche, und zwar in beiden Fundschichten. Keramik, die eine kulturelle Zuweisung dieses auch für Nordspanien ungewöhnlichen Fundkomplexes erlauben könnte, ist nicht vertreten.[15] Bei einem in etwa rautenförmigen Kupferdolch von Espuñola (Katalonien) läßt sich nach der Zeichnung nur vermuten, daß die Griffzungenkanten wellig gehämmert sind. Ein Dolch mit leichtem Mittelgrat und abgerundeter Spitze der Bestattung Nr. 1 von Calvari d'Amposta (Tarragona) wurde in einem Glockenbechergrab gefunden, in dem aber auch einheimische kupferzeitliche Keramik vertreten ist.[16]

Relativ guten Vergleich bieten auch Funde von São Pedro de Estoril (Portugal), vor allem mit den rautenförmigen Dolchen Nr. 53–55, eventuell auch Nr. 58 und 60; bei einem der portugiesischen Exemplare sind die Griffzungenkanten allerdings eher gezähnt als wellig gehämmert. Ein Dolch zeigt eine gebogene Heftspur.[17] Zeitlich gehören die Dolche von São Pedro de Estoril vor oder neben die beginnende Glockenbecherkultur,[18] was in etwa dem Zeitansatz der Fontbouisse-Dolche entspricht. Mit Ausnahme des ungewöhnlichen Fundkomplexes von Gobaederra, der auf der Iberischen Halbinsel eher als Fremdkörper wirkt und mit Fontbouisse verglichen wird, erscheinen uns diese Vergleichmöglichkeiten als Beleg für sehr enge Beziehungen oder gar eine wie auch immer gerichtete Herleitung eines Fundbestandes aus dem anderen nicht ausreichend. Die Situation ähnelt ungefähr jener der Kerbdolche (s. S. 20). Eine lokale Typentwicklung ist nicht von der Hand zu weisen. So finden sich z.B. auch für die typischen gegossenen doppelkonischen Kupferperlen, die auch im Fundverband mit Kerbdolchen auftreten, außerhalb Südfrankreichs

---

[12] z.T. wohl auch deshalb, weil auf manchen Abbildungen Einzelheiten wie z.B. die hier als relevant betrachtete wellige Hämmerung der Griffzungenkanten nicht erkennbar sind.

[13] Strahm, Jb. Hist. Mus. Bern 41–42, 1961–62, 447 ff. Abb. 5 b.

[14] Ders., ebd. Abb. 8; s. auch ders., Schnurkeramische Kultur Abb. 31, 203.

[15] J.M. Apellaniz/A. Llanos/J. Fariña, Estud. Arq. Alavesa 2, 1967, 28 ff bes. 43 u. Abb. 6, 58, 61; 7. 9, wenn auch die Datierung nach C 14 recht jung erscheint und nicht unbedingt mit den C 14-Daten des Fontbouissien übereinstimmt; vgl. ders., ebd. 3, 1968, 139 ff; Apellaniz, Materiales 87 f. – Fontbouisse-Pfrieme: Gutherz, Fontbouisse Abb. 34.

[16] Espuñola: Pericot Garcia, Cultura pirenaica 88 Abb. 66 (links). – Calvari d'Amposta: F. Esteve Galvez, Pyrenae 2, 1966, 35 f. Abb. 6, 1; lokale Keramik ders., ebd. 35 Nr. 1 Abb. 8; s. auch Serra Vilaró, Civilització 148 Abb. 145 (nach der Abb. ist nicht zu erkennen, ob die Griffzungenkanten eine leichte Randleiste aufweisen); F. Riuró, Ampurias 5, 1943, 280 ff. Abb. 2, 2–6 (Cramona, Mantilla, Córdoba, Guadalajara); del Castillo Yurrita, Campaniforme Taf. 77, 4.

[17] Leisner, Westen Taf. 90, 135–137, 143, 181, 4.

[18] Müller-Karpe, Handbuch Vorgeschichte III Tl. 2, 977 Nr. 736. Die Dolche von Soloi-Pompeiopolis, Türkei, im Phänotypus sehr ähnlich, sind aus Bronze und wohl auch etwas jünger als die ältesten Fontbouisse-Dolche: ders., ebd. 140 f. Taf. 294, 22, 24.

keine Vergleiche, die Form der Perlen muß wohl im Land entstanden sein; wenn auch die entwickelte Gußtechnik für Import spricht, allerdings nur für Import der Metallbearbeitungstechnik und nicht der Gegenstände selbst.[19] Sicher belegt aber die Kupferindustrie der kupferzeitlichen Gruppen Ferrières, Rodézien und Fontbouissien[20] einen starken Einfluß oder Anstoß von außerhalb, der sich auch in anderen Kulturzeugnissen wie etwa der Bauweise von Le Lébous, einer Befestigungsanlage des Fontbouissien manifestiert.[21]

Verbreitung (Taf. 42, B): Die Dolche mit wellig gehämmerter Griffzunge weisen eine im Schwerpunkt von den Kerbdolchen verschiedene Verbreitung auf, auch wenn sich die Gebiete randlich überschneiden und an zwei Fundstellen (Fontbouisse, Tournemire) sowohl Kerbdolche als auch Fontbouisse-Dolche vorkommen. Sind die Kerbdolche in der Hauptsache auf den Grands Causses vertreten, so finden sich die Fontbouisse-Dolche, weiter streuend, meist in Küstennähe zwischen den Cévennes und dem Mittelmeer (Départments Aude, Gard, Hérault), also ganz allgemein im Languedoc, dem Hauptverbreitungsgebiet der Kulturen Ferrières und Fontbouisse.[22] Nur drei Dolche treten außerhalb dieses Bereiches auf, wobei der Dolch von Gondenans-les-Montby (Nr. 49) eine geographische Brücke zu der Fontbouisse etwa zeitgleichen Saône-Rhône-Kultur schlagen kann.[23] Der leider verschollene Dolch von Saint-Vallier-de-Thiey (Nr. 39) ist, abgesehen von dem Exemplar von Roussas (Nr. 30) bisher einziger Vertreter früher Metalldolche in der Provence;[24] offenbar spielen die Kupfervorkommen rechts der Rhône[25] eine sehr wichtige Rolle für die Niederlassung und Entwicklung früher Metallindustrie.

Dolche mit einfacher, dreieckiger Griffzunge

Bei insgesamt fünf Dolchen ist die Griffzunge in Form eines Dreieckes, d.h. spitz zulaufend ausgebildet; sie weist keinerlei weitere Bearbeitungsspuren wie Hämmerung oder Dengelung auf. Der Klingenquerschnitt ist flachoval, die Schneiden sind meist gedengelt. Die Dolche sind relativ flach und bei Längen von ca. 12–16 cm sehr schmal (Nr. 65: B. 1,8 cm).

64. Moustier, Dép. Lot-et-Garonne. – Le Rangaud; aus Gruben unbestimmter Bedeutung in einer Sandgrube. – Kupferdolch, Schneiden gedengelt, Heftspur, L. 15,7 cm, B. 3,1 cm *(Taf. 3, 64;* nach Coffyn). – Slg. Moisan, Libourne. – A. Coffyn/L. Moisan, BSPF. 66, 1969, 211 ff. Abb. 1; 2, 1.

65. Rouffignac-de-Sigoulès, Dép. Dordogne. – Grotte de Fontanguillère; Bestattungshöhle mit zeitlich sehr vermischtem Inventar; kupferzeitliche Funde (Fundzusammenhang nicht belegt): drei weitere Dolche (Nr. 66. 69. 72), Palmelaspitze, Kupferflachbeil. – Flacher Dolch, Schneiden gedengelt, Heftspur, L. 13,1 cm, B. 1,8 cm *(Taf. 4, 65).* – Mus. Bergerac. – P. Saumagne, BSPF. 31, 1934, 152 f. mit Abb.; R. Riquet, ebd. 56, 1959, 189 ff. Abb. 1, 10; Roussot, Catalogue Nr. 157 Abb. auf S. 66; J. Roussot-Larroque, in: Préhist. Franç. 2, 348 f. Taf. 4, 39.

66. Rouffignac-de-Sigoulès, Dép. Dorgogne, –

---

[19] s. E. Sangmeister, in: Festschr. Varagnac 653.

[20] Allgemein zum Typenspektrum der Fontbouisse-Metallformen und zur Kupferindustrie s. Gutherz, Fontbouisse 31 ff. 55; J. Arnal, Bull. Mus. Monaco 20, 1975–76, 143 ff.; Arnal/C. Burnez/J. Roussot-Larroque; BSPF. 64, 1967, 534. 545 f. 562 Taf. 1, 2. 3; J.L. Roudil, Preist. Alpina 10, 1974, 43 ff. – Gold: Ch. Eluère, BSPF. 74, M 77, 407 ff.

[21] s. S. 21 Anm. 59.

[22] Arnal/Burnez/Roussot-Larroque, BSPF. 64, 1967, 527 ff.

[23] Thevenot/Strahm u.a., Rev. Arch. Est 27, 1976, 333 ff.

[24] Courtin, Néolithique 209. – Den Metallformen vergleichbare Silexdolche kommen jedoch vor, z.B. Perpétairi, Dép. Drôme; Roaix, Dép. Vaucluse, in einer Schicht mit einer Perle aus aufgerolltem Kupferblech (ders., ebd. 180 ff. 193. 256 Abb. 109, 1; 110, 1; ders., Gallia Préhist. 4, 1961. 193 Abb. 1, 3).

[25] s. S. 20 Anm. 48–50.

Grotte de Fontanguillère; Bestattungshöhle vgl. Nr. 65. – Flacher Dolch, Schneiden gedengelt, Spitze beschädigt, drei horizontale Spuren vom Heft (?), L. noch 13,1 cm, B. 2 cm *(Taf. 4, 66).* – Mus. Bergerac. – Roussot, Catalogue Nr. 156 Abb. auf S. 66; J. Roussot-Larroque, in: Préhist. Franç. 2, 348f. Taf. 4, 40.

67. Gergy, Dép. Saône-et-Loire. – Aus der Saône. – Dolch, Griffzungenende leicht verbogen, Schneiden gedengelt, L. 15,9 cm, B. 3,3 cm *(Taf. 4, 67).* – Mus. Chalon-sur-Saône (2–12–1961/61. 9. 1). – L. Armand-Calliat, Rev. Arch. Est 13, 1962, 291 Abb. 72, 3; Bonnamour, Chalon-sur-Saône Nr. 59.

68. Dracy-le-Fort, Dép. Saône-et-Loire. – Les Varennes; Oberflächenfund. – In der Längsachse leicht verbogener, schlecht erhaltener Dolch, L. noch 11,4 cm, B. 2,1 cm *(Taf. 4, 68).* – Mus. Chalon-sur-Saône (62. 4. 1). – L. Armand-Calliat, Rev. Arch. Est 13, 1962, 289f. Abb. 72, 1; Bonnamour, Chalon-sur-Saône Nr. 58.

Den erhaltenen Heftspuren nach waren die unteren Griffenden unterschiedlich ausgebildet. Der Dolch von Moustier (Nr. 64) weist eine stark gebogene Griffspur auf, der Dolch Nr. 66 von Rouffignac-de Sigoulès eine nur schwach gebogene. Bei einem zweiten Dolch der gleichen Fundstelle (Nr. 65) sind auf der Griffzunge drei horizontale Spuren erkennbar. Entweder wurde der Dolch insgesamt dreimal verschieden geschäftet, oder aber die beiden oberen Spuren, die jeweils auf einen leichten Griffzungenabsatz zulaufen, überliefern eine Vorrichtung zur besseren Befestigung des Griffes.

Die Schneidendengelung beginnt jeweils erst unterhalb der Heftspur und ist möglicherweise erst nach der Befestigung des Griffes erfolgt, im Gegensatz zu einigen Fontbouisse-Dolchen (Nr. 36-39), bei denen Schneiden und Griffzungen durchgehend gedengelt sind.

Zeitstellung: Bei diesen Dolchen handelt es sich mehr oder weniger um Einzelfunde: Der Dolch von Moustier (Nr. 64) wurde zwar aus einer Grube geborgen, jedoch ohne Beifunde, der von Dracy-le-Fort (Nr. 68) ist ein Oberflächenfund, das Exemplar von Gergy (Nr. 67) ein Flußfund, bei den beiden Dolchen von Rouffignac-de-Sigoulès (Nr. 65. 66) fehlen leider Beobachtungen der Fundumstände. Da in der Höhle auch eine Palmela-Spitze gefunden wurde, betrachtete man die Dolche ganz allgemein als Glockenbecherdolche.[1] Der Fund von Moustier wurde nach Formkriterien gleichfalls der Glockenbecherkultur zugewiesen,[2] während die Dolche von Dracy-le-Fort und Gergy unter dem Formenbestand der Saône-Rhônekultur aufgeführt werden;[3] sie ähneln einerseits den im Fundverband auftretenden Silexdolchen dieser Kultur, andererseits auch den Silex- und Metalldolchen der schweizerischen Kupferzeit[4] und der Rautenform der Fontbouisse-Dolche.

Verbreitung: Spielte bei den Dolchen von Dracy und Gergy die geographische Lage der Fundstellen an der Saône sicher eine Rolle bei der kulturellen und chronologischen Einordnung, so liegen die Fundorte der Dolche von Moustier und Rouffignac, nach dem derzeitigen Stand der Forschung, in Südwestfrankreich südlich Bergerac außerhalb der Verbreitungsgebiete bisher erfaßter kupferzeitlicher Kulturen oder Gruppen.[5]

---

[1] J. Roussot-Larroque, in: Préhist. Franç. 2. 348f. Taf. 4, 38; s. auch Anm. 6.

[2] A. Coffyn/L. Moisan, BSPF. 66, 1969, 212.

[3] J.-P. Thevenot/Ch. Strahm u.a., Rev. Arch. Est 27, 1976, 399 Abb. 33 Nr. 42. 57.

[4] Strahm, Jb. Hist. Mus. Bern 41–42, 1961–62, 447ff.

[5] Die Fundstellen Rouffignac-de-Sigoulès und Moustier liegen südlich des bisher bekannten Verbreitungsgebietes der Artenac-Kultur (Bailloud/Burnez, BSPF. 59, 1962, Abb. 3), die zum Teil vergleichbare Silexdolche aufweist (diess., ebd. Abb. 1, 2). Die Station Grotte de Marsa, Beauregard, Dép. Lot deutet aber wohl eine mögliche Erweiterung des Artenac-Gebietes nach Südosten an (A. Galan, Gallia Préhist. 4, 1961, 91 ff.).

Vier sehr kleine Dolche können hier möglicherweise angeschlossen werden. Die nicht weiter bearbeiteten Griffzungen weisen zwar kein spitz zulaufendes Ende auf (dieses ist vielmehr gerade bis leicht abgerundet), die Dolche haben aber ansonsten eine den Dolchen mit dreieckiger Griffzunge sehr ähnliche Form.

69. Rouffignac-de-Sigoulès, Dép. Dordogne. – Grotte de Fontanguillère; Bestattungshöhle vgl. Nr. 65. – Kleiner Griffzungendolch, L. 5,5 cm, B. 1,5 cm (*Taf. 4, 69;* nach A. Coffyn). – Aufbewahrungsort unbekannt (nach Mitt. Coffyn verkauft).
70. Vilhonneur, Dép. Charente. – Bois-de-Roc, Siedlung unter einem Abri-sous-Roche mit vorwiegend mittel- bis spätbronzezeitlichem Inventar; mit Vorbehalt als kupferzeitlich ausgesondert: zwei Griffzungendolche (Nr. 70. 71), den Kerbdolchen verwandte Sonderform (Nr. 32). – Fragment eines kleinen Griffzungendolches, Heftspur, L. noch 5,4 cm, B. 1,7 cm (*Taf. 4, 70;* nach Gomez). – Verschollen. – Gomez, Bassin de la Charente Abb. 2, 7.
71. Vilhonneur, Dép. Charente. – Bois-du-Roc; Siedlung vgl. Nr. 70. – Kleiner Dolch, L. 4,8 cm, B. 1,1 cm (*Taf. 4, 71;* nach Gomez). – Verschollen. – de Mortillet, Musée Préhistorique Taf. 85, 1050; Gomez, Bassin de la Charente Abb. 2, 8.
72. Rouffignac-de-Sigoulès, Dép. Dordogne. – Grotte de Fontanguillère; Bestattungshöhle vgl. Nr. 65. – Kleiner Dolch mit kaum abgesetzter Griffzunge, L. 6,7 cm, B. 1,5 cm (*Taf. 4, 72;* nach A. Coffyn). – Aufbewahrungsort unbekannt.

Zeitstellung: Diese vier, außer in der Form auch in den Dimensionen sehr ähnlichen Dolche (L. 4,8–6,7 cm, B. 1,1–1,7 cm), sind zeitlich oder kulturell schwer einzuordnen. Nähere Fundbeobachtungen liegen nicht vor; die Stücke sind derzeit nicht auffindbar, so daß auch keine Metallanalyse eine Zuordnung zumindest ganz allgemein zur Kupferzeit bestätigen könnte. Bei den beiden kleinen Dolchen von Rouffignac (Nr. 69. 72) ist wie bei den Dolchen Nr. 65. 66 durch die aus derselben Höhle stammende Palmelaspitze eine Zuordnung zur Glockenbecherkultur möglich, aber nicht ganz sicher.[6]

Verbreitung: Die beiden Fundstellen Vilhonneur und Rouffignac-de-Sigoulès liegen nicht allzuweit voneinander entfernt im südwestlichen Frankreich (Aquitaine/südliches Centre-Ouest), außerhalb bisher bekannter kupferzeitlicher Kulturprovinzen.

---

[6] Während Palmelaspitzen auf der Iberischen Halbinsel nicht nur in Kollektivgräbern, sondern auch in Einzelgräbern mit Glockenbechern und vor allem auch Dolchen zusammen auftreten (R. J. Harrison, Madr. Mitt. 15, 1974, 77ff.), wurde von den etwa 15 aus Frankreich bekannten Palmelaspitzen bisher nur eine in annähernd sicherem Glockenbecherzusammenhang gefunden: Château-Neufles-Martigues, Dép. Bouches-du-Rhône, Station Fortindu-Saut, Siedlung mit Glockenbecherkeramik und lokaler Kupferzeit: J. Courtin/G. Sauzade, BSPF. 72, 1975, 187 Abb. 2, 3; vgl. auch Courtin/G. Onoratini, in: Congr. préhist. France 20, Provence 1974 (1976), 117 Karte Abb. 6. Der Dolch von Moëlan [Nr. 99] wird versehentlich als Palmelaspitze aufgeführt (ebd.). In Moulins, Dép. Deux-Sèvres, soll nach G. Cordier (in: Préhist. Franç. 2, 544) eine Palmelaspitze gefunden worden sein, es handelt sich aber eher um einen Dolch (vgl. Nr. 120). Palmelaspitzen in Frankreich: Château-Neuf-les-Martigues (s. oben); Saint-Amand-sur-Sèvre, Dép. Deux-Sèvres, Oberflächenfund (ders., ebd. 544); La Riorthe, Dép. Vendée (Gomez/R. Joussaume, BSPF. 75, 1978, 121 ff.); Saint-Just (Pépiron), Dép. Charente-Maritime, aus oder unter einer römischen Siedlung (Coffyn, BSPF. 66, 1969, 56 Abb. 1; Gomez, Bassin de la Charente Abb. 2, 6); Locmariaquer (Kercadoret), Dép. Morbihan, aus Dolmen (J. L'Helgouach, in: Préhist. Franç. 2, 373 Abb. 4, 16); Nantes (Rézé-Trentemoult), Dép. Loire-Atlantique, Depot, zusammen mit Kupferflachbeilen (M. Baudouin, BSPF. 20, 1923, 326 Abb. 4; Joussaume, in: Préhist. Franç. 2, 363 Abb. 3, 31; Cordier, ebd. 544); Pommiers, Dép. Aisne, Einzelfund (Mus. Chalon-sur-Saône); Ariège, Dép., Corbères, Dép. Pyrénées-Orientales und Massac, Dép. Aude, Einzelfunde (Guilaine, Languedoc 54. 56. 396 Abb. 12, 10. 12; Guilaine/Vaquer, Débuts Abb. 3, 9); Bizannet (Fontlaurier), Dép. Aude, Einzelfund (Guilaine, Languedoc 65. 387 Abb. 12, 11; Guilaine/Vaquer, Débuts Abb. 3, 10); Navacelles, Dép. Gard, zwei palmela-ähnliche Spitzen aus einem Dolmen (Mus. Lodève). Insgesamt treten die Palmelaspitzen vorwiegend im atlantischen oder mediterranen Küstenbereich Frankreichs auf.

Dolchspitzen

Von bisher zwölf Fundstellen sind Dolche bekannt, von denen meist nur die Spitzen erhalten sind. Eventuell gehören auch die Fragmente Nr. 140. 143 zur Gruppe der Dolchspitzen.

73. Trèves, Dép. Gard. – Grotte du Pas de Joulié; Bestattungshöhle mit einheitlichem Ferrières-Inventar, darunter auch Perlen aus Kupferblech. – Spitze einer Kupferdolchklinge, in einer menschlichen Wirbelsäule steckend *(Taf. 4, 73;* nach Photo Costantini). – Mus. Millau. – G. Costantini, in: Actes Narbonne 125; Gutherz, Fontbouisse 31; Guilaine/Vaquer, Débuts 50 Abb. 1, 16–18.

74. Brouzet-les-Alès, Dép. Gard. – Grotte de Serre; Bestattungshöhle, stratigraphische Abfolge Ferrières-Fontbouisse. Dolch nicht stratifiziert. – Spitze einer Dolchklinge, L. 3,5 cm, B. 1,8 cm *(Taf. 4, 74).* – Mus. Alès (120). – Gutherz, Fontbouisse Abb. 31,4.

75. Boucoiran-et-Nozières, Dép. Gard. – Grotte de Fontbouisse; Bestattungshöhle mit einheitlichem Fontbouisse-Material. – Spitze einer Dolchklinge, L. 5 cm, B. 2,1 cm *(Taf. 4, 75).* – Mus. Alès. – Gutherz, Fontbouisse Abb. 31,5.

76. La Livinière, Dep. Hérault. – Parignoles; Streufund aus einer kupferzeitlichen Siedlung. – Spitze einer Kupferdolchklinge mit leichtem einseitigem Mittelgrat, L. 4,4 cm, B. 1,9 cm *(Taf. 4, 76;* nach Ambert). – Slg. Ambert, Olonzac. – P. Ambert, BSPF. 74, 1977, 122 Abb. 1, 5.

77. Saint-Martin-de-Londres, Dép. Hérault. – Dolmen de Cayla; kleiner Dolmen unter Hügel; Kollektivgrab; kupferzeitliches Inventar: Silexdolche, darunter zwei einseitig polierte Exemplare sowie Kerbdolche, Pfeilspitzen, Perlen aus Stein, Muscheln und Knochen. – Spitze eines Kupferdolches mit Mittelgrat, L. 2,9 cm, B. 0,7 cm *(Taf. 4, 77).* – Slg. Arnal, Saint-Mathieu-de-Tréviers. – J. Arnal. Ampurias 15, 1953, 92; ders., Dolmens 110; Abb. 15; Gutherz, Fontbouisse 31 Nr. 16.

78. Argelliers, Dép. Hérault. – Grotte de Rabassié; Bestattungshöhle; vorwiegend kupferzeitliches Material („Chalcolithique"). – Spitze einer Dolchklinge, L. 1,5 cm B. 1,1 cm *(Taf. 4, 78).* – Mus. Montpellier. – J. Vallon, Cah. Ligures 10, 1961, 121.

79. Creissels, Dép. Aveyron. – Grotte 1 des Cascades, vgl. Nr. 21, Streufund aus der Höhle. – Spitze einer Dolchklinge, L. 1,4 cm, B. 1 cm *(Taf. 4, 79).* – Mus. Millau. – G. Costantini, BSPF. 62, 1965, 659 Abb. 3, 8.

80. Beauregard, Dép. Lot. – Grotte de Marsa; Siedlungs- und Bestattungshöhle mit reichhaltigem, stratifiziertem Material; das Dolchfragment stammt aus Schicht 2: Artenacien mit Knochennadeln, Kupferperlen u.a.m. *(Taf. 47, D).* – Spitze eines Kupferdolches, leichter Mittelgrat, L. 5,5 cm, B. 1,3 cm *(Taf. 4, 80;* nach Galan). – Mus. Montauban. – A. Galan, Gallia Préhist. 4, 1961, 114 Abb. 53.

81. Sainte-Anastasie, Dép. Gard. – Grotte des Frères; Bestattungshöhle mit Fontbouisse-Material. – Spitze eines Kupferdolches. – Mus. Montpellier, derzeit nicht auffindbar. – M. Louis, Cah. Ligures 2, 1953, 131.

82. Saint-Rome-de-Cernon, Dép. Aveyron.– Grotte 1 de Sargel; Schicht 10 (über einer Chasséen-Schicht), Kollektivgrab. – Flaches Kupferstück („Klinge aus Kupfer"), Dolchfragment (?), L. 4,7 cm, B. 2,5 cm *(Taf. 4, 82;* nach Guilaine u. Vaquer). – G. Costantini, in: Actes Narbonne 125; Guilaine/Vaquer, Débuts 50 Abb. 1, 19.

83. Octon, Dép. Hérault. – Dolmen 2 de Toucou; Kollektivgrab; Funde: kleiner Kupferpfriem, horizontal gelochte Kugelkopfnadel, Silexgeräte, darunter gezähnte Pfeilspitzen, Scherben. – Flacher Kupfer- oder Bronzegegenstand, evtl. Fragment eines Dolches mit abgerundeter Spitze, L. 4,6 cm, B. 2,4 cm *(Taf. 4, 83;* nach Cah. Ligures). – Dépôt de fouilles du Groupe archéologique lodévois, Lodève. – Groupe archéologique lodévois, Cah. Ligures 10, 1961, 49 Abb. 22, 1. 3.

84. Andon, Dép. Alpes-Maritimes. – Tholos 2 des Canaux; Kollektivgrab unter Hügel; ca. 25 Individuen; Funde: rautenförmige Silexpfeilspitzen, 40 Krallenanhänger, kleiner Ring oder Perle aus Kupfer, Perle vom Typ Durfort, ca. 1000 Diskusperlen aus Stein, Muschel und Knochen, verzierte Keramik. – Dolchspitze („le bout d'un gros poignard"). – Verschollen. – C. Boltin/P. Goby, in: Congr. préhist. France 2, Vannes 1906 (1907), 397; Courtin, Néolithique 220.

Zeitstellung und Kulturzugehörigkeit: Die zwölf Dolchfragmente – zehn oder elf Dolchspitzen, ein nicht näher definierbares Bruchstück – sind meist Grabbeigaben in Kollektivbestattungen

Dolche mit schmaler Griffzunge

(sicher: Nr. 73. 75. 77. 78. 81–84, wahrscheinlich: Nr. 79. 80) mit entweder stratigraphisch abgesichertem oder homogenem Fundverband. Eine Dolchspitze (Nr. 76) ist ein Streufund aus einer Siedlung. Lediglich die Funde aus dem Dolmen von Octon (Nr. 83) weisen eine breitere chronologische Streuung auf; das Dolchfragment ist möglicherweise das einzige der Fragmente aus Bronze und nicht aus Kupfer. Nach Aussage der Beifunde verteilen sich die Dolchspitzen auf die folgenden Kulturgruppen: Ferrières (Nr. 73), Fontbouisse (Nr. 75. 81), Ferrières oder Fontbouisse (Nr. 74. 84), Rodézien/Groupe de Treilles (Nr. 77. 79. 82), Artenacien (Nr. 80). In nicht näher benannte Kupferzeit gehören Nr. 76. 78, in die Kupfer- oder Bronzezeit Nr. 83.

Die Fundverbände sind fast ausnahmslos die gleichen wie die der kupferzeitlichen Kerbdolche (s. S. 16 ff.) und der Griffzungendolche von Typ Fontbouisse (s. S. 25 ff.). Es kann sich also bei den Dolchspitzen um Fragmente von Kerbdolchen (die Spitze Nr. 77 ist mit Silexkerbdolchen zusammen gefunden) oder von Fontbouisse-Dolchen handeln. Für letzteres spricht auch der leichte Mittelgrat der Fragmente Nr. 76. 77. 80 (vgl. Nr. 45. 47. 50).

Verbreitung (Taf. 43, B): Wie bereits aus der besprochenen Kulturzugehörigkeit der Dolchspitzen hervorgeht, haben sie ungefähr das gleiche Verbreitungsgebiet wie die kupferzeitlichen Kerbdolche und die Dolche Typ Fontbouisse; sie finden sich nur in einem eng begrenzten Raum Südfrankreichs, in der Kupferzeit Frankreichs kommen Dolchspitzen dieser Art sonst nicht vor.

Dolche mit schmaler Griffzunge

Kleine Dolche der Art Soyons

Eine Anzahl kupferzeitlicher Dolche (Nr. 85–100) zeichnet sich durch einfache, schmale Griffzungen aus: unter ihnen läßt sich eine Gruppe kleiner Dolche, die den Ciempozuelos-Dolchen ähneln, zusammenfassen. Bei diesen sind die Griffzungen relativ lang, die Griffzungenkanten verlaufen fast parallel. Bei zweien sind die Kanten gehämmert: Der Dolch von Soyons (Nr. 85) weist kleine Schlagspuren auf, der von Avignon (Nr. 86) an jeder Kantenseite vier sehr gleichmäßig angebrachte, kerbenähnliche Einbuchtungen. Drei Dolche (Nr. 85. 89. 90) haben gedengelte Schneiden. Die Schulterpartien dieser „kleinen" Dolche (L. 6,2–10,8 cm, B. 2,1–3,8 cm) sind deutlich, bis zur Rautenform betont, auch bei dem sehr schmalen Exemplar von Saint-Rémy-de-Provence (Nr. 87).

85. Soyons, Dép. Ardèche. – In der Umgebung; kleine, zerstörte Steinkiste unter Hügel, wahrscheinlich Hockerbestattung; Funde: Fragment einer triangulären Silexpfeilspitze, verzierte Glockenbecherkeramik, Silberperle (aus dem Aushub einer alten Grabung). – Kupferdolch mit schmaler, an den Kanten leicht gehämmerter Griffzunge, Schneiden gedengelt, L. 8,8 cm, B. 3,8 cm *(Taf. 4, 85; nach Bill)*. – Mus. Soyons. – A. Blanc, Cah. Rhodan. 5, 1958, 30 ff. Abb. 2; J. Arnal/J. Blanc, Arch. Prehist. Levant. 8, 1959, 145 ff. Abb. 2; Bill, Glockenbecher 82 Taf. 5, 1; Guilaine/Vaquer, Débuts 56 Abb. 3, 3.

86. Avignon, Dép. Vaucluse. – La Balance; Siedlung; nach Fundbericht mit Fontbouisse-Ferrières- und Glockenbechermaterial in einer Schicht. – Kupferdolch mit schmaler, seitlich gekerbter Griffzunge, L. 9,7 cm, B. 3,4 cm *(Taf. 4, 86; nach Courtin)*. – Mus. Avignon. – Gallia Préhist. 11, 1968, 493 Abb. 1; Bill, Glockenbecher Taf. 4; Courtin, Néolithique 251. 313 Abb. 93, 9; J. Courtin/G. Sauzade, BSPF. 72, 1975, 187 Abb. 2, 2.

87. Saint-Rémy-de-Provence, Dép. Bouches-du-Rhône. – Abri de Romanin; Siedlung (?); Funde: Silexgerät, Steinarmring. – Sehr schmaler Kupferdolch mit langer Griffzunge, Mittelgrat, Spitze fehlt, L. noch 8,9 cm, B. 2,1 cm *(Taf. 4, 87)*. – Centre

Archéologique, Hôtel de Sade, Saint-Rémy. – Bill, Glockenbecher Taf. 6, 2; J. Courtin/G. Sauzade, BSPF. 72, 1975, 187 Abb. 2, 1.

88. Saône, Dép. Saône-et-Loire. – Aus der Saône, nahe bei Chalon-sur-Saône. – Kupferdolch mit langer Griffzunge, L. 10,8 cm, B. 3,1 cm (*Taf. 4, 88;* nach Cabrol). – Verschollen. – A. Cabrol, BSPF. 36, 1939, 407 Abb. 1; Bill, Glockenbecher Taf. 7, 26.

89. Thouars, Dép. Deux-Sèvres. – An der Gemeindegrenze zu Saint-Léger-de-Montbrun, Dolmen II de Puyraveau; der Dolmen wurde 1965 ausgeraubt, das Fundmaterial ist in mehreren Privatsammlungen verstreut; bisher sind bekannt geworden: zahlreiche Silexpfeilspitzen, Silexdolche, Keramik ähnlich SOM, Glockenbecherscherbe. – Kupferdolch mit langer Griffzunge, Schneiden gedengelt, L. 8,6 cm, B. 3 cm (*Taf. 4, 89;* nach Pautreau u. Hebras). – Aufbewahrungsort unbekannt (Privatbesitz). – J.-P. Pautreau/Ch. Hebras, BSPF. 69, 1972, 605 Abb. 1, 4.

90. Château-Larcher, Dép. Vienne. – Tumulus du Plateau de Thorus; zerstörter kleiner Grabhügel mit Steineinbauten; Funde: gestielte und geflügelte Silexpfeilspitzen, auch mit rechteckigen Flügelenden, Querschneider (?), Steinperlen, Scherben eines Glockenbechers, unverziertes Gefäß (?). – Kupferdolch mit langer Griffzunge, Schneiden gedengelt, L. 6,2 cm, B. 2,5 cm (*Taf. 4, 90;* nach Patte). – Mus. Poitiers (?). – E. Patte, Gallia Préhist. 14, 1971, 230 ff. Abb. 45, 17.

Zeitstellung und Kulturzugehörigkeit: Im Zusammenhang mit den bisher behandelten kupferzeitlichen Dolchen war die Frage nach der Zeitstellung primär eine Frage der Kulturzugehörigkeit. Dies ist auch hier grundlegend. Die sich daraus ergebenden Folgen für die Zeitstellung werten wir mit der weiterer Griffzungendolche aus (s. S. 40ff.).

Mit dem Fund von Soyons (Nr. 85) erfassen wir eine der im Rahmen der Kupferzeit in Frankreich relativ seltenen Einzelbestattungen,[1] wenn auch der Befund durch ältere Raubgrabungen gestört war. Der Dolch von Soyons ist Beigabe eines Grabes der Glockenbecherkultur, nach Aussage der mitgefundenen Keramik einer lokalen, nach Süden orientierten Gruppe („Bas-Rhodanien" oder „provençal", der „Pyrenäengruppe" verwandt[2]). Vergleichbare Keramik wurde auch in der Siedlung „La Balance" bei Avignon (Nr. 86) gefunden, zusammen mit Glockenbecherscherben des „internationalen Stiles" (besser: „westeuropäisch").[3] Nach einem ersten Fundbericht sollen in der Siedlung in einer Schicht Funde des Ferrières, Fontbouisse und der Glockenbecherkultur auftreten,[4] ein Fundverband, der, was die Ferrières-Kultur anbetrifft, der bisher bekannten und weitgehend akzeptierten kupferzeitlichen Relativchronologie Südfrankreichs widerspricht. Nach allen anderen stratigraphischen Befunden ist Ferrières allgemein älter als Fontbouisse und die Glockenbecherkultur (s. S. 18. 24. 40). Von der Siedlung La Balance abgesehen ist auch nirgendwo bisher ein Kontakt Ferrières/Glockenbecher feststellbar. In weiteren Berichten über die Station La Balance wurde das Ferrières auch nicht mehr als solches genannt: J. Courtin bezeichnete die lokalen kupferzeitlichen Funde mit „Chalcolithique" oder „Ferrières évolué",[5] also weiterentwickeltes Ferrières, das Fontbouisse zeitlich gleichgestellt sein kann, oder er faßte die Scherben der einheimischen Kupferzeit zu einem „Languedocien" oder „Pasteurs languedociens" zusammen.[6] J. Bill diskutierte die Eindeutigkeit des Befundes selbst,[7] während C. Burnez in den sogenannten Ferrières-Scherben eine Lokalvariante des Fontbouisse mit Ferrières-Tradition sehen wollte.[8] Wie dem auch sei, läßt sich doch feststellen, daß die Keramik von La Balance dem Ferrières nicht ganz eindeutig entspricht; vor einer detaillierten Bearbeitung des Materiales läßt sich Endgültiges wohl

---

[1] Steinkistengräber mit Glockenbechern in Südfrankreich: J. Guilaine, Cah. Ligures 14, 1965, 34f.
[2] Ders., in: Glockenbecher Symposium 361 ff.; ders., in: IXe Congr. UISPP. (1976), Colloque XXIV 197 ff.
[3] Ders., in: Glockenbecher Symposium 367.
[4] Gallia Préhist. 11, 1968, 493.
[5] Courtin/Sauzade, BSPF. 72, 1975, 187.
[6] Courtin, Néolithique 212. 313 Abb. 72 („Fontbouissien"). 73 („Ferrières"). 74 („Languedocien").
[7] Bill, in: Glockenbecher Symposium 349.
[8] Burnez, Néolithique 237 ff.

nicht sagen. Wie bei vielen Siedlungen werden die Glockenbecherscherben als eine Art Import oder Fremdkörper in einem lokalen Fundverband betrachtet, die Station gilt also nicht als eigentliche Glockenbechersiedlung. Im Formvergleich zu dem sicher mit Glockenbechern vergesellschafteten Dolch von Soyons möchte man den Dolch von La Balance aber doch eher dem Glockenbecheranteil des Fundbestandes zuordnen; möglicherweise sind die eigenartigen, bisher singulären Kerben der Griffzunge und das Auftreten in einer Siedlung auf Fontbouisse-Einfluß zurückzuführen.

Der Dolch Nr. 88 ist ein Flußfund; das Exemplar von Thouars (Nr. 89) wurde bei Raubgrabungen in einem Dolmen gefunden, dessen Material nur teilweise bekannt ist. Der größte Teil der Beifunde gehört zu einer westfranzösischen Variante der SOM-Kultur, der Gruppe Vienne-Charente, in etwa vergleichbar und zeitgleich mit dem Artenacien (s. S. 18[9]). Außerdem kennt man von der Fundstelle eine Glockenbecherscherbe; aus denselben Gründen wie bei dem Dolch von La Balance kann der Dolch von Thouars der Glockenbecherkultur angehören, auch wenn er sich von den bisher bekannten westfranzösischen Glockenbecherdolchen formenmäßig etwas unterscheidet.[10]

Eine genauere Beobachtung der Fundumstände des Dolches von Château-Larcher (Nr. 90) liegt nicht vor. Mit Sicherheit handelt es sich aber um einen Grabfund, wobei nicht mehr zu klären ist, ob das sonstige Grabinventar des Hügels mit dem Dolch unmittelbar vergesellschaftet war. Mit den Glockenbecherscherben und den gestielten und geflügelten Silexpfeilspitzen, die in Frankreich in Glockenbechergräbern recht häufig sind (vgl. Nr. 92 und S. 24), kann es sich eventuell um eine Einzelbestattung ähnlich Soyons handeln.

Verbreitung (Taf. 43, A): Wie bereits die Verzierungsart der Keramik von Soyons und Avignon (La Balance) andeutet, liegen die beiden Fundstellen im Verbreitungsgebiet der südfranzösischen Glockenbechergruppen (Provence- und Pyrenäengruppe).[11] Der Dolch aus der Saône bei Chalon-sur-Saône könnte nach der geographischen Lage seiner Fundstelle ebenso der Saône-Rhônekultur als auch einer Glockenbechergruppe an der oberen Saône angehören.[12] Die Fundstelle von Thouars im Centre-Ouest liegt sowohl im Bereich der Vienne-Charente-Gruppe als auch der westfranzösischen Glockenbecher,[13] die von Château-Larcher im östlichen Bereich dieser Glockenbecherprovinz.

Dolche mit schmaler, einfacher Griffzunge vom Typ Bois-en-Ré

Die Dolche vom Typ Bois-en-Ré mit einfacher schmaler Griffzunge weisen in den Längen zwei deutliche Gruppierungen auf: Kleinere Dolche (Nr. 91–94: L. ca. 11–14 cm) und ausgesprochen lange Exemplare (Nr. 95–98: L. 20,5–43 cm). Alle Dolche, auch die sehr langen, sind relativ schmal (B. 2,5–4 cm; Nr. 98: 6,4 cm). Die Schneiden sind meist gedengelt, in einem Falle (Nr. 98) auch die Ränder der Heftpartie. Die schmalen, nicht sehr langen Griffzungen haben einen geraden bis

---

[9] J.-P. Pautreau/C. Hebras, BSPF. 69, 1972, 606.
[10] Ebd.
[11] F. Treinen, Gallia Préhist. 13, 1970, 314 f. (Karten). – Provence: Courtin, Néolithique, Karten 10. 11.
[12] J.-P. Thevenot/Ch. Strahm, Rev. Arch. Est 22, 1977, 404 Abb. 35; A. u. G. Gallay, Arch. Suisses Anthr. Gén. 33, 1968, 67 Abb. 20.
[13] Burnez, Néolithique Abb. 80. 86; Treinen, Gallia Préhist. 13, 1970, 311 (Karte C); R. Riquet/Guilaine/A. Coffyn, ebd. 6, 1963, 63 ff. Abb. 1; bes. R. Joussaume, L'Anthropologie 80, 1976, 144 Abb. 2; Tabelle S. 146.

abgerundeten Abschluß, allerdings sind die Enden meist schlecht erhalten. Die wenigen Heftspuren sind leicht bogig. Im Gegensatz zu den kleinen Dolchen der Art Soyons ist die Schulterpartie wenig betont, der Übergang Klinge/Griffzunge fließend. Die Spitzen der Klingen sind bisweilen abgerundet.

91. Le-Bois-en-Ré, Dép. Charente-Maritime. – Dolmen de Peu-Pierroux (?); nach Burnez Einzelfund von der Ile de Ré. – Kupferdolch mit schmaler Griffzunge, L. 10,5 cm B. 2,3 cm (*Taf. 4, 91;* nach Unterlagen Gomez). – Mus. Saint-Martin-de-Ré (derz. nicht auffindbar). – C. Burnez, BSPF. 59, 1962, 449; J.-R. Colle, ebd. 61, 1964, 360; Burnez, Néolithique 279 Abb. 83, 8; Gomez, Bassin de la Charente Abb. 2, 11.

92. Wallers, Dép. Nord. – Aremberg; Einzelgrab ohne genauere Fundbeobachtung. – Kupferdolch mit schmaler Griffzunge, Schneiden gedengelt, Heftspur, L. 12,9 cm, B. 3,3 cm (*Taf. 4, 92;* nach Museumsphoto). – Beifunde: fünf gestielte und geflügelte Silexpfeilspitzen mit rechteckigen Flügelenden; trianguläre Pfeilspitze mit abgerundeter Basis; schmale Armschutzplatte mit vier Löchern; zwei verzierte Glockenbecher und Scherbe eines dritten (*Taf. 48, B*). – Mus. Denain. – R. Felix/G. Hantute, BSPF. 66, 1969, 276 ff. Abb. 4, a; Gaucher/Mohen, Nord de la France 24 f. Abb. 9.

93. Guernsey, Channel Island, Großbritannien. – Le Déhus; Galeriegrab, Kollektivbestattung; Funde: Pfeilspitze (verschollen), Knochennadeln, Knochenperlen, Glockenbecher; Dolch Einzelfund in der Galerie. – Kupferdolch mit schmaler Griffzunge, Schneiden gedengelt, Spitze abgerundet (?), L. 2,7 cm, B. 2,2 cm (*Taf. 4, 93;* nach Kendrick). – Aufbewahrungsort unbekannt. – Kendrick, Channel Islands 95. 154 Taf. 12.

94. Plobannalec, Dép. Finistère. – Lesconil; Steinkiste (coffre M der Nekropole), Leichenbrand (?), keine weiteren Beigaben. – Dolch mit schmaler Griffzunge, Schneiden gedengelt (?), Spitze abgerundet, L. 13,5 cm, B. 3,1 cm (*Taf. 4, 94;* nach Photo H. Schickler). – Mus. Saint-Germain-en Laye (nicht zugänglich). – du Chatellier, Epoques 40 f.; Briard/L'Helgouach, Chalcolithique 62 Taf. 4.

95. Le-Bois-en-Ré, Dép. Charente-Maritime. – Dolmen de Peu-Pierroux; wohl Kollektivgrab; Funde: verzierter V-Knopf, verzierte und unverzierte Glockenbecher, Füßchengefäß. – Dolch mit schmaler Griffzunge, Schneiden gedengelt, Heftspur, L. 20,5 cm, B. 3,9 cm (*Taf. 4, 95;* nach Unterlagen J. Gomez). – Mus. Saint-Martin-de-Ré (derzeit nicht auffindbar). – Atgier, BSPF 4, 1907, 307 ff; C. Burnez, BSPF. 59, 1962, 453 Abb. 2, 11; A. Coffyn/R. Riquet, Rev. Hist. Bordeaux 1964, 10; Burnez, Néolithique 279 Abb. 83, 5; Gomez, Bassin de la Charente Abb. 2, 12.

96. Orléans, Dép. Loiret. – Aus der Loire. – Kupferdolch mit schmaler Griffzunge, L. 20,5 cm, B. 3,3 cm (*Taf. 4, 96;* nach Nouel u. Dauvois). – Mus. Orléans (derzeit nicht auffindbar). – A. Nouel/M. Dauvois, BSPF. 56, 1959, 320 Abb. 10.

97. Fundort unbekannt, möglicherweise aus der Loire bei Nantes. – Dolch mit schmaler Griffzunge, Schneiden gedengelt, Spitze abgerundet, L. 23,3 cm, B. 4,1 cm (*Taf. 5, 97*). – Mus. Nantes (929-5-3).

98. Nantes, Dép. Loire-Atlantique. – Aus der Loire beim Pont-de-Pirmil. – Sehr langer Dolch mit schmaler Griffzunge, Klinge stellenweise ausgebrochen, Schneiden und Griffzungenansatz gedengelt, Heftspur, L. noch 42,5 cm, B. 6,4 cm (*Taf. 5, 98*). – Mus. Nantes (56-2682). – M. Baudouin, BSPF. 22, 1925, 44 ff. mit Abb.; Briard, Dépôts bretons Abb. 16, 5; Guilaine, Languedoc Abb. 10.

Den Dolchen mit schmaler, einfacher Griffzunge ähneln zwei Dolche mit etwas breiterer, aber auch einfacher Griffzunge, mit abgerundeter Schulterpartie und abgerundeter Spitze.

99. Moëlan-s.-M., Dép. Finistère. – Allée couverte de Kerandrèze; Kollektivgrab; Funde: Steinbeile, gestielte und geflügelte Silexpfeilspitzen, Gerät aus Grand-Pressigny-Feuerstein, Armschutzplatte, Scherben verschiedener Gefäße, auch von Glockenbechern. – Kupferdolch mit einfacher Griffzunge, Spitze gerundet, L. 7,6 cm, B. 2,8 cm (*Taf. 5, 99;* nach du Chatellier). – Mus. Penmarc'h (?). – P. du Chatellier, Bull. Soc. Emul. C-d-N 21, 1883, 28 Taf. 2, 5; Micault, Poignards 26 f.; Briard/L'Helgouach, Chalcolithique 62 Taf. 4; R. Riquet/J. Guilaine/A. Coffyn, Gallia Préhist. 6, 1963, 63 ff. Abb. 24, 2; s. auch L'Helgouach, Sépultures 245 (kragenflaschenähnliches Gefäß). 285.

100. Saint-Sauveur, Dép. Gironde. – Tumulus du Vernet; Dolmen unter Hügel; Bestattung in Steinkiste. – Dolch mit einfacher Griffzunge, Schneiden gedengelt, Spitze gerundet, L. 13 cm, B. 3,4 cm *(Taf. 5, 100;* nach Coffyn u. Riquet). – Beifunde: drei gestielte und geflügelte Silexpfeilspitzen, Knochenpfriem; unverzierte Glockenbecher; verzierte Scherben. – Bis 1964 Château de Villambis, Saint-Sauveur, dann an Unbekannt verkauft. – O. Janse, BSPF. 30, 1933, 484 ff.; A. Coffyn/R. Riquet, Rev. Hist. Bordeaux 1964, 8 Taf. 3, 13; Burnez, Néolithique Abb. 83, 18.

Folgende nicht sehr gut erhaltene Kupferdolche könnten eventuell zu den Dolchen mit einfacher, schmaler Griffzunge gehören.

101. La-Chapelle-Achard, Dép. Vendée. – La Barre; Oberflächenfund; auf dem gleichen Feld wurden zwei Kupferflachbeile gefunden. – Schmaler Dolch mit schmaler Griffzunge, stark korrodiert; an einer Seite Schulteransatz stellenweise erhalten, Spitze einseitig abgerundet, L. noch 18,3 cm, B. 3,2 cm *(Taf. 5, 101).* – Mus. La Roche-sur-Yon (6.7.73). – J. Ferrier/J. Roussot-Larroque, BSPF. 68, 1971, 83 ff. Abb. 1, 1; F. Treinen, Gallia Préhist. 13, 1970, 263 ff. Abb. 43, 3 („Saint-Sauveur, Gironde").

102. Plozévet, Dép. Finistère. – Penker; Allée couverte unter Hügel, Trockenmauerwerk, mehrere Bestattungen; der Dolch lag mit einer Armschutzplatte, kleinen Steinanhängern und Silexabschlägen bei einer Brand(?)bestattung; aus der Allée couverte ist außerdem Keramik, darunter auch ein Glockenbecher bekannt (nach l'Helgouach gehört letzterer zu der genannten Bestattung). – Schmaler Kupferdolch mit kaum abgesetzter Griffzunge, Heftspur; ein großes, kreisrundes Loch ist rezent (Materialentnahme zur Analyse 1903); L. 14,1 cm, B. 2,2 cm *(Taf. 5, 102).* – Mus. Saint-Germain-en-Laye (73 776). – Micault, Poignards 122; P. du Chatellier, Rev. Arch. 1883, Bd. 2, 1 ff. Abb. 3.; ders. Epoques 41. 151; Briard/L'Helgouach, Chalcolithique 62 Taf. 4; P.-Giot, Brittany Abb. 14 a; L'Helgouach, in: IXe Congr. UISPP. (1976), Colloque XXIV, prétirage 176 Abb. 2, 8–10.

103. Saint-Pé-d'Ardet, Dép. Haute-Garonne. – Grotte de Saint-Pé; Bestattungshöhle, daraus auch eine Silexpfeilspitze. – Schlecht erhaltener Dolch mit kurzer, schmaler Griffzunge, Spitze aufgebogen, leichter Mittelgrat (?), L. 17 cm, B. 3,6 cm *(Taf. 5, 103;* nach Guilaine). – Mus. Hist. Nat. Toulouse. – P. de Mortillet, in: Congr. préhist. France 7, Nîmes 1911 (1912), 79; Guilaine, Campaniforme 51 Taf. 12, 3; ders., in: Préhist. Franç. 2, 335 Abb. 7, 6; Junghans/Sangmeister/Schröder, SAM. II Tl. III Nr. 6934 („Arbas").

Zeitstellung und Kulturzugehörigkeit (s. auch S. 40 ff.): Von den insgesamt dreizehn Dolchen vom Typ Bois-en-Ré sind zwei mit Sicherheit Flußfunde (Nr. 96. 98), ein weiteres Exemplar ohne bekannten Fundort (Nr. 97) könnte aus der Loire stammen. Die Dolche von Wallers (Nr. 92), Plobannalec (Nr. 94), Saint-Sauveur (Nr. 100) und Plozévet (Nr. 102) stammen aus Einzelbestattungen. Nr. 94 und 100 wurden in Steinkistengräbern gefunden, Nr. 102 in einem beobachteten Einzelgrab in einer Allée couverte. Während der Dolch von Plobannalec einzige Grabbeigabe ist, sind die Dolche Nr. 92. 100. 102 mit Inventar der Glockenbecherkultur vergesellschaftet. Drei Dolche (Nr. 93. 95. 99) kamen in Kollektivgräbern zutage, aus denen neben älterem auch Glockenbecherfunde bekannt sind. Insgesamt kann man diese Dolche als zur Glockenbecherkultur gehörend betrachten.

Das Exemplar von La-Chapelle-Achard (Nr. 101) ist ein Oberflächenfund; von demselben kleinen Flurstück sind zwei Kupferflachbeile bekannt. Möglicherweise handelt es sich hier um einen nicht erkannten Depotfund. Vor dem Hintergrund des Grabfundes von Entreterminos, des Depots von Trentemoult (Palmelaspitze mit Kupferflachbeilen)[14] und mit dem unsicheren Befund von La-Chapelle-Archard zeichnet sich, wenn auch nur vage, ein Zusammenhang Kupferflachbeil/Glockenbecherkultur ab, der das Inventar der Glockenbecherkultur insofern bereichern

---

[14] Nantes/Rézé-Trentemoult (s. S. 34, Anm. 6) Entreterminos, Dolmen mit Glockenbecherkeramik, Dolch und Kupferflachbeil (H. Losada, Trab. Prehist. NS. 33, 1976, 209 ff. bes. Abb. 2).

kann, als aus den Gräbern Beile bisher nicht bekannt sind (Beigabensitte?), und die Glockenbecherkultur somit oft als Kultur ohne Beil angesprochen wurde.

Verbreitung (Taf. 43, A): Dolche vom Typ Bois-en-Ré treten in Nord- und Westfrankreich auf, meist in Küstennähe; lediglich die Fundstellen der Dolche Nr. 96 und 103 liegen weiter im Binnenland. Aus dem mediterranen Küstenbereich Südfrankreichs sind bisher keine Dolche dieses Typs bekannt.

Dolche vom Typ Trizay

Die Dolche vom Typ Trizay weisen nahezu alle Merkmale der schmalen Dolche mit einfachen Griffzungen auf: abgerundete Klingenspitzen, gedengelte Schneiden, bogige Heftspuren, fließend abgerundeter oder halbrunder Übergang Klinge/Griffzunge, gerade bis abgerundete Griffzungenenden. Die Längen der recht schmalen Dolche variieren von etwa 10–36 cm. Die schmalen und sehr langen Griffzungen der Dolche tragen an den Längskanten beidseitig leichte, gehämmerte Randleisten.

104. Bernières-sur-Mer, Dép. Calvados. – Zwei Einzelgräber, bei der Auffindung weitgehend zerstört; Grab 1: der Dolch lag auf dem Schlüsselbein. – Kupferdolch mit Randleistenzunge, Schneiden gedengelt, Heftspur, L. 11,1 cm, B. 3,8 cm *(Taf. 5, 104; nach Gallia Préhist.).* – Beifunde: unverzierter, flachbodiger Glockenbecher (nach Verron). – Privatbesitz (nach Mitt. Verron nicht zugänglich). – Gallia Préhist. 14, 1971, 330 Abb. 8; G. Verron, in: Coll. Ghent 279 Abb. 14,7; ders., in: Préhist. Franç. 2, Abb. 4, 11.

105. Trizay, Dép. Charente-Maritime. – Dolmen de Trizay; kleiner, teilweise zerstörter „Dolmen" unter Hügel, möglicherweise handelt es sich dabei um eine Steinkiste mit Doppelbestattung; Funde: gestielte und geflügelte Silexpfeilspitzen, darunter eine mit rechteckigen Flügelenden, Fragment einer einfachen Pfeilspitze (?), zwei Spiralen aus Goldblech, Dentaliumschmuck, unverzierte Scherben, Scherben eines Glockenbechers. – Kupferdolch mit Randleistenzunge, Schneiden gedengelt, Spitze einseitig etwas abgerundet, L. 10,3 cm, B. 2,4 cm *(Taf. 5, 105; nach Gomez).* – Privatbesitz. – E. Patte, BSPF. 35, 1938, 439 Abb. 3; P. Burgaud, ebd. 38, 1941, 43 ff. Taf. 2, 5; Burnez, Néolithique Abb. 83, 12; Gomez, Bassin de la Charente Abb. 2, 9.

106. Anglade, Dép. Gironde. – Dolmen du Terrier de Cabut; Kollektivgrab, wohl gestört; Funde: zwei Knochenpfrieme, Anhänger aus Eberzahnlamellen, verzierter Knochenknebel, 420 Dentalium- und Knochenperlen *(Taf. 48, A).* – Kupferdolch mit Randleistenzunge, Spitze etwas abgerundet, Schneiden gedengelt, Heftspur, L. 15 cm, B. 3,5 cm *(Taf. 5, 106; nach Daleau u. Maufras; ergänzt).* – Mus. Bordeaux. – F. Daleau/E. Maufras, Bull. Soc. Arch. Bordeau 25, 1905, 3 ff. Taf. 11, 1; 12, 10; Déchelette, Manuel II 190 Abb. 57, 4 Taf. 1, 4; A. Coffyn/R. Riquet, Rev. Hist. Bordeaux 1964, 8 Taf. 3, 14; Burnez, Néolithique Abb. 85, 11.

107. Pontivy, Dép. Morbihan. – Aus einem Dolmen der Umgebung von Pontivy. – Dolch mit Randleistenzunge, Schneiden gedengelt, leichter Mittelgrat, Spitze nicht erhalten, L. noch 14,6 cm, B. 3,1 cm *(Taf. 5, 107).* – Musée de l'Armée, Paris (B 19). – Lisle du Dreneuc, Poignards 149; Briard/L'Helgouach, Chalcolithique 62.

108. Châteaubernard, Dép. Charente. – Grotte 2 de la Trache; Hockerbestattung in Höhlennische, Dolch auf den Rippen. – Kupferdolch mit Randleistenzunge, Schneiden zweifach gedengelt, flacher Querschnitt, Heftspur auf einer Seite gerade, auf der anderen schräg, L. 18,8 cm, B. 5 cm *(Taf. 5, 108).* – Beifunde: gestielte, geflügelte Pfeilspitze; Knochenpfriemfragment, Muschelperlen *(Taf. 48, D).* – Mus. Cognac (61. 16. 1). – C. Burnez, BSPF. 59, 1962, 448ff. Abb. 2, 1; ders., Néolithique Abb. 84, 1; A. Coffyn/R. Riquet, Rev. Hist. Bordeaux 1964, 8; Gomez, Bassin de la Charente Abb. 2, 5.

109. Nièvre (Dép.) – Kurzer Dolch mit Randleistenzunge, Schneiden gedengelt, Spitze halbrund, L. 10,5 cm, B. 3,5 cm *(Taf. 5, 109).* – Mus. Saint-Germain-en-Laye (83 235).

110. Saint-Hilaire-Saint-Florent, Dép. Maine-et-Loire. – Bois Brard oder Bois-Bérard; Hypogée, Kollektivgrab mit SOM-Inventar; Nachbestattung: der Dolch lag bei einem Skelett, zusammen mit einem Eberhauer in Knochenfassung, darum zahlreiche Silexpfeilspitzen, im Schädel („im Mund") steckte eine Handvoll Silexabschläge. – Kupferdolch mit Randleistenzunge, Schneiden gedengelt, Spitze einseitig abgerundet, Heftspur, L. 26 cm, B. 4,7 cm *(Taf. 5, 110;* nach Cordier u. Gruet; ergänzt). – Mus. Saumur (609). – G. V. Bonstetten, Recueil d'Antiquités Suisses. Supplément (1860) 7f. Taf. 2, 2; 4; J. Cordier/M. Gruet, Gallia Préhist. 18, 1975, 217 Abb. 4, 2.

111. Le Vernet, Dép. Ariège. – In der Umgebung; Einzelfund „unter einem großen Stein". – Dolch aus Kupfer (?) mit Randleistenzunge, Schneiden teilweise zweifach gedengelt, Klinge schlecht erhalten, L. noch 34 cm (bei der Auffindung 36 cm), B. 6 cm *(Taf. 6, 111).* – Slg. Petit Séminaire de Pamiers, Pamiers. – J.-M. Durand, Ogam 16, 1964, 372 Abb. 3, 6 (Maßstab unrichtig); J. Guilaine, BSPF. 63, 1966, CCIIIff. Abb. 1; ders., Languedoc 51f. Abb. 10.

112. Fontvieille-les-Arles, Dép. Bouches-du-Rhône. – Hypogée oder Grotte de Bounias; Kollektivgrab; Funde: Silexpfeilspitzen, V-Knopf aus Knochen, Schale (Chasséen?). – Kupferdolch mit Randleistenzunge, Schneiden zweifach gedengelt, Spitze einseitig leicht abgerundet, Griffzunge und Heftpartie etwas beschädigt, L. 25,4 cm, B. noch 4,2 cm *(Taf. 6, 112;* nach Zeichnung Courtin; ergänzt). – Mus. Arles. – Cazalis de Fondouce, Temps préhist.; J. Arnal/J. Latour, Etud. Roussillon. 3, 1953, 41 ff. Abb. 9, 1; Bill, Glockenbecher 82 Taf. 14, 22; J. Courtin/G. Sauzade, BSPF. 72, 1975, 187 Abb. 2, 7.

Ein sehr kleiner Dolch kann mit Vorbehalt dieser Gruppe zugeordnet werden.

113. Stetten, Dép. Haut-Rhin. – Zwischen Stetten und Magstatt-le-Bas, auf einem Acker. – Dolch (oder Pfeilspitze?) mit Randleistenzunge, leichter Mittelgrat, L. 5,7 cm, B. 1,6 cm *(Taf. 6, 113).* – Mus. Mulhouse.

Zeitstellung und Kulturzugehörigkeit (s. auch S. 34. 37): Drei der Dolche (Nr. 104. 108. 110) sind Beigaben von Einzelbestattungen, Nr. 104 zusammen mit Glockenbecherkeramik. Bei Nr. 108 lagen eine Pfeilspitze, ein Knochenpfriemfragment und Muschelschmuck, Nr. 110 war mit zahlreichen Pfeilspitzen und einem Eberhauer in Knochenfassung vergesellschaftet. Das Grab von Saint-Hilaire-Saint-Florent (Nr. 110) ist eine Nachbestattung in einer sonst als Kollektivgrab benutzten Hypogée.[15] Der kleine „Dolmen" unter Hügel von Trizay mit Glockenbecherinventar (Nr. 105) scheint seinen Maßen nach eher eine Steinkiste zu sein; nach der Anzahl der gefundenen Zähne (14 Incisiven, 18 Dauermolare, 6 Canine) kann es sich bei der Bestattung um ein Doppelgrab handeln.

Von den Funden aus der Hypogée von Bounias (Fontvieille-les-Arles, Nr. 112) ist neben Chasséen (?)-Inventar ein V-Knopf zu nennen; der verzierte Knochenknebel aus dem Dolmen Terrier du Cabut (Anglade, Nr. 106) ist typisch für die westfranzösische Glockenbechergruppe.[16] Insgesamt gehören die Dolche vom Typ Trizay wohl zur Glockenbecherkultur.

Verbreitung (Taf. 43, A): Die Dolche vom Typ Trizay finden sich wie die Dolche vom Typ Bois-en-Ré vorwiegend in Nord- und Westfrankreich in Küstennähe, mit Ausnahme des Dolches von Le Vernet (Nr. 111) und dem Exemplar ohne genauen Fundort aus dem Dép. Nièvre

---

[15] Jüngere Ausgrabungen bestätigen die Vermutung, daß es sich bei Glockenbecherfunden in Megalithgräbern um die jüngste Belegung handelt: Glockenbecher in einer Schicht über dem bereits halb zerstörten Monument (M. Gruet/J. B. Glotin, BSPF. 69, 1972, 585 ff. bes. 594), Glockenbecherfunde nahe des Eingangs (R. Joussaume, Gallia Préhist. 19, 1976, 1 ff. bes. Abb. 6). Die zu den Erbauern der beiden Monumente gehörenden Funde beinhalten auch kleine Silexlamellen, ein Befund, der auch in Portugal angetroffen wurde (G. Gallay/K. Spindler/L. Trindade/O. da Veiga Ferreira, O monumento pré-histórico de Pai Mogo. Associaçao dos Arqueólogos Portugueses [1973]). Die Glockenbecher liegen jedenfalls getrennt und nicht mit anderem Material vermischt (C.-T. Le Roux/Y. Lecerf, Bull. Soc. Polym. Morbihan 1974, 149).

[16] A. u. G. Gallay, Arch. Suisses Anthr. Gén. 33, 1968, 32; Treinen, Gallia Préhist. 13, 1970, 77; Burnez, Néolithique 282; Joussaume, L'Anthropologie 80, 1976, 147 (Tabelle).

(Nr. 109).[17] Ob der kleine „Dolch" von Stetten (Nr. 113) der oberrheinischen Glockenbechergruppe zugeordnet werden kann, muß offenbleiben.

Zur Zeitstellung, Verbreitung und Herkunft der Dolche der Art Soyons sowie der Typen Bois-en-Ré und Trizay

Alle drei Dolchtypen gehören nach Aussage der erhaltenen Fundverbände der Glockenbecherkultur an (Abb. 5); ihre Zeitstellung ist somit eine Frage der Glockenbecherchronologie insgesamt und vor allem der Glockenbecherkultur in Frankreich. Verbindenden Elementen dieser meist aus Gräbern bekannten, weit verbreiteten spätkupferzeitlichen Kultur (Gemeinsamkeiten der Keramikform und -verzierung, Kupferdolche, Silexpfeilspitzen, Armschutzplatten, Kupfer- und Knochenpfrieme, V-Knöpfe, Knochenanhänger und -knebel, Gold als Grabbeigabe u.a.)[18] steht eine Differenzierung in zahlreichen Lokalgruppen mit spezifischen Keramikvarianten, unterschiedlicher Beigabenkombinationen und besonders wechselnden Bestattungssitten gegenüber,[19] deren Eigenarten vor allem in Westeuropa wohl noch nicht ganz erfaßt sind.[20] Die einzelnen Glockenbechergruppen zeigen untereinander starke wechselseitige Beziehungen, auch läßt sich ein mehr oder minder deutlicher Einfluß der jeweiligen lokalen kupferzeitlichen Gruppen aufschlüsseln.

Aus allen bisher erfaßten Glockenbecherprovinzen Frankreichs sind auch Dolche bekannt: Kanalgruppe, bretonische Glockenbecher, westfranzösische Gruppe (Vendée), Rhônegruppe, Provence- und Pyrenäengruppe, Glockenbecher des Binnenlandes.[21]

In Südfrankreich weisen einige Stratigraphien Glockenbecherfunde als spätkupferzeitlich aus (in und über Schichten mit lokaler Kupferzeit und unter bronzezeitlichen Schichten).[22] Zwei Befunde aus dem Zentralmassiv ergeben ein gleiches Bild.[23] Einige Zierstilvarianten südfranzösischer Glockenbecher weisen Kontakt zur älteren Bronzezeit auf.[24] Stratigraphische Anhaltspunkte sind aus den anderen Glockenbechergruppen Frankreichs bisher nicht bekannt, es sei denn, man betrachte – den Befund von Saint-Hilaire-Saint-Florent (Nr. 11) verallgemeinernd – alle Glockenbecherfunde in Kollektivgräbern als Nachbestattungen.[25] Die Glockenbecherkultur ist also auch in Frankreich spätkupferzeitlich und lebt bis in die ältere Bronzezeit hinein. Diese zeitliche Einordnung wird relativchronologisch durch die bisher bekannten C14-Daten abgestützt.[26]

Eine innere zeitliche Abfolge verschiedener Glockenbecherelemente ist keiner der Stratigraphien zu entnehmen;[27] hierzu bleibt bisher nur die Möglichkeit einer typologischen Gliederung

---

[17] Glockenbecherfund aus dem bisher fundleeren Département: Gallia Préhist. 11, 1968, 382 Abb. 13, 1–7.

[18] Zusammenfassend: Müller-Karpe, Handbuch Vorgeschichte III Tl. I 240 ff. 488 ff.

[19] Zu den beiden großen Glockenbecherprovinzen Ostgruppe/Westgruppe und den Lokalgruppen s. E. Sangmeister in: Coll. Brest 25 ff.; Glockenbecher Symposium (verschiedene Beiträge).

[20] So waren Glockenbecher auf der Iberischen Halbinsel, von der Meseta abgesehen, bislang aus Kollektivgräbern bekannt, die Bestattungen in Einzelgräbern werden aber zahlreicher (Harrison, Madr. Mitt. 15, 1974, 77 ff. bes. 91). Auch in Frankreich werden mehr Einzelgräber beobachtet. Trotz der oft postulierten Küstengebundenheit der westlichen Glockenbechererscheinungen nehmen die Fundstellen im Binnenland sowohl der Iberischen Halbinsel als auch Frankreichs zu (z. B. Apellaniz, Materiales passim; Losada, Trab. Prehist. NS. 33, 1976, 209 ff.; J.-P. Daugas/R. Corde/A. Laborde/R. Liaboeuf/P. Petrequin, BSPF. 69, 1972, 88 ff.).

[21] Zu den Glockenbechergruppen Frankreichs s. Riquet/Guilaine/Coffyn, Gallia Préhist. 6, 1963, 63 ff.; Treinen, ebd. 13, 1970, 263 ff.

[22] Courtin, Néolithique 290; Bill, in: Glockenbecher Symposium 341. 344; Guilaine, in: IXe Congr. UISPP. (1976), Colloque XXIV 197 ff.

[23] J.-P. Daugas, in: Préhist. Franç. 2, 322.

[24] s. Anm. 21.

[25] s. S. 39 und Anm. 15.

[26] Courtin, BSPF. 64, 1967, XCIX ff.; Versch. Beiträge, in: Glockenbecher Symposium und in Préhist. Franç. 2. (mit Datentabelle S. 870 ff.).

[27] Courtin, Néolithique 290.

Katalognummer	Fundort	Fundart: Siedlung	Fundart: Einzelgrab	Fundart: Einzelgrab in Steinkiste	Fundart: Kollektivgrab	Beigaben: Westeurop. Glockenbecher	Beigaben: lokale Glockenbecher	Beigaben: lokale Kupferzeit, auch vorglockenb.	Beigaben: Pfeilspitze gestielt, geflügelt	Beigaben: Pfeilspitze gestielt, geflügelt mit rechteckigen Flügelenden	Beigaben: trianguläre Pfeilspitze	Beigaben: Armschutzplatte	Beigaben: Knochenperlen, Pfriem, Eberzahn	Beigaben: Knochenknebel	Beigaben: V-Knopf	Beigaben: Edelmetall	Flußfunde oder Einzelniederlegung
86	Avignon	●				●	●	●									
85	Soyons			●			●				●					●	
89	Thouars		●		●		●	●	●								
90	Château-Larcher			●			●		●	●			●				
92	Wallers		●				●			●	●	●					
93	Guernsey		●		●		●	●	●	●			●				
94	Plobannalec			●													
95	Le-Bois-en-Ré		●		●		●	●							●		
99	Moëlan		●		●		●	●	●			●	●				
100	Saint-Sauveur			●			●		●	●			●				
102	Plozévet		●		●		●					●	●				
104	Bernières		●				●										
105	Trizay			●			●		●	●	●					●	
106	Anglade		●		●								●	●			
108	Châteaubernard		●						●				●				
110	Saint-Hilaire-Saint-Florent		●		●				●				●				
112	Fontvieille-les-Arles		●		●			●	●	●					●		
88	Saône																●
96	Orléans/Loire																●
97	Loire ?																●
98	Nantes/Loire																●
111	Le Vernet																●

Abb. 5. Dolche vom Typ Soyons, Bois-en-Ré und Trizay: Fundarten und Beifunde.

der Funde, gestützt durch Fundkombinationen und ihrer Verbindung mit zeitlich und räumlich umgebenden Kulturen.[28]

Nach bisheriger Forschungsmeinung ist die „internationale" oder „paneuropäische", auch „maritime" oder, besser, „westeuropäische"[29] Verzierungsart der Keramik (alternierend schrägstrichgefüllte Stempelzonen) der älteste Zierstil der Glockenbecherkeramik und gilt als mögliche Basis für die einzelnen Glockenbechergruppen.[30] Ein sicherer Beleg konnte dafür aber noch nicht

[28] Sangmeister, Jb. RGZM. 11, 1964, 81 ff.

[29] Ders., Palaeohistoria 12, 1966, 396. – Verbreitung in Westeuropa: Harrison/A. Gilmor, in: Ancient Europe and the Mediterranean (Festschrift H. Hencken 1977) 96 Abb. 7.

[30] Zuletzt Guilaine, in: IXe Congr. UISPP. (1976), Colloque XXIV 201.

erbracht werden.[31] Mit Ausnahme des „Befundes" von Avignon (Nr. 86) ist bislang von keiner der Fundstellen mit Dolch in Frankreich „westeuropäische" Keramikverzierung bekannt; die Dolche wären also insgesamt jünger als die ältesten Glockenbecher.

Unter den nicht-keramischen Grabbeigaben, auch der Gräber mit Dolch, sind in Frankreich gestielte und geflügelte Silexpfeilspitzen mit rechteckigen Flügelenden typisch für die Glockenbecherkultur;[32] ähnliche, z.T. etwas feiner gearbeitete Pfeilspitzen gehören aber auch zu den Bestattungen der älteren bretonischen Bronzezeit (s. S. 113); dieser Fundbestand wird nun einmal als Beleg für eine lange Dauer der Glockenbecherkultur interpretiert,[33] zum andern aber auch für einen frühen Beginn der bretonischen Bronzezeit.[34] Ein wie auch immer gearteter Kontakt Glockenbecher/ältere bretonische Bronzezeit ist wohl vorhanden.

Nach der von E. Sangmeister aufgestellten Armschutzplatten-Chronologie sind die einfachen Armschutzplatten mit vier Löchern relativ alt, allerdings jünger als die „westeuropäische" Becherverzierung, die schmalen Armschutzplatten mit zwei Löchern hingegen die jüngste, teilweise schon älterbronzezeitliche Form,[35] (Dolchgräber mit älterer Armschutzplatte [Nr. 92.99], s. auch Quimperlé, Nr. 353; Dolchgräber mit jüngerer Armschutzplatte: Nr. 102).

Eine schmale, möglicherweise älterbronzezeitliche Armschutzplatte mit zwei Löchern ist in dem Grab von Pago de la Peña, Prov. Zamorra (Spanien) mit Glockenbecherkeramik, einem älterbronzezeitlichen Knochenring, einem V-Knopf, einer *Spirale aus Goldblech* wie Trizay und vor allem einem langen Dolch vom Typ Trizay vergesellschaftet. Dieser Fund spräche für eine relativ junge Zeitstellung der Trizay-Dolche, eventuell auch der langen Dolche vom Typ Bois-en-Ré.[36] J. Guilaine möchte in den langen Dolchen Hinweise auf eine aus den Glockenbechern hervorgegangene, jüngere Gruppe sehen („épicampaniforme").[37] Einen jungen Zeitansatz für die langen Dolche, zumindest derjenigen vom Typ Trizay, kann sich auch aus dem während der älteren Bronzezeit niedergelegten Depot von Roufeiro (Spanien) ergeben.[38]

Aus dem Aushub einer alten Ausgrabung der Steinkiste von Soyons (Nr. 85) stammt eine Silberperle. Silber ist in der Spätkupferzeit und älteren Bronzezeit Westeuropas nicht sehr häufig;[39] unter den spätkupferzeitlichen Gruppen weist Remedello Silberfunde auf (s. S. 45).[40] In der älteren Bronzezeit kommen vereinzelt Silberfunde in der Bretagne vor,[41] häufig aber auf der Iberischen Halbinsel in der Kultur von El Argar.[42] Ob die Silberperle von Soyons nun aber Verbindung zu Remedello, direkten Bezug zum östlichen Mittelmeerraum oder, wie der Dolch von Cissac-Médoc (Nr. 369) zur Kultur von El Argar belegt, muß dahingestellt bleiben.

---

[31] W. Schüle, in: Glockenbecher Symposium 420. 437.

[32] A. und G. Gallay, Arch. Suisses Anthr. Gén. 33, 1968, 66f. Abb. 20; Treinen, Gallia Préhist. 13, 1970, 62. 66. 78; Bailloud, Bassin parisien 342 Abb. 50, 5–7; 51, 4–5; L. Hajek, Pam. Arch. 58, 1966, 230f.

[33] Ch. Eluère, BSPF. 74, 1977, 409.

[34] Briard, Dépôts bretons 32.

[35] Sangmeister, Fundber. Baden-Württ. 1, 1974, 122; ders., in: Studien aus Alteuropa I (Festschrift K. Tackenberg), 96ff.; s. auch Schubart, Bronzezeit 96f.; Harbison, Bracers 12f.; O. Cornaggia Castiglioni, BPI. NS. 14, 1962–63, 7ff. 45.

[36] Guilaine, BSPF. 60, 1963, CCVIII mit Abb.; ders., Languedoc 51f.

[37] Ders., BSPF. 60, 1963, CCVIIIff.; ders., in: IXe Congr. UISPP. (1976), Colloque XXIV 202. – Zu vergleichbaren Erscheinungen auf der Iberischen Halbinsel s. Schubart, Bronzezeit 115ff. (Ferradeira-Horizont); Harrison, Madr. Mitt. 15, 1974, 77ff. bes. 90 (Montelavar-Gruppe).

[38] Monteagudo, PBF. IX 6 (1977) 40 Taf. 143, A. E. Sangmeister, in: Glockenbecher Symposium 433.

[39] A. de Mortillet, Rev. Ec. Anthr. 13, 1903, 3ff.

[40] Remedello: Guilaine/Vaquer, Débuts 54. – Glockenbecher Westschweiz, mit starkem Bezug zum östlichen Mitteleuropa: Bocksberger, Dolmen Taf. 33, 86.

[41] J. Briard/J.-P. Mohen, Antiqu. Nat. 6, 1974, 46ff. – Süddeutschland: Gallay, Oberrhein 92 Taf. 14, 9.

[42] Zusammenfassend s. Anm. 39. – Zu vorargarzeitlichem Silberabbau s. Leisner, Süden 521f.

Die sogenannten Knochenknebel[43] treten außer in Glockenbecherverband auch in der älterbronzezeitlichen Polada-Kultur Norditaliens auf und werden als Elemente einer Glockenbechertradition betrachtet.[44] Auch die an und für sich glockenbecher-kulturspezifischen V-Knöpfe kommen in älterbronzezeitlichen Fundverbänden vor und wurden als nachglockenbecherzeitliche Tradition aufgefaßt[45] oder auch als Beleg für eine teilweise Gleichzeitigkeit später Glockenbechergräber mit der älteren Bronzezeit.[46]

Zusammenfassend ergibt sich aus den genannten nichtkeramischen Funden der Glockenbechergräber jeweils ein Bezug zu älterbronzezeitlichen Gruppen, wobei offenbleiben muß, ob sich darin ein Weiterleben einzelner Elemente in jüngeren Gruppen oder eine Überschneidung Glockenbecherkultur/ältere Bronzezeit ausdrückt. Nach Aussage der Beifunde erscheinen die Dolche der Glockenbecherkultur als relativ jung.[47] Immer vorausgesetzt, der westeuropäische Becher sei die älteste Form des Glockenbechers, hat sich die Glockenbecherkultur offenbar nicht geschlossen als einheitliche, „fertige" Kultur ausgebreitet, vielmehr erfolgte die Verbreitung der einzelnen Kulturelemente eher in verschiedenen Schüben.

Die Frage der Herkunft der Glockenbecherdolche der Art Soyons sowie der Typen Bois-en-Ré und Trizay ist engstens mit der vieldiskutierten Herkunft der Glockenbecherkultur im ganzen verknüpft. Trotz intensiver Forschung scheint sich noch keine Lösung dieses Problems abzuzeichnen.[48] Zwei mögliche Herkunftsgebiete werden allgemein in Betracht genommen: Die Iberische Halbinsel[49] oder das östliche Mitteleuropa.[50] Als Alternativlösung erwog E. Sangmeister eine Entstehung der Glockenbecherkultur außerhalb ihrer Verbreitungszentren, mit einem von dem imaginären Ursprungsort ausgehenden „netzartigen" Überziehen der kupferzeitlichen Kulturen Mittel- und Westeuropas durch die Glockenbecherkultur als ganzes, aber auch durch Glockenbechereinfluß, während U. Fischer eine Entstehung in den südlichen oder westlichen Schnurkeramik-Randzonen vorschlug.[51] Letztendlich liegt eine der größten Schwierigkeiten in der Beantwortung der Herkunftsfrage darin, daß eine chronologische Parallelisierung und Verzahnung kupferzeitlicher Kulturen weiträumig noch nicht soweit detailliert werden kann, daß für ein bestimmtes Gebiet eine deutliche Priorität der Glockenbecherkultur gegenüber anderen Gebieten erschließbar wäre.

Vorerst kann man lediglich Beziehungen aufzeigen. Von der Keramik ausgehend, teilt sich die Glockenbecherkultur in Frankreich in zwei große Provinzen auf: eine westlich orientierte Provinz mit Verbreitungsschwerpunkten an der Atlantik- und Kanalküste und zahlreichen Wechselbeziehungen zur Iberischen Halbinsel, den Britischen Inseln und den Niederlanden und eine östliche Provinz entlang der Rhône und der Mittelmeerküste, die Einfluß östlicher Glockenbecher, der Rheinlande und der spanischen Mesetagruppe aufweist.

Zu der westlichen Glockenbechergruppe gehören die Dolche der Typen Bois-en-Ré und Trizay

---

[43] s. Anm. 16.
[44] A. Aspes/L. Fasani, in: Glockenbecher Symposium 323 ff. Abb. 4, 1–9.
[45] Müller-Karpe, Handbuch Vorgeschichte III Tl. I 256; Gerloff, PBF. VI, 2 (1975) 112. – Zu V-Knöpfen allgemein: Harbison, Bracers; Joussaume, Gallia Préhist. 19, 1976, 31 ff.; O. da Veiga Ferreira/J. Roche, L'Anthropologie 65, 1961, 67 ff.; Guilaine, BSPF. 60, 1963, 818 ff.; W. Bray, PPS. 30, 1964, 93 ff.
[46] E. Sangmeister, Jb. RGZM. 11, 1964, 90; A. u. G. Gallay, Arch. Suisses Anthr. Gén. 33, 1968, 34 Tab. 10.

[47] Sangmeister, Palaeohistoria 12, 1966 (1967), 398. 400; vgl. J. J. Butler/J. D. van der Waals, ebd. 98 (Dolche mit Veluwe-Bechern und jüngeren Glockenbechern); Clarke, Beaker 260; Gerloff, PBF. VI, 2 (1975) 34.
[48] U. Fischer, Nass. Ann. 86, 1975, 1 ff; Sangmeister, in: Glockenbecher Symposium, final discussion 479.
[49] Ders., in: Coll. Brest 25 ff.
[50] Riquet/Guilaine/Coffyn, Gallia Préhist. 6, 1963, 118.
[51] Sangmeister, in: Glockenbecher Symposium 435; Fischer, Nass. Ann. 86, 1975, 13.

mit Vergleichsfunden („Western European Daggers") in den Niederlanden,[52] auf den Britischen Inseln[53] und im Westen und Süden der Iberischen Halbinseln.[54] Die Dolche der Art Soyons gehören eher zu den kleinen Glockenbecherdolchen mit Verbreitung im östlichen Mitteleuropa,[55] die öfter „Ciempozuelos-Dolche" genannt werden, nach der Glockenbechernekropole auf der spanischen Meseta. Allerdings ist dieser Typ in Spanien und Portugal bisher nur in zwei Exemplaren vertreten.[56]

Griffzungendolche mit Nietloch

Zwei Dolche mit dreieckiger Klinge, ausgeprägter Mittelrippe und gerader Basis tragen auf der einfachen, kurzen Griffzunge ein bzw. zwei Nietlöcher. Die Maße der beiden Dolche sind nahezu identisch.

114. Orgon, Dép. Bouches-du-Rhône. – Dolmen du Mas des Gavots; Kollektivgrab, durch Raubgrabungen gestört; Funde: zwei Kupferpfrieme mit viereckigem Querschnitt, teilweise überschliffener Silexdolch, Pfeilspitzen, zwei Kupferperlen, Steinperlen (u.a. aus Kalkstein, Callais, Steatit, darunter eine Flügelperle), unverzierte, wenig typische Keramik (*Taf. 48, E*). – Fragment eines Kupferdolches mit gerader Basis und einfacher Griffzunge, ein Nietloch, Mittelrippe, L. ergänzt 13,5 cm, B. ergänzt 5,3 cm (*Taf. 6, 114;* nach Courtin). – Dépôt de Fouilles, Marseille. – J. Courtin/G. Sauzade, BSPF. 72, 1975, 184 ff. Abb. 1, 1.

115. Salins-les-Bains, Dép. Jura. – Bois de Séry; aus einem Grabhügel. – Dolch mit halbrunder Griffzunge, zwei Nietlöcher, Basis gerade, Mittelrippe, L. 13,3 cm, B. 5,3 cm (*Taf. 6, 115;* nach einer Kopie). – Original: Aufbewahrungsort unbekannt; Kopie (Galvanoplastik): Mus. St. Germain-en-Laye (55 238).

Zwei weitere, in den Dimensionen nicht vergleichbare Dolche mit einfacher, schmaler und kurzer Griffzunge und gerundeter Basis weisen in der Griffzunge je ein Nietloch auf.

116. Pépieux, Dép. Aude. – Dolmen de los Fados oder Fades; Kollektivgrab mit vorwiegend Material der Glockenbecherkultur (Scherben mit Schnur- und maritimer Verzierung, Armschutzplatte mit vier Löchern), aber auch älteren Funden (einfacher Kupferpfriem, Pfeilspitze). – Kupferdolch mit kurzer Griffzunge, ein Nietloch, auf der leicht geschweiften Klinge Hämmerspuren, Heftspur, Spitze abgerundet, L. 18,3 cm, B. 3,6 cm (*Taf. 6, 116;* nach Zeichnung und Photo Ambert). – Slg. Ambert, Olonzac. – Guilaine, Campaniforme 179f. (Fundbestand); P. Ambert, BSPF. 74, 1976, 122f. Abb. 1, 7.

117. Miers, Dép. Lot. – Dolmen des Fieux 1; weitgehend zerstört; Funde: querschneidige Silexpfeilspitzen und spätbronzezeitliche Scherben. – Kupferdolch mit einfacher Griffzunge, ein Nietloch, Spitze nicht erhalten, L. noch 4,9 cm, B. 2,6 cm (*Taf. 6, 117;* nach Clottes). – Slg. Clottes, Foix. – Clottes, Mégalithes 153 Abb. 164. 4.

Zeitstellung und Kulturzugehörigkeit: Die beiden Dolche von Orgon (Nr. 114) und Salins-les-Bains (Nr. 115) entsprechen in allen Merkmalen den sogenannten Remedello-Dolchen mit dreieckiger Klinge, Mittelgrat, gerader Basis und kurzer Griff- oder Heftzunge mit ein bis zwei Nietlö-

---

[52] Teilweise auch mit Randleistenzungen: Butler/van der Waals, Palaeohistoria 12, 1966 (1967), 60 Abb. 10.

[53] H. J. Case, ebd. 156 Abb. 9, 2. 9; 11, 2. 6–9; PBF. VI, 1 (Harbison) Nr. 1–8; St. Piggott; in: Culture and Evironment (Festschrift Cyril Fox 1963) 53 ff.

[54] Riquet/Guilaine/Coffyn, Gallia Préhist. 6, 1963, 106; Briard, Dépôts bretons 63; Sangmeister, in: Glockenbecher Symposium 433. – Vgl. etwa Nr. 96 mit den Dolchen bei Apellaniz, Materiales Abb. 84; 142, 12; 197; Harrison, Madr. Mitt. 15, 1974, 77 ff. Abb. 8. 10; s. auch Leisner, Westen, 267 ff. Taf. 181; Blanc, SAM. IV 175 ff. Karte 5.

[55] Hajek, Pam. Arch. 58, 1966, 232 f.; Sangmeister, Palaeohistoria 12, 1966 (1967), 398. 400.

[56] del Castillo Yurrita, Vaso campaniforme Taf. 26 (unten links); Apellaniz, Materiales Abb. 234, A (Goldambura).

chern.¹ Unter den Beifunden von Orgon weisen einige Steinperlen gleichfalls Beziehungen zu Remedello auf.² Die in Norditalien auftretende Remedellokultur³ ist im Gegensatz zur südfranzösischen Kupferzeit meist aus Einzelgräbern in Gräberfeldverband bekannt; typisch sind u. a. Silexgeräte und -waffen, dabei zweiflächig bearbeitete Dolche, die mit Metalldolchen des östlichen Mittelmeerraumes in Beziehung gesetzt werden,⁴ Beile als Grabbeigabe, Keramik, die mit dem Fontbouissien verglichen wird, auch kann ein loser Kontakt zur Glockenbecherkultur bestehen.⁵ Das Bild dieser Kultur erscheint bisher recht heterogen und erweckt hauptsächlich durch ihre Metallformen (Waffen und Schmuck) den Eindruck einer gewissen Fremdartigkeit. So lassen sich vor allem auch durch die Metalldolchformen und die Verwendung von Silber Verbindungen zur Ägäis aufzeigen.⁶ Die allgemeine Datierung von Remedello in die späte Kupferzeit – vor und neben die Glockenbecherkultur⁷ – entspräche auch der zeitlichen Stellung der weiteren Beifunde von Orgon, die mit einfachen Kupferpfriemen, Kupferperlen und einer Flügelperle nach Fontbouisse oder einer verwandten Gruppe weisen. Möglicherweise können auch ein Silexkerbdolch von Remedello⁸ und Kupferbeile als Grabbeigabe in Ferrières- oder Fontbouisse-Zusammenhang⁹ als Kontakterscheinung kupferzeitlicher Gruppen des westlichen Mittelmeerraumes aufgefaßt werden.¹⁰

Der Dolch von Salins-les-Bains (Nr. 115) wurde in einem Grabhügel des Bois de Séry gefunden. Beifunde sind uns nicht bekannt. Die bisher überlieferten Funde aus der Hügelnekropole Bois de Séry sind allerdings älterbronzezeitlich,¹¹ also jünger als das allgemein angenommene Ende der Remedellokultur.¹² Bliebe die Möglichkeit, daß der Hügel, aus dem der Dolch stammt, zu den älteren, kupferzeitlichen Grabhügeln des Jura gehört.¹³

Die Kulturzugehörigkeit der Dolche von Pépieux (Nr. 116) und Miers (Nr. 117) ist aus den „Beifunden" nicht zu erschließen. Ist der Dolch von Miers praktisch ein Einzelfund aus dem Dolmen des Fieux 1, so kann das Exemplar von Pépieux sowohl zu den Glockenbecherfunden als auch zu dem älteren Inventar des Dolmens gehören. Auf Grund seiner Metallzusammensetzung und des Nietloches auf der kurzen Griffzunge wurde er von P. Ambert einerseits mit Remedello-Dolchen in Verbindung gebracht, nach der allgemeinen Formgebung andererseits aber eher mit dem Dolch von Saint-Blaise,¹⁴ den Ch. Strahm wiederum über den Umweg der Metallanalyse eines Meißels aus Sutz als Remedello-Import in der schweizerischen Schnurkeramik ansah.¹⁵ Mit

---

¹ G. A. Colini, BPI. 24, 1898, 1 ff. 88 ff. 206 ff. 280 ff; M.O. Acanfora, ebd. 65, 1956, 321 ff. – Dolche mit zwei Nietlöchern: Colini, ebd. 24, 1898, 215 Abb. 42 (Monte Pisani); Montelius, Civ. prim. Taf. 36, 35 (Cumarola). – Remedello-Rinaldone: G. Barker, BPI. 80, 1971, 193.

² Monte Pisani: Colini, BPI. 24, 1898, 213 Abb. 41.

³ Vgl. Müller-Karpe, Handbuch Vorgeschichte III 181 f.

⁴ K. Branigan, BPI 75, 1966, 98 f.

⁵ L.H. Barfield/L. Fasani, Musaica 23 (12), 1972, 46; E. Sangmeister, Zephyrus 8, 1957, 260 f.

⁶ Branigan, BPI. 75, 1966, 101 ff. spricht sich insofern auch für eine gebende Rolle der Remedello-Kultur aus, als er für Silberdolche des östlichen Mittelmeeres Remedello-Provenienz vorschlug, eine Ansicht, der C. Renfrew/R. Whitehause, Ann. BSA. 69, 1974, 369 f. nicht unbedingt folgten. Vgl. auch H. Matthäus, Arch. Korrbl. 8, 1978, 95 Anm. 13.

⁷ Müller-Karpe, Handbuch Vorgeschichte III 182; Sangmeister, Zephyrus 8, 1957, 260 f.; Junghans/Sangmeister/Schröder, SAM. I 24; dies., SAM. II Tl. I 80 f.

⁸ Colini, BPI. 24, 1898, 15 Abb. 9.

⁹ A. Soutou, Gallia Préhist. 10, 1967, 247 ff. 263. 265. (Grotte de la Médecine, Grotte de Maurous); s. auch S. 19 Anm. 46.

¹⁰ Vgl. hierzu J. Courtin/G. Sauzade, BSPF. 72, 1975, 188.

¹¹ Millotte, Jura 336.

¹² Barfield, Preist. Alp. 10, 1974, 73 ff. ders., in: 9. Congrès UISPP, Colloque XXIV 257 f.

¹³ Millotte, Jura 55; P. Petrequin/J.-P. Piningre, Gallia Préhist. 19, 1976, 361.

¹⁴ Ambert, BSPF. 74, 1977, 122.

¹⁵ Strahm, Schnurkeramische Kultur 150 f.

seiner leicht geschweiften Klinge und der halbrunden Basis und abgesetzter, kurzer Zunge wirkt der Dolch im Rahmen der Kupferzeit Frankreichs fremd, auch der Vergleich mit Remedello-Dolchen erscheint nicht sehr zwingend. So erwog Ambert ganz allgemein einen Bezug zum Vorderen Orient.[16] Wenn uns auch ein direktes Vergleichsstück bisher nicht bekannt ist, so kann man doch feststellen, daß vor allem die Ausbildung der betont halbrunden Basis mit kurzer Zunge und Niet, auch in Verbindung mit geschweiften Schneiden, an Dolchen im Ostmittelmeerraum und Kleinasien relativ geläufig ist,[17] will man den Dolch von Pépieux nicht in Zusammenhang mit Dolchen der Britischen Inseln sehen.[18]

Der kleine Dolch von Miers könnte möglicherweise der Glockenbecherkultur angehören; vor allem in den Niederlanden und in England kommen Glockenbecherdolche mit Nietloch in der Griffzunge vor.[19] Andererseits kann er aber auf Grund der Lage seines Fundortes auch mit den Kerbdolchen mit Niet (s. S. 12f.) in Zusammenhang stehen.

Verbreitung (Taf. 43, A): Die Fundstellen der beiden „Remedello"-Dolche liegen am Südrand der Seealpen (Provence) bzw. im Jura, der Dolch von Miers wurde im östlichen Teil der Causses gefunden, das Exemplar von Pépieux im Languedoc, unweit der Mittelmeerküste.

SONDERFORMEN KUPFERZEITLICHER DOLCHE

Griffzungendolche

Die kupferzeitlichen Griffzungendolche sind, von den Dolchen vom Typ Trizay vielleicht abgesehen, trotz einer durchführbaren Zusammenfassung zu verschiedenen Typen und Varianten, stark individualisiert; auch innerhalb einer Gruppe weist jeder Dolch deutliche Eigenmerkmale auf. Einige wenige ließen sich nur mit zu großen Vorbehalten einer der bisher behandelten Gruppen zuordnen, so daß wir sie hier gesondert aufführen, mit einer Anmerkung zu einer möglichen Affinität, falls sich eine solche erkennen läßt oder die Fundumstände sie nahelegen.

118. Les-Bordes-sur-Lez, Dép. Ariège. – Montagnes du Riverot; in einer Felsspalte. – Bronzedolch mit leicht abgesetzter, rechteckiger Griffzunge oder eher Griffplatte, darin zwei kleine Löcher (Nietlöcher?); der Dolch ähnelt entfernt den Kerbdolchen; Schneiden gedengelt, Heftspur, L. 14 cm, B. 3,7 cm *(Taf. 6, 118)*. – Mus. Raymond, Toulouse. – J.-M. Durand, Ogam 16, 1964 387 Abb. 3,3; Guilaine, Languedoc 52. 420 Abb. 11, 1; Junghans/Sangmeister/Schröder, SAM. II Tl. III Nr. 6974.

119. Bize-Minervois, Dép. Aude. – Dolmen de la Pierre des Couteaux, aus dem Aushub; weitere Funde aus dem Dolmen: Silexklinge, Pfeilspitzen, verschiedene Perlen, Glockenbecherscherbe. – Fragment eines Kupferdolches; nach den Abbildungen ist die Griffzunge breiter als die gedengelte Schneide; L. noch 9,4 cm, B. 2,9 cm *(Taf. 6, 119;* nach Ambert). – Slg. Lauriol, Bize. – Gallia Préhist. 2, 1959, 168f. Abb. 1; Guilaine, Campaniforme 49 Taf. 12, 4; P. Ambert, BSPF. 74, 1977, 121 Abb. 1, 3.

120. Moulins, Dép. Deux-Sèvres. – Roche-Allons; Einzelfund. – Dolch (?) mit breiter Griffzunge, Klinge leicht geschweift, Schneiden gedengelt; nach Cordier möglicherweise Palmelaspitze, nach der Ab-

---

[16] Ambert, BSPF. 74, 1977, 122.
[17] Branigan, AJA. 71, 1967, 117ff.; Renfrew, ebd. 1ff.; Branigan, ebd. 70, 1966, 123ff.; D.B. Stronach, Anat. Stud. 7–8, 1957–58, 89ff.; R. Maxwell-Hyslop, Iraq 8, 1946, 9ff. (Typ 13–15); zur Metallzusammensetzung (Arsenkupfer) s. U. Esin, Kuantitatif Spektral Analiz (1969).

[18] PBF. VI, 2 (Gerloff) Nr. 19; PBF. VI, 1 (Harbison) Nr. 10. 21.
[19] G. Gallay, Rev. Arch. Est 21, 1970, 371 Abb. 10 Liste 1; PBF. VI, 2 (Gerloff) Nr. 12–18.

bildung bei Poilâne eher Dolch; L. ca. 7,5 cm, B. ca. 2 cm *(Taf. 6, 120;* nach Poilâne). – Verschollen. – A. Poilâne, Bull. Soc. Scienc. Lettr. Beaux-Arts Cholet 1927–28 (1930) Abb. 1, C; G. Cordier, in: Préhist. Franç. 2, 544.

121. Tharaux, Dép. Gard. – Grotte du Hasard; Bestattungshöhle; nach Arnal u. Prades wurde der Dolch im Seitengang A zusammen mit „poladazeitlicher Keramik" gefunden, nach Louis handelt es sich um einen Oberflächenfund in der Höhle. – Schmaler Dolch im Seitengang A zusammen mit „poladazeitlicher Keramik" gefunden, nach Louis handelt es sich Heftspur, L. 9,3 cm, B. 2 cm *(Taf. 6, 121).* – Mus. Alès. – M. Louis, Etud. Roussillon. 4, 1954–55, 201 Abb. 7, c; J. Arnal/H. Prades, Rev. Arch. Est 7, 1956, 8 ff. Abb. 2, 2; Roudil, Age du Bronze Abb. 61, 7.

122. Conie-Molitard, Dép. Eure-et-Loire, – Schmaler Dolch mit kurzer Griffzunge, nach der Abb. bei Cordier Griffzungenkanten teilweise mit gehämmerten Randleisten, was für eine Annäherung an den Typ Trizay spräche, die übrige Formgebung des Dolches ist jedoch von den Dolchen vom Typ Trizay sehr verschieden; L. ca. 13 cm, B. 2,2 cm *(Taf. 6, 122;* nach Cordier). – Mus. Bourges. – G. Cordier, in: Préhist. Franç. 2, 544 Abb. 1, 4 („Glockenbecherdolch").

123. Nottonville, Dép. Eure-et-Loire. – La Chenardière. – Dolch, sehr flach; nach Nouel aus Bronze, nach Cordier Glockenbecherdolch; L. 9,8 cm, B. 2 cm *(Taf. 6, 123;* nach Nouel). – „Slg. J. Richard". – G. Cordier, in: Préhist. Franç. 2, 544; A. Nouel, Répertoire illustré des Nouvelles Découvertes Préhistoriques de 1960 à 1970 (Gien 1971).

Zeitstellung und Verbreitung: Allein der Dolch von Bize (Nr. 119) besitzt mehr oder weniger gesicherte Beifunde, die seine Zuweisung zur Kupferzeit nahelegen; bei den anderen Exemplaren handelt es sich um Einzelfunde, die nur dem allgemeinen Eindruck nach kupferzeitlich zu sein scheinen. Der Dolch Nr. 118 wurde analysiert, er besteht aus Bronze.

Zwei der aufgezählten Einzelformen (Nr. 122.123) fanden sich im Dép. Eure-et-Loire, sie könnten sowohl zur westlichen Glockenbecherkultur als auch zur späten Bronzezeit gehören.

Griffplattendolch mit Niet

Ein Dolch aus der Provence ist bislang in Frankreich singulär. Die abgerundete Griffplatte trägt ein am Griffplattenende in der Mittelachse angebrachtes Nietloch, die Klinge ist flach.

124. Robion, Dép. Vaucluse. – Grotte du Jas-de-Jouvert; Bestattungshöhle mit ausschließlich kupferzeitlichem Material: Silexpfeilspitzen, Steinperlen, Knochen- und Muschelanhänger, darunter ein gelochter Bogenanhänger. – Fragment eines Kupferdolches, L. noch 13,7 cm, B. 3 cm *(Taf. 6, 124;* nach Zeichnung Courtin). – Mus. Robion. – J. Courtin/ G. Sauzade, BSPF. 72, 1975, 185 f. Abb. 2, 4; Junghans/Sangmeister/Schröder, SAM. II Tl. III Nr. 4281.

Zeitstellung: Der Dolch ist keiner der bisher bekannten kupferzeitlichen Dolchgruppen in Frankreich zuweisbar, er entspricht in Ausführung und Material aber auch nicht den älterbronzezeitlichen Griffplattendolchen mit Nieten. J. Courtin und G. Sauzade notierten zu recht, daß diese Dolchform in Frankreich fremd erscheint und erwogen ganz allgemein Beziehungen zu Südportugal oder zum vorderen Orient,[1] wenn auch bislang direkte Vergleichsfunde fehlen. Der gelochte Bogenanhänger spricht für einen Kontakt mit der Glockenbecherkultur in Frankreich, zeitlich gesehen möglicherweise auch mit der beginnenden älteren Bronzezeit.[2]

---

[1] Courtin/Sauzade, BSPF. 72, 1975, 184 ff.
[2] Treinen, Gallia Préhist. 13, 1970, 263 ff. Abb. 41, 1–4; A. Gallay, Origines 10, Abb. 1, 8–10 (Glockenbecherzeit), Abb. 1, 19–21 (ältere Bronzezeit).

KLINGENFRAGMENTE KUPFERZEITLICHER DOLCHE

Bisher insgesamt vier Dolchklingen sind so weitgehend korrodiert, daß man ihre ursprüngliche Form und vor allem die Gestaltung der Heftpartie nicht mehr erkennen kann.

125. Plouezoc'h, Dép. Finistère, – Cairn de Barnenez, „Dolmen" C; Hügel mit elf z. T. kuppelgedeckten Kammern mit Gang; in Kammer C glaubte man anfangs, chasséen-ähnliche Keramik und Glockenbecherfunde von SOM-Keramik stratigraphisch trennen zu können, in der Folge ließ sich dieser Befund aber nicht mehr aufrechterhalten (P.-R. Giot, Palaeohistoria 12, 1966 [1967] 249ff.). – Kleiner schmaler, schlecht erhaltener Dolch, möglicherweise Fragment eines einfachen Griffzungendolches, L. noch 8,8 cm, B. noch 2,6 cm *(Taf. 6, 125;* nach Briard/L'Helgouach). – Mus. Penmarc'h (nicht zugänglich). – Giot/J. L'Helgouach. Ann. Bretagne 64, 1957, 9ff. Abb. 4, 29; Briard/L'Helgouach, Chalcolithique 62 Taf. 4; Briard/J.-R. Maréchal, BSPF. 55, 1958, 422ff. Taf. 4, 1; Briard, in: Coll. Ghent. 38 Abb. 3, 5.

126. Plouharnel, Dép. Morbihan. – Dolmen de Kergazec; Kollektivgrab, daraus auch Glockenbecherscherben bekannt. – Schlecht erhaltenes Dolchfragment, beide Enden spitz zulaufend, möglicherweise einfacher Griffzungendolch, L. noch 12,1 cm, B. noch 2,9 cm *(Taf. 6, 126;* nach Rollando). – Verschollen, bis 1951 Mus. Carnac. – Y. Rollando, Bull. Soc. Polym. Morbihan 1959–60 (1961), nach S. 64 Taf. (rechts unten); Briard/L'Helgouach, Chalcolithique 62 Taf. 4.

127. Saint-Nazaire, Dép. Loire-Atlantique. – Bassin de Penhoët; Baggerfund (vgl. auch Nr. 278). – Schlecht erhaltene, lange, flache Dolchklinge, Schneidendengelung stellenweise noch feststellbar, Spitze ehemals gerundet; möglicherweise Fragment eines langen einfachen Griffzungendolches (etwa wie Nr. 98); L. noch 26 cm, B. 5,3 cm *(Taf. 6, 127).* – Mus. Nantes (884-1-137). – Lisle de Dreneuc, Poignards, 148; Briard, Dépôts bretons 63.

128. Saint-Sulpice-d'Arnoult (?), Dép. Charente-Maritime. – Colle zufolge soll der Dolch aus einem zerstörten Hügel stammen; nach Nachprüfung aller Einzelheiten bezweifelte Gachina (schriftl. Mitt.), daß es sich um einen kupferzeitlichen Dolch aus dem Dép. handelt. – Schlecht erhaltene Klinge mit Ansatz einer Griffzunge, L. noch 10,3 cm, B. 2,7 cm *(Taf. 6, 128).* – Mus. Saint-Georges-de-Didonne. – J. R. Colle, BSPF. 61, 1964, 365.

Zeitstellung: Die Fundumstände der Dolchfragmente erlauben keine genaueren Aussagen über ihre Kulturzugehörigkeit; sie gehören aber wohl der Kupferzeit an. Nach der Formel Kupferdolch = Glockenbecherkultur, die nicht immer richtig ist, werden sie ganz allgemein der Glockenbecherkultur zugewiesen. In Anbetracht der wenigen Fundbeobachtungen und der geringen Anzahl der Funde läßt sich noch nicht abwägen, ob es sich bei den Dolchen etwa um Hinweise auf eine Südfrankreich vergleichbare Kupferindustrie vor oder neben der Glockenbecherkultur handelt. Im Grab von Plouharnel (Nr. 126) treten auch Scherben von Glockenbechergefäßen auf; weitere Funde sind nicht bekannt, waren aber sicher vorhanden. Zu welcher der im „Dolmen" C von Barnenez vertretenen Kulturen der Dolch Nr. 125 gehört, ist nicht mehr feststellbar.[1] Bei dem Exemplar von Saint-Nazaire (Nr. 127) könnte es sich um ein Fragment der langen Glockenbecherdolche (s. S. 42) handeln; von der Fundstelle ist Glockenbecherkeramik bekannt.[2] Allerdings besteht auch die Möglichkeit, daß es sich um ein Fragment der langen bretonischen Dolche handelt, die einen sehr flachen Querschnitt aufweisen (s. S. 93).

Verbreitung: Die Fundstellen liegen in Küstennähe am Atlantik.

---

[1] J. Briard, in: Coll. Ghent 38 Abb. 3 bildete den Dolch neben einer gestielten geflügelten Pfeilspitze mit rechteckigen Flügelenden ab; die Zusammenstellung ist rein typenmäßig und nicht auf Fundverband begründet.

[2] R. Joussaume, L'Anthropologie 80, 1976, 139ff.

KUPFERZEITLICHE DOLCHE NICHT NÄHER BEKANNTER FORM

129. Assignan, Dép. Hérault. – Dolmen du Bois de Monsieur; Funde: gestielte, geflügelte Pfeilspitzen, Perlen aus Kupfer, Stein und Muschel, horizontal gelochte Kugelkopfnadel. – Kupferdolch, L. 10 cm. – Verschollen. – Miquel/J. Coulouma, in: Congr. préhist. France 10, Nîmes-Avignon 1930 (1931), 362; J. Lauriol/J. Audibert, Cah. Ligures 8, 1959, 32; Arnal, Dolmens 117 (Dolch nicht erwähnt); Guilaine, Campaniforme 51.

130. Aubussargues, Dép. Gard. – Hypogée de Cantagal; Kollektivgrab; Funde: u. a. Kupferperlen und Fontbouisse-Keramik. – Dolch. – Verschollen. – Raymond, Uzès 151; J. Audibert, Mém. Soc. Préhist. Franç. 5, 1958 (1959) 271; Gutherz, Fontbouisse 31. 65.

131. Brison-Saint-Innocent, Dép. Savoie. – Grotte de la Montagne des Cordes (oder Grotte des Fées, Grotte de Grésine); Bestattungshöhle, vgl. auch S. 50. – Dolch; E. Chantre (Zitat Combier) verglich dieses Stück mit dem Dolch von Fontvieille-les-Arles (Nr. 100), also wohl Griffzungendolch. – Verschollen. – Combier, Savoie 22. 70.

131 A. Brison-Saint-Innocent, Dép. Savoie. – Grésine; aus Ufersiedlung? – Dolch mit gekerbter oder wellig gehämmerter Griffzunge, Spitze gerundet. L. etwa 7,2 cm, B. etwa 2,1 cm (*Taf. 6, 131 A*; nach Perrin). – Verschollen. – Perrin, Savoie Taf. 19,16.

132. Carnac, Dép. Morbihan. – Dolmen du Lizo; Funde des Chasséen Breton, Typ Conguel, Néolithique final und Glockenbecher. – „Glockenbecherdolch". – Mus. Penmarc'h (?). – Briard/L'Helgouach, Chalcolithique 62; L'Helgouach, Sépultures 102. 107. 110. 112. 114. 116 (Dolch nicht erwähnt).

133. Carnac, Dép. Morbihan. – Dolmen de Kerlagat; Funde: Grand-Pressigny-Gerät, Steinperlen, Goldblech, Glockenbecher. – „Glockenbecherdolch". – Mus. Penmarc'h (?). – Briard L'Helgouach, Chalcolithique 62; L'Helgouach, Sépultures 109. 114. 116f. (Dolch nicht erwähnt).

134. Cessenon, Dép. Herault. – Dolmen Lugné Sud oder Lugné Nord; in beiden Monumenten Steinperlen. – Dolch. – Verschollen. – Arnal, Dolmens 117 (Dolch nicht erwähnt); Guilaine, Languedoc 382.

135. Guidel, Dép. Morbihan. – Dolmen de Lann-Blaën; Funde: Grand-Pressigny-Gerät, Keramik vom Typ Conguel, Kragenflasche. – „Glockenbecherdolch". – Mus. Penmarc'h (?). – Briard/L'Helgouach, Chalcolithique 62; L'Helgouach, Sépultures 105f. 114. 245 (Dolch nicht erwähnt).

136. Minèrve, Dép. Herault. – „Kupferzeitliche Dolche", vgl. Nr. 57. – Verschollen. – P. Ambert, BSPF. 74, 1977, 121.

137. Montpeyroux, Dép. Hérault. – Dolmen 1 de la Croix de L'Yeuse (Font de la Griffe); fundarm (Silexklingen, Knochenpfriem, Glockenbecherscherbe). – „Pfeilbewehrung (fer de flèche) aus Kupfer oder Bronze, oben spitz, dem unteren Ende zu gezähnt", wahrscheinlich Dolch mit wellig gehämmerter Griffzunge. – Verschollen. – Groupe archéologique lodévois, Cah. Ligures 10, 1961, 67; F. Treinen, Gallia Préhist. 13, 1970, 284 Anm. 175 („Dolchspitze").

138. Nottonville, Dép. Eure-et-Loire. – „Glockenbecherdolch". – Aufbewahrungsort unbekannt. – G. Cordier, in: Préhist. Franç. 2, 544.

139. Pyrénées-Orientales, Département. – „Glockenbecherdolch". – Verschollen. – Guilaine, Campaniforme 51.

140. Sainte-Anastasie, Dép. Gard. – Grotte Nicolas; Bestattungshöhle; Funde: Kupferflachbeil, Silex, Perlen und Fontbouisse-Keramik. – „Spitze aus Kupfer", Dolch oder Dolchfragment. – Verschollen. – U. Dumas, Rev. Ec. Anthr. 15, 1905, 121 u. Anm. 1; Gutherz, Fontbouisse 89 (Kupferspitze nicht erwähnt).

141. Saint-Germain-en-Coglès, Dép. Ille-et-Vilaine. – Allée couverte de Rocher-Jacquot. – „Glockenbecherdolch", L. 11 cm, B. 2 cm. – Verschollen. – Briard/L'Helgouach, Chalcolithique 62; L'Helgouach, Sépultures 294.

142. Saint-Léger-de-Montbrun, Dép. Deux-Sèvres. Steinkistengrab. – „Glockenbecherdolch". – Aufbewahrungsort unbekannt. – J. Cordier, in: Préhist. Franç. 2, 544.

143. Saint-Vallier-de-Thiey, Dép. Alpes-Maritimes. – Wahrscheinlich Dolmen d'Arboin; Kollektivgrab vgl. Nr. 39. – Kupferdolch (identisch mit Nr. 39?). – Verschollen. – P. Goby, in: Congr. préhist. France 2, Vannes 1906 (1907), 394; Courtin, Néolithique 255 (Dolch nicht erwähnt).

144. Trausse, Dép. Aude. – Combe de Paulignan. – Kupferdolch. – Verschollen. – P. Ambert, BSPF. 74, 1977, 121.

145. Ploemeur, Dép. Morbihan. – Porh-Fetih; Dolmen (?); genannt sind außer Kupferdolchklingen „Klingen und Pfeilspitzen aus Silex, Steinbeile, Perlen, Keramik". – „Dolchklingen aus Kupfer". – Mus. Saint-Germain-en-Laye (?) (ehem. Mus. Kernuz). – Millon, Château de Kernuz 15.

Zeitstellung: Die meisten der aufgeführten Dolche sind verschollen. Möglicherweise ist der Dolch Nr. 131 aus der Grotte de la Montagne des Cordes bei der Bucht von Grésine mit dem gleichfalls verschollenen Dolch von Grésine (Nr. 131 A)[1] identisch, der im allgemeinen als spätbronzezeitlicher Fund aus der Ufersiedlung gilt. Mit abgerundeter Spitze und offenbar gekerbter Griffzunge unterscheidet er sich deutlich von den spätbronzezeitlichen Griffzungendolchen und wäre eher den Dolchen vom Typ Fontbouisse zuzuordnen.

Nach der Beschreibung der Dolchformen oder den Beifunden gehören einige der Dolche sicher oder wahrscheinlich der Kupferzeit Südfrankreichs an (Nr. 129. 130. 134. 137. 138. 140. 142. 143), davon Nr. 130 und 140 dem Fontbouissien. Einige Dolche aus bretonischen Megalithgräbern sollen der Glockenbecherkultur angehören (Nr. 132. 133. 135. 141), was im Einzelnen nicht nachprüfbar ist. Die Angaben über einen oder mehrere Dolche von Ploemeur (Nr. 145) sind zu vage, um eine zeitliche Zuordnung zu erlauben; ganz ausgeschlossen ist es nicht, daß es sich eventuell um spätbronzezeitliche Dolche handelt. Bei einem von G. Cordier genannten „Glockenbecherdolch" aus Westfrankreich handelt es sich um einen Fund von recht unsicherer Zuordnung.[2]

Verbreitung: Die nicht näher bestimmbaren Dolche konzentrieren sich einmal in den Départements Gard und Hérault, dem Verbreitungsgebiet der Fontbouisse-Kultur, zum andern in der Bretagne/Westfrankreich.

ZUR FUNKTION DER KUPFERZEITLICHEN DOLCHE

Im Vergleich mit erhaltenen Schäftungen ostfranzösischer/westschweizerischer Kupfer- und Silexdolche können für die kupferzeitlichen Dolche Frankreichs verschiedene Schäftungsarten und Grifformen angenommen werden (vgl. S. 14. 25); zweischalige Federgriffe und einschalige Griffe mit Endknauf, befestigt mit Klebemasse, Wicklung und auch Nietung, oder rundum geschlossene Griffe mit Überschubschäftung. Bei Griffzungendolchen der Typen Fontbouisse, Boisen-Ré und Trizay schließen bogige Heftspuren volle Wickel- oder gebundene Schäftung aus. Möglich wäre eine Überschubschäftung, plausibler erscheinen aber zweischalige Griffe mit teilweiser Wickelschäftung (vgl. S. 14).[1] Die Randleisten der Dolche vom Typ Trizay könnten bei zweibahnigem Griff ein seitliches Verschieben der Griffbahnen verhindern, konvergierende Randleisten oder Griffzungen mit konvexen Randleistenzungen auch ein Verrutschen in der Längsachse absichern. Überschubschäftung ist bisher nicht belegt. Auch bei Dolchen mit Randleistenzunge wurde zur besseren Befestigung des Griffes Klebemasse verwandt.[2] Nach den vorhandenen Vorlagen sind die Griffe selbst sehr kurz, jedenfalls deutlich kürzer als eine Handbreite.

---

[1] Perrin, Savoie Taf. 19, 16; Costa de Beauregard/Perrin, Catalogue Nr. 255; nach den überlieferten Abbildungen könnte es sich auch um eine Kerbdolch-Sonderform handeln.

[2] Saint-Rimay, Dép. Loir-et-Cher, Steinkiste mit Einzelbestattung (Cordier, in: Préhist. Franç. 2, 544). Nach G. Launay, Bull. Soc. Arch. Vendômois 8, 1896, 111 handelt es sich um „ein gebogenes Kupferband, 3 cm breit, 5 cm lang, mit Resten einer Einbuchtung, die zum Anbringen eines Nagels gedient hat". Die Steinkiste selbst war, von einigen Tierknochen abgesehen, sonst fundleer, außerhalb der Kiste fanden sich Scherben, z.T. von einem Henkelgefäß. Ob es sich bei dem Metallfragment um Reste eines Dolches oder eines Blechbandes gehandelt hat, läßt sich nicht mehr entscheiden. Nach dem Grabbrauch und dem Henkelgefäß macht das Grab eher den Eindruck einer mittelbronzezeitlichen Bestattung bretonischer Art.

[1] Auch bei Nietdolchen sind zweischalige Griffe belegt: Hardaker, Dagger Pommels S. 7 Nr. 1; s. 9 Nr. 4.

[2] R. H. Harrison, Madr. Mitt. 15, 1974, 83.

Für einige der Remedello-Dolche mit dreieckiger Klinge, gerader Basis und kurzer Griffzunge mit Niet (vgl. Nr. 114. 115) schlug L. H. Barfield eine Stabdolchschäftung vor.[3] Durch Heftspuren läßt sich dies bisher nicht belegen, eher durch leichte Asymmetrie der Mittelrippe zur breiten Basis, die allerdings nur in einem Falle und dort nicht sehr deutlich feststellbar ist. Stoffabdrücke auf einem Remedello-Dolch sollen Hinweis geben, daß der Dolch ohne Scheide, also als Stabdolch geschäftet in das Grab gelegt wurde. Einmal kommen Stoffabdrücke auf Dolchen mit Dolchschäftung und Scheide (Scheidenfutter, Schneidenschutz) durchaus vor,[4] zum andern haben die wenigsten der als Grabbeigabe gefundenen Dolche Scheidenspuren aufzuweisen. Bei den kupferzeitlichen Dolchen Frankreichs fehlt bisher jeder Hinweis auf Dolchscheiden überhaupt.[5] Ein weiteres Argument Barfields für eine Stabdolchfunktion der Remedello-Dolche ist der Vergleich mit Felsbildern.[6] Die abgebildeten Stabdolche entsprechen den Remedello-Klingen aber weit weniger als Felsbilder von Dolchen mit Dolchschäftung.[7] Auch technisch erscheint eine Dolchschäftung plausibler; die kurze, ein- bis zweinietige Griffzunge bietet bei Stabdolchfunktion kaum den nötigen Halt für die Klinge.

Der Dolch Nr. 45 (Typ Fontbouisse) war nach Aussage der Heftspur schräg gefaßt; der Glockenbecherdolch (Typ Trizay) von Châteaubernard (Nr. 108) zeigt auf einer Seite eine gerade, auf der andern eine schräge Heftspur. Die beiden Dolche weisen sonst keinerlei Stabdolchmerkmale auf. Gelegentlich können Dolche offenbar als eine Art Stabdolche geschäftet worden sein,[8] allerdings ohne damit eine waffentechnische Stabdolchfunktion besessen haben zu müssen (s. S. 123 f.).

Kupferzeitliche und bisweilen auch älterbronzezeitliche Dolche wurden auch als Messer oder „Dolchmesser" (couteau, knive, knive-dagger) angesprochen, sei es ohne Begründung oder mit den verschiedenartigsten Argumenten.[9] Stichhaltiger Hinweis auf Messerfunktion ist die Beobachtung vor allem einseitiger Gebrauchsspuren sowie Nachschärfen der Schneiden.[10] J. Bill sprach den kleineren Exemplaren von ca. 10 cm Länge eine Dolchfunktion überhaupt ab.[11] J. Evans dachte an Gebrauch als Dolch sowie als Messer: „Die frühe Dolchform wird sowohl für friedliche als auch kriegerische Zwecke genutzt worden sein",[12] eine Ansicht, die verschiedene Autoren teilten,[13] und machte den Gebrauch als Waffe mehr oder weniger von der Größe abhängig. Ohne den Dolchen allgemein gelegentliche Mehrzweckfunktion auch als Messer unbedingt absprechen zu wollen, erscheint uns die geringe Länge kein Argument für eine solche zu sein. Auch eindeutige, einschneidige Messerklingen sind im allgemeinen nicht kürzer als etwa 10 cm und wenn, dann meist in Sonderformen (Toilettemesser); Klingen, die für eine Funktion als Dolch zu kurz scheinen, sind auch als Messer nur bedingt einsatzfähig. Die, soweit feststellbar, sehr kurzen Dolchgriffe sprechen eher gegen eine Schneidefunktion der Klingen. Bei vorwiegendem Gebrauch als Messer wäre auch eine Absicherung der Griffzunge gegen Verschiebung in der Längsachse weniger von Bedeutung, ebenso eine Verstärkung der Klingenmitte durch Mittelgrat oder Mittelrippe, ganz davon

---

[3] Barfield, Origini 3, 1969, 74 ff.

[4] PBF. VI, 2 (Gerloff) Nr. 57; zu Stoffresten s. auch A. Cassau, Mannus 27, 1935, 205.

[5] Harrison, Madr. Mitt. 15, 1974, 83; Gerloff, PBF. VI, 2 (1975) 31; N. Kalicz/R. Kalicz-Schreiber, Preist. Alpina 10, 1974 Abb. 7; s. auch Cassau, Mannus 27, 1935, 199 ff.

[6] Barfield, Origini 3, 1969, 74 ff. Abb. 5.

[7] E. Anati, Preist. Alpina 10, 1974, 113 ff.

[8] Es ist nicht zu entscheiden, ob es sich bei den Spuren eventuell um den oberen Rand einer Scheide handeln kann (vgl. S. Vilaseca/F. Capafons, Trab. Prehist. 23, 1967, 48 ff. Taf. 10).

[9] Vladár, PBF. VI, 3 (1974) 1 (Exemplare ohne Niet eher Messer); J. J. Butler/J. D. van der Waals, Palaeohistoria 12, 1966 (1967), 58 ff.

[10] Hundt, Straubing I 10 f.; Harbison, PBF. IV, 1 (1969) 9.

[11] Bill, Glockenbecher 18; H. J. Müller-Beck, Arch. Inf. 1, 1972, 67.

[12] Evans, Bronze Implements 222.

[13] Gerloff, PBF. VI, 2 (1975) 31; Harbison, PBF. VI, 1 (1969) 7.

abgesehen, daß die Mehrzahl der Schneiden für schneidende Funktion auch zu stumpf sind; auch der Winkel Schneide-Griff spricht eher dagegen. Der Stand der Metallverarbeitungstechnik hätte die Herstellung von einschneidigen Gebrauchsmessern durchaus erlaubt,[14] offenbar wurde für Messer aber weiterhin der als Rohstoff leichter erreichbare Silex verwandt.

Das Typenspektrum früher Metallformen in Südfrankreich ist gegenüber andern Gebieten des Mittelmeerraumes relativ klein, es beschränkt sich vorzugsweise auf Perlen, Pfrieme, Beile und auch vor allem Dolche.[15]

Die Klingenlängen der kupferzeitlichen Dolche in Frankreich reichen ca. von 3 cm (Nr. 9. 62. 69–72. 113) bis 36 cm (Nr. 98); eine derartige Variationsbreite der Längen kann auch bei vergleichbaren oder eng verwandten Formen für eine unterschiedliche Verwendung sprechen. Für die sehr kleinen Exemplare entfällt wohl ein praktischer Gebrauch als Dolch oder auch Messer überhaupt; Pfeilspitzen- oder Wurfspeerschäftung ist nicht zu belegen, aber auch nicht unbedingt auszuschließen. Die sehr langen, relativ breiten Dolche mit stets sehr flachem Blatt eignen sich nicht mehr als Stoßwaffe, aber auch kaum als Hiebwaffe. In der Mehrzahl handelt es sich um Flußfunde (Nr. 96. 89. 127. 97 [?]), der Dolch Nr. 111 wurde unter einem Stein gefunden. Bei diesen großen Dolchen kann man also beabsichtigte Einzelniederlegung annehmen; es steht zu vermuten, daß sie nicht als Waffe oder Gerät hergestellt wurden, sondern einem andern Zweck dienten.

Nur acht der Dolche wurden eindeutig in Siedlungen gefunden (drei Kerbdolche, vier Fontbouissedolche, ein Glockenbecherdolch). 115 Dolche sind Grabfunde (33 Kerbdolche, 34 Fontbouissedolche, 17 Glockenbecherdolche und 31 Fragmente und Sonderformen), also als persönlicher Besitz der Bestatteten oder Bestandteil des Grabritus anzusprechen. Die Fundbedingungen erlauben keine Aussage über die Lage der Dolche im Grab, mit Ausnahme von Nr. 104 (Dolch auf dem Schlüsselbein). In den dolchführenden kupferzeitlichen Kulturgruppen Südfrankreichs kamen des öfteren in einer Bestattungsanlage mehrere Dolche zutage, Glockenbecherdolche hingegen treten jeweils nur in der Einzahl auf. Obwohl es im allgemeinen nach bisheriger Fundbeobachtung schwer oder gar nicht zu eruieren ist, wie viele Glockenbecher-Nachbestattungen in Megalithgräbern etwa der Bretagne oder Westfrankreich erfolgten,[16] kann man zumindest sagen, daß jeweils nur ein Dolchgrab eingebracht wurde.

Sicher Waffenfunktion hatte die in Ferrières-Zusammenhang gefundene Dolchspitze von Trèves (Nr. 73), die in einer menschlichen Wirbelsäule (Rückenwirbel) steckend überliefert ist. Anzeichen eines Heilprozesses sind nicht vorhanden; die durch den von hinten in den Rücken gestoßenen Dolch verursachte Wunde hatte – vielleicht in Verbindung mit anderen Verletzungen – letale Folgen.[17] Der Dolch wurde, in der Wunde steckend, abgebrochen, wohl bei dem Versuch, ihn zu entfernen.[18] Von in etwa zeitgleichen Fundstellen im Verbreitungsgebiet der Gruppen Ferrières/Fontbouisse/Rodézien sind bisher insgesamt zehn oder zwölf Dolchspitzen aus Grabfunden bekannt (Nr. 73. 81. 83 [?]. 139 [?]), während im übrigen Frankreich keine kupferzeitlichen Dolchspitzen auftreten. Wir fassen hier offenbar eine den genannten Gruppen spezifische Eigenart; ein derart zeitlich und räumlich eingrenzbares Vorkommen von Dolchspitzen in Bestattungen ist u. W. bisher ohne Vergleich.

Felsbilder legen für Remedello-Dolche eine Funktion als Jagdwaffe nahe.[19]

---

[14] Junghans/Sangmeister/Schröder, SAM. I 16; Müller-Karpe, Handbuch Vorgeschichte III 153, 159. 277. 280.

[15] Guilaine/Vaquer, Débuts Abb. 1, 3–6.

[16] J. L'Helgouach, in: IXᵉ Congr. UISPP. (1976), Colloque XXIII 174.

[17] Ähnliche Befunde mit Silexgeräten: Bailloud, Bassin parisien 188 Taf. 8, 6; vgl. L. Balsan/G. Costantini, Gallia Préhist. 15, 1972, 240f. Abb. 49; s. auch C. Wells, Bones, Bodies and Disease (1964) 47ff.

[18] Zu dem Versuch, Waffen aus der Wunde zu ziehen: C. Wells, ebd. 48.

[19] Anati, Preist. Alpina 10, 1974, 113ff. Abb. 5. 6. 11. 12.

DOLCHE DER ÄLTEREN BRONZEZEIT

GRIFFPLATTENDOLCHE VOM TYP LUSSAN

Mit „Typ Lussan" bezeichnen wir unverzierte trianguläre Griffplattendolche mit gerader bis nur sehr leicht gerundeter Basis und zwei Nieten. Der Klingenquerschnitt ist flachoval; einige Klingen weisen leichte, auch einseitige Schneidendengelung oder einen sehr leichten Mittelgrat auf. Die Heftspur verläuft gerade. Die Dolche sind insgesamt recht klein (L. 6,5–8,9 cm, B. 2,5–3,3 cm).

146. Sainte-Croix-de-Verdon, Dép. Alpes-de-H^{te}-Provence. – Abri du Capitaine; Siedlung, Schicht 12; Funde: Silexgeräte, provençalische Glockenbecherscherben. – Leicht beschädigter Dolch, Schneiden leicht gedengelt, L. 7,7 cm, B. 3 cm *(Taf. 7, 146;* nach Zeichnung Courtin). – Dépôt de fouilles, Marseille. – J. Courtin, Cah. Ligures 16, 1967, 29ff. (Beifunde); ders., Néolithique 13, 285; F. Treinen, Gallia Préhist. 13, 1970, 273. 275. 279; Bill, Glockenbecher Taf. 12 (Keramik).

147. Saint-Antonin-Noble-Val, Dép. Tarn-et-Garonne. – Dolmen du Bretou 2; Kollektivgrab; Funde: gestielte geflügelte Silexpfeilspitzen, Fragment einer Knochennadel, Kupferperlen, Stein-, Knochen- und Muschelschmuck, darunter segmentierte Perlen und Lamellenanhänger *(Taf. 48, C).* – Fragmente eines Bronzedolches, Metall stark aufgebläht, Schneiden einseitig gedengelt, L. noch 6,6 cm, B. 3,1 cm *(Taf. 7, 147;* nach Clottes und Darasse). – Mus. Saint-Antonin-Noble-Val. – J. Clottes/P. Darasse, Gallia Préhist. 15, 1972, 199ff. Abb. 7, 8; Guilaine, Languedoc 54. 412 Abb. 11, 3 („Montricoux"); Clottes, Mégalithes 237 Abb. 164, 3; Clottes/Costantini, Bronze 471 Abb. 1, 24.

148. Plan-de-Cuques, Gem. Marseille, Dép. Bouches-du-Rhône. – Grotte de la Carrière im Tal La Montade; Höhle mit sieben bis acht nicht trennbaren Bestattungen; Funde: Bronzepfeilspitze, Pfrieme mit Mittelschwellung, Silexgerät, Nadel in der Art der Flügelnadeln, wenig Muschel- und Steinschmuck, unverzierte Keramik. – Dolch, Schneiden leicht gedengelt, L. 7 cm, B. 3,3 cm *(Taf. 7, 148;* nach Zeichnung Courtin). – Mus. Marseille. – J. Courtin/H. Puech, Cah. Ligures 12, 1963, 56ff. Abb. 8; Gallia Préhist. 6, 1963, 353 Abb. 32.

149. Lussan, Dép. Gard. – Grottes des Tinos oder de las Tinos; Höhle (Bestattungshöhle?) mit Fontbouisse-Inventar, außerdem Fragment eines Randleistenbeiles und ein Bronzepfriem. – Bronzedolch, L. 6,5 cm, B. 2,6 cm *(Taf. 7, 149;* nach Roudil). – Mus. Nîmes oder Montpellier (derzeit nicht auffindbar). – J. Audibert/L. Delord, Rev. Arch. Est 10, 1959, 7ff. Abb. 1, 9; Roudil, Age du Bronze 265 Nr. 70 Abb. 3, 1; Gutherz, Fontbouisse 79.

150. Mesnay, Dép. Jura. – Bois de Parançot; Grabhügel 13, Bestattung a, gestreckte Lage (NW-SO), Dolch in Gürtelhöhe, Nadel auf der Brust in Schlüsselbeinnähe. – Bronzedolch, Klinge stark korrodiert, Heftspur, L. noch 7 cm, B. 3 cm *(Taf. 7, 150).* – Beifunde: stark korrodierte Rauten- oder Scheibennadel mit leicht gebogener Spitze. – Mus. Saint-Germain-en-Laye (61344). – M. Piroutet, L'Anthropologie 25, 1914, 268f. Abb. 1, 2; Millotte, Jura Taf. 3, 41; Bill, Glockenbecher 92 Taf. 49, 13 (Material der verschiedenen Bestattungen nicht getrennt).

151. Laurie, Dép. Cantal. – Lair; Grabhügelnekropole, Tumulus 1, Brandbestattung, der Dolch lag in einer sehr kleinen Steinkiste von 0,15 × 0,20 cm. – Bronzedolch, Spitze leicht gerundet, Heftspur, Schneide an einer Seite etwas gedengelt, L. 6,3 cm, B. 2,7 cm *(Taf. 7, 151;* nach Unterlagen J.-P. Daugas). – Beifunde: Bronzenadel mit Doppelhäkchenkopf, geradem Schaft und rechteckigem Halsquerschnitt; kleine Bronzespirale mit Spiralende *(Taf. 48, F).* – Mus. Saint-Flour. – Gallia Préhist. 9, 1960, 520 Abb. 18.

152. Saint-Maurice-Navacelles, Dép. Hérault. – Dolmen de Coulet. – Bronzedolch, leichter einseitiger Mittelgrat, L. 7 cm, B. 2,8 cm *(Taf. 7, 152;* nach Zeichnung G.B. Arnal). – Dépôt de fouilles du Groupe archéol. lodévois, Lodève. – Roudil, Age du Bronze 275 Nr. 173 Abb. 2, 13.

153. Suze-la-Rousse, Dép. Drôme. – Mit römischen Scherben zusammen gefunden. – Bronzedolch, Basis leicht beschädigt, L. 7 cm, B. 2,7 cm *(Taf. 7, 153;* nach Gagnière/Germand/Garnier). – Mus. Avignon (J. 261 B). – S. Gagnière/J. Granier, Celticum 3, 1961 (1962), 20 Abb. 4, 1; dies., Ogam 14, 1962, 20 Abb. 4, 1; Gagnière/Germand/Granier, Musée Calvet Taf. 10, 45.

154. Roquemaure, Dép. Gard. – Bois de Clary. – Bronzedolch, identisch mit Nr. 155?, Schneiden leicht gedengelt, L. 8,9 cm, B. 2,7 cm *(Taf. 7, 154;* nach Gagnière, Germand u. Granier). – Mus. Avignon (J 261). – Gagnière/Germand/Granier, Musée Calvet Taf. 10, 46; Roudil, Age du Bronze 267 Nr. 89 Abb. 21, 7.

155. Roquemaure, Dép. Gard. – „Aus Höhlen". – Dolch aus Bronze (?), identisch mit Nr. 154?, Klinge leicht konvex, L. ca. 8,5 cm, B. ca. 2,5 cm *(Taf. 7, 155;* nach de Saint-Venant). – Verschollen. – J. de Saint-Venant, in: Congr. Préhist. France 4, Chambery, 1908 (1909), 631 mit Abb.

156. Gegend von Beaune (?), Dép. Côte-d'Or. – Bronzedolch, Basis leicht beschädigt, Spitze fehlt, Schneiden gedengelt, L. noch 7,6 cm, B. 2,8 cm *(Taf. 7, 156;* nach Zeichnung Mus. Beaune). – Mus. Beaune (03.4.1).

Variante Salinelles

Einige unverzierte trianguläre Dolche mit zwei Nieten haben eine leicht gebogene Griffplatte. Bei Längen von 5,5–15 cm sind die längeren Exemplare mit bis 3,6 cm Breite relativ schmal.

157. Salinelles, Dép. Gard. – Aus einer Grube unter einem Felsüberhang. – Bronzedolch, Spitze abgerundet, L. 5,5 cm, B. 2,6 cm *(Taf. 7, 157).* – Slg. Bort, Corconne.

158. Chartres, Dép. Eure-et-Loire. – Bronzedolch, Schneiden gedengelt, Heftspur, L. 7 cm, B. 3,2 cm *(Taf. 7, 158).* – Mus. Nantes (930-1-200, Slg. Rochebrune).

159. Bouriège, Dép. Aude. – Bronzedolch, Schneiden gedengelt, L. 9,3 cm, B. 3,1 cm *(Taf. 7, 159).* – Dépôt de fouilles, Carcassonne. – J. Guilaine, Cah. Ligures 16, 1967, 132f. Abb. 2; ders., Languedoc 52 Abb. 11, 2 Taf. 2, 1.

160. Saint-Chels, Dép. Lot. – Dolmen de Saint-Chels; kupfer- bis eisenzeitliche Funde. – Bronzedolch, Schneiden leicht gedengelt, Spitze abgerundet, L. 15 cm, B. 3,6 cm *(Taf. 7, 160;* nach Zeichnung Clottes). – Mus. Cahors. – Clottes, Mégalithes 181 Abb. 69. 164, 1; Clottes/Costantini, Bronze, 472 Abb. 1, 25.

161. Jouques, Dép. Bouches-du-Rhône. – Grotte de l'Adaouste; Siedlungs- und Bestattungshöhle, aus gestörtem Bereich. – Fragment eines Dolches aus Bronze (?), L. noch 7,5 cm, B. noch 2,7 cm *(Taf. 7, 161;* nach Zeichnung Courtin). – Dépôt de fouilles, Marseille. – J. Courtin/G. Sauzade, BSPF. 72, 1975, 187 Abb. 2, 5; Courtin, Néolithique 230f. (zu der Höhle).

Zeitstellung und Kulturzugehörigkeit: Die aufgezählten Dolche des Typs Lussan und der Variante Salinelles stammen aus den verschiedensten Fundverbänden, und zwar sowohl aus Siedlungen als auch aus Gräbern in Höhlen und Dolmen, zwei der Dolche sind Beigaben von Einzelbestattungen unter Hügel. Von diesen beiden abgesehen, fehlen genauere Beobachtungen weitgehend.

Gesichert erscheint das Auftreten des Dolches von Sainte-Croix-de-Verdon (Nr. 146) in Glockenbecher-Fundverband. Die Keramik der Siedlung gehört zur Provence-Gruppe der Glockenbecher. Während F. Treinen auf Grund des Nietdolches eine Spätstellung dieser Glockenbechergruppe postuliert,[1] möchte J. Courtin die Siedlung von Sainte-Croix-de-Verdon zwar jünger ansetzen als etwa die Station von La Balance (vgl. Nr. 86) mit Scherben des „paneuropäischen Types", spricht sich aber gegen eine zu lange Lebensdauer der provençalischen Glockenbecher aus, da eine ältere Bronzezeit im Verbreitungsgebiet der beiden Siedlungen durchaus faßbar ist;[2] bei diesen Überlegungen mag auch die C-14 Datierung von Sainte-Croix-de-Verdon eine recht erhebliche relativchronologische Rolle spielen.[3]

In der Höhle von Lussan (Nr. 149) wurden neben älterbronzezeitlichen auch Funde des Fontbouissien geborgen, auch das Inventar des Dolmens von Saint-Antonin-Noble-Val (Nr. 147)

---

[1] Treinen, Gallia Préhist. 13, 1970, 275.
[2] Courtin, Néolithique 285.
[3] Ders., BSPF. 64, 1967, XCIX.

mutet eher kupferzeitlich an. Es stellt sich hier die Frage, ob es sich bei den älterbronzezeitlichen Funden um den integrierten Bestand einer verharrenden Kupferzeit handelt[4] oder aber eher um Nachbestattungen über oder neben der Kupferzeit. Bei dem Fundkomplex von Lussan betrachten wir arbiträr den Dolch, das Randleistenbeilfragment und den Pfriem als Belege für eine unabhängige älterbronzezeitliche Belegung der Höhle. Das Dolchfragment von Saint-Antonin-Noble-Val wurde zusammen mit gestielten geflügelten Silexpfeilspitzen, dem Fragment einer Knochennadel, Knochen- und Muschelschmuck, dabei Lamellenanhänger und segmentierte Perlen gefunden. Diese Beifunde lassen sich im Detail von Rodézien-Inventar unterscheiden, z.B. weisen die Pfeilspitzen keine gezähnten Schneiden auf, und treten auch mit weiteren Schmuckformen wie durchbohrten Tierzähnen in Glockenbecher- oder älterbronzezeitlichem Fundverband auf.[5] Mit Typen wie Knochenringen oder durchbohrten Knochenscheiben, V-Knöpfen und Knochennadeln lassen sich diese Erscheinungen Süd- und Ostfrankreichs mit dem Beginn der älteren Bronzezeit Mitteleuropas verknüpfen, der gleichermaßen durch solche Stein- und Knochengeräte charakterisiert ist, die auch in Glockenbecherzusammenhang vorkommen. In Ostfrankreich und der Westschweiz lassen sich z.B. die Lamellenanhänger außerdem nach Glockenbecherkultur oder älterer Bronzezeit differenzieren.[6] Bei dem Fund von Saint-Antonin-Nobel-Val kann es sich also durchaus um ein homogenes älterbronzezeitliches Inventar handeln. Die einseitige Profilierung der Klinge kann, wie auch der einseitige leichte Mittelgrat von Saint-Maurice-Navacelles (Nr. 152) eine Reminiszenz kupferzeitlicher Dolche mit einseitigem Mittelgrat (s. S. 11ff.) sein.

Sehr gemischt erscheint das geringe Inventar des Dolmens von Saint-Chels (Nr. 160), bei dem man allenfalls die Bronzepfeilspitze dem Dolch zuordnen kann.[7] Der Fundbestand von Plan-de-Cuques (Nr. 148), der neben dem Dolch wenig Stein- und Muschelschmuck, Keramik, eine Art Flügelnadel, Pfrieme (auch mit Mittelschwellung) und eine Bronzepfeilspitze wie Saint-Chels beinhaltet, gehört wohl insgesamt zu der bronzezeitlichen Belegung. Das nicht-metallische Inventar unterscheidet sich formal von dem Knochen-Muschel- und Steinschmuck von Saint-Antonin-Noble-Val. Knochennadel und Silexpfeilspitze sind durch Bronzenadel und Bronzepfeilspitzen ersetzt. Die Nadel wurde als „südfranzösische Variante" der Flügelnadeln angesprochen,[8] nach dem erhaltenen Teil könnte sie aber auch zu einer Nadel wie die von Marie-Gaillard ergänzt werden.[9] Gleichfalls schlecht erhalten ist die Nadel mit in etwa rautenförmigem Kopf und leicht gebogener Spitze aus Hügel 13, Grab a von Mesnay (Nr. 150); es kann sich um ein Rautennadelfragment handeln. Die Nadel aus Hügel 1 von Laurie (Nr. 151) mit dem aus zwei Häkchen gebildeten Kopf ist bislang ein Einzelstück. In ihrer Gesamtgestaltung erscheint sie aber sicher älterbronzezeitlich, ebenso wie das kleine Armspiralenfragment. Aus der Hügelnekropole sind außerdem eine gestielte und geflügelte Silexpfeilspitze (Hügel 20) und Scherben eines verzierten Knubbengefäßes bekannt.[10]

Das Bild der geschlossenen Funde mit Dolchen vom Typ Lussan ist nicht so heterogen wie es auf den ersten Blick erscheinen mag. Während der Dolch von Sainte-Croix-de-Verdon reinen

---

[4] Vgl. Jb. SGU. 26, 1953, 59.

[5] G. Bailloud, Rev. Arch. Est 17, 1966, 160 Abb. 13; Clottes, Mégalithes 434ff. 448; zusammenfassend: R. Montjardin, Etud. Préhist. 10–11, 1974, 1ff. bes. Abb. 5; Arnal u.a., ebd. 32f. 33f. 36ff. 46ff. 5a Abb. 11.

[6] Bill, Glockenbecher 47 Taf. 11, 4–15 (Glockenbecher); 17; 18, 1. 3. 4; 19, 1–33 (ältere Bronzezeit); A. Gallay, Origines 8 Abb. 1.

[7] Clottes, Mégalithes 413. – Zu Bronzepfeilspitzen der Causses vgl. Maury, Grands Causses 266.

[8] K. Spindler, Jb. SGU. 57, 1972–73, 80 Abb. 25, 5 (mit nicht abgesichertem Ergänzungsvorschlag).

[9] J. Audibert/L. Delort, Rev. Arch Est 10, 1959, 9 Abb. 1, 8; vgl. auch PBF. XIII, 2 (Carancini) Nr. 9, 10; PBF. XIII, 3 (Kubach) Nr. 18–25.

[10] Gallia Préhist. 9, 1960, 520 Abb. 18.

Glockenbecher-Fundverband aufweist,[11] läßt sich der Fund von Saint-Antonin-Noble-Val in den Rahmen der beginnenden älteren Bronzezeit Süd- und Ostfrankreichs und der Westschweiz eingliedern. Plan-de-Cuques hat im Vergleich nur noch wenig Stein- und Muschelinventar aufzuweisen, bei Lussan ist möglicherweise ein Zusammenfund von Dolch und Randleistenbeil gegeben. Die Gräber von Laurie und Mesnay zeigen bei vergleichbarem Typenbestand mit dem Grabhügel eine andere Bestattungssitte, die, bisher vorwiegend aus dem Jura bekannt, auch in Süd- und Mittelfrankreich immer deutlicher faßbar wird (vgl. Nr. 162. 168. 173. 175. 177. 194. 207. 249). Mit den wenigen Funden läßt sich zusammenfassend folgende Gruppierung erahnen: neben Glockenbecherverband 1. Dolche mit reichem Knochen- und Silexinventar aus Dolmen oder Höhlen, 2. Dolche mit mehr Metallbeifunden aus Höhlen und 3. überwiegend Metallfunde bei Einzelbestattungen unter Grabhügeln.

Systematische Feingliederungen der älteren Bronzezeit, den mitteleuropäischen vergleichbar, sind in Südfrankreich bisher nur in Ansätzen vorhanden, die sich nach den Stufen A1/A2 nach Reinecke orientieren, mit Ausnahme der etwa dreistufigen Chronologie von J. Bill.[12] Das in österreichischen Funden und Befunden erarbeitete System von vier[13] bzw. drei[14] Stufen der mitteleuropäischen älteren Bronzezeit ließ sich in etwa als Anstoß und Ausgangsbasis für eine relative Chronologie der schweizerischen und jurassischen älterbronzezeitlichen Funde verwerten,[15] von der das Chronologieschema Bills nur wenig abweicht. Funde und Befunde der Westschweiz sind den süd- und ostfranzösischen soweit ähnlich oder vergleichbar, daß diese Chronologie als Gerüst für die zeitliche Entwicklung der Rhônekultur,[16] die den Midi, den Jura und das Wallis umfaßt, herangezogen werden kann.

Nach einer kürzlich erfolgten Bestandsaufnahme unter Berücksichtigung der Neufunde von Petit-Chasseur (Sion, VS) und Einbeziehung der Ergebnisse von Bill ergibt sich eine Folge von, je nach Nomenklatur, drei bis vier Stufen (I + II, III, IV).[17]

I + II: Muschel- und Knochenschmuck, zinnarme Metallgegenstände wie einfache, rundstabige Ösenhalsringe, verzierte und unverzierte Scheibennadeln.

III: Ösenringe mit rechteckigem Querschnitt, verzierten Enden u.a., Scheibennadeln mit Kreuzverzierung, Rautennadeln, Aunjetitzer Ösennadeln, Beginn der Flügelnadeln und Rollennadeln mit geradem Schaft, gebogener Spitze und verziertem Hals, trianguläre Dolche verschiedener Prägung, Beginn der Vollgriffdolche, Beile vom Typ Neyruz, schmale Randleistenbeile ohne Nackenausschnitt.

IV: Fortdauer der Flügelnadeln (vor allem der Sonderformen), der Vollgriffdolche und evtl. der Rautennadeln. Schmale, lange Beile und Löffelbeile, Beile vom Typ Roseaux, Beile mit Nackenkerbe der Art Langquaid, Scheibennadeln mit Kreuz- und Buckelverzierung, schweizerische Ösennadeln,[18] Dolche mit geschweifter Klinge und Kannelur- oder Rillenverzierung in geschweifter V-Form.

---

[11] Ähnlich etwa Safferstetten: J. Pätzold/H.B. Uenze, Vor- und Frühgeschichte im Landkreis Griesbach (1963) Taf. 13, 3–5.

[12] Bill, Glockenbecher 60 f.

[13] Junghans/Sangmeister/Schröder, SAM. II Tl. I 26 ff.; G. Gallay, Oberrhein 88 ff.

[14] F. Stein, 49. Ber. RGK. 1968, 17 ff.; Mayer, PBF. IX, 9 (1977) 4 ff.

[15] A. u. G. Gallay, Arch. Suisses Anthr. Gén. 33, 1968, 36 ff.; G. Gallay, Frühbronzezeit, 126 ff.; A. Gallay, Origines; vgl. Bocksberger, Valais 47 ff.

[16] Vgl. Bill, Glockenbecher 60 f.

[17] Im folgenden behalten wir die Benennung von A. u. G. Gallay Arch. Suisses Anthr. Gén. 33, 1968 und A. Gallay, Origines in Stufe I + II, III und IV bei.

[18] Vgl. A. Gallay, Origines 12; durch eine Zusammenfassung der schweizerischen Sonderform und der „echten" Ösennadeln kommt hier Unklarheit auf.

Den einzelnen Zeitstufen können auch verschiedene Keramikformen zugeordnet werden.[19]

Während die Funde der Stufen I und II in der Hauptsache aus Schmuckformen rekrutieren, ist in der Stufe III die Kombination Dolch/Nadel geläufig, seltener die Verbindung Dolch/Nadel/Beil, welche in Phase IV überwiegt.

Die verschiedenen Stufen weisen auch unterschiedliche Bestattungssitten auf, beginnend mit Hockerflachgräbern, Steinkisten[20] oder Nachbestattungen in bereits bestehenden Grabmonumenten.[21] Typisch für jüngere Bestattungen ist die Gestrecktbestattung mit Steineinfassung,[22] vor allem im Jura unter Grabhügeln. Letztere Bestattungsart erscheint eindeutig die jüngste zu sein; sie nimmt ihren Fortgang in der mittleren Bronzezeit.

Diese Abfolge ist weitgehend durch geschlossene Funde abgesichert; einige älterbronzezeitliche Formen sind nicht erfaßt, da sie in der Westschweiz bisher nicht aus einigermaßen gesicherten Fundverbänden bekannt sind. Auch spiegelt diese auf Grabinventaren basierende Chronologie zwangsläufig nicht die gesamte Lebensdauer eines Fundtypes wieder, sondern den Zeitraum, währenddessen der Teil des Grabritus war. Auch kann die Gemeinlebarn-Chronologie nicht direkter Maßstab sein, muß doch bei der stafettenartigen Übertragung der Verhältnisse von Gemeinlebarn und direkt Vergleichbarem auf Süddeutschland oder die Schweiz mit Sicherheit lokalen oder regionalen Eigenheiten Rechnung getragen werden.[23] Als Orientierungsmaßstab erscheint eine solche Kombinationsstatistik jedoch unerläßlich.

Die Dolche vom Typ Lussan als Grabbeigabe (der Dolch von Sainte-Croix-de-Verdon in Glockenbecherfundverband ist ein Siedlungsfund) verteilen sich auf die Stufen I, II und III, eventuell auch IV, während in der Westschweiz ebenso wie in Gemeinlebarn in den Stufen I und II Dolche bisher nicht vertreten sind. Möglicherweise macht sich bei diesen Dolchen ein Einfluß der El Argar-Kultur geltend, in der Dolche in allen Stufen als Grabbeigabe eine große Rolle spielen. In El Agar A, das noch Glockenbecher-Reminiszenzen aufweist, sind kleine trianguläre Nietdolche durchaus geläufig (vgl. S. 67 f.).

Die Sitte der Brandbestattung des Grabes von Laurie (Nr. 151) kann möglicherweise auf bretonischen Einfluß zurückzuführen sein; im Bereich der süddeutschen älteren Bronzezeit sind Brandbestattungen sehr jung.[24] Für die Häkchennadel von Laurie fehlt bisher jeder direkte Vergleich. Ordnet man sie in die Nähe der Rollennadeln mit geradem Schaft und rechteckigem Halsquerschnitt ein, ist eine Datierung des Grabes in Stufe IV nicht auszuschließen.

Verbreitung (Taf. 44, A): In Frankreich sind die Dolche des Typs Lussan und der Variante Salinelles vor allem im Bereich der Rhônekultur vertreten. Ausnahmen sind der Einzelfund von Chartres (Nr. 158) und das Grab von Laurie (Nr. 151) nordwestlich des Zentralmassivs. Letzteres könnte mit anderen Funden und Befunden zusammen (Nr. 147. 158. 160. 177. 194. 222. 233. 236. 249. 463. 485. 487. 489) Hinweise auf eine noch weitgehend unbekannte Fundprovinz in Mittelfrankreich sein, deren Eigenart im Einzelnen noch erfaßt werden muß (s. auch S. 123 mit Anm. 2 und S. 64).

In der Schweiz, im Bereich der Rhônekultur, sind die Gräber der Stufen III/IV von Chamoson (VS) und Toffen (BE) zu nennen,[25] außerdem ein Kupferdolch von Lüscherz,[26] der möglicher-

---

[19] Ebd.
[20] Grimuissat: Bocksberger, Valais 83 Nr. 20.
[21] Petit-Chasseur, Sion (VS): A. Gallay, Origines Abb. 1.
[22] Vgl. G. Gallay, Frühbronzezeit, Tab. 11.
[23] z. B. G. Gallay, Homo 23, 1972 (Festschrift K. Gerhardt) 30 ff.
[24] Zu Brandbestattung am Ende der älteren Bronzezeit s. E. Čujanová-Jílková, Arch. Rozhl. 12, 1971, 683 ff.; s. aber auch S. 104 („Brandbestattungen" Bretagne).
[25] Abels, PBF. IX, 4 (1972) Nr. 160. 173 Taf. 57, A; 59, A.
[26] Junghans/Sangmeister/Schröder, SAM II Tl. III Nr. 2924.

weise mit den frühen Dolchen vom Typ Lussan (Nr. 146. 147) in Verbindung gebracht werden kann. Auf den Britischen Inseln – vor allem in England – recht häufig,[27] ebenso auch im Bereich der El Argar-Kultur und Verwandtem,[28] sind sie auf der Apeninn-Halbinsel[29] und in Süddeutschland[30] relativ selten. Auffallend sind Parallelen des kleinen Gräberfeldes von Monsheim, das innerhalb der Adlerberg-Kultur eher jünger erscheint, mit dem Inventar des Grabes von Laurie.[31]

Bei vier weiteren Dolchen mit gerader Basis und zwei Nieten ist die Klinge durch Längsriefen strukturiert, in einem Fall zusätzlich mit Rillen verziert (Nr. 163), auch die erhaltene Heftspur des Dolches von Champagnoles (Nr. 162) unterscheidet sie bei den vorhandenen Gemeinsamkeiten wie Form der Klinge, flacher Querschnitt, Anzahl der Nieten und andere Größenordnung von den einfachen Dolchen vom Typ Lussan. Bei den Dolchen Nr. 164 und 165 zeichnet sich eine Tendenz zu einer trapezförmigen Griffplatte ab.

162. Champagnoles, Dép. Jura. – „Louaitiaux"; Grabhügel mit drei Bestattungen: Grab 1. Gestreckt-bestattung mit Dolch, darüber zwei Hockerbestattungen, davon die eine mit einer Nadel der späten älteren Bronzezeit, die andere mit einer mittelbronzezeitlichen Nadel *(Taf. 48, G)*. – Bronzedolch mit zwei schwachen, schneidenparallelen Kanneluren, Schneiden gedengelt, Heftspur, L. 11,3 cm, B. 4,1 cm *(Taf. 7, 162)*. – Mus. Lons-le-Saunier (3087). – M. Pirouet, in: Congr. préhist. France 19, Lons-le-Saunier 1913 (1914), 573. 580 f.; J.-P. Milotte/M. Vignard, Anm. Litt. Univ. Besançon 36, 1960 Nr. 87; Millotte, Jura 278 Taf. 7, 3; Bill, Glockenbecher Taf. 44, 9.

163. Mâcon, Dép. Saône-et-Loire. – Ile Saint-Jean; Einzelfund von der Saône-Insel. – Fragment eines Dolches mit einer sehr flachen schneidenparallelen Riefe, Schneiden gedengelt, Klinge mit V-Rillen verziert, L. noch 13,6 cm, B. 4 cm *(Taf. 7, 163;* nach Barthélemy). – „Slg. Boissier". – A. Barthélemy, in: Congr. Ass. Bourguignonne Soc. Sav. 34, 1963, 67 Abb. 5; Bill, Glockenbecher 94 Taf. 48, 2.

164. Barret-le-Bas, Dép. Hautes-Alpes. – Einzelfund. – Dolch mit zwei schneidenparallelen Rillen, L. noch 10,9 cm, B. 2,8 cm *(Taf. 7, 164;* nach Bocquet). – Mus. Grenoble (2. 16. 014). – Courtois, Hautes Alpes 59 Abb. 10, 4; Bocquet, Musée Dauphinois Nr. 255; Bill, Glockenbecher Taf. 23, 6.

165. Clairvaux-les-Lacs, Dép. Jura. – La Motte aux Magnins; Ufersiedlung mit spätem älterbronzezeitlichem Inventar: weiterer Dolch (Nr. 169), Beil vom Typ Onnens, Bronzepfeilspitze, zwei Pfrieme mit Mittelschwellung. – Dolch mit zwei schneidenparallelen Rillen, L. 9,8 cm, B. 3,2 cm *(Taf. 7, 165;* nach Millotte u. Vignard). – Mus. Lons-le-Saunier (derzeit nicht auffindbar). – Congr. préhist. France 19, Lons-le-Saunier 1913 (1914) 986 Abb. 23; J.-P. Milotte/M. Vignard, Ann. Litt. Univ. Besançon 36, 1960 Nr. 47; Millotte, Jura 282 Taf. 9, 1; Bill, Glockenbecher Taf. 43, 2; PBF. IX, 4 (Abels) Nr. 527 (Beil); A.-M. und P. Petrequin, BSPF. 75, 1978, 378 Abb. 14, 2.

Zeitstellung: Die Dolche von Mâcon (Nr. 163) und Barret-le-Bas (Nr. 161) sind Einzelfunde. Das Exemplar von Champagnoles (Nr. 162) ist alleinige Grabbeigabe einer Gestrecktbestattung unter Hügel. Das Grab liegt unter einer Bestattung, deren Nadel neben diejenigen von Broc und Saint-Martin (Schweiz),[32] typischen Gräbern der Stufe IV, zu stellen ist. Nach der Bestattungsart und

---

[27] PBF. VI, 1 (Harbison) Nr. 14. 105. 106. 113; PBF. VI, 2 (Gerloff) Nr. 241. 244. 246–259. 280. 286–288. 300 und, mit anderem Heftausschnitt, Nr. 54. 55.

[28] F. Riuró, Ampurias 5, 1943, 280 ff. Abb. 3, 2. 3. 14; Junghans/Sangmeister/Schröder, SAM II Tl. III Nr. 1021, 7594, 7624. – Balearen: G. Roselló-Bordoy, in: 6. Symposium de Prehistoria peninsular, Préhistoria y Arqueologia de las Islas Baleares (Barcelona 1974) 117 Abb. 1.

[29] Peroni, Età del Bronzo Abb. 42, 3; 68, 5; Rageth, Lago di Ledro 123 Taf. 26, 12.

[30] Eislingen: Fundber. Schwaben NF. 15, 1959, 143 Taf. 20, 17. – Straubing: Hundt, Straubing I Taf. 9. 15. – Zweinietige Dolche aus dem Bereich der Adlerberg-Kultur weichen in Einzelheiten wie zweifacher Dengelung, der Art des Heftausschnittes oder leicht verbreiterter Griffplatte von Dolchen vom Typ Lussan ab: Ch. Köster, PZ. 43–44, 1965–66, 2 ff. Taf. 4, 23. 24. 26; 5, 17; 9, 19; 11, 17.

[31] Grab 9 mit Rollennadel mit geradem Schaft, Grab 10 mit Knubbengefäß und Armring mit Spiralenden, Grab 14 mit triangulärem Dolch mit zwei Nietlöchern: Köster, ebd. Taf. 10, 14–18.

[32] G. Gallay, Frühbronzezeit Abb. 2, i; 3, h. k.

dem stratigraphischen Befund kann der Dolch der Stufe III oder auch IV angehören. Bei dem Dolch von Clairvaux-les-Lacs, Station La Motte aux Magnins (Nr. 169) ist der Verband mit den anderen Funden der Station zwar nicht abgesichert, aber wahrscheinlich. Das Beil vom Typ Onnens[33] gibt eine Datierung an das Ende der älteren Bronzezeit; der Beiltyp ist auch in der Siedlung Les Roseaux/Morges mit Beilen vom Typ Roseaux zusammen vertreten.[34] Die verzierten oder mit Riefen versehenen Dolche mit zwei Nieten gehören also wohl in die jüngeren Phasen der Rhônekultur.

Verbreitung: Die Verzierung des Dolches von Mâcon (Nr. 163) findet sich in der Schweiz auf einem Dolch von Bex (VS) mit zwei Nieten wieder,[35] ähnlich auch auf einem Zwei-Niet-Dolch von Cazis-Cresta.[36] Die leicht konvexe Ausführung der Verzierung ist auch auf einem Dolch mit drei Nieten der Stufe III von Ecublens (VD) vorhanden.[37] Der kleine Dolch mit zwei Nieten von Auvernier (NE)[38] weist drei Riefen und eine geschweifte Klinge auf. Möglicherweise können die Dolche von Adlerberg und Albsheim[39] mit Riefen dem Dolch von Champagnoles verglichen werden. Außerhalb der Rhônekultur ist ein Exemplar aus Norditalien bekannt.[40]

Ein Zwei-Niet-Dolch mit leicht bogiger Griffplatte, omegaförmiger Heftspur, Mittelgrat, gedengelten Schneiden und leicht geschweifter Klinge steht den Dolchen vom Typ Lussan und Varianten wohl nahe, ist aber bisher in Frankreich ein Einzelstück.

165 A. Fundort unbekannt. – Dolch, zwei Nietlöcher, Heftspur, Mittelgrat, Schneiden gedengelt, Klinge leicht geschweift. L. 20,8 cm, B. 5,8 cm *(Taf. 7, 165 A)*. – Mus. Raymond Toulouse.

Zeitstellung und Verbreitung: Mit der leicht geschweiften Klinge macht der Dolch innerhalb der älteren Bronzezeit einen recht jungen Eindruck. Er wird im Museum Toulouse als fundortslos verwahrt, allerdings wird erwogen, ob er nicht zu dem mittelbronzezeitlichen Depot von Arnave[41] gehören könnte. Neben späten Randleistenbeilen, Lanzenspitzen, einem verzierten Halsring und Blechschmuck soll der Verwahrfund zwei Dolche enthalten haben. Einer der Dolche ist im Museum Toulouse noch vorhanden.[42] Der zweite, in einer Zeichnung von E. Cartailhac überliefert,[43] unterscheidet sich aber in allen Einzelheiten von dem Dolch Nr. 165 A. Das fundortlose Stück ähnelt einigen El Argar-Dolchen;[44] es ist nicht auszuschließen, daß es sich um Import handelt, falls der Dolch nicht überhaupt in Spanien gefunden wurde und auf Wegen und Umwegen in das Museum Toulouse gelangte.[45]

---

[33] PBF. IX, 4 (Abels) Nr. 527.

[34] Ebd. Nr. 530. 531; A. u. G. Gallay, Jb. SGU. 57, 1972–73, 100 ff. Abb. 15, 3.

[35] Bocksberger, Valais 102 Abb. 24, 24; Kraft, Bronzezeit Taf. 3, 14.

[36] Dolch mit etwas geschweifter Klinge und leichtem Mittelgrat; er soll aus einer Schicht mit einer Kerbschnitt-Scherbe stammen und daher mittelbronzezeitlich sein; Jb. SGU. 35, 1944, 43 Taf. 6, 1. Vgl. Ch. Strahm, in: Vor- und Frühgeschichte der Gemeinde Thun. Beiträge zur Thuner Geschichte 1, 1964, 70 Taf. 20, 100 (Thun-Wiler, Grab 5).

[37] A.-L. Reinbold, Arch. Suisses Anthr. Gén. 15, 1950, 12 ff. Abb. 5 (oben).

[38] Bill, Glockenbecher Taf. 42, 5.

[39] Köster, PZ. 43–44, 1965–66, 2 ff. Taf. 4, 23.24; 9, 19.

[40] Munro, Stations lacustres Taf. 28, 11.

[41] Guilaine, Languedoc 418 und Abb. 44.

[42] Ebd. Abb. 44, 6.

[43] Cartailhac, L'Anthropologie 9, 1898, 667 Abb. 9.

[44] Siret, Premiers Ages Taf. 16, 9 (Lugarico Viejo); 26, 16 (El Argar).

[45] Der Drei-Niet-Dolch von Laudun, Dép. Gard (Nr. 175) mit vergleichbarem Omega-förmigem Heftausschnitt weist mit der mitgefundenen schmalen Armschutzplatte deutlich Beziehung zu El Argar auf (S. 63), vgl. auch Nr. 185 (Nant).

SONDERFORMEN DER GRIFFPLATTENDOLCHE MIT ZWEI NIETLÖCHERN

Dolche mit verbreiterter Griffplatte

Einige Dolche mit zwei Nietlöchern sind Einzelformen, haben aber als gemeinsames Merkmal eine verbreiterte Griffplatte, die trapezförmigen Griffplatten nahesteht.

166. La Tronche, Dép. Isère. – Pré Marguin; bei Bauarbeiten, in einer Schicht mit kupfer- und bronzezeitlichen Funden. – Kleiner Dolch mit leichtem Mittelgrat, L. 5,2 cm, B. 2,4 cm (*Taf. 7, 166;* nach Bocquet). – Verschollen. – A. Bocquet, Gallia Préhist. 12, 1969, 353 Nr. 147 A Abb. 6, 23; 112, 9.

167. Tharaux, Dép. Gard. – Grotte des Fées; Kindergrab in einer kleinen Steinkiste aus drei Trockenmäuerchen gegen die Höhlenwand in der Höhle. – Dolch mit leichtem Mittelgrat, Schneiden gedengelt, L. noch 8,4 cm; B. 2,8 cm (*Taf. 7, 167*). – Beifunde: Steinbeil, Silexklinge (*Taf. 49, A*), Scherben zweier Gefäße. – Mus. Nîmes. – U. Dumas, Rev. Ec. Anthr. 18, 1908, 325 Abb. 115, 10; Bailloud/Mieg de Boofzheim, Civilisations néolithiques Taf. 73, 4; („Les Fées"); Roudil, Age du Bronze 107. 269.

168. Beaucaire, Dép. Gard. – Chanteperdrix; Hokkerbestattung in einer Steinkiste unter Hügel; Männergrab; Dolch vor den aufgewinkelten Unterarmen, Nadel am Hinterkopf, Tasse vor der Stirn. – Fragment einer „Dolch-Säge", von den beiden fast parallel verlaufenden Schneiden ist eine in der oberen Hälfte gezähnt, L. noch 16,4 cm, B. 2,6 cm (*Taf. 7, 168;* nach Charles). – Beifunde: Nadel mit waagrecht gelochtem Kopf, flachbodige Tasse mit Bauchknick (*Taf. 49, B*). – Verschollen. – Matériaux 1886, 323 f.; J. Audibert/L. Delord, Rev. Arch. Est 10, 1959, 18 Abb. 7 (Maßstab unrichtig); R. Charles, Cah. Ligures 20, 1971, 199 f. Abb. 3.

Funktion: Der leider verschollene Dolch von Beaucaire (Nr. 168) weist nach den überlieferten Zeichnungen und Berichten auf einer Seite eine in der oberen Hälfte gezähnte Schneide auf und wird deshalb auch als „Dolch-Säge" bezeichnet („poingnard-scie"). Die nicht gezähnte Seite ist als Schneide und nicht als Säge-Rücken ausgebildet, so daß die Doppelbezeichnung zu Recht besteht.

Zeitstellung: Bei dem kleinen Dolch von La Tronche (Nr. 166) läßt sich nicht mehr entscheiden, ob er zu den „chalcolithischen" oder bronzezeitlichen Funden der Schicht gehört. Die beiden Exemplare von Beaucaire (Nr. 168) und Tharaux (Nr. 167) stammen jeweils aus einer Steinkiste. Bei Tharaux soll es sich um ein Kindergrab handeln; die kleine Steinkiste befand sich in einer Höhle. Diese Bestattungsart gleicht älteren Befunden Südfrankreichs und Liguriens, etwa dem Chasséen von Arene Candide, das gleichfalls Steinkisten, wenn auch andrer Konstruktion, in Höhlen kennt.[1] Auch das etwas atypische Steinbeil und die Silexklinge muten nicht bronzezeitlich an. Durch den Dolch scheint aber eine direkte Tradition eher ausgeschlossen; der Dolch selbst mit Mittelgrat gehört wohl in die ausgehende ältere Bronzezeit.

Die Steinkiste von Beaucaire unter einem Grabhügel entspricht mehr den bronzezeitlichen Grabsitten Südfrankreichs; diese sind möglicherweise auf einzelne Glockenbechererscheinungen zurückzuführen (s. S. 33) oder in Verbindung mit der allgemeinen Steinkisten-Sitte der westeuropäischen Bronzezeit zu sehen.[2] Neben einer für die Rhônekultur typischen Henkeltasse[3] fand sich in dem Grab eine Nadel mit waagrecht gelochtem Kopf. Dieser Nadeltyp, lange nur in einem

---

[1] L. Bernabo Brea, Gli scavi nella Caverna delle Arene Candide (1946) Taf. 3–5; ders., Gli scavi delle Arene Candide (Finale Ligure) (1956) Taf. 6.

[2] G. Gallay, Madr. Mitt. 11, 1970, 79 ff.

[3] G. Bailloud, Rev. Arch. Est 17, 1966, 148 Abb. 11. 12 (Karte); Bill, Glockenbecher 44; A. u. G. Gallay, Arch. Suisses Anthr. Gén. 33, 1968, 38; Roudil, Age du Bronze 33 ff.

Exemplar aus Silber bekannt[4] und von G. Bailloud mit weiteren Stücken in die ältere Bronzezeit datiert,[5] erwies sich in der Folge mit all seinen Varianten als ein Leitfossil der älteren Bronzezeit Südfrankreichs, vor allem des Languedoc[6] (s. Nr. 83 184. 190). Vergleichbare Nadeln treten in den Ufersiedlungen der norditalienischen Seen auf und gehören, bisweilen nur ganz allgemein in die ältere Bronzezeit datiert,[7] wohl an das Ende der Polada-Kultur (Phase 2 B).[8] Die südfranzösischen Nadeln mit waagrecht gelochtem Kopf gelten generell als Derivate schweizerischer Nadelformen, die wiederum von der Aunjetitzer Ösennadel abgeleitet werden.[9] Eine vergleichbare Funktion ist wahrscheinlich.[10] Verbreitungsmäßig schließen die in Frankreich gefundenen Nadeln an die schweizerischen an.[11] Sowohl Nadeln mit konischem als auch mit kugeligem waagrecht gelochtem Kopf sind in der Westschweiz vertreten,[12] und zwar in Gräbern, die der Stufe IV angehören. Ähnlich dürften auch die südfranzösischen zu datieren sein, wobei aber nicht die Kombination Dolch/Nadel/Beil (vgl. Nr. 207), sondern Dolch/Nadel geläufig ist (vgl. Nr. 168. 184. 190).

Die Dolchsäge von Beaucaire wird somit, nach der Nadel zu schließen, an das Ende der älteren Bronzezeit datiert. Direkte Vergleichsfunde sind nicht bekannt. Die dem Typ nach sehr verschiedenen Sägen oder Sägemesser von Vila Nova de Sao Pedro[13] und die Säge von Chalandriani[14] sind mit Sicherheit erheblich älter, während das spätminoische „carpenters grave" von Naxos jünger als das Grab von Beaucaire ist.[15]

Dolche mit gebogener Klinge

Der kleine Dolch mit zwei Nietlöchern von Clairvaux-les-Lacs weist neben einer geraden Basis – den Dolchen vom Typ Lussan (s. S. 53 ff.) vergleichbar – eine gebogene Klinge mit (nach der erhaltenen Zeichnung) leichtem Mittelgrat auf. Die Klinge des Dolches von Crémieu erscheint etwas weniger gebogen, ist aber deutlich asymmetrisch, die Griffplatte leicht gezipfelt. Insgesamt ist dieser Dolch doppelt so lang wie das Exemplar von Clairvaux-les-Lacs.

169. Clairvaux-les-Lacs, Dép. Jura. – La Motte aux Magnins; Ufersiedlung vgl. Nr. 165. – Dolch, L. ca. 7,5 cm, B. ca. 2,2 cm (*Taf. 7, 169;* nach Congr. Lons-le-Saunier). – Verschollen. – Munro, Stations lacustres 116 Abb. 17, 11; Congr. préhist. France 19, Lons-le-Saunier 1913 (1914) 896 Abb. 23; A.-M. u. P. Petrequin, BSPF. 75, 1978, 378.

170. Crémieu, Dép. Isère. – La Balme; Einzelfund. – Dolch, zwei Nietlöcher, L. 13,4 cm, B. 2,95 cm (*Taf. 7, 170;* nach Courtois). – Mus. Lyon. – J.-C. Courtois, BSPF. 54, 1957, 262 ff. Abb. 4 (links); A. Bocquet, Gallia Préhist. 11, 1969, 235 Abb. 48, 3.

Zeitstellung: Krummdolche sind in der westeuropäischen älteren Bronzezeit nicht geläufig, treten aber auf dem Balkan[16] und unter anderem in einem mittelhelladischen Grab von Sesklo auf,[17] auch

---

[4] A. de Mortillet, Rev. Ec. Anthr. 13, 1903, 11.
[5] Bailloud, BSPF. 53, 1956, 568 ff.
[6] Guilaine, Languedoc 62 Abb. 15; Roudil, Age du Bronze 69 ff. Abb. 96 (Karte); R. Riquet, BSPF. 56, 1959, 197 (Canaux); s. auch R. Montjardin, BSPF. 62, 1965, 416 ff.; Bill, Glockenbecher Taf. 50, 3. 4; 17, 7; Karte 14.
[7] Carancini, PBF. XIII, 2 (1975) 155 Nr. 874–885.
[8] Peroni, Età del Bronzo Abb. 23; 25, 4.
[9] Roudil, Age du Bronze 72; Bill, Glockenbecher 37.
[10] Vgl. die Nadeln von Serrigny (Bill, Glockenbecher Taf. 44, 3) und Remoulins (Roudil, Age du Bronze Abb. 14, 4).
[11] Bill, Glockenbecher Karte 14.
[12] G. Gallay, Frühbronzezeit Abb. 2, i. j; 3, h. k.
[13] R. J. Harrison, Palaeohistoria 16, 1974, 69 Abb. 1, 12. 14.
[14] Branigan, Aegean Metallwork Nr. 707.
[15] Renfrew, Emergence 341 Abb. 17, 1; zu Sägen allgemein s. A. Rieth, Saalburg-Jahrbuch 17, 1958, 47 ff.
[16] Z. Vinski, Vjesn. Mus. Zagreb. Ser. 3, 2, 1961, 32 Taf. 4, 6; D. Garašanin, Arch. Iugosl. 1, 1954, 19 f. Abb. 4a. (Humska Čuka); M. D. Garašanin, 31. Ber. RGK. 1958, 71 Abb. 11, 1.
[17] V. Milojčić, Germania 37, 1959, 77.

aus der Ägäis sind Krummdolche bekannt.[18] Sowohl in Form als in der Größenordnung sind einige osteuropäische Stücke dem Dolch von Clairvaux-les-Lacs (Nr. 169) sehr ähnlich.[19] Ist der Querschnitt nicht angegeben, kann allerdings nicht ausgeschlossen werden, daß es sich bei einigen Vergleichsfunden um Messer handelt.[20] Bisweilen werden Krummdolche auch als Stabdolche angesehen.[21] Nach ihrer Zeitstellung können die osteuropäischen Krummdolche durchaus mit dem Dolch von Clairvaux-les-Lacs verglichen werden, der nach den mutmaßlichen Beifunden an das Ende der älteren bzw. an den Übergang zur mittleren Bronzezeit zu datieren ist (vgl. S. 56f.). Nach R. Munro soll der Dolch von Clairvaux-les-Lacs allerdings stark abgenutzt sein, und die asymmetrische Klingenform entstand möglicherweise sekundär, ähnlich wie bei einem Kupferdolch aus Portugal;[22] ohne Autopsie (der Dolch muß als verschollen gelten) ist diese Frage nicht zu klären.

Der Einzelfund von Crémieu (Nr. 170) kann lediglich im Vergleich zu dem Dolch von Clairvaux-les-Lacs an das Ende der älteren bzw. an den Anfang der mittleren Bronzezeit datiert werden.

Verbreitung: Die Sonder- und Einzelformen der Dolche mit zwei Nietlöchern treten alle im Bereich der Rhône-Kultur auf.

GRIFFPLATTENDOLCHE MIT DREI NIETLÖCHERN VOM TYP CAUNES

Die Dolche mit drei Nietlöchern vom Typ Caunes weisen wie die Dolche vom Typ Lussan (s. S. 53), von Schneidendengelung abgesehen, keinerlei Klingenstruktur auf. Die Basis ist gerade bis abgerundet. Die Dolche sind etwa 9 cm lang und 3,1–3,7 cm breit.

171. Caunes-Minervois, Dép. Aude. – Grotte du Roc de Buffens; aus der Höhle, „in der Nähe ein durchbohrter Eberhauer und einige Bronzenadeln". – Dolch, Schneiden gedengelt, L. 9 cm, B. 3,6 cm (*Taf. 7, 171;* nach Sicard). – Verschollen. – G. Sicard, Matériaux 1884, 249f. Abb. 152; Guilaine, Languedoc 54. 390.

172. Saint-Nazaire, Dép. Loire-Atlantique. – Bassin de Penhoët; Baggerfund. – Dolch, stark versintert, L. 8,1 cm, B. 3,7 cm (*Taf. 7, 172*). – Mus. Nantes (884-1-138). – Lisle du Dreneuc, Poignards 148; Briard, Dépôts bretons Abb. 16, 3.

173. Salins-les-Bains, Dép. Jura. – Bois de Séry; Grabhügel mit Gestrecktbestattung in Steineinfassung. – Dolch aus Kupfer (?), schlecht erhalten, L. ca. 9,1 cm, B. 3,1 cm (*Taf. 7, 173;* nach Piroutet). – Beifunde: unverzierte Flügelnadel aus Bronze; nach Millotte außerdem eine Henkeltasse, die nach Piroutet (Etud. Rhodan. 5, 1929, 118), ebenso wie ein Gefäß mit gerundetem Boden und zwei sehr kleinen, flachen Henkeln ohne genauere Lokalisierung ganz allgemein aus dem Hügel stammt. – Mus. Salins-les-Bains oder Mus. Saint-Germain-en-Laye (nicht zugänglich). – M. Piroutet, in: Congr. préhist. France 19, Lons-le-Saunier 1913 (1914) 578; ders., L'Anthropologie 25, 1914, 263f. Abb. 1, 7; Millotte, Jura 336f. Taf. 3, 50; Bill, Glockenbecher Taf. 49, 16.

174. „Rhônetal". – Dolch, drei Nietlöcher, Schneiden gedengelt, L. 10,4 cm, B. 3,9 cm (*Taf. 8, 174;* nach Museumsphoto). – Brit. Mus. London (75. 12-29-38).

Zwei heute verschollene Dolche mit drei Nietlöchern und abgerundeter Griffplatte weisen schneidenparallele Rillen auf.

---

[18] Branigan, Aegean Metalwork Nr. 1482–1485 („Razors").
[19] Ebd.
[20] z.B. Vinski, Vjesn. Mus. Zagreb. Ser. 3, 2, 1961, 11 Abb. B.
[21] Ó Ríordáin, Halberd Abb. 32, 2; Branigan, Aegean Metalwork Nr. 4.
[22] Junghans/Sangmeister/Schröder, SAM. II Tl. III Nr. 1503.

175. Laudun, Dép. Gard. – Colombel; Steinkiste unter Hügel. – Fragment eines Dolches mit fast gerader Basis, Heftspur, L. noch 6,9 cm, B. 4,4 cm *(Taf. 8, 175;* nach Carrière). – Beifunde: schmale Armschutzplatte aus Schiefer (Carrière) oder Sandstein (Roudil) *(Taf. 49, D)*. – Verschollen. – G. Carrière, Bull. Soc. Etud. Scienc. Nat. Nîmes 1892, 3 ff. Abb. 2 ? J. Audibert/L. Delord, Rev. Arch. Est 10, 1959, 8 Abb. 1, 3; Roudil, Age du Bronze 67. 265 Abb. 3, 3; Bill, Glockenbecher Taf. 26, 1.

176. Fundort unbekannt. – Dolch, L. ca. 11 cm, B. ca. 4 cm *(Taf. 8, 176;* nach Coutil). – Verschollen; nach mündlicher Auskunft von G. Verron, Caen, war das Stück außer Coutil niemand bekannt, möglicherweise handelt es sich um einen Dolch ausländischer Provenienz. – Coutil, Normandie Abb. 1, 90.

Zeitstellung: Der Dolch von Saint-Nazaire (Nr. 172) ist ein Einzelfund. Bei dem Stück von Caunes-Minervois (Nr. 171) ist die Zugehörigkeit von Eberhauer und Bronzenadeln (vielleicht könnten es Pfrieme gewesen sein) nicht gesichert. Bei dem nur in Zeichnung überlieferten Dolch von Salins-les-Bains (Nr. 173) – nach M. Pirouet aus Kupfer – läßt sich nicht klären, ob die Gestaltung der Griffplatte formeigen oder korrosionsbedingt ist. Nach der mitgefundenen Flügelnadel und der Bestattungsart ist er in die Stufe III der älteren Bronzezeit zu datieren.

Die Bestattungsart (Steinkiste unter Hügel) von Laudun (Nr. 175) ist die gleiche wie die des Grabes von Beaucaire (Nr. 168; s. S. 60). Die beigefundene Armschutzplatte wurde als Glockenbechereinfluß gedeutet, erscheint uns aber in ihrer langschmalen Form mit dem relativ dicken Querschnitt (Taf. 49, B) eher typisch für die Stufe A der El Argar-Kultur[1] und somit jünger als die Glockenbecherkultur.

Verbreitung (Taf. 44, A): Die Dolche vom Typ Caunes und die vergleichbaren Dolche mit drei Nietlöchern und schneidenparallelen Rillen finden sich in Frankreich im Bereich der Rhônekultur, mit Ausnahme des Dolches von Saint-Nazaire (Nr. 172), dessen etwas asymmetrische Nietlochanordnung eventuell für eine atlantische Beziehung zur Iberischen Halbinsel sprechen kann.[2] Vergleichbare Dolche sind in der älteren Bronzezeit Westeuropas und Süddeutschlands relativ häufig.[3]

SONDERFORMEN DER GRIFFPLATTENDOLCHE MIT DREI NIETLÖCHERN

Der Dolch von Saint-Bonnet-de-Rochefort weist eine stark abgerundete, abgesetzte Griffplatte auf.

177. Saint-Bonnet-de-Rochefort, Dép. Allier. – Aus einem Grabhügel. – Dolch, Schneiden gedengelt, schneidenparallele Rillen (?), L. 9,5 cm, B. 5 cm *(Taf. 8, 177;* nach Daugas). – Verschollen. – P. Abauzit, BSPF. 60, 1963, 844 f. Abb. 3, 5; J.-P. Daugas, in: Préhist. Franç. 2, 509 Taf. 1, 14.

Zeitstellung: Der Dolch hat bislang in Frankreich keine Parallelen. Er soll mit einem mittelständigen Lappenbeil zusammen gefunden worden sein, was P. Abauzit mit Recht bezweifelte;[1] mutmaßlich stammen die beiden Gegenstände lediglich aus demselben Hügel. Nach dem von uns

---

[1] H. Schubart, Trab. Prehist. NS 32, 1975, 91 Abb. 6, a.

[2] z.B. Siret, Premiers Ages Taf. 20, 19; 48. 116; 30, 538 u.a.

[3] PBF. VI, 1 (Harbison) Nr. 20. 45; Gerloff, PBF. VI, 2 (1975) 41 ff. „flat riveted blades"; Kraft, Bronzezeit Taf. 11, 3; O. Tschumi, Urgeschichte des Kantons Bern (1953) Abb. 23 (oben); F. Riuró, Ampurias 5, 1943, 280 ff. Abb. 3, 6; Ch. Köster, PZ. 43–44, 1965–66, 2 ff. Taf. 9, 16; R. Fiedler, Katalog Kirchheim unter Teck (1962) Taf. 16, A; Hundt, Straubing I Taf. 9, 2; 10, 26; 9, 14 (?); die Drei-Niet-Dolche von Singen haben gebogte Basis und reliefierte Klinge (R. Dehn, in: Ausgrabungen in Deutschland I [1975] 125 ff. Abb. 2, 3; 3, 3; 7, 5) mit Ausnahme vielleicht des Dolches aus Grab 53/4 (ebd. Abb. 7, 6).

[1] Abauzit, BSPF. 60, 1963, 844 f.

herangezogenen westschweizerischen Chronologiesystem sind Hügelgräber frühestens ab Stufe III üblich, der Dolch wäre demnach in Stufe III zu stellen (eine Jüngerdatierung erscheint aus formenkundlichen Gründen nicht angebracht). Es fehlt aber die genauere Bearbeitung von Grabhügeln in Innerfrankreich, vor allem im Gebiet westlich und nordwestlich des Zentralmassivs. Hier scheint sich eine relativ eigenständige älterbronzezeitliche Fundprovinz abzuzeichnen. So ist die Bestattung von Pied-de-Prune mit einem Steinbeilfragment, Silexklingen, einem Pfriem mit Mittelschwellung, einem einfachen Bronzering, Knochenringen, einem Muschelanhänger u.a. zwar eine Kollektivbestattung, deren Inventar den Stufen I + II entsprechen kann (wenn auch Pfrieme mit Mittelschwellung in Südfrankreich als recht jung gelten),[2] aber ein Hügelgrab.[3] Auch jüngere Bestattungen mit waagrecht gelochter Nadel (vgl. Nr. 194) sind Hügelgräber. Die Bestattung unter Hügel kann hier vom Beginn der älteren Bronzezeit an Sitte gewesen sein.

Verbreitung: Vergleichbare Dolche finden sich vor allem im Bereich der süddeutschen älteren Bronzezeit.[4] Der Dolch wurde nordwestlich des Zentralmassivs gefunden, etwa am Westrand der Rhônekultur; möglicherweise gehört er zu einer noch kaum definierten Gruppe der älteren Bronzezeit in Innerfrankreich (s. S. 57. 123).

Der Dolch von Clucy weist eine geschweifte, rillenverzierte Klinge und leichten Mittelgrat auf.

178. Clucy, Dép. Jura. – Chasal Colin; Oberflächenfund, aus einem zerstörten Hügel (?) – Dolch, L. 9,4 cm, B. 2,9 cm *(Taf. 8, 178)*. – Mus. Besançon (860. 2. 1). – Déchelette, Manuel II 137 Abb. 38, 2 (mit zwei Flügelnadeln als Hügelgrab angeführt); M. Piroutet, in: Congr. préhist. France 19, Lons-le-Saunier 1913 (1914), 578; Millotte, Jura 283 Taf. 3, 35; Bill, Glockenbecher Taf. 48, 1.

Zeitstellung: Da es sich um einen Einzelfund handelt, wenn auch wahrscheinlich aus einem zerstörten Grabhügel, kann zur Datierung nur ein Formvergleich mit anderen Dolchen herangezogen werden. Der verzierte Dolch mit drei Nietlöchern von Ecublens[5] – Stufe III (vgl. S. 56f.) – hat eine gerade Schneidenführung, während das Exemplar von Broc eine leichte Schweifung sowohl der Klinge als auch der Verzierung aufweist.[6] Ausgeprägter sind Verzierung und Schweifung bei den Dolchen der Art Cannes-Ecluse (vgl. Nr. 200–205), die ebenso wie der Fund von Broc typisch für die Stufe IV der westschweizerischen älteren Bronzezeit sind.[7]

Verbreitung: Vergleichbare Dolche finden sich wie auch der Dolch von Clucy selbst im Bereich der Rhônekultur.[8]

MINIATUR-GRIFFPLATTENDOLCHE

Einige der triangulären Nietdolche mit zwei und drei Nietlöchern sind außerordentlich kurz (L. 3,2–4,2 cm), dabei auch relativ breit (B. 2,4–3,3 cm); sie werden auch „herzförmige" Dolche

---

[2] J. Clottes/A. Soutou, Trav. Inst. Art. Préhist. Toulouse 11, 3, 1962, 41 ff.

[3] Rocamadour, Dép. Lot: A. Viré, in: Congr. préhist. France 5, Beauvais 1909 (1910), 396 f. Abb. 2.

[4] Rüdlingen, Schweiz (SH) (Jber. Musealver. Schaffhausen 1948, 43 Abb. 6; Jb. SGU. 39, 1948, 45); Straubing, Ziegelei Jungmeier (Hundt, Straubing I Taf. 7, 23); ähnlich, mit vier Nieten: Singen Grab 52/5 (R. Dehn, in: Ausgrabungen in Deutschland I [1975] 125 ff. Abb. 7, 2), Bischoffingen (Bad. Fundber. 1, 1932, 100 Abb. 44).

[5] A.-L. Reinbold, Arch. Suisses Anthr. Gén. 15, 1950, 12 ff. Abb. 5 (oben).

[6] G. Gallay, Frühbronzezeit Abb. 2, b.

[7] Ebd. Abb. 11 (Tabelle).

[8] Vgl. Bill, Glockenbecher 34.

(„poignards cordiformes") genannt. Neben bisher fünf wahrscheinlich triangulären Dolchen ist das Exemplar von Remoulins (Nr. 184) wiederum eine Sonderform.

179. Chassey-le-Camp, Dép. Saône-et-Loire. – Camp de Chassey; Streufund aus der Höhensiedlung mit meist neolithischen Funden, aber auch fingertupfenleistenverzierten älterbronzezeitlichen Scherben. – Dolch mit gerader Basis, leichter Mittelgrat, zwei Nietlöcher, L. 3,6 cm, B. 2,8 cm *(Taf. 8, 179;* nach Déchelette). – Mus. Autun (nicht zugänglich). – Déchelette, Manuel II 122 Abb. 31, 17.

180. Villeneuve-les-Maguelonne, Dép. Hérault. – Grotte de La Madeleine; Herdstelle in der Höhle mit zwei Dolchen, einer Nadel, Scherben eines Henkelgefäßes (Polada-Keramik) und eines Deckels. – Dolch mit stark gerundeter Basis zwei Nietlöcher, Schneiden gedengelt, L. 4,2 cm, B. 3,3 cm *(Taf. 8, 180).* – Slg. Arnal, Saint-Mathieu-de-Tréviers. – J. Arnal/H. Prades, Ampurias 21, 1959, 152 Abb. 38, 8; L. Barral, Bull. Mus. Monaco 7, 1960, Abb. 36, 5; Roudil, Age du Bronze Abb. 34, 3.

181. Saint-Genis, Dép. Hautes-Alpes. – Rive gauche du Puëch. – Dolch mit abgerundeter Basis, drei Nietlöcher, Schneiden leicht gedengelt, L. 3,1 cm, B. 3 cm *(Taf. 8, 181;* nach Courtois). – Mus. Gap. – Bill, Glockenbecher Taf. 23, 5; J. - C. Courtois, in: IXe Congr. UISPP. (1976), Livret-Guide A 9, prétirage Abb. 3, 6.

182. Tharaux, Dép. Gard. – Grotte du Hasard; aus dem Aushub. – Kleiner Dolch, „cordiforme". – Mus. Alès (nicht auffindbar). – Roudil, Age du Bronze 107.

183. Donzère, Dép. Drôme. – Baume Noire; Höhlensiedlung; Funde: Dolch Nr. 183, Nietdolch nicht näher bestimmbarer Form (Nr. 484), Randleistenbeil vom Typ Neyruz, Henkeltasse. – „Sehr kurzer Nietdolch". – Aufbewahrungsort unbekannt. – Gallia Préhist. 20, 1977, 613.

184. Remoulins, Dép. Gard. – La Sartanette; wahrscheinlich Siedlung in der Höhle; Funde: Silexklingen, Knochenpfriem, waagrecht gelochte Nadel mit Ringen; Tierknochen. – Dolch mit zungenartig abgesetzter Griffplatte, zwei Nietlöcher, L. 4,2 cm, B. 2,4 cm *(Taf. 8, 184;* nach Cazalis de Fondouce.) – Mus. Montpellier (nicht auffindbar). – Cazalis de Fondouce, Temps préhistoriques Taf. 3, 10; J. de Saint-Venant, in: Congr. préhist. France 4, Chambéry 1908 (1909), 631 mit Abb.; Roudil, Age du Bronze, 107. 266 Abb. 14, 4 (Nadel).

Funktion: Auffallendstes und verbindendes Merkmal dieser Zwei- bis Dreinietdolche ist ihre geringe Länge, die sowohl einen Gebrauch als Dolch wie auch als Messer (Trennmesser?) weitgehend ausschließt. Die bisher in Frankreich gefundenen Exemplare sind, soweit bekannt, ausschließlich Siedlungsfunde, wobei auffällt, daß sich bei der Herdstelle der Höhle La Madeleine (Nr. 180) gleich zwei Dolche fanden.

C.B. Burgess nannte einige bronzezeitliche Miniaturgegenstände, die aber dem Grabbrauch vorbehalten scheinen,[1] während M. Pirouet im Zusammenhang mit anderen Dolchformen nüchtern anmerkte, daß der „kommerzielle Wert höher war als der praktische Nutzen".[2] Daß die Miniaturdolche eher Symbol- als Gebrauchswert haben, ist naheliegend.

Zeitstellung: Nach den gesicherten oder wahrscheinlichen Beifunden wie tupfenleistenverzierter Keramik (Nr. 179), Nadel mit waagrecht gelochtem Kopf (Nr. 184) oder einem Neyruz-Beil (Nr. 183) gehören die Miniaturdolche in Frankreich zu jüngeren Phasen der älteren Bronzezeit. Ein mit dem Miniaturdolch (Nr. 180) an den Herdstellen der Höhle La Madeleine zusammen gefundener Dolch mit vier Nieten und trapezförmiger Griffplatte ist bereits mittelbronzezeitlich.[3] Die Polada vergleichbare Keramik widerspricht dem nicht; der eigenartige Deckel[4] findet seinen besten Vergleich in einem solchen aus der Ufersiedlung von Baldegg, die der ausgehenden älteren Bronzezeit der Schweiz angehört und zeitlich gesehen bereits mittelbronzezeitlich sein kann.[5]

---

[1] Burgess, Bull. Board Celt. stud. 20, 1962, 81 f.
[2] Pirouet, L'Anthropologie 25, 1914, 281.
[3] L. Barral, Bull. Mus. Monaco 7, 1960, 64 Abb. 37.
[4] Ders., ebd. 63 Abb. 36.
[5] G. Gallay, Frühbronzezeit 128 f. 130 ff. Abb. 8, c.

Verbreitung (Taf. 44, A): Wie die größeren Dolche mit zwei und drei Nieten finden sich auch die Miniaturdolche im Bereich der Rhônekultur. Außerhalb Frankreichs treten sie in verschiedenen Fundprovinzen auf,[6] in Süddeutschland bisher nur in Gräbern.[7]

GRIFFPLATTENDOLCHE VOM TYP NANT (EL ARGAR TYP III)

Typisch für die Dolche vom Typ Nant ist eine Klinge mit leichtem Mittelgrat, wenig gedengelten Schneiden, meist abgerundeter Spitze und ovaler Griffplatte. Die drei Niete sind etwas asymmetrisch angebracht, die gradlinige Heftspur verläuft leicht schräg zur Mittelachse des Dolches. Im Verhältnis zur Länge (7–14 cm) sind die Dolche sehr schmal (1,5–2,5 cm).

185. Nant, Dép. Aveyron. – Dolmen de la Liquisse. Nach J. Arnal (Gallia Préhist. 16, 1973, 181) stammen die meist global aufgezählten Funde von La Liquisse aus *zwei* Grabmonumenten unter einem Hügel, und zwar einem Dolmen mit Rodézien-Inventar, und einer Steinkiste mit bronzezeitlicher Bestattung. Wahrscheinlich gehören folgende Funde zu der Steinkiste: Der unten aufgeführte Dolch, Pfriem mit Mittelschwellung, einfacher Pfriem, Ringe, zwei Flügelnadeln, alle aus „zinnarmer Bronze" *(Taf. 49, C)*. – Schmaler Dolch mit ovaler Griffplatte, drei Nietlöcher, Heftspur, Querschnitt ungleichmäßig, leichter Mittelgrat, Schneiden leicht gedengelt, L. 10,3 cm, B. 1,9 cm *(Taf. 8, 185;* nach Zeichnung K. Paszthory). – Mus. Genève (3883). – Déchelette, Manuel II 138 Abb. 39. 40; Bailloud/Mieg de Boofzheim, Civilisations néolithiques Taf. 74, 3; G. Costantini, Genava NS. 1, 1953, 98f. Abb. 42; Jb. SGU. 43, 1953, 58f. Taf. 6; Maury, Grands Causses Abb. 79, 3; Bill, Glockenbecher 96; Arnal, Gallia Préhist. 16, 1973, 181.

186. Aguëssac, Dép. Aveyron. – Grotte 2 de la Barbade; Einzelfund. – Dolch mit ovaler Griffplatte, drei Nietlöcher, sehr leichter Mittelgrat (möglicherweise einseitig), L. 12,2 cm, B. 2,6 cm *(Taf. 8, 186;* nach Clottes u. Costantini). – Privatbesitz. – Clottes/Costantini, Bronze 472 Abb. 2, 6.

Drei heute verschollene Dolche gehören nach den überlieferten Zeichnungen wahrscheinlich zu diesem Typ:

187. Ardèche (Dép.). – Dolch mit ovaler Griffplatte, drei Nietlöcher, davon eines ausgebrochen, L. ca. 7 cm, B. ca. 1,5 cm *(Taf. 8, 187;* nach Julien). – Verschollen (ehem. Slg. Marichard). – Julien, Ardèche Abb. 7.

188. Ardèche (Dép.). – Dolch mit ovaler (?) Griffplatte, drei Nietlöcher, L. ca. 13,5 cm, B. ca. 2,5 cm *(Taf. 8, 188;* nach Julien). – Verschollen (ehem. Slg. Marichard). – Julien, Ardèche Abb. 7.

189. Ardèche (Dép.). – Dolch mit ovaler Griffplatte, drei Nietlöcher, davon eines ausgebrochen, L. ca. 10 cm, B. ca. 2 cm *(Taf. 8, 189;* nach Julien). – Verschollen (ehem. Marichard). – Julien, Ardèche Abb. 7.

Zeitstellung und Kulturzugehörigkeit: Der Dolch von Aguëssac (Nr. 186) ist ein Einzelfund aus einer Höhle; die drei Exemplare aus dem Dép. Ardèche (Nr. 187–189) sind verschollen, Einzelheiten über die Fundumstände sind nicht überliefert. Lediglich der Dolch von Nant (La Liquisse, Nr. 185) wurde mit weiteren Funden geborgen, allerdings ohne genauere Fundbeobachtung.

---

[6] Spätkupferzeitliche (?) Ufersiedlung Saint-Blaise (NE), (Munro, Stations lacustres Abb. 4, 5). – Norditalien, (ebd. Taf. 28, 40).

[7] Straubing, Gabelsbergerstraße, Grab 3 (späte Glockenbecherkultur; Hundt, Straubing I Taf. 1, 10–12). – Straubing, Ziegelei Ortler, Grab 14 (ältere Bronzezeit; ebd. Taf. 13, 34–37). – Langen, Kr. Offenbach, bei einer Brandbestattung unter Hügel mit fingertupfenleistenverzierter Scherbe (J. Nahrgang, Ländlein Dreieich 5, 1935, 22 Abb. 31); Hügelgrab, Brandbestattung (vgl. Laurie, Nr. 151) und Scherbe weisen auf eine späte Zeitstellung des kleinen Dolches.

Aller Wahrscheinlichkeit nach stammen die Funde aus einer Steinkiste neben einem Dolmen,[1] und nicht aus dem Dolmen La Liquisse selbst.

Die älterbronzezeitlichen und die dem Rodézien angehörenden Funde von Nant wurden bisweilen als zusammengehörend betrachtet.[2] Für das Rodézien wurde eine recht lange Dauer bis zum Beginn der mittleren Bronzezeit angenommen.[3] Von einem C14-Datum abgesehen,[4] beruht diese Annahme weitgehend darauf, daß älterbronzezeitliche Funde auf den Causses bisher die Ausnahme sind. Sähe man das Ende des Rodézien etwa zeitgleich mit dem Ende des Fontbouissien oder der Glockenbecherkultur, entstünde in der Besiedlung der Causses eine Lücke, die bisher mit Funden nur spärlich geschlossen werden kann. Es läßt sich zwar vorerst noch nicht eindeutig entscheiden, ob die Lebensdauer des Rodézien wirklich so hoch anzusetzen ist,[5] der Befund von Nant – ältere Bronzezeit + Rodézien – entfällt als Beleg jedenfalls. Bei dem Grabhügel von Nant erscheint eine erste Konstruktionsphase, der Dolmen selbst, gefolgt von der Einbringung einer älterbronzezeitlichen Steinkiste (ciste annexe) plausibler als eine Mischbelegung.[6] Daß es sich bei den Funden der Steinkiste um nur *eine* Bestattung handelt, ist lediglich eine Annahme, die aber damit gestützt werden kann, daß bei älterbronzezeitlichen Einzelgräbern die Kombination Nadel/Dolch, auch mit Pfriem, durchaus geläufig ist, vor allem auch im Bereich der Rhône-Kultur (vgl. Nr. 147. 148. 150. 151. 173. 184. 190. 191. 194. 230. 489).[7] Die Fundlücke kann weitgehend forschungsgeschichtlich bedingt sein, wurden auf den Causses bislang doch vorwiegend nur die Inventare der obertägig sichtbaren Dolmen und einiger Höhlen ergraben; andersgeartete Stationen sind noch kaum erfaßt.

Im Bereich der älteren Bronzezeit in Frankreich und in Mitteleuropa ist die Form des Dolches von Nant nicht geläufig. Vergleichbare Dolche finden sich aber auf der Iberischen Halbinsel im Bereich der El Argar-Kultur, so in Grab 580 der namengebenden Fundstelle: schmaler Dolch, L. ca. 12 cm, B. ca. 2,7 cm, mit drei etwas asymmetrisch angebrachten Nieten und geradliniger, leicht schräg verlaufender Heftspur (da kein Querschnitt angegeben ist, kann man einen leichten Mittelgrat und Schneidendengelung nicht genau feststellen).[8] Dieser Dolch gehört zu dem von B. Blance benannten Typus III der El Argar-Dolche: „lange Dolche mit 2–3 Nieten".[9] Die Bezeichnung „lang" bezieht sich dabei weniger auf die reale Länge der Dolche vom Typus III, sie soll vielmehr wohl den Unterschied zu den triangulären Dolchen vom Typus II, „kleine Dolche mit 2–3 Nieten",[10] akzentuieren. Die El Argar-Kultur erfuhr durch Blance eine Unterteilung in ein älteres El Argar A (Flachgräber mit typischem Inventar) und ein jüngeres El Argar B (Pithosbestattungen mit typischem Inventar).[11] Die zeitliche Stellung der Dolche vom Typus III innerhalb dieser beiden Stufen erscheint nach Blance etwas verwirrend; neben einem postulierten Vorkommen sowohl in El Argar A als auch in El Argar B[12] wurde die Zuweisung zu einer eventuellen Zwischenstufe A/B oder einer Spätstufe nach El Argar B erwogen,[13] was wohl weitgehend durch eine unklare Typenansprache bedingt ist.

---

[1] Vgl. G. Gallay, Madr. Mitt. 11, 1970, 82.

[2] G. Costantini, Genava NS. 1, 1953 98 ff. bildet Funde des Dolmens und der mutmaßlichen Steinkiste als *ein* Inventar ab.

[3] Zusammenfassend Clottes, Mégalithes 28 f.

[4] Costantini, BSPF. 65, 1968, 587.

[5] Eine Rolle spielt hier auch die relativ-chronologische Einordnung der Schicht II von Marsa, also der Artenacienkultur, mit ihrer Beziehung zum Rodézien (s. S. 18).

[6] Wie etwa: Jb. SGU. 43, 1953, 59.

[7] Vgl. z.B. G. Gallay, Frühbronzezeit Abb. 11.

[8] Siret, Premires Ages Taf. 30, 580; s. auch ebd. Nr. 434. 479. 538. 400, Taf. 31 Nr. 693, Taf. 32 Nr. 703. 768. 771 u.a.; Monteagudo, PBF. IX, 6 (1977) Taf. 145, G 10 und allgem. ebd. Taf. 144–146.

[9] Blance, SAM IV 124 Taf. 23, 4.

[10] Dies. ebd. Taf. 23, 10.

[11] Dies. ebd. 122 f.; dies., Rev. Guimarães 74, 1964, 133; vgl. Schubart, Bronzezeit 134 ff.; ders. Trab. Prehist. NS 32, 1975, 90 f. Abb. 6. 7.

[12] Blance, SAM. IV, 124 ff.

[13] Dies., ebd. 133. 153.

Aus weiterführenden und zusammenfassenden Untersuchungen auch außerhalb des engeren Bereiches von El Argar[14] ergibt sich, daß für El Argar A die Waffenkombination triangulärer Dolch/Stabdolch typisch ist, während schmale Dolche (ähnlich dem Exemplar von Nant) mit Beilen in der Stufe El Argar B vorkommen.[15] Allerdings sind Stabdolche als auch Dolche beider Stufen aus Kupfer gefertigt,[16] auch die Beile enthalten nur selten Zinn.[17] Entgegen den Angaben von G. Costantini weisen die Metallfunde von Nant aber insgesamt einen hohen Zinnanteil auf,[18] so daß sich die Vergleichbarkeit des Dolches von Nant auf die Formgebung der El Argar-Dolche einengt, das Material ist unterschiedlich.

Mit dem Dolch von Nant und den beiden Flügelnadeln aus dem gleichen Grab ist ein direkter Kontakt der mitteleuropäischen älteren Bronzezeit zur El Argar-Kultur gegeben. Im Rahmen der mitteleuropäischen älteren Bronzezeit sind die Flügelnadeln eher jung anzusetzen[19] (vgl. S. 56f.), so daß sich hier eine Beziehung zwischen der Stufe III der älteren Bronzezeit und El Argar B feststellen läßt, die auf Grund von Metallanalysen bereits postuliert worden ist.[20]

Verbreitung (Taf. 44, A): Die Fundstellen der Dolche von Nant (Nr. 185) und Aguessac (Nr. 186) liegen beide im Dép. Aveyron, drei Dolche (Nr. 187–189) sollen im Dép. Ardèche gefunden worden sein. Ein geographischer Anschluß an die Nordostausläufer der El Argar-Kultur Stufe B wäre durchaus gegeben,[21] allerdings bedarf die Typenansprache von Blance, jedenfalls was die Dolche anbetrifft, einer näheren Überprüfung.[22]

---

[14] Schubart, Bronzezeit 150ff.

[15] Monteagudo, PBF. IX, 6 (1977) 79f. Taf. 144–146.

[16] Ebd. 79; Schubart, Bronzezeit 74.

[17] Schubart, ebd. 64f.

[18] Nach Costantini (vgl. Anm. 2) sollen die Metallfunde von Nant insgesamt aus „zinnarmer Bronze" bestehen. Nach der Analyse des Pfriemes (Junghans/Sangmeister/Schröder, SAM II Tl. III Nr. 7121) mit 9,3% Zinn erschien der kurze Vermerk von Costantini nicht richtig. Durch die dankenswerte Vermittlung von A. Gallay wurden die Funde vom Laboratorium des Musée d'Art et d'Histoire Genève (F. Schweizer) insgesamt neu analysiert, wir erhielten den folgenden Bericht: „Analyse der Bronzen durch X-Fluoreszenz. Die Gegenstände wurden durch X-Fluoreszenz analysiert, unter Verwendung eines nicht dispersiven Gerätes. Die untersuchte Oberfläche betrug etwa 5 mm². Nachdem die korrodierten Schichten sorgfältig entfernt waren, wurde die Analyse entweder auf dem Metall selbst oder in der Kupferoxydschicht durchgeführt (vgl. die angefügte Tabelle). Wir schätzen die Reproduzibilität um 2% und die Genauigkeit der Analysen auf 10–15%."

[19] A. u. G. Gallay, Arch. Suisses Anthr. Gén. 33, 1968, 48 Abb. 17; G. Gallay, Frühbronzezeit. Abb. 11; K. Spindler, Jb. SGU. 57, 1972–73, 36f; H.-J. Hundt, Jb. RGZM. 19, 1972, 27; A. Gallay, Origines 22f.

[20] Junghans/Sangmeister/Schröder, SAM. II Tl. I 115. 127.

[21] Blance, SAM. IV 146f. Karte 9 (Dolche vom Typus III).

[22] Von den beiden nordöstlichsten auf Karte 9 bei Blance, SAM. IV eingetragenen Dolche entspricht das Exemplar von Mas Vilas (A. Ferrer/P. Giró, Ampurias 5, 1943, 195f. Abb. 12) in etwa der Definition, der Dolch von Moya/Toll (Serra Raffols, Inf. Mem. 32, 1956, 130 Taf. 51) kann auch von den triangulären Dolchen vom Typus II abgeleitet werden.

Lab.-Nr.	Inv.-Nr.		% Cu	% Sn	% Zn	% Pb	% As	% Fe	% Sb	analysierte Oberfläche
78–74	3881	Pfriem	91	8.5	<0.1	<0.1	0.2	<0.1	<0.1	Metall
78–75	3882	Pfriem	88	11	<0.1	<0.1	0.3	<0.1	0.6	Metall
78–76	3883	Klinge	82	15	<0.1	<0.1	2.5	<0.1	0.2	Metall
		Niet	87	11	<0.1	<0.1	1.8	<0.1	0.1	Metall
78–77	3884	Flügelnadel	91	8.5	<0.1	<0.1	0.1	<0.1	<0.1	Kupferoxyd
78–78	3885	Flügelnadel	88	11.5	<0.1	<0.1	<0.1	<0.1	0.3	Metall

Analyse der Metallgegenstände von Nant

GRIFFPLATTENDOLCHE VOM TYP COLLIAS

Die Dolche vom Typ Collias weisen eine gerundete Griffplatte mit vier Nieten auf; die Klinge besitzt einen sehr leichten bis leichten Mittelgrat und ist bei drei Exemplaren mit geradlinigen Rillen verziert. Soweit erhalten, ist die Heftspur omegaförmig. Insgesamt sind die Dolche nicht sehr lang (größte Länge ca. 13 cm) und relativ schmal (Breite bis 3,2 cm).

Sicher besteht eine enge Verwandtschaft mit den späten Dolchen der Art Cannes-Ecluse (Nr. 200–205), vor allem in der Art der Klingenverzierung des Dolches von Saint-Menoux (Nr. 194).

190. Saint-Mathieu-de-Tréviers, Dép. Hérault. – Le Lébous; Grab B 1, alt gestört, in der mit Rundtürmen befestigten kupferzeitlichen Siedlung, die teilweise durch bronzezeitliche Bestattungen ge- und zerstört ist. – Fragment eines Dolches, Heftspur, leichter Mittelgrat, Schneiden gedengelt, L. noch 5,7 cm, B. 2,7 cm *(Taf. 8, 190)*. – Beifunde: Fragment einer Nadel mit waagrecht gelochtem Kopf, Scherben mit Fingertupfenleistenverzierung *(Taf. 49, E)*. – Slg. J. Arnal, Saint-Mathieu-de-Tréviers. – J. Arnal, Gallia Préhist. 16, 1973, 176f. Abb. 46, 4; Roudil, Age du Bronze 275 Nr. 177 Abb. 36, 2.

191. Collias, Dép. Gard. – Grotte de Pâques; Bestattungshöhle (?) mit reichem Fundmaterial, darunter Dolch Nr. 192 und Dolchfragment Nr. 472, Pfrieme mit Mittelschwellung, Lamellenanhänger, Nadel mit waagrecht gelochtem Kopf, Rollennadel mit rechteckigem Halsquerschnitt, Nadel mit doppelkonischem Kopf und Halsrippe, Keramik. – Dolch mit gerundeter Basis und abgerundeter Spitze, leichter Mittelgrat, schneidenparallele Rillen, Heftspur, L. 9.8 cm, B. 3,2 cm *(Taf. 8, 191)*. – Mus. Nîmes. – J. Audibert/L. Delord, Rev. Arch. Est 10, 1959, 7ff. Abb. 1, 11; Roudil, Age du Bronze 264 Nr. 59 Abb. 1, 20.

192. Collias, Dép. Gard. – Grotte de Pâques, vgl. Nr. 191. – Fragment einer Dolchklinge mit leichtem Mittelgrat, L. noch 4,6 cm, B. noch 1,8 cm *(Taf. 8, 192)*. – Mus. Nîmes. – Roudil, Age du Bronze 264 Nr. 59 Abb. 1, 17.

193. Nizas, Dép. Hérault. – Zwischen Nizas und Fontès; künstliche Grabgrotte vgl. Nr. 46 – Dolchfragment, schneidenparallele Rillen, L. noch 7,6 cm, B. noch 3,4 cm *(Taf. 8, 193)*. – Mus. Marseille. – J. Audibert/L. Delord, Rev. Arch. Est 10, 1959, 7ff. Abb. 1, 10; Roudil, Age du Bronze 273 Nr. 153 Abb. 47, 1.

194. Saint-Menoux, Dép. Allier. – Tumulus de Joux; Grabfund. – Dolch mit sehr leichtem Mittelgrat und rillenverzierter Klinge, Heftspur, L. noch 12,6 cm, B. 2,5 cm *(Taf. 8, 194; nach Moret)*. – Beifunde: Langdolch, der Art Rumédon angeschlossen (Nr. 368); Nadel mit waagrecht gelochtem Kopf und Halsrippe, Nadelfragment, Bronzeplättchen *(Taf. 49, F)*. – Verschollen. – Moret, Saint Menoux 20 Taf. 2; P. Abauzit, BSPF. 60, 1963, 846 Abb. 3, 2; J.-P. Millotte, ebd. Abb. 1, 9.

Zeitstellung: Drei der Dolche sind sicher, zwei wahrscheinlich Grabfunde, sowohl aus Höhlen als auch aus Einzelbestattungen. Die Fundkomplexe von Saint-Mathieu-de-Tréviers, Le Lébous (Nr. 190), Collias (Nr. 191. 192) und Saint-Menoux (Nr. 194) beinhalten jeweils u.a. eine Nadel mit waagrecht gelochtem Kopf; davon weist die Nadel von Saint-Menoux (Taf. 49, F 1) eine Halsrippe auf, die sich bei einer Nadel mit nicht gelochtem Kopf von Collias wiederfindet.[1] Die Dolche wären somit in die Stufe IV der älteren Bronzezeit zu datieren; auch die Rollennadel von Collias[2] und die Bestattungsart von Saint-Menoux (unter einem Hügel, vgl. S. 56f.) fügen sich hier ein.

Verbreitung (Taf. 44, A): Dolche vom Typ Collias sind bisher in Frankreich aus dem Gebiet der Rhônekultur rechts der Rhône bekannt, ein Fundpunkt liegt nordwestlich des Zentralmassivs.

---

[1] Roudil, Age du Bronze Abb. 1, 12.   [2] Ebd. Abb. 1, 10.

SONDERFORMEN DER GRIFFPLATTENDOLCHE MIT VIER NIETLÖCHERN

Einige Dolche mit, soweit erkennbar, vier Nietlöchern und gerundeter Griffplatte weisen eine leicht geschweifte, profilierte Klinge auf; diese zeigt einen Mittelgrat, sowie ein- oder mehrfache Schneidendengelung. Drei der Dolche erscheinen um- oder nachgearbeitet. Bei allen Gemeinsamkeiten macht diese Gruppe aber doch einen recht heterogenen Eindruck.

195. Grigny, Dép. Essonne. – Pont de Grigny; aus der Seine. – Dolch mit ausgebrochener, abgerundeter Basis, wahrscheinlich vier Nietlöcher, Mittelgrat, Schneiden zweifach gedengelt, Heftspur, L. noch 14,2 cm, B. noch 5,6 cm *(Taf. 8, 195)*. – Mus. Saint-Germain-en-Laye (1976). – Mohen, Paris 253.

196. Gegend von Nantes (?). – Dolch mit vier Nietlöchern, Schneiden gedengelt, im unteren Drittel Mittelgrat, Heftspur, L. 11,8 cm, B. 4,2 cm *(Taf. 8, 196)*. – Mus. Nantes, (56–2630). – Briard, Dépôts bretons Abb. 16, 4.

197. Alteckendorf, Dép. Bas-Rhin. – Aus einer Lehmgrube. – Dolch mit ausgebrochener Basis, Reste von insgesamt sechs unregelmäßig angebrachten Nietlöchern und -kerben, leichter Mittelgrat, Schneiden gedengelt, Heftspur, L. noch 9,9 cm, B. noch 3,2 cm *(Taf. 8, 197)*. – Mus. Strasbourg (879). – Anz. Elsäß. Altkde. 1–4, 1909–12, 316 Abb. 229.

198. Evreux, Dép. Eure. – Dolch mit abgerundeter Basis, vier Nietkerben (umgearbeitete Nietlöcher?), Spitze abgerundet, Schneiden einseitig gedengelt, einseitige Mittelverdickung, L. 6,7 cm, B. 4,5 cm *(Taf. 8, 198)*. – Mus. Evreux (3419). – Coutil, Normandie 58 Taf. 5, 15.

199. Gegend von Le Mans (?). – Dolch mit verbogener, gerundeter Griffplatte, vier Nietlöcher, Mittelgrat, Schneiden zweifach gedengelt, Heftspur, Klinge leicht facettiert, L. noch 8,7 cm, B. 3,6 cm *(Taf. 8, 199)*. – Mus. Le Mans (10/2.3164).

Zeitstellung: Alle fünf Dolche sind Einzelfunde, dabei ein Flußfund (Nr. 195). Letztgenannter Dolch hatte wahrscheinlich eine paarige Anordnung der vier (?) Nieten (vgl. Art Loucé Nr. 280). Die leicht verbreiterte Griffplatte des Dolches aus dem Museum Nantes (Nr. 196) erinnert entfernt an die Griffplattengestaltung von El Argar-Dolchen,[1] während die eine – alte – Schulterkante des Dolches von Alteckendorf (Nr. 197) den Griffplatten der Dolche der Art Cannes-Ecluse (s. S. 70) oder der kannelierten Dolche (s. S. 72) ähneln kann. „Aufgeklappt" nähert sich die Griffplattenform des Dolches aus dem Museum Le Mans (Nr. 199) trapezförmigen Griffplatten der mittleren Bronzezeit. Insgesamt kann man aber die Dolche auf Grund der geschweiften Klinge mit Mittelgrat in einen jüngeren Abschnitt der älteren Bronzezeit datieren.

Verbreitung: Die Dolche dieser Art treten bisher in Nordfrankreich auf, im Bereich der Rhônekultur sind sie nicht vertreten. Einer der Funde stammt aus dem nördlichen Elsaß (Nr. 197).

GRIFFPLATTENDOLCHE DER ART CANNES-ECLUSE

Die Dolche der Art Cannes-Ecluse mit vier Nietlöchern haben, wie die vorangehend behandelten, eine gerundete Basis und eine geschweifte Klinge. Bei den Exemplaren Nr. 202. 203 mit Mittelgrat ist die Schweifung sehr ausgeprägt. Die Dolche sind mit schneidenparallelen Rillen verziert, der Dolch von Brumath (Nr. 203) trägt eine zusätzliche Verzierung auf der Klingenmitte. Die Schneiden sind leicht gedengelt.

200. Villeneuve-Saint-Georges, Dép. Val-de Marne. – Aus der Seine. – Dolch mit vier ausgebrochenen Nietlöchern (oder Nietkerben), L. 12,6 cm, B. 4 cm *(Taf. 9, 200; nach Mohen)*. – Mus. Saint-Ger-

---

[1] z. B. Siret, Premiers Ages Taf. 29, 38. 387; 32, 725; 33, 534 u. a.

main-en-Laye (nicht zugänglich). – Mohen, Paris 254 Abb. 10.
201. **Gegend von Tarbes**, Dép. Hautes-Pyrénées. – Aus einer Ausgrabung Poitiers. – Dolch mit ausgebrochener Basis, vier Nietlöcher (?), L. noch 13,1 cm, B. noch 5,2 cm *(Taf. 9, 201)*. – Mus. Saint-Germain-en-Laye (31 592).
202. **Cannes-Ecluse**, Dép. Seine-et-Marne; – Les Rentières; aus einer Kiesgrube (nach Mordant möglicherweise Flußfund aus der Yonne). – Dolch mit schlecht erhaltener Basis, L. noch 15,8 cm, B. noch 4,6 cm *(Taf. 9, 202;* nach Mordant). – Privatbesitz (Leihgabe im Mus. Nemours). – Bull. Group. Arch. Seine-et-Marne 11, 1970 (1973) 75 f. Taf. 17; J. Bontillot/C. Mordant, BSPF. 69, 1972, 27 Abb. 2, 2.
203. **Brumath**, Dép. Bas-Rhin. – Südliche Hügelgruppe, Hügel 67; Grabfund. – Dolch mit abgerundeter Spitze, L. 11,3 cm, B. 3,5 cm *(Taf. 9, 203;* nach de Ring). – Verschollen. – M. de Ring, Alsace 2 Taf. 6, 1; Naue, Elsaß 220 f. (Verzierung in Frage gestellt).

Zwei Dolche mit gerundeter Basis, vier Nietlöchern, gerundeter Klingenspitze und fast gerade verlaufenden Schneidenbahnen sind recht schmal, die schneidenparallele Rillenverzierung ist annähernd auf der Klingenmitte angebracht.

204. **Etigny**, Dép. Yonne. – Le Brassot. – Dolch, leichte Mittelrippe, L. 16,3 cm, B. 3,9 cm *(Taf. 9, 204;* nach Unterlagen Marguet). – Slg. A. Marguet, Gennevilliers.
205. **Orléans**, Dép. Loiret. – Ufer der Loire; „zwischen Kieselsteinen", wohl Flußfund. – Dolch mit leicht ausladender Griffplatte, Schneiden gedengelt, L. 13,5 cm, B. 4 cm *(Taf. 9, 205)*. – Privatbesitz. – A. Nouel, BSPF. 64, 1967, CCXIV ff. Abb. 1, 7.

Nahestehend ist folgender Dolch mit vergleichbarer, allerdings leicht konvexer Rillenverzierung und einer dem Dolch von Etigny (Nr. 204) ähnelnden Mittelrippe. Die der Trapezform angenäherte Griffplatte mit sechs Nietlöchern läßt aber eher an den kannelierten Dolch von Saint-Germain-en-Montagne (Nr. 210) denken.

206. **Paris**, Ville de Paris. – Aus der Seine. – Dolch, sechs Nietlöcher, Mittelrippe, schneidenparallele Rillen, Schneiden gedengelt, L. ca. 19 cm, B. ca. 3,8 cm *(Taf. 9, 206;* nach Museumsfoto). – Brit. Mus. London (Coll. J. P. Morgan Nr. WG 126).

Zeitstellung: Vier der Dolche sind sicher oder wahrscheinlich Flußfunde; der bei einer Ausgrabung gefundene Dolch aus der Gegend von Tarbes (Nr. 201) kann ohne weitere Unterlagen nur als Einzelfund gelten, das Exemplar von Brumath (Nr. 203) ist alleinige Grabbeigabe.

Nach Formvergleich vor allem des Dolches von Cannes-Ecluse (Nr. 202) mit älterbronzezeitlichen Funden der Schweiz und Süddeutschlands – Dolchen mit geschweifter Klinge und Linienbandverzierung, mit vier aber auch mehr Nietlöchern[1] und auch mit der Verzierung von Dolch Nr. 203 vergleichbarer Linienanordnung[2] – sind die Dolche nach der Chronologie der Westschweiz in die Stufe IV zu datieren. Diese Endphase der älteren Bronzezeit kann zeitgleich mit der beginnenden Mittelbronzezeit sein;[3] dafür spricht in diesem Zusammenhang auch die Fundlage des Dolches von Brumath (Nr. 203) in einem sonst mittelbronzezeitlichen Gräberfeld.

Die Verzierung der Dolche von Etigny (Nr. 204) und Orléans (Nr. 205) ähnelt jener des Dolches von Saint-Menoux (Nr. 194), der gleichfalls zu späten Erscheinungen der älteren Bronze-

---

[1] G. Gallay, Frühbronzezeit 137 (Liste) Abb. 2, d.e.k; 3, f; PBF. IV, 2 (Schauer) Nr. 2. 5. 9. 10. 12.

[2] Ebd. Nr. 7. 8. 11; A. Zürcher, Helv. Arch. 9, 1972, 27 ff. mit Abb.

[3] G. Gallay, Frühbronzezeit 130 ff.

zeit gehört (s. S. 69). Die in Form und Verzierung weniger akzentuierten Exemplare Nr. 200. 201 sind möglicherweise oder wahrscheinlich etwas älter.

Verbreitung: Vier der Fundstellen – die Flußfunde – liegen im Pariser Becken; der weniger typische Dolch Nr. 201 wurde am Nordrand der Pyrenäen gefunden, während das Exemplar von Brumath (Nr. 203) zum engeren süddeutsch-schweizerischen Verbreitungsgebiet der rillenverzierten geschweiften Dolche gehört.[4]

KANNELIERTE GRIFFPLATTENDOLCHE

Die sogenannten kannelierten Dolche mit vier bis sechs Nietlöchern tragen auf den meist recht langen Klingen mit Mittelgrat im oberen Drittel oder auf der gesamten Klingenfläche schneidenparallele Riefenverzierung. Bei dem Dolch Nr. 207 handelt es sich allerdings eher um Rillen; auf Grund der Flächenverzierung haben wir ihn jedoch dieser Dolchgruppe und nicht den Dolchen mit Rillenbändern zugeordnet. Bei dem verschollenen Dolch von Saint-Genièz d'Olt (Nr. 209) ist die Kannelur auf der erhaltenen Zeichnung nicht angegeben; sie kann aber in Analogie zu der Dolchklinge Nr. 208 wohl angenommen werden.

Die Griffplatten sind gleichmäßig gerundet, mit Ausnahme der annähernd trapezförmigen Griffplatte des Dolches Nr. 210. Die Heftspuren der Dolche Nr. 207–209 verlaufen gleichmäßig bogig parallel zur Basis.

207. La Chapelle-sur-Furieuse, Dép. Jura. – Grandes Côtes; Grabhügel aus Steinen aufgeschüttet mit einer Gestrecktbestattung; Dolch in Gürtelhöhe, Beil in der angewinkelten linken Hand, Nadel auf den Rippen. – Dolch, leicht korrodiert, Spitze abgebrochen, Schneiden gedengelt, drei von vier Nieten erhalten, L. noch 16,9 cm, B. noch 15,3 cm (*Taf. 9, 207;* nach Zeichnung G. Gallay und Photo Bailloud). – Beifunde: Randleistenbeil vom Typ Ollon; verzierte, gelochte Keulenkopfnadel; kleine Spirale aus rundstabigem Golddraht (*Taf. 49, G;* nach Millotte, Jura 278; PBF. IX, 4 [Abels] Nr. 342 und Bill, Glockenbecher 90 soll die Goldspirale nicht mit Sicherheit zu der Bestattung gehören, sondern außerhalb des Grabes gefunden worden sein. Nach M. Piroutet/J. Déchelette, Rev. Arch. 13, 1909, 216f. fand sie sich mit einem Zahn etwas weniger als 30 cm vom Hals entfernt, allerdings nicht innerhalb der Grabeinfassung. Bei den [nach Piroutet] heruntergebrochenen Decksteinen ist eine derartige leichte Versprengung durchaus möglich; da es sich um eine einzige Bestattung im Hügel handelt, erscheint die Zugehörigkeit der Spirale zum Grabinventar außer Zweifel). – Mus. Saint-Germain-en-Laye. – M. Piroutet, L'Anthropologie 25, 1914, 264ff. Abb. 2; G. Bailloud, Antiqu. Nat. Internat. 2 H. 3–4, 1961, 21ff. Abb. 9 („Onay"); Millotte, Jura 278 Taf. 10, 4; G. Gallay, Frühbronzezeit Abb. 3, c; Bill, Glockenbecher Taf. 45, 8; J.-P. Millotte, in: Préhist. Franç. 2, 496 Abb. 1, 8.

208. Rethondes, Dép. Oise. – Pont de Rethondes; aus der Aisne. – Dolch, fünf Nietlöcher, zwei Niete erhalten, Heftspur, Schneiden gedengelt, L. 17,7 cm, B. 6 cm (*Taf. 9, 208;* nach Zeichnung Blanchet und einem Abguß). – Original: Slg. Bejot, Rethondes; Abguß: Mus. Saint-Germain-en-Laye (83447). – J.-C. Blanchet, Rev. Arch. Oise 3, 1, 1973, 55ff. Abb. 9, 1; Gallia Préhist. 17, 1974, 454f. Abb. 41.

209. Saint-Genièz-d'Olt, Dép. Aveyron. – Galinières; Einzelfund beim Pflügen (nicht erkanntes Grab?). – Dolch, sechs Nietlöcher, zwei Niete erhalten, Heftspur, nach der überlieferten Zeichnung wahrscheinlich Kannelurverzierung, L. 20 cm (nach Text irrtümlich 30 cm), B. 5,4 cm (*Taf. 9, 209;* nach Chantre). – Verschollen. – E. Chantre, L'Anthropologie 2, 1891, 399f. Abb. 1; Bill, Glockenbecher Taf. 63, 3.

210. Saint-Germain-en-Montagne, Dép. Jura. – Dolch mit annähernd trapezförmiger Griffplatte, sechs Nietlöcher, ein Niet erhalten, L. 18,8 cm, B.

---

[4] Ebd. Abb. 14 (Karte); PBF. IV, 2 (Schauer) Taf. 112 A (Karte).

4,4 cm *(Taf. 9, 210)*. – Mus. Lons-le-Saunier (B. 314 3048). – J.-P. Millotte/M. Vignard, Ann. Litt. Univ. Besançon 36, 1960, 17 Taf. 5, 48; Millotte, Jura 339 Taf. 9, 2; G. Gallay, Frühbronzezeit Abb. 9, b; Bill, Glockenbecher Taf. 48, 3.

Zeitstellung: Von der Dolchform abgesehen, läßt bereits die Kombination Dolch/Nadel/Beil des Grabes von La Chapelle-sur-Furieuse (Nr. 207) einen Zeitansatz in die Stufe IV (s. S. 56f.) vermuten. Während der Dolch und das Beil noch als Formengut der älteren Bronzezeit angesprochen werden können, spricht die eher mittelbronzezeitliche Keulenkopfnadel für eine sehr späte Stellung innerhalb der älteren Bronzezeit. Ähnlich ist auch die Ausbildung der Griffplatte des Dolches Nr. 210 zu beurteilen. Auch die Fundverbände vergleichbarer Dolche in der Schweiz geben Anhaltspunkte für eine Endphase der älteren Bronzezeit, die mit der beginnenden mittleren Bronzezeit benachbarter Gebiete zeitgleich sein kann.[1]

Verbreitung (Taf. 44, A): Die kannelierten Dolche verschiedener Ausführung – Nietzahl und Größe variieren beträchtlich[2] – treten hauptsächlich in der Schweiz auf.[3] Zwei in Frankreich im Jura gefundene Dolche schließen sich dem engeren Verbreitungsgebiet an; die Fundstelle des Dolches Nr. 209 liegt gleichfalls noch im Gebiet der Rhônekultur, jene des Dolches Nr. 208 bislang noch vereinzelt im Pariser Becken.

TRIANGULÄRE VOLLGRIFFDOLCHE

Vollgriffdolche vom Rhône-Typ

Die Dolche mit Metallgriff vom Rhône-Typ, zusammengestellt und definiert von O. Uenze,[1] weisen eine trianguläre, flache Klinge mit schneidenparallelen Riefen auf. Der waagrechte Griffabschluß ist auf der Klinge durch eine Verzierung meist aus schraffierten hängenden Dreiecken betont, der flach- bis breitovale Heftausschnitt mit rektolinearen Mustern verziert (Rauten, Schraffur- und Gittermuster, Linienbänder, Punktreihen, halbes Winkelkreuz u.a.). Die Verzierung ist immer beidseitig und auf beiden Seiten sehr ähnlich, in Einzelheiten aber nicht unbedingt identisch. So variiert etwa die Anzahl der hängenden Dreiecke des Dolches Nr. 212 (18 bzw. 20 Dreiecke; vgl. auch Nr. 262). Die gerundete Klingenbasis ist mit dem Metallgriff durch Ringniete in gerader Anzahl (vier, sechs oder acht) verbunden.

Der Griff, bestehend aus Heft, Griffstange und flachem Knauf, wurde in einem Stück gegossen, soweit nachweisbar auf Tonkern. Die beiden kleinen Löchlein der geraden Griffstange mit ovalem Querschnitt, zweifellos vom Kernhalter verursacht, sind meist beide mit einem Niet verschlossen, seltener ausgegossen. Der Griff kann auf Heft, Griffstange und Knaufplatte Verzierungen aus meist rektolinearen Motiven tragen, auf der ovalen Griffplatte meist ein Winkelkreuz. Bisweilen sind die Ringniete mit Punktreihen umsäumt.

Die genannten Merkmale treten nicht immer zusammen auf. Wie Uenze betonte, handelt es sich hier um die „stetige Kombination" der einzelnen Elemente[2] in verschiedener Zusammenstellung.

---

[1] G. Gallay, Frühbronzezeit 130ff.
[2] Ebd. Abb. 3, i.j.l; 5, a–d; 9; 10.
[3] Ebd. Abb. 13 (Karte); Schauer, PBF. IV, 2 (1971) Taf. 112, A (Karte).

[1] Uenze, Vollgriffdolche 11.
[2] Ebd.

Merkmale können also fehlen, auch einzelne Abweichungen von der Norm sind zu beobachten wie ein leichter Klingenmittelgrat (Nr. 213. 215. 217. 219), kurvolineare Verzierung (Nr. 211. 219. 220. 221) oder massiv gegossener Griff (Nr. 212 [?]. 215. 219). Diese Abweichungen können individuelle Variationen sein, oder, wie etwa ein sehr flacher, weit offener Heftausschnitt (Nr. 222–224) Bezug zu einem anderen Vollgriffdolchtyp wie etwa dem italienischen anzeigen.

211. La Batie-Neuve, Dép. Hautes-Alpes. – Les Taburles, Avançon; im Verlauf von mehr als zwanzig Jahren kamen von der gleichen Fundstelle insgesamt vier Vollgriffdolche und fünf Randleistenbeile zutage; höchstwahrscheinlich Depotfund. – Vollgriffdolch, Knaufplatte und Klinge verziert, vier Niete, L. 28,7 cm, B. 5,6 cm (*Taf. 10, 211;* nach Courtois). – Mus. Gap. (2.146). – Beifunde: zwei weitere Vollgriffdolche vom Rhône-Typ (Nr. 215. 219); Vollgriffdolch, Mischform (Nr. 239); fünf Randleistenbeile, dem Typ Neyruz nahestehend (*Taf. 50, A*). – J.-C. Courtois, Gallia 15, 3, 1957, 66ff. Abb. 1; Courtois, Hautes-Alpes 52 Abb. 2; Bill, Glockenbecher Taf. 22, 2.

212. Pontoux, Dép. Saône-et-Loire. – Aus dem Doubs; Flußfund. – Vollgriffdolch, Knaufplatte und Klinge verziert, acht Niete, Griff wahrscheinlich massiv, L. 29,2 cm, B. 6,6 cm (*Taf. 10, 212*). – Mus. Chalon-sur-Saône. – J. Bill/L. Bonnamour, BSPF. 69, 1972, 249ff. Abb. 1. 2.

213. Guilherand, Dép. Ardèche. – Crussols; aus einer Felsspalte. – Vollgriffdolch, Klinge und Griff verziert, leichter Mittelgrat, sechs Niete, L. noch 24,8 cm, B. 6,4 cm (*Taf. 10, 213;* nach Bill). – Mus. Lyon. – Matériaux 1872, 265ff. Abb. 34; Chantre, Age du Bronze Taf. 14; de Mortillet, Musée préhistorique Taf. 73, 838; Uenze, Vollgriffdolche 75 Taf. 3, 6; Courtois, Hautes-Alpes Abb. 15, 2; Roudil, Age du Bronze 20. 258 Abb. 14, 3; Bill, Glockenbecher Taf. 27, 2.

214. Solliès-Pont, Dép. Var. – Les Ruscats; Depot. – Vollgriffdolch, Klinge und Knaufplatte verziert, sechs Niete, L. 29,2 cm, B. 6 cm (*Taf. 10, 214;* nach Bill und Museumsphoto). – Beifunde: weiterer Vollgriffdolch vom Rhône-Typ (Nr. 216); drei dem Typ Neyruz nahestehende Randleistenbeile. – Mus. Draguignan. – Gallia Préhist. 9, 1966, 609 Abb. 27; Bill, Glockenbecher 97 Taf. 25, 1.

215. La Batie-Neuve, Dép. Hautes-Alpes. – Les Taburles, Avançon; Depot vgl. Nr. 211. – Vollgriffdolch, Knaufplatte und Klinge verziert, Griff massiv; leichter Mittelgrat, sechs Niete, L. 26,8 cm, B. 6 cm (*Taf. 10, 215;* nach Courtois). – Mus. Gap (2.599). – Courtois, Hautes-Alpes 52, Abb. 3; Bill, Glockenbecher Taf. 22, 1.

216. Solliès-Pont, Dép. Var. – Les Ruscats; Depot vgl. Nr. 214. – Vollgriffdolch, Klinge verziert, sechs Niete, L. noch 28 cm, B. 5,8 cm (*Taf. 11, 216;* nach Bill und Photo Jacob). – Slg. Jacob, Cuers. – Gallia Préhist. 9, 1966, 609; Bill, Glockenbecher Taf. 25, 2.

217. Valdrôme (?), Dép. Drôme. – Lange unter dem Fundort Mirabel, Dép. Drôme geführt, Mirabel aber nur Aufbewahrungsort; Valdrôme ist der Wohnort des Vorbesitzers, der den Dolch möglicherweise in der Umgebung gefunden hat. – Vollgriffdolch, Klinge verziert, leichter Mittelgrat, sechs Niete, L. 28,2 cm, B. 6 cm (*Taf. 11, 217*). – Mus. Avignon (J. 403 A). – Uenze, Vollgriffdolche 75 Taf. 1,1; M. Vignard, Celticum 1, 1960, 42 Abb. 3, 14; Gagnière/Germand/Granier, Musée Calvet Nr. 43; Courtois, Hautes-Alpes 54 Abb. 6; Bill, Glockenbecher Taf. 27, 1.

218. Feissons-sur-Salins oder Feissons-sur-Isère, Dép. Savoie. – Eingang einer alten Kupfermine. – Vollgriffdolch, Knaufplatte und Klinge verziert, sechs Niete, L. 24,9 cm, B. 5,7 cm (*Taf. 11, 218;* nach Chantre). – Verschollen. – Matériaux 1878, 220 Abb. 132; Chantre, Age du Bronze Taf. 14; Déchelette, Manuel II 190 Abb. 57, 13 Taf. 1, 8 („Südfrankreich"); Uenze, Vollgriffdolche 75 Taf. 3, 11 („Fessons, Jura"); Courtois, Hautes-Alpes Abb. 15, 1; Bill, Glockenbecher Taf. 31, 4; Combier, Savoie 26. 67 Taf. 14.

219. La Batie-Neuve, Dép. Hautes-Alpes, – Les Taburles, Avançon; Depot vgl. Nr. 211. – Vollgriffdolch, Knaufplatte und Klinge verziert, Griff massiv, sechs Niete, L. 26,8 cm, B. 5,8 cm (*Taf. 11, 219;* nach Courtois). – Mus. Gap (2.398). – Courtois, Hautes-Alpes 52f. Abb. 4; Bill, Glockenbecher Taf. 22, 3.

220. Moûtiers oder Séez, Dép. Savoie, oder Saint-Laurent-du-Pont, Dép. Isère. – Nach Bocquet, Gallia Préhist. 12, 1969, 155 Anm. 2 handelt es sich bei Moûtiers und Saint-Laurent-du-Pont wahrscheinlich um denselben Dolch, nach Bill, Glockenbecher 95 Nr. 190 und Combier, Savoie sind die Dolche von Moûtiers, Saint-Laurent und Séez (Col du Petit-Saint-Bernard, in einer Felsspalte) identisch. – Vollgriffdolch, Griff und Klinge verziert, sechs Niete, L. 26,5 cm, B. 5,6 cm (*Taf. 11, 220;* nach Rekonstruktionszeichnung Bill, die den diversen überlieferten Zeichnungen Rechnung trägt). – Verschollen. –

Uenze, Vollgriffdolche 75 Taf. 1, 3; Courtois, Hautes-Alpes Abb. 15, 4; A. Bocquet, Bull. Et. Préhist. Alp. 6, 1974, 48 Abb. 1; Bill, Glockenbecher Taf. 31, 3; Combier, Savoie 26. 62. Taf. 11.

221. Loriol-sur-Drôme, Dép. Drôme. – Depotfund; die Dolche in „15 Fuß Tiefe" zusammengefunden. – Vollgriffdolch, Griff und Klinge verziert, acht Niete, L. ca. 28 cm, B. 6,4 cm *(Taf. 11, 221;* nach Courtois u. Jouannet). – Beifunde: drei weitere Vollgriffdolche vom Rhône-Typ (Nr. 223. 225. 226). – Verschollen. – Jouannet, Musée d'Aquitaine 210ff. mit Abb.; Courtois, Hautes-Alpes 54ff. Abb. 9, 1; Bill, Glockenbecher Taf. 28, 4.

222. Corent, Dép. Puy-de-Dôme. – Oppidum de Corent; Lesefund. – Fragment eines Vollgriffdolches, Klinge verziert, vier Niete, L. noch 17,3 cm, B. noch 6 cm *(Taf. 12, 222;* nach Zeichnung P. Daugas). – Privatbesitz. – Gallia Préhist. 19, 1976, 517 Abb. 17.

223. Loriol-sur-Drôme, Dép. Drôme. – Depot vgl. Nr. 221. – Vollgriffdolch, Griff und Klinge verziert, sechs Niete, L. 26,4 cm, B. 6,8 cm *(Taf. 12, 223).* – Mus. Carnavalet (PR 176). – Jouannet, Musée d'Aquitaine 210ff. mit Abb.; Courtois, Hautes-Alpes 54ff. Abb. 7; Bill, Glockenbecher 85 Taf. 28, 1.

224. Lyon, Dép. Rhône. – La Guillotière. – Vollgriffdolch, Knaufplatte, Heft und Klinge verziert, acht Niete, L. 30,2 cm, B. 8,4 cm *(Taf. 12, 224;* nach Museumsphoto). – Brit. Mus. London (51/8–13/39). – Matériaux 1878, 221, Abb. 134; Uenze, Vollgriffdolche 75 Taf. 4, 13; Bill, Glockenbecher Taf. 4, 13.

225. Loriol-sur-Drôme, Dép. Drôme. – Depot vgl. Nr. 221. – Vollgriffdolch, Griff verziert, Klinge bis auf punktgesäumte schneidenparallele Rillen unverziert, sechs Niete, L. 36,8 cm, B. 7 cm *(Taf. 12, 225;* nach Museumsphoto). – Louvre, Paris (1461 ED 2913; derzeit nicht auffindbar). – Jouannet, Musée d'Aquitaine 210ff. mit Abb.; Courtois, Hautes-Alpes 54ff. Abb. 8; Bill, Glockenbecher Taf. 28, 2.

226. Loriol-sur-Drôme, Dép. Drôme. – Depot vgl. Nr. 221. – Vollgriffdolch, Griff verziert, Klinge unverziert, Schneiden gedengelt, sechs Niete, L. 30,9 cm, B. 5,6 cm *(Taf. 12, 226;* nach Photo Brit. Mus. und Bill). – Das Stück galt bisher als verschollen. Nach eingehender Prüfung erscheint es aber identisch mit dem Vollgriffdolch von „Lagny bei Paris", der 1909 von J. P. Morgan im Katalog des Brit. Mus., London (Slg. WG Nr. 129) inventarisiert wurde. Der Fundortname „Lagny" kann aus „Loriol" entstanden sein. – Jouannet, Musée d'Aquitaine 210ff. mit Abb.; Courtois, Hautes-Alpes 54ff. Abb. 9,2; J.-P. Millotte/J.-J. Jully, Rev. Arch. Centre 1, 1962, 51 f. Abb. 2 („Lagny"); Bill, Glockenbecher Taf. 28, 3 („Loriol"). Taf. 29, 1 („Lagny"); Mohen, Paris Abb. S. 36 („Lagny").

Einige unverzierte oder unverziert erscheinende Dolche mit Metallgriff können dem Rhône-Typ zugeordnet werden oder stehen ihm zumindest nahe.

Der Dolch von Saint-Nazaire-de-Ladarez (Nr. 227) besitzt außer schneidenparallelen Rillen höchstwahrscheinlich keine weiteren Verzierungen. Der Dolch von Melrand (Nr. 228) war nach A. de la Granciére verziert, die Verzierung ist bei seinem schlechten Erhaltungszustand nicht mehr zu erkennen, kann aber eine typische Rhône-Dolchverzierung sein. Mit vier Nieten, dem leicht einziehenden Heftausschnitt und der geraden Griffstange mit Löchlein ähnelt er verzierten Dolchen wie Nr. 211. 222, obgleich J. J. Butler ihn dem sächsischen Typ O. Uenzes nahegestellt hat.[3] Möglicherweise war auch der verschollene Dolch von Laudun (Nr. 229) verziert. Die oft sehr abgeschliffenen Verzierungen der Dolche vom Rhône-Typ sind bisweilen nur bei genauerer Untersuchung zu beobachten und können relativ leicht unerkannt bleiben.[4] Dies gilt auch für die summarische Zeichnung des Dolches von Singleyrac (Nr. 230), die von J.-A. Labet nach einer nur kurzen Autopsie aus dem Gedächtnis angefertigt wurde. Technische Details (Hohlgriff mit Tonkern, Ringniete?) und die Notiz von Labet, der Dolch sei „absolut den vier Dolchen von Faujas gleich"[5] weisen das Stück mit hoher Wahrscheinlichkeit den Dolchen vom Rhône-Typ zu.

Den in einer unzulänglichen Zeichnung überlieferten Dolch von Villefranche-sur-Saône (Nr.

---

[3] Butler, Connections 200.
[4] Vgl. J. Bill, ZAK. 33, 1976, 80.
[5] Labet, Sépulture 82. Mit der Bezeichnung „Faujas" meinte Labet die Dolche von Loriol, die seinerzeit in der Sammlung Faujas aufbewahrt wurden.

231) wies J. Bill mit Vorbehalt dem Rhône-Typ zu,[6] O. Uenze betrachtete ihn als eine Mischform (Rhône-Typ/Aunjetitzer Typ).[7]

227. Saint-Nazaire-de-Ladarez, Dép. Hérault. – Aus dem Bereich einer bronzezeitlichen Siedlung. – Vollgriffdolch, Oberfläche stark korrodiert, schneidenparallele Rillen, weitere Verzierung nicht erkennbar, sechs Niete, L. 24,8 cm, B. 5,4 cm *(Taf. 13, 227;* nach Ricalens). – Slg. Mme Bigot, Montpellier (nicht zugänglich). – H. Ricalens, Trav. Inst. Art Préhist. Toulouse 3, 1960, 86 Abb. 2; R. Guiraud, ebd. 6, 1963, 157 Abb. 62, 1 (mit falschem Heftabschluß); A. Soutou, Gallia Préhist. 10, 1963, 157 Anm. 14; Guilaine, Languedoc 54 Abb. 11, 6; Bill, Glockenbecher Taf. 31, 1.

228. Melrand, Dép. Morbihan. – Saint-Fiacre; Grabfund vgl. Nr. 331. – Fragment eines Vollgriffdolches, Verzierung nicht mehr zu erkennen, nach de la Grancière, Melrand 92 war die Klinge aber mit Linien und Punkten verziert, vier Niete, L. noch 14,4 cm, B. 4,8 cm *(Taf. 13, 228;* nach Museumsphoto). – Mus. Oxford (Slg. Evans). – de la Grancière, Melrand 92 Nr. 9 Abb. 9; ders., L'Anthropologie 9, 1898, 141 Abb. 10; St. Piggott, PPS. 4, 1938, 52 ff. Abb. 6, 6; Giot, Brittany Taf. 50; Gerloff, PBF. VI, 2 (1975) Taf. 55, B 5.

229. Laudun, Dép. Gard. – Camp de César; Einzelfund aus Siedlung. – Fragment eines Vollgriffdolches, leichter Mittelgrat, unverziert (?), acht Niete, L. noch 18,4 cm, B. 6,6 cm *(Taf. 13, 229;* nach de Saint-Venant). – Verschollen. – J. de Saint-Venant, in: Congr. préhist. France 4, Chambéry 1908 (1909), 628 ff. Abb. 7; Bill, Glockenbecher Taf. 25, 3.

230. Singleyrac, Dép. Dordogne. – Körpergrab. – Fragment eines Vollgriffdolches, „Der Griff ist hohl und innen mit roter Knetmasse oder rotem Mörtel versehen. Der untere Teil weist eine Rille auf, in der die Klinge mit Hilfe von Nieten mit halbrunden Köpfen befestigt ist. Die Klinge ist gleicherweise aus Bronze ... Dünn und flach auf der einen Seite, ist sie auf der anderen leicht gerundet. Die gesamte Länge beträgt etwa 40 cm ... Ich füge von diesen eigenartigen Gegenständen, die man mir für einen Augenblick gezeigt hat, eine Zeichnung aus der Erinnerung bei. Diese Zeichnung ist fast genau" (Beschreibung J.-A. Labet), B. ca. 7 cm *(Taf. 13, 230;* nach Labet). – Beifunde: kleines Kupfer- oder Bronzebeil, „sehr einfach"; dreizehn ineinanderhängende kleine Spiralen aus Golddraht, „sehr grob gearbeitet"; eine „Stange" oder „Stäbchen" aus Gold (Nadelschaft?), eine verzierte Randscherbe *(Taf. 49, H).* – Bereits 1859 verschollen bzw. an Unbekannt verkauft. – Labet, Sépulture 81 ff. Taf. 1; Déchelette, Manuel II 142 Abb. 41; A. Coffyn/R. Riquet, Rev. Hist. Bordeaux 1964, 11.

231. Villefranche-sur-Saône, Dép. Rhône. – Beligny; aus der Saône. – Vollgriffdolch, unverziert, vier Niete, L. 28 cm, B. 6,8 cm *(Taf. 13, 231;* nach Jeanton u. Lafay). – Verschollen. – G. Jeanton/G. Lafay, BSPF. 15, 1918, 487 f. Abb. 1; Uenze, Vollgriffdolche 76 Taf. 6, 25; Sandars, Bronze Age 376; Bill, Glockenbecher 92 Taf. 31. 2.

Vollgriffdolche vom italischen Typ

Die Dolche vom italischen Typ haben eine meist ganz leicht eingezogene Klinge, die eine flache Mittelrippe aufweisen kann. Außer in dem flachovalen, weit offenen Heftausschnitt trägt die Klinge innen an den schneidenparallelen Rillen oder Riefen eine Verzierung meist aus schrägstrichgefüllten kleinen Dreiecken. Die Klinge ist mit einer ungeraden Anzahl (meist fünf, sieben oder neun) von Flachnieten am Metallgriff befestigt, bisweilen auch mit einer geraden Anzahl vieler kleiner Nieten, Ringniete sind seltener. Der Griff kann auch als Tüllengriff ausgebildet sein. Heft, Griffstange und flache Knaufplatte sind bisweilen verziert. Auch bei den italischen Vollgriffdolchen beinhaltet die Definition Merkmalskombinationen.

232. Delabre (?); Dép. Indre. – Der Fundort ist bei einer Skizze von W. Kimmig vermerkt, im Mus. Nantes und unter den Unterlagen der Slg. Rochebrune ist kein Hinweis auf einen Fundort vorhan-

---

[6] Bill, Glockenbecher 92.

[7] Uenze, Vollgriffdolche 76.

den. – Vollgriffdolch, Griff und Klinge verziert, neun Niete, Spitze fehlt, L. noch 26,5 cm, B. 7,5 cm (*Taf. 13, 232*). – Mus. Nantes (930-1-204; Slg. Rochebrune). – Rochebrune, Collection 192.

233. Corent, Dép. Puy-de-Dôme. – Puy de Corent. – Vollgriffdolch, zwölf Niete, L. 27,4 cm, B. 5,7 cm (*Taf. 13, 233*; nach Museumsphoto). – Brit. Mus. London (WG 128). – J.-P. Millotte/J.-J. Jully, Rev. Arch. Centre 1, 1962, 49 Abb. 1, 2; J.-P. Daugas, in: Préhist. Franç. 2, 507 Taf. 1, 12.

234. Bouches-du-Rhône (Dép.). – Vollgriffdolch, zehn Niete, L. 25,7 cm, B. 7,1 cm (*Taf. 13, 234*; nach Analysenkat. Stuttgart, Fundort irrtümlicherweise „Auriol"). – Mus. Marseille (2311-6). – Bill, Glockenbecher 30.

235. Coulounieux-Chanvers (?), Dép. Dordogne (vgl. Nr. 252) oder Gegend von Périgueux (?). – Vollgriffdolch, Klinge verziert, Spitze abgebrochen, 22 kleine Niete, L. noch 22,3 cm, B. 5,6 cm (*Taf. 13, 235*). – Mus. Périgueux (A. 6643). – Uenze, Vollgriffdolche Taf. 19, 47; R. Riquet, BSPF. 56, 1959, 189ff. Abb. 1, 12; A. Coffyn, Gallia Préhist. 12, 1969, 116f. Abb. 2, 3.

236. Gegend von Clermont-Ferrand (?). – Nach Auskunft J.-P. Daugas ist der Fundort nicht bekannt. – Vollgriffdolch, Knaufplatte, Heft und Klinge punktverziert, neun Niete, Spitze fehlt, L. noch 23,2 cm, B. 6,8 cm (*Taf. 13, 236*; nach Zeichnung Daugas). – Mus. Clermont-Ferrand (57-78-01). – J.-P. Millotte/J.-J. Jully, Rev. Arch Centre 1, 1962, 49f. Abb. 1, 1 („Corent").

Vollgriffdolche: Mischformen

Neben den Vollgriffdolchen, die in etwa einer der von Uenze erarbeiteten Typendefinitionen entsprechen, gibt es Exemplare, die Merkmale verschiedener Typen aufweisen, etwa den Griff einer Art Vollgriffdolche und die Klinge einer anderen, oder aber innerhalb eines Types ein Merkmal eines anderen zeigen.

Einige Dolche (Nr. 237–240), die nach der Mehrzahl ihrer Eigenarten dem Rhône-Typ zuzuordnen sind, weisen ungerade Nietzahl, Mittelrippe oder eine Klingenverzierung auf, Merkmale des italischen Types. Zwei Dolche (Nr. 241. 242) mit italischem Griff bzw. italischer Grifftülle zeigen eine Klingenverzierung mit geschweiftem Linienbanddreieck, die eine Eigenart des Schweizer bzw. alpinen Types ist,[8] welche O. Uenze wiederum vom Aunjetitzer Typ der Vollgriffdolche ableitete.[9]

237. Lyon, Dép. Rhône. – Flußfund (?). – Vollgriffdolch, Griff vom Rhône-Typ, sechs Niete, Klinge nach Art der italischen Dolche verziert, L. 27,8 cm, B. 6,1 cm (*Taf. 14, 237*; nach Zeichnung K. Paszthory). – Mus. Bern (13 309 238 g). – Millotte, Jura Taf. 17, 1; Bill, Glockenbecher 92 Taf. 29, 3.

238. Nîmes, Dép. Gard. – Chemin bas d'Avignon; Grab- oder Depotfund. – Vollgriffdolch mit Merkmalen des Rhône-Typs, sechs Niete, Knaufplatte und Klinge verziert, flache Mittelrippe, L. 32,5 cm, B. 7,7 cm (*Taf. 14, 238*). – Beifund: Fragment einer Dolchklinge (Nr. 267). – Original: Slg. Y. Reinaud, Nîmes; Kopien: Röm.-German. Zentralmus. Mainz und Mus. Nîmes. – J.-J. Jully/O. Rappaz, Ogam 12, 1960, 32 Abb. 1,1; J.-P. Millotte/Jully, Rev. Arch. Centre 1, 1962, 49ff. Abb. 3; Roudil, Age du Bronze 226 Nr. 84 Abb. 14, 1; Bill, Glockenbecher Taf. 26, 5.

239. La Batie-Neuve, Dép. Hautes-Alpes. – Les Taburles, Avançon; Depot vgl. Nr. 211. – Vollgriffdolch, Knaufplatte und Klinge verziert, sieben Niete, L. 27,5 cm, B. 5,5 cm (*Taf. 14, 239*; nach Original und Bill). – Mus. Saint-Germain-en-Laye (80294). – Courtois, Hautes-Alpes 53f. Abb. 5; Bill, Glockenbecher Taf. 22, 4.

240. Saint-Quentin-des-Iles, Dép. Eure. – Vollgriffdolch, unverziert, Mittelrippe, acht Niete, L. 27,4 cm, B. 7,3 cm (*Taf. 14, 240*). – Original: Mus. Bernay; Kopien: Mus. Saint-Germain-en-Laye und Mus. Poitiers. – 58 Taf. 1; Déchelette, Manuel II 194; Uenze, Vollgriffdolche 5 Anm. 2; J.P. Millotte,

---

[8] Ebd. 29ff.; Bill, Glockenbecher 32; ders. ZAK. 33, 1976, 79.

[9] Uenze, Vollgriffdolche 29.

Ogam 11, 1959, 131 ff. Abb. 1, 1. 4 (hier Fundort „Appeville-Annebault" infolge falscher Beschriftung der Kopie im Mus. Poitiers); Millotte/J.-J. Jully, Rev. Arch. Centre 1, 1962, 56 Anm. 2 (hier Fundort richtiggestellt, vgl. vorangehendes Zitat).

241. Thonon-les-Bains, Dép. Haute-Savoie. – La Ripaille; Einzelfund bei der Ausgrabung einer römischen Siedlung. – Fragment eines Vollgriffdolches, Klinge verziert, neun Niete, L. noch 20 cm, B. 5,8 cm *(Taf. 14, 241;* nach Bill). – Bis 1976 Château de Ripaille, dann an Unbekannt verkauft. – Bill, Glockenbecher Taf. 42, 7.

242. Fundort unbekannt. – Dolch mit Tüllengriff, fünf + zwei Niete (nach der Tüllentiefe dienten nur vier Niete zur Befestigung der Klinge und drei der Griffkonstruktion), Klinge verziert, L. 22,3 cm, B. 7,5 cm *(Taf. 14, 242).* – Mus. Nantes (930-1-205; Slg. Rochebrune). – Rochebrune, Collection 193.

Vollgriffdolche der Art Charnay

Drei in Frankreich gefundene schmale Vollgriffdolche sind in einem Stück gegossen, Griffstange und Knaufplatte ähneln dem Rhône-Typ, bei dem Dolch Nr. 244, möglicherweise auch bei dem verschollenen Exemplar Nr. 245 ist die flache Knaufplatte verziert. Während der Dolch Nr. 243 einen fast kreisförmigen Heftausschnitt und sich fast berührenden Heftecken mit drei Scheinnieten aufweist, ist der Heftrand bei den beiden anderen Dolchen verschliffen nach außen geschweft. Der Dolch von „Auvenay" hat eine leicht geschweifte, flache Mittelrippe, die von Charnay-les-Chalon und aus der Tarentaise (sie sind eventuell identisch) weisen einen Mittelgrat sowie eine Verzierung mit geschweiftem Linienbanddreieck ähnlich dem alpinen Typ auf. Guß in einem Stück und Mittelrippe sind Charakteristika des Malchiner Types der Vollgriffdolche, auch Scheinniete kommen vor, wenn auch selten.[10] Die Vollgriffdolche der Art Charnay zeigen somit Merkmale des Rhône-Types, des alpinen Types und der Malchiner Dolche.

243. „Auvenay", Dép. Côte d'Or. – „Tumulus d'Auvenay"; wahrscheinlich stammt der Dolch aus einem der Grabhügel der „Chaumes d'Auvenay", einer an vorgeschichtlichen Fundstellen reichen Landschaft bei Meloisey (s. Henry, Tumulus 101 ff.). – Vollgriffdolch, in einem Stück gegossen, drei Niete, flacher, breiter Mittelgrat, L. 24,2 cm, B. 2,8 cm *(Taf. 14, 243;* nach Zeichnung H. Schickler). – Mus. Berlin-West (II 105 94).

244. Charnay-les-Chalon, Dép. Saône-et-Loire. – Schmaler Vollgriffdolch (identisch mit Nr. 245?), in einem Stück gegossen, Knaufplatte und Klinge verziert, Mittelgrat, L. 19,9 cm, B. 3,8 cm *(Taf. 15, 244).* – Slg. Vuillat, Besançon.

245. Tarentaise, Dép. Haute Savoie. – Schmaler Vollgriffdolch (identisch mit Nr. 244?), offenbar in einem Stück gegossen, Klinge verziert, Mittelgrat, L. 19,5 cm, B. 3,8 cm *(Taf. 15, 245;* nach Borrel). – Verschollen. – Borrel, Centrons Taf. 1, 7; Combier, Savoie 27. 77 Taf. 34; A. Bocquet, Bull. Et. Préhist. Alp. 6, 1974, 50 Abb. 4.

Sonderformen von Vollgriffdolchen

Einige Einzelformen von Vollgriffdolchen werden hier aufgezählt, die entweder verschollen und nur in sehr aberranten Zeichnungen überliefert sind, oder deren Echtheit oder Herkunft aus Frankreich zweifelhaft erscheint.[11]

Die Fundgeschichte des Dolches von La Roche-sur-Buis (?) (Nr. 246) bleibt im Dunkeln; es ist nicht mit letzter Sicherheit zu klären, inwieweit je ein Vorbild französischer Provenienz existiert hat (s. S. 79) und wo dieses verblieben ist.

---

[10] Ebd. 53 ff.

[11] Einige im Museum Rouen und im Cabinet des Médailles, Paris aufbewahrten Stücke sind hier nicht aufgeführt, da sie aller Wahrscheinlichkeit nach aus Italien stammen.

Der Dolch aus dem Museum Vannes (Nr. 247) könnte u.U. aus der Gegend von Vannes stammen, aber auch angekauft sein; beste Entsprechung findet er im Depot von San Lorenzo.[12] Ohne Metallanalyse und Röntgenbild muß das Exemplar von Cresancey (Nr. 248) mit dem Makel der Fälschung behaftet bleiben. Der Dolch von Ydes (Nr. 249) hingegen ist wohl mit Sicherheit als echt zu betrachten. Eventuell könnte man ihn den Dolchen der Art Charnay zuordnen, es besteht entfernte Ähnlichkeit mit dem Dolch Nr. 243.

Direkt Vergleichbares zu dem Einzelstück aus dem Museum Clermont-Ferrand (Nr. 250) ist nicht zu nennen[13]; die schmale, sich dem Knauf zu verjüngende Griffstange könnte ein Anhaltspunkt für eine relativ junge Zeitstellung sein. Die Heftgestaltung ähnelt in etwa einem Dolch von Arneburg (Kr. Stendal), den O. Uenze zeitlich den Malchiner Dolchen gleichsetzte.[14]

246. La-Roche-sur-Buis (?), Dép. Drôme. – Buis-les-Baronnies (?) Auf einem Kupferstich von Lemaître *(Taf. 57, E)* ist ein Vollgriffdolch abgebildet, der in Frankreich gefunden sein soll. Mit sieben Niete und deutlichem Mittelgrat gehört er offenbar zum italischen Typ. Während der Griff unverziert dargestellt ist, weist der Heftausschnitt von horizontalen Linien getrennte Dreiecksbänder auf. Mit Sicherheit zu klären ist es nicht, aber dem Anschein nach könnte es sich um den gleichen Dolch wie das Exemplar Nr. 246 handeln, bzw. um die Vorlage zu den beiden Nachbildungen im Cabinet des Médailles und dem Mus. Avignon. Falls es sich um das gleiche Stück handelt, wäre die Herkunft des Dolches von La Roche-sur-Buis zumindest aus Frankreich etwas besser abgesichert. – Vollgriffdolch vom italischen Typ, Heftplatte und Klinge verziert, Mittelrippe, sieben Niete, L. 28,5 cm, B. 7 cm *(Taf. 15, 246; nach H. Schickler)*. – Original: verschollen. Nachbildungen (in einem Stück gefertigt): Cabinet des Médailles, Paris, und Mus. Avignon. Das in Avignon aufbewahrte Exemplar soll ein Originalstück sein, enthält aber über 5% Zink. – Uenze, Vollgriffdolche 78 Taf. 20, 49; M. Vignard, Celticum 1, 1960, 38 Abb. 3, 15 (unverziert abgebildet); Gagnière/Germand/Granier, Musée Calvet Nr. 44 Taf. 10; Bill, Glockenbecher 85.

247. Gegend von Vanness (?), vgl. auch Anm. 12. – Vollgriffdolch vom italienischen Typ, Klinge mit schneidenparallelen Riefen, sonst unverziert, 22 Niete, L. noch 18,5 cm, B. 5 cm *(Taf. 15, 247)*. – Mus. Vannes (1252).

248. Cresancey, Dép. Haute-Saône. – Rougeolot. – Vollgriffdolch, Griff und Klinge verziert, drei Niete, ungewöhnliche Form und Verzierung, möglicherweise Fälschung, L. 29 cm, B. 6,2 cm *(Taf. 15, 248; nach Gallia Préhist.)*. – Slg. Chauvin. – Gallia Préhist. 8, 1965, 85 Abb. 7, 2; Bill, Glockenbecher 93.

249. Ydes, Dép. Cantal. – Tumulus du Suc des Démoiselles; Grabfund (?). – Vollgriffdolch, keinem Typ zuweisbar; von dem Dolch ist eine sicher nicht ganz richtige Zeichnung von G.-B. Delort überliefert; eine etwas bessere Skizze soll im „Album des croquis" Nr. 3 im Mus. Saint-Germain-en-Laye vorhanden sein (nicht zugänglich); L. 23,5 cm (?), B. 5,3 cm (?) *(Taf. 15, 249; nach Delort)*. – Verschollen. – Delort, Auvergne 50 Taf. 27, P; J.-P. Millotte, BSPF. 60, 1963, 664; Millotte/J.-J. Jully, Rev. Arch. Centre 1, 1962, 52 Anm. 5; J.-P. Daugas, in: Préhist. Franç. 2, 508.

250. Fundort unbekannt. – Vollgriffdolch mit langer Griffstange und kegelförmigem Knauf, Klinge schmal mit Mittelgrat, L. 20 cm, B. 3,9 cm *(Taf. 15, 250; nach Analysenkatalog Stuttgart)*. – Mus. Clermont-Ferrand (57.79.1).

Vollgriffdolche nicht näher bestimmbarer Form

Von elf Vollgriffdolchen ist kaum mehr als der Fundort überliefert, und auch der bei vier der Dolche nur recht vage (Nr. 253–255; 260). Im Falle der Dolche (oder des Dolches) von Coulou-

---

[12] Montelius, Civilisation primitive 161 Taf. 27, 7; Uenze, Vollgriffdolche Taf. 17, 40; Peroni, Età del Bronzo 145 Abb. 38, 3. Die fünf oder sechs Dolche des Depots sind verschollen; es ist nicht ausgeschlossen, daß es sich bei dem Dolch Nr. 248 um ein versprengtes Stück aus dem Depot von San Lorenzo selbst handelt.

[13] Montelius, in: VII. Congr. Internat. Anthr. Arch. Préhist. Stockholm 1874 (1876) Abb. 53 (vergleichbarer Knauf).

[14] Uenze, Vollgriffdolche Nr. 128 Taf. 51.

nieux-Chanvers (Nr. 252) läßt sich nach der Notiz von Jouannet nur vermuten, daß es sich um Dolche mit Metallgriff handelt. Es könnte ein zerstörter Depotfund sein. Zu bedauern ist der Verlust des Grabfundes von Saint-Georges-de-Montclar (Nr. 259) und auch des Einzelstückes von Plévenon (Nr. 261) mit der sehr ungewöhnlichen Breite von 18 cm. Ob Nr. 253 im Museum Salisbury je vorhanden war, läßt sich nicht mehr eruieren: „Leider wurden die ausländischen Sammlungen vor einigen Jahren verkauft und ich habe keine Spur eines Vollgriffdolchfragmentes. Unglücklicherweise finde ich auch keinen Bericht über einen solchen Gegenstand und kann daher auch nicht sagen, wo er hingekommen sein könnte." (Freundliche Mitteilung von P. R. Saunders, Curator des Salisbury and South Wiltshire Museum.)

Der Dolch von Aubenas (Nr. 251) und das Depot von „Saint-Laurent" (Nr. 260; der Fundortname steht in Anführungszeichen, da nach heutigen Gemeindeverzeichnissen im Département Orne kein Saint-Laurent existiert) sowie die Einzelfunde aus der Normandie (Nr. 254. 255) liegen vielleicht noch unerkannt in einer privaten oder öffentlichen Sammlung, während der Flußfund von Lorient (Nr. 257) unwiederbringlich verloren ist. Die Rekonstruktion von P.-A. Cariou (Taf. 15, 257) erscheint in mehreren Einzelheiten etwas aberrant.

N. K. Sandars[15] führte einen „Vollgriffdolch" aus dem Rhônetal auf: „Rhônetal, B. M. Katalog 75, 12-29-41. Ein Miniaturdolch, mit Griff nur 11 cm lang, hat keinen genauen Fundort, trägt aber ein Etikett ‚Rhônetal'. Klinge und Griff sind beide eher flach, der Griff trägt eine gravierte Verzierung in Fischgrätmuster und schrägstrichgefüllten Dreiecken und Punzverzierung, beide Verzierungstechniken typisch für die Rhônekultur. Die geringe Größe und die Zerbrechlichkeit geben dem Dolch Spielzeugcharakter". Im Eingangsverzeichnis des Britischen Museum wird der „Dolch", der neben der von Sandars beschriebenen Verzierung noch drei Buckelchen als Nietimitationen trägt, als „model of dagger" geführt. Es handelt sich offenbar um eine einfache, flächige Nachbildung eines Vollgriffdolches, mutmaßlich als Anschauungsobjekt im letzten Jahrhundert gefertigt (Taf. 57, F).

251. Aubenas, Dép. Ardèche. – Rocher des Jastres. – Vollgriffdolch. – Aufbewahrungsort unbekannt. – J.-J. Jully, Ogam 11, 1959, 123 Anm. 15.
252. Coulounieux-Chanvers, Dép. Dordogne. – Camp d'Ecorneboeuf. – Dolche mit riefenverzierten Klingen, „insgesamt denen von Loriol vergleichbar"; Vollgriffdolche(?), vielleicht handelt es sich bei Nr. 235 um einen von diesen. – Verschollen. – Jouannet, Musée d'Aquitaine 210; A. Coffyn, Gallia Préhist. 12, 1969, 88.
253. „Frankreich". – Vollgriffdolch. – Verschollen (früher angeblich Mus. Salisbury). – Montelius, Chronologie 106.
254. 255. „Normandie". – Zwei Vollgriffdolche. – Aufbewahrungsort unbekannt. – Chantre, Age du Bronze 94.
256. L'Etoile, Dép. Somme. – Au Moulin Bleu; Grab- oder Depotfund. – Vollgriffdolch mit verziertem Griff, vier Niete, L. 29 cm, B. 4,4 cm. – Beifunde: Dolch nicht näher bestimmbarer Form (Nr. 486). – Verschollen. – H. Breuil L'Anthropologie 12, 1901, 286f.
257. Lorient, Dép. Morbihan. – Aus dem Blavet, Flußfund vgl. Nr. 458. Nach P.-A. Cariou unter 8 m Sand, gefunden mit „sieben Dolchklingen, sechs Schwertern und zehn Tüllenlanzenspitzen. Die Konzentration dieses Kriegsmateriales (sic) auf ungefähr vierzig Quadratmetern läßt vermuten, daß es sich um ein Votivdepot handelt oder um die Bewaffnung eines an dieser Stelle gesunkenen Schiffes". – Nach dem Bericht von Cariou Vollgriffdolch mit bretonischer Klinge, L. etwa 39 cm, B. etwa 10 cm (*Taf. 15, 257*; von Cariou nach Angaben eines Baggerführers nachgearbeitet). – Eingeschmolzen. – Cariou, Reconstitution passim, mit Abb.
258. Mas d'Azil, Dép. Ariège. – Aus der Höhle; Schicht H, „Depot oder Gießerwerkstatt", mit Gußformen, Nadeln, Armringen u. a. – Griff eines

---

[15] Sandars, Bronze Age 376.

Vollgriffdolches. – Mus. Saint-Germain-en-Laye(?).
– E. Piette, L'Anthropologie 6, 1895, 281; J.-M. Durand, Ogam 16, 1964, 385.
259. Saint-Georges-de-Montclar, Dép. Dordogne.
– Grabfund; zu Füßen und beim Kopf je ein Gefäß.
– Vollgriffdolch. – Ehem. Mus. Orleans, 1940 verbrannt. – H. Breuil, AFAS. Montauban 1902, 932f.;
A. Coffyn, Gallia Préhist. 12, 1969, 88.
260. „Saint-Laurent", Dép. Orne. – Depotfund. –
Vollgriffdolch. – Beifunde: großer triangulärer
Dolch aus Bronze (Nr. 493); großes Bronzebeil
(„Axt") mit niedrigen Seitenrändern. – Aufbewahrungsort unbekannt – Montelius, Chronologie 107.
261. Plévenon, Dép. Côtes-du-Nord. – Einzelfund
(1832). – Micault, Poignards 102: „Vollständiger
Dolch mit Bronzegriff. L. 38 cm, B. 18 cm. Die
Klinge gehört zum triangulären geschweiften Typ,
mit Niete am Griff befestigt ... Ich habe nirgendwo
sonst einen im Verhältnis zur Länge derart breiten
Dolch angetroffen ...". – Verschollen. – Micault,
Poignards 102.

Funktion: Bei keiner anderen Dolchgruppe Frankreichs – abgesehen vielleicht von Sekundärberichten über Grabfunde der Bretagne – sind die Fundumstände der einzelnen Gegenstände derart schlecht überliefert wie bei den Vollgriffdolchen. Viele sind verschollen; die meist verzierten Dolche mit Metallgriff liefen zu sehr Gefahr, im Kunsthandel zu verschwinden (vgl. Nr. 251–261).

Bei vielen der erhaltenen oder zumindest in Abbildung überlieferten Exemplaren ist der Fundort entweder unbekannt oder nicht gesichert (Nr. 217. 218. 220. 232. 235. 236. 242. 246. 247. 250), oder aber nur ein allgemeines Herkunftsgebiet zu nennen (Nr. 243, auch Nr. 253–255).

Die meisten der Dolche sind Einzelfunde, dabei drei aus einem Siedlungsareal (Nr. 222. 227. 229). Zwei oder drei Flußfunde (Nr. 212. 231. 237[?]) und zwei „in einer Felsspalte" gefundene Exemplare (Nr. 213. 220[?]) können als „Ein-Stück-Depots" gelten, ebenso der Dolch Nr. 218, „am Eingang einer alten Kupfermine" zutage gekommen; eine absichtliche Niederlegung ist wahrscheinlich. Auffallend ist, im Vergleich zu anderen Dolchformen und den in der Schweiz gefundenen Dolchen mit Metallgriff, daß die Vollgriffdolche im Grabbrauch in Ostfrankreich nach den bisherigen Funden keine große Rolle spielen (Nr. 238[?]. 243[?]. 249[?]); im Norden und Westen Frankreichs sind die Grabfunde bislang relativ häufiger (Nr. 228. 230. 256[?]. 259). Von vier Fundstellen sind Depotfunde bekannt (Solliès-Pont [Nr. 214. 216], La Batie-Neuve [Nr. 211. 215. 219. 239], Loriol-sur-Drôme [Nr. 221. 223. 225. 226], „Saint-Laurent" [Nr. 260], vgl. auch Nr. 238. 256).

Gebraucht oder eher getragen wurden die Dolche mit Metallgriff sicher, wie Abnutzungsspuren, vor allem an den Griffen zu erkennen, belegen.[16] Entgegen anderen Dolchformen weist die Griffstange mit Heft auch annähernd Handbreite auf.

Auch im Zusammenhang mit Vollgriffdolchen wurde Messerfunktion erwogen,[17] ohne daß dafür ein Hinweis vorhanden wäre (vgl. S. 4. 51).

Zeitstellung: Die Beifunde von Vollgriffdolchen in Depots beschränken sich in Frankreich ausschließlich auf Beile vom Typ Neyruz oder diesen nahestehende Randleistenbeile (vgl. Nr. 211. 214. 260). Die Datierung der Beile vom Typ Neyruz hängt nun wiederum weitgehend von der Datierung der Vollgriffdolche oder der Dolche mit Vollgriffdolchverzierung ohne Metallgriff ab, da sie bisher mit keinem anderen Fundtyp zusammen auftreten.[18] Während E. Vogt, O.-J. Bocksberger und B.-U. Abels die Neyruz-Beile für die westliche Entsprechung der Salez-Beile ansahen und sie als relativ alt betrachteten,[19] schlug E. Sangmeister auf Grund der Dolche einen jüngeren

---

[16] Bill, ZAK. 33, 1976, 80.
[17] Rageth, Lago di Ledro 117.
[18] Vgl. Abels, PBF. IX, 4 (1972), 9f.; Bill, Glockenbecher Taf. 21 (namengebendes Depot).
[19] Vogt, in: Festschr. O. Tschumi (1948) 58; Bocksberger, Valais 15; Abels, PBF. IX, 4 (1972) 9f. – Zur Verbreitung der Neyruz-Beile und verwandten in Frankreich vgl. M. Bordreuil. Cah. Ligures 17, 1968, 175 Abb. 2.

Zeitansatz vor.[20] Dies deshalb, weil Vollgriffdolche vorwiegend des Rhône-Types aber auch des italischen Types außerhalb Frankreichs im Fundzusammenhang mit Formen der Stufe III auftreten.[21] Dolche vom italischen oder alpinen Typ – vor allem Mischformen – kommen auch noch in jüngeren Fundverbänden vor;[22] unter den jüngsten Formen der älteren Bronzezeit fehlen Vollgriffdolche aber weitgehend.[23]

Mit dem Dolch von Nîmes (Nr. 238) wurde eine vergleichbare Dolchklinge ohne Metallgriff gefunden. Beifunde des Dolches von Melrand (228) gehören insgesamt zur älteren Bronzezeit der Bretagne (s. S. Nr. 331). Auch die Beilbeigabe und die Goldkette von Singleyrac (Nr. 230) weisen zur Bretagne (vgl. Nr. 353 u. Abb. 6).

Verbreitung: Die Dolche vom Rhône-Typ, die italischen Dolche und die Mischformen finden sich vorwiegend im Bereich der Rhône-Kultur[24] mit Ausläufern im Zentralmassiv. Die Grabfunde von Singleyrac (Nr. 230) und Melrand (Nr. 228) liegen relativ weit von diesem Verbreitungsschwerpunkt entfernt. Unter Berücksichtigung der verschollenen Exemplare läßt sich aber je ein kleines Zentrum in West- und Nordfrankreich vermuten (Nr. 230. 235[?]. 252. 259 u. Nr. 228. 254–257. 260. 261).

Vollgriffdolchklingen

Der eingebürgerte Terminus „Vollgriffdolch" beinhaltet hauptsächlich, etwas mißverständlich ausgedrückt, daß sowohl die Klinge als auch der Griff des Dolches aus Metall gefertigt worden sind und somit der Dolch vollständig überliefert. Eindeutiger wäre die Bezeichnung „Dolch mit Metallgriff" („poignard à manche métallique"), vor allem, da es den Vollgriffdolchen vergleichbare Klingen gibt, deren Griff offenbar aus organischem Material hergestellt war. Entweder tragen diese Klingen eine sogenannte „Vollgriffdolchverzierung" (Nr. 262) oder sie sind sowohl in Form als auch in Verzierung den Vollgriffdolchklingen gleichzustellen (Nr. 263–266), seltener sind unverzierte Klingen (Nr. 267).

Sind diese Klingen auch mit Sicherheit im Zusammenhang mit den Vollgriffdolchen zu sehen, müssen doch auch Unterschiede auffallen. Die Klinge von Eguisheim (Nr. 262), der Nietzahl und der Verzierung nach am ehesten den Rhône-Dolchen (s. S. 73) zuzuordnen, ist auffallend klein. Zum italischen Typ (s. S. 76) gehört die Klinge Nr. 263, die ursprünglich sicher einen Metallgriff hatte; die Klinge Nr. 264 steht ihm nahe, allerdings läßt ihre Heftspur auf eine unterschiedliche

---

[20] E. Sangmeister, in: Helvetia Antiqua (Festschrift E. Vogt 1966) 67; E.F. Mayer, PBF. IX, 9 (1977) 73 ff. stellte die Neyruz-Beile in einen weiteren Zusammenhang, der eine sehr lange Lebensdauer zur Folge hat, datierte aber die schweizerischen Beile in seine Stufe II, also gleichfalls jünger.

[21] M. Sitterding, in: Helvetia Antiqua (Festschrift E. Vogt 1966) Taf. 1. 3; Ch. Strahm, Jb. Hist. Mus. Bern 45–46, 1965–66, 321 ff. Abb. 4. Die Horkheimer Nadel, die Strahm in: Arch. der Schweiz III 7 Abb. 4 al Leitform der Phase II in Süddeutschland oder aber als chronologisch eher indifferent betrachtet, ist in der Ausführung mit kreisrunder Kopfplatte wahrscheinlich eine schweizerische Variante und an den Beginn der Phase III zu stellen (vgl. G. Gallay, Oberrhein 90).

[22] Donath: zuletzt Abels, PBF. IX, 4 (1972) Taf. 62, D. – Sion, Petit-Chasseur: A. Gallay, Origines Abb. 3; vgl. Bocksberger, Valais 17f. Abb. 3, 4; Rageth, Lago di Ledro 118 ff.

[23] Einige wenige in der Schweiz gefundene Dolche mit Metallgriff und geschweifter Klinge sind die Ausnahme: Fully, VS (Uenze, Vollgriffdolche Taf. 7, 27; Bocksberger, Valais 83); Bex, VS (Uenze, Vollgriffdolche Taf. 7, 26; Bocksberger, Valais 76 Abb. 5, 1); Branson, VS (Mus. Genf); Dolch mit Metallgriff und kannelierter Klinge aus dem Schweizer Mittelland (Strahm, in: Arch. der Schweiz III, 7 ff. Abb. 22).

[24] Vgl. Bill, Glockenbecher Karte 9.

Vollgriffdolchklingen

Griffgestaltung schließen. Ähnliches gilt für das Exemplar von Hervelinghen (Nr. 266); die Verzierung ähnelt Dolchen vom Rhône-Typ, die Nietzahl eher dem italischen, die Heftspur ist der des Dolches von Cissac-Médoc (Nr. 265) vergleichbar. Die Dolche Nr. 263–266 weisen außerdem als gemeinsames Merkmal eine eher leicht konvexe denn streng trianguläre oder leicht geschweifte Schneidenbahn auf; die Klingenspitzen sind leicht bis ausgeprägt gerundet.[1] Die Klinge von Nîmes (Nr. 267) ist hier hinzugenommen, da sie den besten Vergleich in der mitgefundenen Vollgriffdolchklinge (Nr. 238) findet.

262. Eguisheim, Dép. Haut-Rhin. – Steinkiste von ca. 0,5 cm Länge, Doppelgrab, Nadel bei der Stirn einer der beiden Bestattungen. – Dolch mit abgerundeter Basis, Schneiden gedengelt, vier Niete, Klinge verziert, L. noch 9,5 cm, B. noch 3,3 cm *(Taf. 15, 262).* – Beifunde: Rautennadel mit Verzierungsspuren (verschollen); Ring mit Pfötchenenden; Silexpfeilspitze *(Taf. 49, J);* ein messerähnlicher Bronzegegenstand (Anz. Elsäß. Altkde. 5, 1927–28, 26 Abb. 17) gehört nicht zu dem Grabinventar. – Mus. Colmar. – Anz. Elsäß. Altkde. 5, 1927–28, 26 Abb. 15; A. Ruhlmann, Bull. Soc. Ind. Mulhouse 1930, 52 Taf. 2,2; Millotte, Jura Taf. 3, 1; Zumstein, Haut-Rhin 190 Abb. 134–137; G. Gallay, Oberrhein 165 Taf. 14, 6–8.

263. Doucier, Dép. Jura. – Wahrscheinlich Grabfund (zerstörte Hügel). – Dolch, Klinge verziert, sieben Nietlöcher, Spitze etwas gerundet, Heftspur, nach dem Verlauf der schneidenparallelen Rillen sicher sekundär verwandt, L. 17,8 cm, B. 5,7 cm *(Taf. 15, 263).* – Slg. Griess, Strasbourg. – Gallia Préhist. 14, 1971, 388 Abb. 28; J.-P. Millotte, in: Préhist. Franç. 2, 496 Abb. 1, 12.

264. Fundort unbekannt. – Dolch mit halbrunder Basis, fünf Nietlöcher, Klinge verziert, Schneiden gedengelt, Spitze gerundet, Heftspur, L. 16,1 cm, B. 4,5 cm *(Taf. 15, 264).* – Mus. Vannes (1253; Slg. Pulski, don Monneraye).

265. Cissac-Médoc, Dép. Gironde. – Château Pelon; zwischen zwei Steinen, Depot(?). – Dolch, Klinge verziert, fünf Nietlöcher, Schneiden gedengelt, Heftspur, L. 18,2 cm, B. 4,9 cm *(Taf. 15, 265).* – Beifunde: Langdolch, der Art Rumédon angeschlossen (Nr. 369). – Mus. du Vieux Bordeaux. – A. Coffyn/R. Riquet, Rev. Hist. Bordeaux 1964, 11 Taf. 4, 2; Roussot-Larroque, Age du Bronze 18 f. Taf. 1; A. Coffyn, in: Préhist. Franç. 2, 534 Abb. 1, 3.

266. Hervelinghen, Dép. Pas-de-Calais. – Les Communes; bei vier Bestattungen in einem Grabhügel. – Dolch, Klinge verziert, fünf Nietlöcher, Basis und Schneiden ausgebrochen, Spitze gerundet, Heftspur, L. 16,5 cm, B. 5 cm *(Taf. 16, 266).* – Mus. Boulogne-sur-Mer. – H. Mariette, BSPF. 56, 1959, 58 Abb. 3, 1; J.-P. Mohen, BSPF. 69, 1972, 444 Abb. 1, 1; Gaucher/Mohen, Nord de la France 27 Abb. 12, b; G. Gaucher, in: Prehist. Franç. 2, 576 1, 1; Hundt, Gaubickelheim Abb. 3, 4.

267. Nîmes, Dép. Gard. – Chemin bas d'Avignon; Grab- oder Depotfund vgl. Nr. 238 – Fragment einer Dolchklinge mit flacher Mittelrippe, L. noch 18,4 cm, B. noch 4,8 cm *(Taf. 16, 267; nach Bill).* – Slg. Y. Reinaud, Nîmes. – J.-J. Jully/O. Rappaz, Ogam 12, 1960, 31 ff. Abb. 1, 2; Roudil, Age du Bronze 226 Nr. 84 Abb. 14, 2; Bill, Glockenbecher Taf. 26, 4; ders., BSPF. 70, 1973, 21 Abb. 1, 1.

Den Klingen Nr. 263. 265. 266 steht ein Dolch von La-Roche-de-Rame (Nr. 268) nahe, vor allem in der Form der Griffplatte, der Anordnung der Niete und der eher konvexen Schneidenführung, auch die Spitze ist leicht gerundet. Die Verzierung beschränkt sich allerdings auf ein schneidenparalleles Linienband, auch weist die Klinge einen Mittelgrat auf. Dem Dolch von La Roche-de-Rame können einige weitere Exemplare angeschlossen werden.

268. La Roche-de-Rame, Dép. Hautes-Alpes. – Champcella; kleine Höhle mit drei Bestattungen, davon eine mit Beigaben. – Dolch, schneidenparallele Linien, Mittelgrat, Spitze leicht gerundet, sechs Nietlöcher, L. 15,5 cm, B. 4 cm *(Taf. 16, 268; nach Courtois und Matériaux).* – Beifunde: Randleistenbeil vom Typ Lausanne; verziertes Blechband (Diadem); durchbohrter Bärenzahn *(Taf. 49, K).* – Mus.

---

[1] Vgl. Ch. Strahm, in: Arch. der Schweiz III 18.

Gap. – Matériaux 1887, 155 Abb. 90; J.-P. Millotte, Rev. Arch. Est 9, 1958 Abb. 5; Courtois, Hautes-Alpes 59 Abb. 10, 3; Bill, Glockenbecher Taf. 24, 2.

269. Normandie(?). – Dolch, schneidenparallele Rillen, Mittelgrat, sechs Nietlöcher, L. 9,6 cm, B. 3 cm *(Taf. 16, 269; nach Coutil)*. – Verschollen. – Coutil, Normandie Taf. 1 bis, 2.

270. Pas-de-Calais (Dép.). – Aus einem Grabhügel. – Dolch mit wohl schneidenparallelen Rillen, fünf Nietlöcher, L. ca. 17 cm, B. ca. 4,5 cm *(Taf. 16, 270; nach Rev. Arch.)*. – Verschollen. – Rev. Arch. 13, 1866, 181 f. Taf. 5 f.

271. Saint-Aigny, Dép. Indre. – Route du Blanc; Depotfund (1896). – Dolch, sechs Nietlöcher, schneidenparallele Rillen, der Spitze zu leichter Mittelgrat, Schneiden gedengelt. L. 14,3 cm, B. 4,3 cm *(Taf. 16, 271)*. – Beifunde: zwei Flachbeile, davon eines verziert; Absatzbeil; etwa fünf weitere Beile unbekannter Form (verschollen); Bronzepfeilspitze; messerähnliche Sichel mit breitem Rücken und Leistenende; Nadelschaft oder Pfriem; Nadel; Blecharmband mit Punktbuckelverzierung; Armring *(Taf. 50, B)*. – Mus. Bourges (902. 10. 43–902. 10. 52). – H. Breuil, L'Anthropologie 13, 1902, 927 f. Abb. 1, 1 (verziertes Flachbeil); Déchelette, Manuel II App. Nr. 390.

Zeitstellung: Die Dolche Nr. 263.270 sind Einzelfunde oder alleinige bekannte Beigabe einer Bestattung. Die Beifunde der Dolche aus geschlossenen Funden sind relativ heterogen. Während die Rautennadel aus dem Grab von Eguisheim (Nr. 262) mit der kleinen Rhônedolchklinge typisch für die Stufe III der westschweizerischen älteren Bronzezeit erscheint, ist der Ring mit Pfötchenenden letztendlich eine mitteldeutsche Form.[2] Gleichfalls zur Rhônekultur gehört das Grab von La Roche-de-Rame (Nr. 268), dessen Beil dem vor allem in der Westschweiz auftretenden Typ Lausanne zuzuordnen ist.[3] Auch das Blechband („Diadem"), obschon ohne direkte Parallele, gehört wohl zu den Blechbändern oder Diademen der Westschweiz,[4] deren Zeitstellung in etwa jener des Beiles entspricht.[5] Mit dem durchbohrten Bärenzahn und der Silexpfeilspitze weisen beide Bestattungen Beziehung zu Südfrankreich auf.

Der mit einer Vollgriffdolchklinge (Nr. 265) vergesellschaftete Langdolch von Cissac-Médoc ist im Rahmen der bretonischen Langdolche und der El-Argar-Schwerter zu sehen (vgl. S. 93 f.); ein Vergleich des Langdolches (Nr. 369) mit dem kleineren Dolch von Saint-Menoux (Nr. 194) läßt eine sehr junge Zeitstellung innerhalb der älteren Bronzezeit vermuten. Die Klinge von Nîmes (Nr. 267) kann analog zu dem Vollgriffdolch (Nr. 238) in die Stufe III oder eventuell IV datiert werden.

Der Dolch von Hervelinghen (Nr. 266) war alleinige Grabbeigabe; seine eigenartige Verzierung weist sowohl auf einen Zusammenhang mit der Wessex-Kultur und wird dort als mitteleuropäischer Einfluß gewertet,[6] als auch zu Dolchen der Rhône-Kultur,[7] den italischen Vollgriffdolchen und auch den Klingen des Hortes von Gaubickelheim, dessen Zeitstellung trotz eingehendster Untersuchungen bislang noch Fragen aufwirft[8] (s. S. 115).

Die Beifunde des Dolches von Saint-Aigny (Nr. 271) sind z. T. derzeit noch ohne datierende Parallelen, so z. B. das verzierte Blecharmband, das man eventuell auf Grund der Punzbuckelverzierung entfernt an die Diademe der Westschweiz anreihen kann. Bronzepfeilspitzen sind in den

---

[2] G. Billig, Die Aunjetitzer Kultur in Sachsen. Katalog (1958) Abb. 46, 5. 6; 88, 1; v. Brunn, Hortfunde Taf. 29, 4. 6; 92, 12–16; im Bereich der älteren Bronzezeit Süddeutschlands kann man einen Ring von Aufhausen, Ldkr. Regensburg nennen (Torbrügge, Oberpfalz Taf. 62, 2), dessen zeitliche Stellung jedoch nicht abgesichert ist.

[3] Abels, PBF. IX, 4 (1972) 19.

[4] Vgl. Bill, Glockenbecher 42.

[5] Im Aunjetitzer Bereich sind reich verzierte Diademe dem klassischen Aunjetitz zuzuordnen (vgl. J. Ondráček, in: Sborník Josefu Poulíkovi k Šedesátinám [Festschrift Poulík 1970] 36), was der Datierung der westschweizerischen Exemplare nicht widerspricht.

[6] Gerloff, PBF. VI, 2 (1975) 116.

[7] Strahm, Jb. Hist. Mus. Bern 45–46, 1965–66, 321 ff. Abb. 6, 1; Bocksberger, Valais Abb. 24, 35.

[8] Hundt, Gaubickelheim 1 ff. bes. 18.

Causses relativ geläufig (s. S. 55; vgl. auch Nr. 165), während Flach- und Absatzbeile dieser Art im Fundverband sonst an und für sich nicht vorkommen. Die beiden Flachbeile sind wohl auf Einfluß der Bronzezeit Spaniens oder Portugals zurückzuführen;[9] das Absatzbeil einer sehr frühen Form könnte in etwa lochhamzeitlich sein.[10] Die messerähnliche Sichel mit dem breiten Rücken und dem mit einer Art Leiste versehenen Ende ist wohl eine der Vorformen der frühen Knopfsicheln und kann in Anlehnung an ähnliche Formen Mitteleuropas an den Beginn der mittleren Bronzezeit datiert werden.[11] Die in dem Depot aufgefundene Nadel macht einen ganz allgemein jüngeren Eindruck als die anderen Funde, ist aber bisher noch ohne direktes Vergleichsstück.

Insgesamt kommen also die Klingen mit Vollgriffdolchverzierung und die angeschlossenen Dolche ab Stufe III der älteren Bronzezeit vor – auch die Grabhügelsitte (Nr. 263. 266. 270) fügt sich hier ein – und können in Verwahrfunden noch am Beginn der mittleren Bronzezeit auftreten (Nr. 271).

Verbreitung (Taf. 44, B): Drei der Klingen (Nr. 252. 267. 268) gehören geographisch und in Anbetracht der Beifunde zur Rhône-Kultur. Der Dolch von Doucier (Nr. 263), gleichfalls aus dem Verbreitungsgebiet der Rhône-Kultur, ist eines der seltenen Beispiele für eine rein italische Klinge in Frankreich. Bei zwei Dolchen ist der Fundort unbekannt, die vier weiteren Exemplare sind bislang Einzelerscheinungen.

BRETONISCHE DOLCHE

Vom Verbreitungsschwerpunkt in der Bretagne ausgehend, fassen wir unter der Bezeichnung „bretonische Dolche" all jene zusammen, die bei einigen unterschiedlichen Merkmalen eine Gruppierung der meist sechs relativ dünnen Niete in zwei (Dreier-)Gruppen aufweisen.

Dolche der Art Loucé

Kennzeichnend ist eine trianguläre Klinge mit meist fast gerader, nur selten leicht gerundeter Basis und omegaförmigem Heftausschnitt. Die sehr flache Klinge trägt schneidenparallele Rillen oder auch Riefen, die Schneiden sind meist gedengelt; das fundortlose Exemplar Nr. 273 ist innerhalb der Riefen punktverziert. Meist läuft die Klingenspitze nicht sehr spitz zu, sondern ist leicht gerundet. Die Längen variieren von 10,8–13,3 cm, die Breiten von noch 4,8–6,2 cm.

272. Lozère (Dép.). – Aus Dolmen. – Dolch, Oberfläche stark korrodiert, schneidenparallele Rillen oder Riefen nur in Spuren erkennbar, L. 12,8 cm, B. 6 cm *(Taf. 16, 272;* nach Museumsphoto u. Nachbildung). – Original: Musée de l'Homme, Paris (D. 77. 4. 493 MH 45. 11. 3121); Nachbildung: Mus. Saint-Germain-en-Laye (23241). – Déchelette, Manuel II Taf. 1, 7.

273. Fundort unbekannt. – Dolch mit punktverzierter Klinge, L. 13,2 cm, B. 5,4 cm *(Taf. 16, 273)*. –

---

[9] Vgl. Monteagudo, PBF. IX, 6 (1977) 80 (Typenvarianten 8 A/B, El Argar-zeitliche Beile).

[10] Ein frühes Absatzbeil, allerdings anderer Prägung findet sich im Depot von Habsheim: Zumstein, Haut-Rhin Nr. 256–271.

[11] Vgl. W. Bohm, Die ältere Bronzezeit in der Mark Brandenburg (1935) 49; F. Holste, Germania 24, 1940, 6ff.; W. Dehn, ebd. 30, 1952, 181.

Mus. Saint-Germain-en-Laye (31592). – Hundt, Gaubickelheim Abb. 3, 3; Gerloff, PBF. VI, 2 (1975) Taf. 56, B.

274. Loucé, Dép. Orne. – Geschlossener Fund, beim Straßenbau (1902), wahrscheinlich Grab. – Dolch, L. 13,3 cm, B. 6,2 cm *(Taf. 16, 274;* nach Verron). – Beifunde: Dolch der Art Rumédon (Nr. 282); Dolchfragment, wahrscheinlich Art Rumédon (Nr. 324); zwei Dolche nicht näher bekannter Form (Nr. 435. 436); Beil mit leichten Randleisten; mindestens sechs Silexpfeilspitzen. – Aufbewahrungsort unbekannt. – G. Verron, in: Préhist. Franç. 2, 587 Abb. 1, 1.

275. Hagenauer Forst, Gde. Soufflenheim, Dép. Bas-Rhin. – Grabhügelfeld Donauberg, Hügel 12, Zentralgrab mit Körperbestattung. – Dolch, vier Nietlöcher erhalten (eines doppelt); nach der zu ergänzenden ursprünglichen Klingenform hatte der Dolch sechs Niete, L. 11,4 cm, B. noch 4,8 cm *(Taf. 16, 275).* – Beifunde: Ösenhalsring; einfache Armspirale; Nadel mit gebogenem Schaft und drahtumwickeltem Hals oder Kopf *(Taf. 51, A).* – Mus. Haguenau (217). – Schaeffer, Tertres I 70 Abb. 31, L–O.

276. Mandeure, Dép. Doubs. – Bélieu; aus einer Sandgrube. – Dolch, L. 13,2 cm, B. 5,8 cm *(Taf. 16, 276).* – Mus. Montbéliard. – P. E. Tuefferd, Mém. Soc. Emul. Montbéliard 3. sér. 2, 1878, 62 Taf. 11, 3; Millotte, Jura 313 Taf. 10, 3; Bill, Glockenbecher Taf. 20, 7; Gerloff PBF. VI, 2 (1975), Taf. 55, D.

Zwei der Dolche der Art Loucé mit schneidenparallelen Riefen weisen eine leichte Schweifung der Klinge auf (Nr. 277. 280); bei zwei weiteren mit gleichfalls leicht geschweifter Klinge ist die Heftspur nicht omegaförmig, sondern durchgehend leicht bogig (Nr. 278. 279), auch sind sie etwas länger als die Dolche Nr. 272–276.

277. Lannion, Dép. Finistère. – La Motta; Grabhügel (Lehm) mit Steinkern und eingetiefter Steinkiste aus vier Tragsteinen und doppeltem Deckstein, 1,95 × 1,1 m, *kein* Brandgrab. – Dolch, L. 10,8 cm, B. 5,4 cm *(Taf. 16, 277;* nach Butler u. Waterbolk). – Beifunde: drei Dolche der Art Rumédon (Nr. 288. 295. 308); Langdolch der Art Rumédon (Nr. 358); Dolch der Art Trévérec (Nr. 378); Dolch, der Art Bourbriac angeschlossen (Nr. 415); zwei Beile mit leichten Randleisten, eines davon mit Schaftspuren; sieben Silexpfeilspitzen, Schleifstein aus Schiefer mit Gebrauchsspuren; rechteckiger Goldanhänger. – Bio-Arch. Inst. Groningen. – Junghans/Sangmeister/Schröder, SAM I Nr. 500; Butler/Waterbolk, La Motta 131 Abb. 16, 16; ebd. Abb. 4 (Lage im Grab).

278. Saint-Nazaire, Dép. Loire-Atlantique. – Bassin de Penhoët; Baggerfund (vgl. auch Nr. 127). – Dolch, Schneiden und Basis schlecht erhalten, L. 16,6 cm, B. 5,8 cm *(Taf. 16, 278).* – Mus. Nantes (884-1-136).

279. Averdon, Dép. Loir-et-Cher. – Bergeriou. – Dolch, Basis ausgebrochen, eine bogige und eine schräge Heftspur, L. 21 cm, B. 6 cm *(Taf. 16, 279).* – Mus. Vendôme (1. 7. 66). – Florance, Age du Bronze 24; G. Cordier, in: Préhist. Franç. 2, 544. Abb. 1, 13.

280. Paris, Ville de Paris, – Aus der Seine. – Dolch, L. 18,6 cm, B. 7,2 cm *(Taf. 16, 280;* nach Museumsphoto). – Mus. Oxford (1927, 2227). – Gerloff, PBF. VI, 2 (1975) 249 Taf. 55, C.

Dolche der Art Rumédon

Mit flacher, triangulärer Klinge, schneidenparallelen Rillen, omegaförmigem Heftausschnitt und sechs Nietlöchern in zwei Dreiergruppen entsprechen die Dolche der Art Rumédon den Dolchen der Art Loucé weitgehend: sie zeichnen sich aber durch eine kleine Heftzunge in der Basismitte aus. Bei zweien der Dolche (Nr. 286. 295) erscheint die Klinge leicht geschweift. Gegenüber den streng triangulären oder allenfalls leicht eingezogenen Schneiden der Dolche der Art Loucé ist eher eine Tendenz zu konvexem Schneidenverlauf zu beobachten (z. B. Nr. 283. 285).

281. Sallertaine, Dép. Vendée. – Dolch, Spitze nicht erhalten, L. noch 14,2 cm, B. noch 5,6 cm *(Taf. 17, 281).* – Mus. Nantes (930-1-980; Slg. Rochebrune).

282. Loucé, Dép. Orne. – Geschlossener Fund, wahrscheinlich Grab, vgl. Nr. 274. – Dolch, Spitze nicht erhalten, L. noch 14,5 cm, B. noch 5,3 cm *(Taf.*

17, 282; nach Verron). – Aufbewahrungsort unbekannt. – G. Verron, in Préhist. Franç. 2, 587 Abb. 1, 3.
283. Prat, Dép. Côtes-du-Nord. – Tossen Prat (auch Tossen Kergourognon); Grabhügel (Lehm) mit Steinkern, letzterer teils gesetzt, teils geschüttet, darin ovale Grabkammer von 2,4 × 0,85 m Dm., Spuren eines Holzsarges, keine Skelettreste; Funde angeblich in insgesamt vier „Holzkästchen" (s. S. 106). – Dolch, Längsachse gebogen, mit Holzresten von Griff und Scheide, auf der Klinge Abdruck einer nicht erhaltenen Ringkopfnadel aus Bronze (L. 10 cm, Kopfdm. 2 cm), L. noch 19 cm, B. noch 7,2 cm *(Taf. 17, 283).* – Beifunde *(Taf. 51, B):* weiterer Dolch der Art Rumédon (Nr. 293); Dolch, wohl Art Rumédon, mit Goldstiftchen in Länge des vergangenen Griffes, auf der Klinge Ringkopfnadel (Nr. 329); zwei Dolche, wohl Art Rumédon (Nr. 349. 350); Langdolch der Art Rumédon (Nr. 356); Fragment eines Dolches nicht näher bestimmbarer Form (Nr. 432); 50 Silexpfeilspitzen; zwei Ringkopfnadeln (vgl. Nr. 283. 329). – Mus. Nantes (892-1-49; Dolch Nr. 6). – Trésors Taf. 6, 3; Prigent, Grand Tumulus 27 Abb. 3; Micault, Poignards 112f.; Lisle du Dréneuc, Catalogue 32; A. Martin, L'Anthropologie 11, 1900, 160; St. Piggott, PPS. 4, 1938, 99 („mindestens ein Dolch mit Goldnägeln und drei Pfeilspitzen"); Briard/Onné/Veillard, Musée de Bretagne Nr. 5–7 (Pfeilspitzen).
284. Glomel, Dép. Côtes-du-Nord. – Landes de Glomel; etwa 1840 bei Kanalarbeiten; geschlossener Fund, wahrscheinlich nicht erkanntes Grab. – Dolch, Spitze nicht erhalten, L. noch 10 cm, B. noch 5,4 cm *(Taf. 17, 284;* nach de Mortillet und Museumsphoto). – Beifunde: neun Dolchfragmente, wohl Art Rumédon (Nr. 309–317); Dolch der Art Trévérec (Nr. 384); Stabdolch der Art Glomel (Nr. 504); Beil mit leichten Randleisten *(Taf. 52, A).* – Mus. Saint-Omer (4570). – A. de Mortillet, Rev. Ec. Anthr. 15, 1905, 337ff. 340 Abb. 177; Déchelette, Manuel II App. 26f.; Micault, Poignards 102f.
285. Ploumilliau, Dép. Côtes-du-Nord. – Rumédon (auch Remédon oder Roumédon); Grabhügel (Sand/Lehm) mit Steinkern, Grabkammer O–W, 2 × 1 m, an jedem Ende ein großer aufrechter Stein, Körpergrab. – Dolch, Längsachse gebogen, Reste der Holz/Lederscheide, L. 27,8 cm, B. 7,2 cm *(Taf. 17, 285;* nach Martin). – Beifunde: Zwei weitere Dolche der Art Rumédon (Nr. 287. 290), einer davon (Nr. 290) mit Ringkopfnadel im Material der Scheide; Langdolch der Art Rumédon (Nr. 359); zwei Beile mit leichten Randleisten und möglicherweise leichtem Absatz, eines von diesen wahrscheinlich längsgeschäftet, Schneide in Lederhülle; 25 Silexpfeilspitzen, davon eine mit Schaftspur *(Taf. 51, C);* einfach verzierte Streuscherbe. – Mus. Saint-Germain-en-Laye (72 777; nicht zugänglich). – Martin, Rumédon 136ff. Abb. 1. 9 Taf. 1, 3 (Dolch Nr. 3); P. Bosch-Cimpera, Préhistoire 2, 2, 1933, 195ff. Abb. 24; St. Piggott, PPS. 4, 1938, 52ff. Abb. 5 („zwei Dolche, ein Beil und viele Pfeilspitzen"); J. Arnal/H. Prades, Ampurias 21, 1959, 69ff. Abb. 39; Hachmann, Bronzezeit 215 Nr. 572 („zwei Dolche, ein Beil, drei Pfeilspitzen").
286. Eure (Dép.). – Dolch, Basis schlecht erhalten, L. 22,2 cm B. 7 cm *(Taf. 17, 286;* nach Courtois). – Mus. Saint-Germain-en-Laye (65. 118; nicht zugänglich). – J.-C. Courtois, BSPF. 54, 1957, 144 Abb. 2, 2; Gerloff, PBF. VI, 2 (1975) 249 („Eure") Taf. 56, C („Saint-Maclou").
287. Ploumilliau, Dép. Côtes-du-Nord. – Rumédon; Grabfund vgl. Nr. 285. – Dolch mit Resten der Holz/Lederscheide, Spuren des Knochengriffes, Heftzunge heute nicht mehr vorhanden, L. 22,3 cm, B. 7,6 cm *(Taf. 17, 287;* nach Martin). – Mus. Saint-Germain-en-Laye (72 788; nicht zugänglich). – Martin, Rumédon 13ff. Abb. 7 Taf. 1, 1 (Dolch Nr. 1).
288. Lannion, Dép. Finistère. – La Motta; Grabfund (vgl. Nr. 277). – Dolch, Längsachse gebogen, Fellreste der Scheide, L. 24,5 cm, B. 7,4 cm *(Taf. 17, 288;* nach Butler u. Waterbolk). – Bio.-Arch. Inst. Groningen. – Butler/Waterbolk, La Motta 131 Abb. 16, 18.
289. Pleudaniel, Dép. Côtes-du-Nord. – Mouden Bras; Grabhügel (Lehm) ohne Steineinbau, zentraler Holzsarg, 3,6 × 1,4 m. – Schlecht erhaltener Dolch, Heftpartie mit Goldstiftchen vom Griff; Niete mit Knochenmantel („Elfenbein"); Reste von Knochengriff und Lederscheide; L. noch 14 cm, B. 6,5 cm *(Taf. 17, 289;* nach Martin u. Prigent). – Beifunde: vier weitere Dolche der Art Rumédon (Nr. 325–328); Langdolch der Art Rumédon (Nr. 367); Fragmente von zwei Dolchen nicht näher bestimmbarer Form (Nr. 438. 439); auf fünf Dolchen (Nr. 325–327. 438. 439) fand sich je eine Nadel, darunter eine Bronzenadel mit flachem Kopf und drei Silbernadeln, die aber heute nur in zwei Fällen (Nr. 325. 326) zugeordnet werden können; ovale Bronzescheibe mit Nagel, wohl von einem Dolchknauf; Dolchgrifffragmente aus Holz mit Goldstiftchen, insgesamt 4771 einzelne Goldstiftchen; einzelne Niete; vier Beile mit leichten Randleisten, eines in Stoff/Lederhülle; 36 Silexpfeilspitzen (25 erhalten); Schleifstein aus Schiefer mit Lederhülle; rechteckiges Sandsteinstück; Knochenfragment („Elfenbein") von Nadel oder Pfriem *(Taf. 53, B).* – Mus. Saint-Germain-en-Laye (72 949–971; nicht zugänglich). –

Martin/Prigent, Mouden Bras 157 Abb. 6 auf Tafel (Dolch Nr. 6); Déchelette, Manuel II 317 Abb. 123, 1 (Nadel); M. Dunlop, L'Anthropologie 49, 1939–40, 42; St. Piggott, PPS. 4, 1938, 99 („verschiedene Dolche mit Goldnägeln und silberne Ringkopfnadeln").

290. Ploumilliau, Dép. Côtes-du-Nord. – Rumédon; Grabfund vgl. Nr. 285. – Dolch, Längsachse gebogen, Zunge heute nicht mehr erhalten; Reste des Holzgriffes; rechts der Klinge im Material der Scheide Ringkopfnadel aus Bronze (L. 5,6 cm, Kopfdm. außen 1,4 cm, innen 0,9 cm); L. 17,6 cm, B. 6 cm *(Taf. 17, 290; nach Martin).* – Mus. Saint-Germain-en-Laye (72 779; nicht zugänglich). –Martin, Rumédon 135 f. Abb. 8 Taf. 1, 2 (Dolch Nr. 2).

291. Longues-sur-Mer, Dép. Calvados. – In 1 m Tiefe unter einer Steinsetzung, wahrscheinlich steinabgedeckte Grabgrube; für einen nicht erkannten Hügel spricht die Beobachtung von Ortstein. – Dolch, Basis schlecht erhalten, Zunge leicht gebogen, L. noch 16,4 cm, B. noch 5 cm *(Taf. 17, 291).* – Beifunde: Dolchfragment, wahrscheinlich der Art Rumédon (Nr. 318); Dolch der Art Plouvorn (Nr. 400); Dolch der Art Bourbriac (Nr. 414); zwei Dolche nicht näher bestimmbarer Form (Nr. 433. 434); zwei schlecht erhaltene Beile, wahrscheinlich mit leichten Randleisten *(Taf. 53, A).* – Mus. Evreux (3432). – Villers, Longues 379 ff. Taf. 1, 2; Déchelette, Manuel II 147 App. 18; L. Coutil, L'Homme Préhist. 16, 1927, 289 ff. Abb. 1, 50; St. Piggott, PPS. 4, 1938, 100; J.-R. Maréchal, BSPF. 53, 1956, 682 f.; J.-C. Courtois, ebd. 54, 1957, 142 Abb. 1, 9.

292. Plonéour-Lanvern, Dép. Finistère. – Kerhué-Bras; Grabhügel mit Steinkiste, z.T. aus Trockenmauerwerk, mit Deckstein, 3,5 × 1,5 m, Holzeinbau, Brandbestattung(?). – Dolch, um die Niete Reste des Holzgriffes (oder eher Holzmantel?), L. 20,5 cm, B. 6,8 cm *(Taf. 18, 292; nach du Chatellier).* – Beifunde: drei weitere Dolche der Art Rumédon (Nr. 301–303); Dolch, wahrscheinlich der Art Rumédon (Nr. 319); Langdolch der Art Rumédon (Nr. 357); Langdolch (Nr. 370); zwei Beile mit leichten Randleisten, eines davon mit Schaftresten, das andere mit Bronzeblech umwickelt; 32 Silexpfeilspitzen, dabei eine mit Holzschaftfragment; Pfeilspitze aus Bergkristall; großer, rechteckiger Gegenstand aus poliertem Schiefer; verzierte Scherbe *(Taf. 52, B).* – Mus. Saint-Germain-en-Laye (nicht zugänglich). – P. du Chatellier, Matériaux 1880, 289 ff. Abb. 6; ders. Rev. Arch. 39, 1880, 310 ff. Taf. 7, 1; Martin, L'Anthropologie 11, 1900, 168 Abb. 2 (Pfeilspitzen); St. Piggott, PPS. 4, 1938, 100; J.-C. Courtois, BSPF. 54, 1957, 144 Abb. 2, 1.

293. Prat, Dép. Côtes-du-Nord. – Tossen Prat (auch Tossen Kergourognon); Grabfund vgl. Nr. 283. – Dolchfragment, schlecht erhalten; Reste der Holzscheide; L. noch 21,3 cm, B. noch 5,5 cm *(Taf. 18, 293).* – Mus. Nantes (892-1-2). – Prigent, Grand Tumulus 19 (Dolch Nr. 1?).

294. Trévérec, Dép. Côtes-du-Nord. – Tossen Maharit; Grabhügel (Lehm) mit nicht geschlossenem Steineinbau, Holzsarg, 3,1 × 1,2 m. – Dolch, Längsachse gebogen; Niete mit Holzmantel und -abdeckung; Reste von Holzgriff und -scheide; L. noch 25,2 cm, B. noch 5,4 cm *(Taf. 18, 294; nach Martin u. Bertholet du Chesnay).* – Beifunde: weiterer Dolch der Art Rumédon (Nr. 297); Dolch, wahrscheinlich der Art Rumédon (Nr. 323); zwei Dolche der Art Trévérec (Nr. 381. 394); Dolchfragment (Nr. 416); zwei oder drei Dolche nicht näher bestimmbarer Form (Nr. 428–430); auf der Klinge von Nr. 429 eine Nadel (oder eher Pfriem?); bei einigen der Dolche fanden sich Goldstiftchen; Lederscheiden mit Naht; ein Lederknoten; zwei Beile mit leichten Randleisten, davon eines verziert, wahrscheinlich Arsenüberzug (Martin/Bertholet du Chesnay, Tossen Maharit 29: „Man könnte vermuten, daß es verzinnt war oder daß zumindest das Zinn durch Seigerung an die Oberfläche gekommen war"), das andere mit längsgerichteter (?) Überschubschäftung aus Holz, darum Bronzeblech; 20 Silexpfeilspitzen; Schleifstein mit Gebrauchsspuren *(Taf. 54, A).* – Mus. Saint-Germain-en-Laye (nicht zugänglich). – Martin/Bertholet du Chesnay, Tossen Maharit 17 ff. Taf. 3, 1 (Dolch Nr. 3); Martin, L'Anthropologie 11, 1900, 168 Abb. 2 (Pfeilspitzen); Z. le Rouzic, L'Anthropologie 44, 1934, 512; St. Piggott, PPS. 4, 1938, 99 („sechs Dolche, einer mit Goldnägeln ..."); J.-C. Courtois, BSPF. 54, 1957, 144 Abb. 1, 10 (fünf Dolche, ein Beil); Giot, Brittany Abb. 34 (verziertes Beil).

295. Lannion, Dép. Finistère. – La Motta; Grabfund vgl. Nr. 277. – Dolch, Schneiden leicht geschwungen, L. 24,8 cm, B. 7 cm *(Taf. 18, 295; nach Butler u. Waterbolk).* – Bio-Arch. Inst. Groningen. – Junghans/Sangmeister/Schröder, SAM. I Nr. 502; Butler/Waterbolk, La Motta 137 Abb. 17, 12.

296. Trémel, Dép. Côtes-du-Nord. – Porz-ar-Saoz; Grabhügel (Lehm) mit Steinsetzung um die zentrale Grabkammer, Holzsarg 3,1 × 0,7 m; Metallfunde angeblich in „Holzkästchen" (vgl. S. 106). – Dolch, schlecht erhalten, schneidenparallele Rillen nicht mehr zu erkennen, L. noch 22,3 cm, B. noch 6,5 cm *(Taf. 18, 296; nach Prigent).* – Beifunde: Fragmente von drei Dolchen, wahrscheinlich der Art Rumédon (vgl. Nr. 320–322); einzelne Niete; Griffnagel aus

Bronze; Goldstiftchen, keinem bestimmten Dolch mehr zuweisbar, z.T. noch wie bei Nr. 329 in Reihen in ein Holzstück mit zwei Nieten eingelassen; Reste von Holz/Lederscheiden; Beil mit leichten Randleisten, längsgeschäftet, mit Rindenband; 29 Silexpfeilspitzen *(Taf. 53, C).* – Original: Mus. Penmarc'h(?); Holznachbildung: Mus. Nantes („Tossen Prat"). – Prigent, Trémel 181 ff. Taf. 9,4; Micault, Poignards 108 ff.; St. Piggott, PPS. 4, 1938, 99 („vier Dolche mit Goldnägeln in der Scheide, zwei Pfeilspitzen"); J. Briard, Inv. Arch. Franc 3, F 17, 2 Nr. 14.

297. Trévérec, Dép. Côtes-du-Nord. – Tossen Maharit; Grabfund vgl. Nr. 294. – Dolch; Niete mit Holzmantel und Holzabdeckung; Reste von Holzgriff und Holzscheide mit Lederfutter, an der Oberkante vernähter Ledersaum; L. 21,8 cm, B. 7,5 cm *(Taf. 18, 297;* nach Martin u. Bertholet du Chesnay). – Mus. Saint-Germain-en-Laye (73 161; nicht zugänglich). – Martin/Bertholet du Chesnay, Tossen Maharit 19 ff. Taf. 4 Dolch Nr. 5; Z. le Rouzic, L'Anthropologie 44, 1934, 512 Abb. 3; J.-C. Courtois, BSPF. 54, 1957, 144 Abb. 1, 3.

298. Poullan, Dép. Finistère. – Kervini 2; Grabhügel mit Steinkern und eingetiefter Steinküste aus Blöcken, 2,8 × 1,4 m, Holzeinbau. – Dolch, Klinge leicht geschweift, nach du Fretay acht Niete, wahrscheinlich aber eher sechs, auf Grund der Heftzunge gehört der Dolch wohl zur Art Rumédon, L. ca. 18 cm, B. ca. 7,5 cm *(Taf. 18, 298;* nach du Fretay). – Beifunde: Langdolch der Art Rumédon (Nr. 362); Dolch, Sonderform (Nr. 427); Dolch nicht näher bestimmbarer Form (Nr. 442); 43 Silexpfeilspitzen. – Verschollen. – H. du Fretay, L'Association Bretonne 1887 (St. Brieuc 1888), 4 ff. Taf. 4; ders. Bull. Soc. Arch. Finistère 1889, 41 Taf. 2, 14.

299. Prat, Dép. Côtes-du-Nord. – Tossen Rugouec; Grabhügel (Lehm) mit einer Art Steinkiste aus großen Blöcken, etwa 2 × 2 m, Holzsarg. – Fragment eines Dolches; Reste der Holz/Lederscheide; bei der Auffindung L. 19 cm, B. 6,5 cm, jetzt L. 13 cm, B. 6 cm *(Taf. 18, 299;* nach Photo H. Schickler u. Beschreibung Martin). – Beifunde: drei weitere Dolche der Art Rumédon (304–306); zwei Holzkeulen „cassetête en bois" (nicht erhalten); 46 Silexpfeilspitzen. – Dolch und 33 Pfeilspitzen: Mus. Saint-Germain-en-Laye (74 640, 72 447; nicht zugänglich). – A. Martin, Bull. Soc. Arch. Finistère 31, 1904, 3 ff 13 (Dolch Nr. 4); St. Piggott, PPS. 4, 1938, 99 („Rugonec, ein Dolch und 33 Pfeilspitzen").

Einige nicht mehr erhaltene oder an unzugänglicher Stelle aufbewahrte Dolche entsprechen nach Beschreibung den Dolchen der Art Rumédon.

300. Bains-sur-Ouest, Dép. Ille-et-Vilaine. – Am Ufer des Aff. – Dolchklinge, triangulär, Spitze fehlt, kleine Heftzunge, drei von sechs Nietlöchern erhalten, Querschnitt flachoval, je drei schneidenparallele Rillen; Micault, Poignards 100: „Gehört zum selben Typ wie Carnoët". – Verschollen. – Micault, Poignards 100; Briard, Dépôts bretons 65.

301.–303. Plonéour-Lanvern, Dép. Finistère. – Kerhué-Bras; Grabfund vgl. Nr. 292. – Drei Dolche wie Dolch Nr. 292, dabei einer L. 14 cm, B. 6 cm, ein anderer stark verbogen. – Mus. Saint-Germain-en-Laye (?). – P. du Chatellier, Matériaux 1880, 292 f.; ders. Rev. Arch. 39, 1880, 314 f.

304. 305. Prat, Dép. Côtes-du-Nord. – Tossen Rugouec; Grabfund vgl. Nr. 299. – Zwei schlecht erhaltene Dolche, der eine L. 13 cm, B. 5 cm, der andere L. 19 cm, B. 5,5 cm; Reste von Holzgriffen und Holz/Lederscheide. – Mus. Saint-Germain-en-Laye (?). – A. Martin, Bull. Soc. Arch. Finistère 31, 1904, 12 f. (Dolch Nr. 2 u. 3).

306. Prat, Dep. Côtes-du-Nord. – Tossen Rugouec; Grabfund vgl. Nr. 299. – Dolch, L. 26 cm, B. 7 cm; Niete mit Holzmantel; Reste der Holz/Lederscheide mit Stempelverzierung. – Mus. Saint-Germain-en-Laye (?). – A. Martin, Bull. Soc. Arch. Finistère 31, 1904, 12 (Dolch Nr. 1).

307. Saint-Adrien, Dép. Côtes-du-Nord. – Brun Bras; Grabhügel mit Steinkern und Holzsarg, 2,5 × 1 m. – Dolch. – Beifunde: Dolch der Art Trévérec (Nr. 391); zwei Dolche nicht näher bestimmbarer Form (Nr. 440. 441). Nach Gallia Préhist. 18, 1975, 523 insgesamt fünf Dolche, einer mit Goldstiften; Beil mit leichten Randleisten; 45 Silexpfeilspitzen; Silbergefäß. – Mus. Penmarc'h (nicht zugänglich). – J. Briard, Arch. Atl. 1, 1, 1975, 28; ders. Arch. Korrbl. 8, 1978, 14 ff.

308. Lannion, Dép. Finistère. – La Motta; Grabfund vgl. Nr. 277. – Dolch, Heftzunge bei der Bergung noch vorhanden, Leder-, Fell- u. Holzreste der Scheide, L. noch 20, 4 cm, B. 7, 1 cm *(Taf. 18, 308;* nach Butler u. Waterbolk). – Bio-Arch-Inst. Groningen. – Butler/Waterbolk, La Motta 137 Abb. 16, 10.

Bei den für Metallkonservierung offenbar ungünstigen Bodenverhältnissen der bretonischen Grabhügel sind zahlreiche Dolche nur als Fragment erhalten. Die im folgenden aufgeführten

Exemplare gehören aller Wahrscheinlichkeit der Art Rumédon an, auch wenn die Heftzunge nicht überliefert ist. Die kleinen Zungen sind im Boden sehr korrosionsanfällig und oft nicht mehr vorhanden, sie können aber auch bei der Lagerung verlorengegangen sein (vgl. Nr. 293. 299. 308). Sind keine detaillierten Fundbeschreibungen der Dolche bei der Auffindung vorhanden oder zugänglich, läßt sich im Einzelfall das Vorhandensein nicht mehr nachweisen, da bei dem sich schnell zersetzenden Material auch oft alte Kanten und alte oder auch neuere Bruchstellen nicht zu unterscheiden sind. Immerhin könnte es sich aber jeweils auch um einen Dolch der Art Loucé handeln, die ja auch im Fundverband der bretonischen Grabhügel auftreten (vgl. Nr. 277). Bei den Dolchen von Plonéour-Lanvern (Nr. 319) und Pleudaniel (328) ist die Heftgestaltung durch den Griff nicht zu erkennen, bei dem erstgenannten verläuft das Griffende gerade, es fehlt der typische omegaförmige Heftausschnitt. Mit der gleichfalls geraden Heftspur kann der Dolch Nr. 343 zu den Dolchen der Art Loucé (Nr. 272–280) gehören.

309.–317. Glomel, Dép. Côtes-du-Nord. – Landes de Glomel; wohl Grabfund vgl. Nr. 284. – Neun fragmentarisch erhaltene Dolche (*Taf. 19, 309–317;* nach Museumsphoto und de Mortillet). – Mus. Saint-Omer. – A. de Mortillet, Rev. Ec. Anthr. 15, 1905, 398 ff. Abb. 169–176.

318. Longues-sur-Mer, Dép. Calvados. – Wohl Grabfund vgl. Nr. 291. Dolchfragment, Arsenoberfläche (?), (Villers, Longues 381: „Auf der größten der Klingen sieht man noch die Spuren einer Versilberung, die zweifellos Teil der Verzierung war"), L. noch 22,7 cm, B. noch 6,9 cm *(Taf. 19, 318).* – Mus. Evreux (3431). – Villers, Longues 379 ff. Taf. 1, 1; L. Coutil, L'Homme Préhist. 16, 1927, 289 ff. Abb. 1, 89; J.-C. Courtois, BSPF. 54, 1957, 142 ff. Abb. 1, 8.

319. Plonéour-Lanvern, Dép. Finistère. – Kerhué-Bras; Grabfund vgl. Nr. 292. – Dolch, bei der Auffindung war der Holzgriff noch erhalten, Klingenlänge ca. 9 cm, Gesamtlänge 15,5 cm *(Taf. 19, 319;* nach du Chatellier). – Mus. Saint-Germain-en-Laye (nicht zugänglich). – P. du Chatellier, Matériaux 1880, 294 f. Abb. 12; ders., Rev. Arch. 39, 1880, 310 ff. Taf. 7, 6; de Mortillet, Musée préhistorique Taf. 73, 834; Déchelette, Manuel II 190 Abb. 57, 2 („Knochengriff").

320.–322. Trémel, Dép. Côtes-du-Nord. – Porz-ar-Saoz; Grabfund vgl. Nr. 296. – Fragmente dreier Dolche *(Taf. 19, 320; 20, 321. 322;* nach Briard und Nachbildungen). – Originale: Mus. Penmarc'h(?); Nachbildungen aus Holz: Mus. Nantes. – Prigent, Trémel Taf. 9, 5 – 7; Micault, Poignards 108 ff.; J. Briard, Inv. Arch. France 2, 1969, F 17, 2 Nr. 13. 15. 16.

323. Trévérec, Dép. Côtes-du-Nord. – Tossen Maharit; Grabfund vgl. Nr. 294. – Dolchfragment, Längsachse gebogen; Niete mit Holzmantel, mit Holz abgedeckt; 334 Goldstiftchen vom Griff; Reste einer Holz/Lederscheide mit Stempelverzierung; L. noch 12,3 cm, B. noch 5,1 cm *(Taf. 20, 323;* nach Martin u. Bertholet du Chesnay). – Mus. Saint-Germain-en-Laye (73 164; nicht zugänglich). – Martin/Bertholet du Chesnay, Tossen Maharit 14 ff. Taf. 2 (Dolch Nr. 1); J.-C. Courtois, BSPF. 54, 1957, 144 Abb. 1, 10.

324. Loucé, Dép. Orne. – Geschlossener Fund, wahrscheinlich Grab vgl. Nr. 274. – Dolchfragment, L. noch 15,1 cm, B. noch 5 cm *(Taf. 20, 324;* nach Verron). – Aufbewahrungsort unbekannt. – G. Verron, in: Préhist. Franç. 2, 587 Abb. 1, 2.

325. Pleudaniel, Dép. Côtes-du-Nord. – Mouden Bras; Grabfund vgl. Nr. 289. – Dolchfragment mit Abdruck/Patinaspur einer nicht erhaltenen Silbernadel; Niete mit Holzmantel u. -abdeckung; Reste der Holz/Lederscheide; L. noch 13 cm, B. noch 8,5 cm *(Taf. 20, 325;* nach Martin u. Prigent). – Mus. Saint-Germain-en-Laye (nicht zugänglich). – Martin/Prigent, Mouden Bras 146 ff. mit Taf. (Dolch Nr. 1).

326. Pleudaniel, Dép. Côtes-du-Nord. – Mouden Bras; Grabfund vgl. Nr. 289. – Dolchfragment; auf der Klinge Silbernadel mit kleinem, dreieckigem Scheibenkopf (L. 7,5 cm); L. noch 13 cm, B. noch 5,5 cm *(Taf. 20, 326;* nach Martin u. Prigent). – Mus. Saint-Germain-en-Laye (nicht zugänglich). – Martin/Prigent, Mouden Bras 154 mit Taf. (Dolch Nr. 2).

327. Pleudaniel, Dép. Côtes-du-Nord. – Mouden Bras; Grabfund vgl. Nr. 289. – Dolchfragment; Knochengriffreste mit Löchern für Goldstiftchen; auf dem Dolch fand sich eine Nadel; L. des Dolches noch 19,5 cm, B. noch 15 cm *(Taf. 20, 327;* nach Martin u. Prigent). – Mus. Saint-Germain-en-Laye (nicht zugänglich). – Martin/Prigent, Mouden Bras 157 mit Taf. (Dolch Nr. 5).

328. Pleudaniel, Dép. Côtes-du-Nord. – Mouden Bras; Grabfund vgl. Nr. 289. – Fragment eines Dolches, schneidenparallele Rillen und Riefen; vom

Griff Holzreste mit Goldstiftchen (dazu s. auch S. 107f.); L. noch 11,5 cm, B. noch 4 cm (*Taf. 20, 328*; Rekonstruktion nach Martin u. Prigent nach Vorbild des Dolches von Normanton). – Mus. Saint-Germain-en-Laye (nicht zugänglich). – Martin/Prigent, Mouden Bras 164ff. 166 (Abb.). u. Taf. (Dolch Nr. 7).

329. Prat, Dép. Côtes-du-Nord. – Tossen Prat (auch Tossen Kergourognon); Grabfund vgl. Nr. 283. – Dolch, als Fragment niedergelegt (?); Griff und Heftpartie mit Holzstiftchen (Prigent, Grand Tumulus 21: „Entlang der ganzen Länge des Griffholzes verlief eine Linie kleiner Goldstiftchen, die dem gesamten Umriß folgte"); auf der Klinge Ringkopfnadel (Kopfdm. 1,7 cm); von dem sehr schlecht erhaltenen Dolch ist im Mus. Nantes eine Zeichnung mit der Lage der Nadel aufbewahrt, auf der schematischen Darstellung sind Original-Goldstiftchen in der ursprünglichen Anordnung aufgeklebt; Reste der Lederscheide; L. noch 8,4 cm, B. noch 7 cm (*Taf. 20, 329*). – Mus. Nantes (892-1-3). – Prigent, Grand Tumulus 21 Abb. 1 (Dolch Nr. 1); Trésors Taf. 6, 1; de Mortillet, Musée préhist. Taf. 77, 888.

330. Landerneau, Dép. Finistère. – Bel Air; Grabhügel mit Steineinbau (Steinkiste?). – Dolchfragment, L. noch 18,5 cm, B. noch 6,3 cm (*Taf. 20, 330*; nach Piggott). – Beifunde: zwei Dolche der Art Tréverec (Nr. 380. 388). – Mus. Penmarc'h (nicht zugänglich). – Revue des Musées 5, 1930, 29; St. Piggott, PPS. 4, 1938, 52ff. Abb. 7, 1 („Porzpoder"); J. Briard/J.-R. Maréchal, BSPF. 55, 1958, 422ff. Taf. 4 (Dolch Nr. 388; „Plougouin, tumulus de Plougourn"); Briard/P.-R. Giot, L'Anthropologie 60, 1956, 498 Taf. 1 („Plougouin"); zur Richtigstellung des Fundortes s. Giot, PPS. 17, 1951, 228 Anm. 2.

331. Melrand, Dép. Morbihan. – Saint-Fiacre; Grabhügel (Lehm) mit Steinkern und Steinkiste aus Trockenmauerwerk mit Deckstein, 2,3 × 0,8 m, Brandbestattung (?). – Dolchfragment, L. noch 20,1 cm (bei der Auffindung noch 23 cm), B. noch 5,7 cm (*Taf. 20, 331*; nach de la Granciére u. Museumsphoto). – Beifunde: Fragment eines Vollgriffdolches, evtl. vom Rhône-Typ (Nr. 228); sechs Dolchfragmente, evtl. Art Rumédon (Nr. 332–336. 351); Fragment eines Dolches der Art Tréverec (Nr. 372); drei Dolchfragmente (Nr. 423–425); bei den Dolchen Reste von Holzgriffen und Lederscheiden; kleine Goldstifte von einem nicht mehr zuweisbaren Dolchgriff, nach Rev. Ecole Anthr. 9, 1899, 161 soll der Griff aus Weidenholz gewesen sein, die Goldstiftchen in „geometrischen Mustern, Reihen von Wolfszahnmuster" angeordnet; zwei Beile mit leichten Randleisten; zwei Pfeilspitzen aus Bronze; Reste eines nicht bergbaren Silbergefäßes, armschutzplattenähnlicher Gegenstand aus Bernstein (*Taf. 55, A*). – Mus. Oxford. – de la Granciére, Melrand 81ff. Abb. 4; St. Piggott, PPS. 4, 1938, 100, Abb. 6, 6; Hachmann, Bronzezeit 215 Nr. 574; Gerloff, PBF. VI, 2 (1975) 248 Taf. 55, B 4; J. Briard, Arch. Korrbl. 8, 1978, 18 (Silbergefäß).

332. Melrand, Dép. Morbihan. – Saint-Fiacre; Grabfund vgl. Nr. 331. – Fragment eines Dolches, Basis schlecht erhalten; Reste des Holzgriffes; L. ca. 25 cm, B. ca. 5,5 cm (*Taf. 20, 332*; nach de la Granciére). – Mus. Oxford (?), nicht mehr zu identifizieren. – de la Granciére, Melrand 95 Abb. 5; Y. Rollando, Bull. Soc. Polym. Morbihan 1959–60 (1961), 74 mit Abb.

333. Melrand, Dép. Morbihan. – Saint-Fiacre; Grabfund vgl. Nr. 331. – Dolchfragment; Reste der Lederscheide; L. noch 10,8 cm (bei der Auffindung noch ca. 16 cm), B. noch 5,1 cm (*Taf. 21, 333*; nach Museumsphoto u. de la Granciére). – Mus. Oxford. – de la Granciére, Melrand 92 Abb. 10; St. Piggott, PPS. 4, 1938, 52ff. Abb. 6, 7; Gerloff, PBF. VI, 2 (1975) Taf. 55, B 6.

334. Melrand, Dép. Morbihan. – Saint-Fiacre; Grabfund vgl. Nr. 331. – Dolchfragment, Reste des Holzgriffes, L. noch 18,3 cm, B. noch 7 cm (*Taf. 21, 334*; nach Museumsphoto). – Mus. Oxford. – de la Granciére, Melrand 92 Abb. 11; St. Piggott, PPS. 3, 1938, 52ff. Abb. 6, 8; Gerloff, PBF. VI, 2 (1975) Taf. 55, B 2.

335. Melrand, Dép. Morbihan. – Saint-Fiacre; Grabfund vgl. Nr. 331. – Dolchfragment, L. noch 15 cm, B. noch 3,3 cm (*Taf. 21, 335*; nach Museumsphoto). – de la Granciére, Melrand 93 Abb. 12; St. Piggott, PPS. 4, 1938, 52ff. Abb. 6,5; Gerloff, PBF. IV, 2 (1975) Taf. 55, B 1.

336. Melrand, Dép. Morbihan. – Saint-Fiacre; Grabfund vgl. Nr. 331. – Dolchfragment, L. noch ca. 15 cm, B. noch ca. 6 cm (*Taf. 21, 336*; nach de la Granciére). – Im Mus. Oxford wohl nur noch ein kleines Fragment (vgl. Gerloff, PBF. VI, 2 [1975] Taf. 55, B 8). – de la Granciére, Melrand 93 Abb. 13.

337. Plouyé, Dép. Finistère. – Kerguévarec; Grabhügel mit leicht eingetiefter Steinkiste aus Platten und Trockenmauerwerk, 1,2 × 0,8 m, Decksteine; *nicht verbrannte* Schädelreste; Hockergrab (?). – Dolchfragment, L. noch ca. 10 cm, B. ca. 5 cm (*Taf. 21, 337*; nach Lukis und Skizze H. Schickler). – Beifunde: drei weitere Dolchfragmente, evtl. Art Rumédon (Nr. 338–340); Langdolch der Art Rumédon (Nr. 360); Dolch nicht näher bestimmbarer Form (Nr. 437); drei Beile mit leichten Randleisten, davon eines verziert; 24 Silexpfeilspitzen, um einen Gagat-

338. Plouyé, Dép. Finistère. – Kerguévarec; Grabfund vgl. Nr. 337. – Dolchfragment, L. noch ca. 19 cm, B. noch ca. 5 cm *(Taf. 21, 338;* nach Skizze u. Photo H. Schickler). – Mus. Penmarc'h (nicht zugänglich). – M. Lukis, Matériaux 1884, 448.

339. 340. Plouyé, Dép. Finistère. – Kerguévarec; Grabfund vgl. Nr. 337. – Fragmente zweier Dolche, L. noch ca. 20 cm, B. noch ca. 6 cm *(Taf. 21, 339. 340;* nach Skizze u. Photo H. Schickler). – Mus. Penmarc'h (nicht zugänglich). – M. Lukis, Matériaux 1884, 448; St. Piggott, PPS. 5, 1939, 193 ff. Abb. 3, 5. 6.

341. Guimilliau, Dép. Finistère. – Kerouaré; Grabhügel. – Dolchfragment, schlecht erhalten; die Basis erscheint mit alter Kante gerade, Dolch der Art Loucé (?); die Kante kann allerdings auch durch Lagerung im Museum entstanden sein; L. noch 13,9 cm, B. noch 5,2 cm *(Taf. 21, 341).* – Mus. Morlaix (115).

342. Bailleul-sur-Thérain, Dép. Oise, – La Voyette; aus einer Sandgrube. – Dolchfragment, L. noch 11,1 cm, B. noch 4,3 cm *(Taf. 21, 342;* nach Zeichnung Blanchet). – Bibliothèque Municipale, Beauvais (derzeit nicht auffindbar). – J.-C. Blanchet/B. Lambot, Cah. Arch. Picardie, Préhist. 25, 1975, 55 Abb. 54.

343. Saumur, Dép. Maine-et-Loire. – Aus der Umgebung. – Dolchfragment, gerade Heftspur, L. noch 19,1 cm, B. noch 5,2 cm *(Taf. 21, 343;* nach Cordier u. Gruet, ergänzt). – Mus. Saumur (610). – G. Cordier/M. Gruet, Gallia Préhist. 18, 1975, 232 Abb. 4, 3.

344. Bourg-Blanc, Dép. Finistère. – Coatanea; Grabhügel mit Steinkiste, möglicherweise alt gestört. – Dolchfragment, L. noch 24,6 cm, B. noch 6,5 cm *(Taf. 21, 344;* nach Giot). – Beifunde: 17 Silexpfeilspitzen; nicht identifizierbares Bronzestück, zugehörig (?); in der Kammer fand sich außerdem ein Tüllenbeil mit viereckigem Tüllenquerschnitt und ein Eisennagel. – Mus. Penmarc'h (nicht zugänglich). – P.-R. Giot, Bull. Soc. Arch. Finistère 1953, 2 ff. Abb. 1.

345. Fundort unbekannt. – Fragmente eines Dolches, L. noch 21,2 cm, B. noch 5,8 cm *(Taf. 22, 345).* – Mus. Périgueux.

Einige noch schlechter erhaltene Dolchfragmente können auf Grund ihres Fundverbandes zu den Dolchen der Art Rumédon gehören oder ihnen nahestehen. Einzelheiten, wie sehr flacher Querschnitt oder schneidenparallele Rillen, sprechen außerdem dafür.

346. Guidel, Dép. Morbihan. – Cruguel; Grabfund vgl. Nr. 377. – Dolchfragment; je drei schneidenparallele Rillen; nach Le Pontois Zunge, Nietspuren und Heftspuren auf Grund der schlechten Erhaltung kaum zu belegen; L. noch 18,3 cm, B. noch 5,6 cm *(Taf. 22, 346;* nach Le Pontois u. Photo H. Schickler). – Mus. Saint-Germain-en-Laye (nicht zugänglich). – L. Le Pontois, Rev. Arch 16, 1890, 326 Taf. B, 3.

347. Ploudalmézeau, Dép. Finistere. – Tréouléan; Grabhügel mit Steinkiste, gesprengt. – Dolchfragment, L. noch 16 cm, B. noch 4–5 cm *(Taf. 22, 347;* nach Briard). – Beifunde: Fragment eines Dolches nicht näher bestimmbarer Form Nr. 448). – Mus. Penmarc'h (nicht zugänglich). – J. Briard, Bull. Soc. Arch. Finistère 87, 1961, 106 ders., Dépôts bretons Abb. 17, 6.

348. Saumur, Dép. Maine-et-Loire. – Aus der Umgebung. – Dolchfragment, schlecht erhalten, Spuren von schneidenparallelen Rillen, L. noch 14,8 cm, B. noch 3,6 cm *(Taf. 22, 348;* nach Cordier u. Gruet, ergänzt). – Mus. Saumur (611). – G. Cordier/M. Gruet, Gallia Préhist. 18, 1957, 232 Abb. 4, 1.

349. 350. Prat, Dép. Côtes-du-Nord. – Tossen Prat (auch Tossen Kergourognon); Grabfund vgl. Nr. 283. – Fragmente zweier Dolche; Reste der Holz/Lederscheide; L. 12,1 u. 10 cm, B. 4,7 cm *(Taf. 22, 349. 350;* nach Nachbildungen). – Original: verschollen; Holznachbildungen: Mus. Nantes (892-1-38/39). – Prigent, Grand Tumulus 24 f. (Dolche Nr. 4. 5); Lisle du Dreneuc, Catalogue 33 Nr. 177. 178.

351. Melrand, Dép. Morbihan. – Saint-Fiacre; Grabfund vgl. Nr. 331. – Dolchfragment; Rest des Holzgriffes; L. noch 14 cm, B. noch 5 cm *(Taf. 22, 351;* nach de la Grancière). – Bruchstück noch im Mus. Oxford (?). – de la Grancière, Melrand 89 Abb. 3; St. Piggott, PPS. 4, 1938, 52 ff. Abb. 6, 11.

352. Plouvorn, Dép. Finistère. – Kernonen; Grabhügel (Lößlehm) mit Steinkern, darin rechteckige Grabkammer, halb eingetieft, 4,7 × 1,4 m, 2 Decksteine, Holzeinbau; Metallfunde angeblich in „Holzkästchen" (s. S. 106); ferner eisenzeitliche Nachbestattung. – Dolchfragment; Reste der Holzscheide (Rinde von Ulme oder Esche) und des Griffknaufs aus Knochen; L. ca. 28 cm, B. ca. 7–8 cm *(Taf. 22, 352;* nach Briard). – Beifunde: Fragmente eines Langdolches der Art Rumédon (Nr. 361); Fragmente von zwei Dolchen der Art Trévérec (Nr.

383. 385); auf der Klinge von Nr. 383 Ringkopfnadel und Radnadel aus Bronze, wahrscheinlich auf der Klinge von Nr. 385 Reste von drei Ringkopfnadeln; bei den Dolchen Reste von Holzgriff und Holzscheide sowie insgesamt 12000 Goldstiftchen; Fragmente von vier Beilen mit leichten Randleisten, eines davon mit Schäftungsspuren; Reste eines weiteren Beiles; mindestens 60 Silexpfeilspitzen, davon ca. 19 nebeneinanderliegend; elf teils runde, teils trapezförmige Bernsteinanhänger; gelochte Bernsteinplatte, in Armschutzplattenform; Stoffreste; Streuscherben aus der Hügelschüttung. – Mus. Penmarc'h (nicht zugänglich). – J. Briard, L'Anthropologie 74, 1970, 5 ff. 36 Abb. 14. 17; ders., BSPF. 67, 1970, 375 f. Abb. 2, 45 (Knochenknauf).

Langdolche der Art Rumédon

Die Langdolche der Art Rumédon unterscheiden sich von den anderen Dolchen der gleichen Art im Prinzip lediglich durch ihre ungewöhnliche Länge, die Maße über 50 cm erreichen kann (Nr. 354). Wenn sie hier dennoch als Dolche aufgeführt werden, dann eben auf Grund der prinzipiellen Ähnlichkeit mit den Dolchen. Die Basis mit der kleinen Zunge ist annähernd gerade, der Heftausschnitt omegaförmig. Die sechs Nietlöcher sind in zwei Dreier-Gruppen angeordnet, mit Ausnahme des Dolches Nr. 353, bei dem auf einer Seite nur zwei Niete vorhanden sind und dem Dolch Nr. 355, der zwei Gruppen zu vier Nieten aufweist.

Der Klingenquerschnitt ist auffallend flach, die Schneiden werden von Linienbündeln begleitet. Die überlangen Klingen ziehen im oberen Drittel wie zu einer triangulären Klinge ein, verlaufen dann bis zum unteren Drittel fast gerade und biegen zur Spitze mit einem leichten, etwas konvexen Schwung ein, der auch bei den Dolchen der Art Rumédon bisweilen beobachtet werden kann (z. B. Nr. 283. 285); durch diese Schneidenführung entsteht der Eindruck einer Schweifung.

353. Quimperlé, Dép. Finistère. – Forêt de Carnoët; Grabhügel (Lehm) mit Steinkern, Steinkiste mit Deckstein, 2,10 × 1,5 m; möglicherweise Holzsarg. – Langdolch, fünf Nietlöcher, Arsenoberfläche, Spur des Scheidenrandes, L. noch 48,6 cm, B. 10 cm *(Taf. 22, 353)*. – Beifunde: Zwei weitere Langdolche der Art Rumédon (Nr. 354. 355); Dolch der Art Trévérec (Nr. 371); Beil mit leichten Randleisten (verschollen); verzierte Lanzenspitze aus Bronze; Kette aus ineinanderhängenden Goldspiralen; Silberspirale mit eingehängten kleinen Silberspiralen; Bronzespirale; Kette aus Bronzespiralen; unbestimmte Anzahl von Silexpfeilspitzen; Armschutzplatte aus Sandstein mit vier Löchern; Anhänger aus Jadeit *(Taf. 56)*. – Mus. Saint-Germain-en Laye (30 490). – R.-F. Le Men, Rev. Arch. 17. 1868, 364 ff.; Trésors Taf. 3,5 (mit sechs Nieten abgebildet); Micault, Poignards 115; Hundt, Gaubickelheim Taf. 5, 1; J. Briard/J.-P. Mohen, Antiqu. Nat. 6, 1974, 46 ff. Abb. 2, 2; 3, 2 (die Verf. vermuten einen fünften Dolch nach Le Men: „Fünf Dolche oder Lanzenspitzen"; es handelt sich bei Le Men aber offensichtlich um insgesamt vier Dolche und die kleine, verzierte Lanzenspitze).

354. Quimperlé, Dép. Finistère. – Forêt de Carnoët; Grabfund vgl. Nr. 353. – Langdolch, Arsenoberfläche, L. noch 52,5 cm, B. 9,4 cm *(Taf. 22, 354)*. – Mus. Saint-Germain-en-Laye (30 490). – Trésors Taf. 3, 6; Hundt, Gaubickelheim Taf. 5, 2; J. Briard/J.-P. Mohen, Antiqu. Nat. 6, 1974, 49 Abb. 2, 3; 3, 3.

355. Quimperlé, Dép. Finistère. – Forêt de Carnoët; Grabfund vgl. Nr. 353. – Langdolch, acht Nietlöcher, Arsenoberfläche, Spur des Scheidenrandes, L. 44,2 cm, B. 9,1 cm *(Taf. 23, 355)*. – Mus. Saint-Germain-en-Laye (30 490). – Trésors Taf. 3, 4; A. de Mortillet, L'Homme préhist. 13, 1926, 181 ff. Abb. 4; Hundt, Gaubickelheim Taf. 5, 3; J. Briard/J.-P. Mohen, Antiqu. Nat. 6, 1974, 49 Abb. 2, 4; 3, 4.

356. Prat, Dép. Côtes-du-Nord. – Tossen Prat (auch Tossen Kergourognon); Grabfund vgl. Nr. 283. – Langdolch, sehr flach, schneidenparallele Rillen kaum zu erkennen, Basis schlecht erhalten; Prigent, Grand Tumulus: „Auf einem der Ränder und auf der Spitze ist die Klinge mit einer weißlichen Kongretion bedeckt" (Arsenoberfläche?); Heftpartie mit Holzresten des Griffes; Klinge mit Holz- u. Lederresten der Scheide; L. noch 45,7 cm, B. noch 7,5 cm

(*Taf. 23, 356*). – Mus. Nantes (892-1-1). – Trésors Taf. 6, 2; Prigent, Grand Tumulus 25 ff. Abb. 3.

357. Plonéour-Lanvern, Dép. Finistère. – Kerhué-Bras; Grabfund vgl. Nr. 292. – Langdolch, Arsenoberfläche (?), um die Niete Reste des Holzgriffes (Holzmantel?); L. bei der Auffindung 35,4 cm, jetzt noch 30,6 cm, B. 6,3 cm (*Taf. 23, 357;* nach du Chatellier und Unterlagen Neuffer/Schickler). – Mus. Saint-Germain-en-Laye (nicht zugänglich). – P. du Chatellier, Matériaux 1880, 289 ff. Abb. 8; ders., Rev. Arch. 39, 1880, 289 ff. Taf. 7, 2.

358. Lannion, Dép. Finistère. – La Motta; Grabfund vgl. Nr. 277. – Langdolch, in der Längsachse gebogen, mit altem Ausbruch an der Klinge; nach J. Briard/J.-P. Mohen, Antiqu. Nat. 6, 1974, 55 Arsenoberfläche; Reste einer Fellscheide; L. 48,4 cm, B. 8,4 cm (*Taf. 23, 358;* nach Butler u. Waterbolk). – Bio-Arch. Inst. Groningen. – Butler/Waterbolk, La Motta Abb. 13, 8.

359. Ploumilliau, Dép. Côtes-du-Nord. – Rumédon; Grabfund vgl. Nr. 285. – Langdolch, Heftzunge nicht erhalten (nach Martin auch bei der Auffindung des Stückes nicht vorhanden gewesen), schneidenparallele Rillen nur schwer erkennbar; Niete mit Knochenscheibchen abgedeckt; Reste des Knochengriffes; Reste der Holz-Lederscheide; L. noch 39,8 cm, B. 7,3 cm (*Taf. 24, 359;* nach Martin u. Unterlagen Neuffer/Schickler). – Mus. Saint-Germain-en-Laye (72 776; nicht zugänglich). – Martin, Rumédon 138 ff. Abb. 2. 10 Taf. 2, 1 (glaive); St. Piggott, PPS. 4, 1938, 52 ff. Abb. 5.

360. Plouyé, Dép. Finistère. – Kerguévarec; Grabfund vgl. Nr. 337. – Langdolch, Heftzunge bei der Auffindung noch vorhanden, schneidenparallele Rillen nicht mehr zu erkennen, L. bei der Bergung 40 cm, jetzt noch 34 cm, B. noch ca. 7 cm (*Taf. 24, 360;* nach Lukis u. Unterlagen H. Schickler). – Mus. Penmarc'h (nicht zugänglich). – M. Lukis, Matériaux 1884, 447 ff. Taf. 1, 1 (Maßstab unrichtig); St. Piggott, PPS. 5, 1939, 52 ff. Abb. 3, 7.

361. Plouvorn, Dép. Finistère. – Kernonen; Grabfund vgl. Nr. 352. – Fragmente eines Langdolches; Griffreste aus Holz mit Goldstiftchen und Goldnägeln; Spuren der Scheide aus Holz (Rinde?) und Leder; L. ca. 40 cm, B. ca. 9–10 cm (*Taf. 24, 361;* nach Briard). – Mus. Penmarc'h (nicht zugänglich). – J. Briard, L'Anthropologie 74, 1970, 25 Abb. 9; ders., BSPF. 67, 1970, 375 f. Abb. 2.

362. Poullan, Dép. Finistère. – Kervini 2; Grabfund vgl. Nr. 298. – Langdolch, schneidenparallele Rillen nicht zu erkennen; nach du Fretay vier Nietlöcher, wahrscheinlich aber sechs; L. ca. 45 cm, B. ca. 6,5 cm (*Taf. 24, 362;* nach du Fretay). – Verschollen. – H. du Fretay, L'Association Bretonne 1887 (St. Brieuc 1888), 4 ff. Taf. 4; ders., Bull. Soc. Arch. Finistère 1889, 41 Taf. 2, 11.

363. Bretagne (?). – In der Bibl. Nat. werden drei Dolche bretonischer Art ohne Fundort aufbewahrt. Bei Babelon/Blanchet findet sich dazu die Notiz: „Nr. 2055–2058: Vier Dolchklingen, die mit Nieten befestigten Griffe sind verschwunden". Drei der Dolche sind noch vorhanden (Nr. 363. 374. 375; Nr. 456 verschollen), nach der einheitlichen Patina kann es sich um einen geschlossenen Fund handeln, eventuell um den verschollenen Fund von Beaumont-Hague (vgl. Nr. 366). – Langdolch, Arsenoberfläche, L. 41,5 cm, B. 7,5 cm (*Taf. 25, 363*). – Bibl. Nat., Cabinet des Médailles, Paris (2055). – Babelon/Blanchet, Catalogue 666 Nr. 2055; J. Briard/J.-P. Mohen, Antiqu. Nat. 6, 1974, 56 Abb. 9, 1.

Zwei Dolche, bei denen es sich wahrscheinlich oder sicher um Langdolche handelt, waren bei der Ausgrabung nicht bergbar; ein dritter ist verschollen.

364. 365. Plonéour-Lanvern, Dép. Finistère. – Fao-Youen; Grabhügel mit Steinkern, darin rechteckige, eingetiefte Grabkammer, Trockenmauerwerk mit Deckstein, 3 × 1,05 m. – Nach du Chatellier „zwei Bronzedolche mit flacher, sehr dünner Klinge, an jedem Rand mit zwei Rillen verziert. Die Klingen bestanden nur noch aus weißlichem Oxyd und wir konnten nur einige Fragmente bergen"; „Wir haben zwei flache Schwerter beobachtet ... ähnlich wie das von Kerhué Bras". Ein Bronzefragment von 10 × 2,5 cm ist erhalten. – Beifunde: 32 Silexpfeilspitzen; nach dem Museumsinventar gehört zu den Beigaben noch eine Spitze aus Stein mit Furchen, die einer Dolchspitze ähnelt. – Mus. Saint-Germain-en-Laye. – P. du Chatellier, Bull. Soc. Arch. Finistère 25, 1898, 128 ff.; ders. ebd. 26, 1899, 292 f.; Martin, L'Anthropologie 11, 1900, 168 Abb. 2 (Pfeilspitzen); C. D. Forde, Antiqu. Journ. 7, 1927, 33; St. Piggott, PPS. 4, 1938, 99.

366. Beaumont-Hague, Dép. Manche. – Grabhügel, 1851 ausgegraben. – Nach Coutil „Schwert" von 40 cm Länge. – Beifunde (nach Chantre): Zwei Dolche nicht näher bestimmbarer Form (Nr. 443. 444); ca. 10 Silexpfeilspitzen. – Verschollen. Nach dem Dictionaire Archéologique de la Gaule I (1875) 130 soll das „Schwert" im Museum Cherbourg sein, dort nicht vorhanden. Möglicherweise handelt es sich um die in der Bibl. Nat. ohne Fundort aufbewahrten Stücke (vgl. Nr. 363). – Chantre, Age du Bronze Nr. 44; J.-C. Courtois, BSPF. 54, 1957, 144.

Ein Langdolch (Nr. 367), der nach seiner ganzen Art nicht von den Langdolchen der Art Rumédon zu trennen ist – Heftzunge, zwei Gruppen von je drei Nietlöchern, flache Klinge, schneidenparallele Rillen – weist zusätzlich auf der Klinge eine Linienbandverzierung auf. Eine vergleichbare Verzierung zeigt der *nicht* überlange Dolch von Saint-Menoux (Nr. 368) mit gleichfalls sechs Nietlöchern (aber ohne Zunge) und mit leichtem Mittelgrat. Die Heftspur ist in der Basismitte omegaförmig, steigt dann an der Innenkante der Rillen in einem Winkel von etwa 45° nach oben an und biegt in einem zweiten Winkel zu den Kanten um. Bei dem Langdolch (oder Kurzschwert) von Cissac-Médoc (Nr. 369) hat die Heftspur die Form eines Doppelbogens; mit sechs Nietlöchern in zwei Dreiergruppen und einer Zunge ähnlich der von Pleudaniel (Nr. 367) ist er aber dennoch hier anzuschließen. Die Griffplatte ist gezipfelt; mutmaßlich war die nicht mehr ganz erhaltene Griffplatte des Dolches von Pleudaniel, nach der Linienführung der Rillen zu schließen, ähnlich geformt.

367. Pleudaniel, Dép. Côtes-du-Nord. – Mouden Bras; Grabfund vgl. Nr. 289. – Langdolch, auf der Heftpartie Goldstifte des Knochengriffes; Niete mit Knochenmantel; Reste der Holz/Lederscheide; L. noch 38 cm, B. noch 6,6 cm (*Taf. 25, 367*; nach Martin/Prigent u. Photo Neuffer/Schickler). – Mus. Saint-Germain-en-Laye (72 949; nicht zugänglich). – Martin/Prigent, Mouden Bras 166f. mit Taf. (Dolch Nr. 8).

368. Saint-Menoux, Dép. Allier. – Tumulus de Joux; Grabfund vgl. Nr. 194. – Dolch, L. 23,3 cm, B. 4,8 cm (*Taf. 25, 368*; nach Moret). – Verschollen. – Moret, Saint-Menoux 20 Taf. 1; P. Abauzit, BSPF. 60, 1963, 846 Abb. 3, 1; J.-P. Millotte, ebd. 661 ff. Abb. 1, 4.

369. Cissac-Médoc, Dép. Gironde. – Château Pelon; Depot (?) vgl. Nr. 265. – Langdolch, Griffplatte schlecht erhalten, eine von sechs Nieten ist erhalten, sie besteht aus Silber, L. 39,4 cm, B. 8,4 cm (*Taf. 25, 369*). – Mus. du Vieux Bordeaux. – A. Coffyn/R. Riquet, Rev. Hist. Bordeaux 1964, 11; Roussot-Larroque, Age du Bronze 19f. Taf. 1; Coffyn, in: Préhist. Franç. 2, 534 Abb. 1, 9 Taf. 1.

Ein sehr schlecht erhaltenes Exemplar (Nr. 370) gehört wohl auf Grund allein seiner Länge zu den Langdolchen; nach den erhaltenen Resten der Basis kann er eine Heftzunge gehabt haben. Bei diesem Stück handelt es sich um den berühmten und oft abgebildeten „malaischen Kris", dessen Form bei der Verzierung der Dolche von Gaubickelheim und Conthey Pate gestanden haben soll.[1] Die Abbildungen, die einen Dolch mit gewellter Klinge und Heftzunge von 14 cm Länge und 2,7 cm Breite wiedergeben, gehen auf eine Skizze von P. du Chatellier zurück, deren Entstehung er wie folgt beschreibt: „Der Dolch, der sich zwischen zwei Brettchen unter jenem (gemeint ist der Dolch Nr. 319) befand, hat eine gewellte Klinge. Ich habe, unter der Nr. 13, den Teil seiner Klinge gezeichnet, den ich sehen konnte und dabei dargestellt, wie ich mir den anderen, versteckten Teil vorstelle".[2]

370. Plonéour-Lanvern, Dép. Finistère. – Kerhué Bras; Grabfund vgl. Nr. 292. – Schlecht erhaltener Langdolch, L. noch 32 cm, B. noch 3,6 cm (*Taf. 25, 370*; nach Photo Neuffer/Schickler). – Mus. Saint-Germain-en-Laye (nicht zugänglich). – P. du Chatellier, Matériaux 1880, 295 Abb. 13; ders., Rev. Arch. 39, 1880, 317 Taf. 7, 7; H. Breuil, L'Anthropologie 11, 1900, 503ff. Abb. 7, 5; de Mortillet, Musée préhistorique Taf. 73, 840; Déchelette, Manuel II 190 Abb. 57, 12; L. Coutil, BSPF. 22, 1925, 64 Abb. 2.

---

[1] Hundt, Gaubickelheim 24.   [2] du Chatellier, Matériaux 1880, 295.

Dolche der Art Trévérec

Die Dolche der Art Trévérec weisen wie die Dolche der Art Rumédon (s. S. 86 ff.) eine gerade bis leicht bogige Basis auf, die Nietlöcher sind in zwei Dreiergruppen angeordnet, entweder ist eine deutliche Heftzunge vorhanden (z. B. Nr. 371. 373. 374) oder aber die Basis ist gebogt (z. B. Nr. 372. 381). Die breite Klinge ist mit schneidenparallelen Rillen verziert, weist aber im Unterschied zu den ausgesprochen flachen Dolchen der Art Rumédon eine ausgeprägte Mittelrippe auf. Die Heftspur ist flach bis deutlich omegaförmig, wobei der Bogen die Mittelrippe umschreibt.

371. Quimperlé, Dép. Finistère. – Forêt de Carnoët; Grabfund vgl. Nr. 353. – Dolch, Arsenoberfläche, L. 28,3 cm, B. 8,2 cm *(Taf. 26, 371).* – Mus. Saint-Germain-en-Laye (30 492). – Trésors Taf. 3, 1; J. Briard/J.-P. Mohen, Antiqu. Nat. 6, 1974, 49 Abb. 2, 1; 3, 1.

372. Melrand, Dép. Morbihan. – Saint-Fiacre; Grabfund vgl. Nr. 331. – Dolchfragment, Zungenansatz erhalten, L. noch 19,1 cm, B. noch 6,3 cm *(Taf. 26, 372; nach Museumsphoto).* – Mus. Oxford. – de la Grancière, Melrand 92 Abb. 8; St. Piggott, PPS. 4, 1938, 52 ff. Abb. 6, 10; Gerloff, PBF. VI, 2 (1975) Taf. 55, B 3.

373. Plounevéz-Lochrist, Dép. Finistère. – Gourillac'h; Grabhügel mit Steinkiste aus Trockenmauerwerk mit Deckplatte, Brandgrab (?). – Dolch, Basis schlecht erhalten, L. 28 cm, B. noch 6,3 cm *(Taf. 26, 373; nach Prigent).* – Beifunde: 22 Silexpfeilspitzen; Steingerät („percuteur"). – Mus. Saint-Germain-en-Laye (22 079 [Dolch, zwei Pfeilspitzen]; nicht zugänglich). – Prigent, Trémel 182 Anm. 2 Taf. 9, 16; H. Breuil, L'Anthropologie 11, 1900, 503 ff. Abb. 7, 6; de Mortillet, Musée préhistorique Nr. 506 (Pfeilspitze). 830 (Dolch); P. du Chatellier, Bull. Soc. Arch. Finistère 26, 1899, 295; Micault, Poignards 116 f.; L. Coutil, BSPF. 22, 1925, 64 Abb. 2.

374. Bretagne (?) (vgl. Nr. 363). – Dolch, Spitze leicht gebogen, Basis schlecht erhalten, stark korrodiert, auf der Klinge Reste der Holzscheide, L. 25,3 cm, B. 7,3 cm *(Taf. 26, 374).* – Bibl. Nat., Cabinet des Médailles, Paris (2057). – J. Briard/J.-P. Mohen, Antiqu. Nat. 6, 1974, 56 Abb. 9,2.

375. Bretagne (?) vgl. Nr. 363. – Dolch, Oberfläche mit Holzresten der Scheide, L. 22,1 cm, B. 7,6 cm *(Taf. 26, 375).* – Bibl. Nat. Paris, Cabinet des Médailles (2056). – J. Briard/J.-P. Mohen, Antiqu. Nat. 6, 1974, 56 Abb. 9, 3.

376. Poullan, Dép. Finistère. – Kervini 1; Grabhügel mit Steinkern und eingetiefter Steinkiste aus Trockenmauerwerk und zwei Decksteinen, 3,2 × 1,2 m, Holzsarg. – Dolch, alt gebrochen, nach der Abb. von de Fretay vier Nietlöcher, wahrscheinlich aber sechs; schneidenparallele Rillen nicht angegeben; L. ca. 30 cm, B. ca. 7 cm *(Taf. 26, 376; nach du Fretay).* – Beifunde: zwei Beile, wohl mit leichten Randleisten; neun oder 19 Silexpfeilspitzen. – Verschollen. – H. du Fretay, L'Association bretonne 1887 (St. Brieuc 1888), 2 ff. Taf. 4 (rechts oben); ders., Bull. Soc. Arch. Finistère 1889, 41 Taf. 2, 12.

377. Guidel, Dép. Morbihan. – Cruguel (auch Parc-ar-Vouden); neben Menhiren Grabhügel (Lehm) mit Steinkern und mit Steinblöcken abgedeckter, eingetiefter Steinkiste, 2,5 × 1,1 m, Holzeinbau, Körpergrab; Metallfunde, angeblich in „Holzkästchen" (vgl. S. 106); über bzw. auf einem ersten, kleinen Erdhügel ein Steinmal. Der Ausgräber vermutete Nachbestattungen in dem Hügel, da dieser offenbar mehrere Aufschüttungsschichten aufweist (le Pontois, Rev. Arch. 16, 1890, 304 ff. 314). Über eine entsprechende Untersuchung wurde leider nichts bekannt. Ein Gefäß von Guidel, „Parc-ar-Vouden" (du Chatellier, Poterie Taf. 12, 13) könnte aus einer solchen Nachbestattung stammen, da im Zentralgrab keine Keramik gefunden wurde; le Pontois berichtete über Streuscherben in der Hügelschüttung. – Dolch, Basis gebogt (nach le Pontois hatte der Dolch keine eigentliche Heftzunge); Reste des Griffes mit Goldstiftchen und Goldnägeln in Reihen angeordnet (dazu s. auch S. 107 f.), Heftausschnitt reliefverziert mit Goldeinlage (Stifte); Reste einer Holz/Knochenscheide mit Lein- oder Hanfresten; Klinge wahrscheinlich mit Arsenoberfläche (le Pontois, Rev. Arch. 16, 1890, 324 f.: „eine feine schwärzliche Haut aus Metalloxyd ... wäre die Klinge etwa durch Seigerung mit Zinn bedeckt gewesen?"); L. 25,4 cm, B. 7,8 cm *(Taf. 26, 377; nach le Pontois u. Photo H. Schickler).* – Beifunde: weiterer Dolch der Art Trévérec (Nr. 382); Fragment eines Dolches, evtl. Art Rumédon (Nr. 346); Fragmente von einem Dolch oder einem Beil (Nr. 418); Reste eines Dolchknaufes aus Holz; Beil mit leichten Randleisten und Absatz an den Seitenbahnen; unbestimmbarer Bronzegegenstand (nach le Pontois möglicherweise Fragment eines Rasiermessergriffes); 14 Silexpfeilspitzen (zehn erhalten), z.T. mit Schaftresten *(Taf. 54, B)*. – Mus. Saint-Germain-en-Laye (72 453. 72 814 – 72 827. 74651 [mit dem oben genannten Gefäß als ein Grab]; nicht zugänglich). – L. le Pontois, Rev. Arch 16, 1890, 304 ff. 318 ff. Taf. A, 8 Taf. B, P 1; A. de la Grancière, Rev. Ec. Anthr. 9, 1899, 161 („drei Dolche"); A. Martin, L'Anthropologie 11, 1900, 168 Abb. 2 (Pfeilspitzen); St. Piggott, PPS. 4, 1938, 100 (sowohl unter Nr. 26 [Parc-ar-Vouden] als auch Nr. 24 [Cruguel]. Der Irrtum entstand vermutlich durch im Mus. Vannes aufbewahrte Photos und die Originalfunde im Mus. Saint-Germain-en-Laye); Y. Rollando, Bull. Soc. Polym. Morbihan 1959–1960, 74 mit Abb.; Giot, Brittany Abb. 35; Briard, Dépôts bretons Abb. 17, 3.

378. Lannion, Dép. Finistère. – La Motta; Grabfund vgl. Nr. 277. – Dolch mit gebogter Basis, Reste des Holzgriffes, L. 22 cm, B. noch 7,6 cm *(Taf. 26, 378;* nach Butler u. Waterbolk). – Bio-Arch. Inst. Groningen. – Junghans/Sangmeister/Schröder, SAM. I Nr. 501; Butler/Waterbolk, La Motta 137 Abb. 17, 17.

379. Beuzec-Cap-Sizun, Dép. Finistère. – Parc-a-Lion (oder Kerodou); Grabhügel mit einer Art Steinkiste, Trockenmauerwerk mit Deckstein, 2,55 × 1,55 m, Brandbestattung (?). – Dolch mit gebogter Basis, bei der Auffindung L. 23,5 cm, B. 7,3 cm, jetzt L. noch 23 cm, B. noch 6,3 cm *(Taf. 27, 379;* nach Photo Neuffer/Schickler). – Beifunde: nach du Chatellier Reste zweier weiterer Dolche (vgl. Nr. 392. 393) und ein Beil; nach Inventar Mus. Saint-Germain-en-Laye ein Bronzefragment (wahrscheinlich Dolch), ein Beil, zwei Silexpfeilspitzen und drei Scherben; nach Cordier ein Beil. – Mus. Saint-Germain-en-Laye (72 458; nicht zugänglich). – P. du Chatellier, Bull. Soc. Arch. Finistère 26, 1899, 282 f.; Z. Le Rouzic, L'Anthropologie 44, 1934, 512 Abb. 23, 2; St. Piggott, PPS. 4, 1938, 100 (ohne Beil); G. Cordier, in: Congr. préhist. France 15, Poitiers-Angoulême 1956, 409; Briard, Depôts bretons Abb. 17, 4.

380. Landerneau, Dép. Finistère. – Bel Air; Grabfund vgl. Nr. 330. – Dolch, Basis schlecht erhalten, schneidenparallele Rillen nicht erkennbar, L. noch 15 cm, B. noch 5,2 cm *(Taf. 27, 380;* nach Briard). – Mus. Penmarc'h (nicht zugänglich). – Briard, Dépôts bretons Abb. 17, 5.

381. Trévérec, Dép. Côtes-du-Nord. – Tossen Maharit; Grabfund vgl. Nr. 294. – Dolch, Basis schlecht erhalten; Reste der stempelverzierten Holz/Lederscheide mit Nähten; L. noch 17,1 cm, B. noch 5,7 cm *(Taf. 27, 381;* nach Martin u. Bertholet du Chesnay sowie Photo H. Schickler). – Mus. Saint-Germain-en-Laye (73 165; nicht zugänglich). – Martin/Bertholet du Chesnay, Tossen Maharit 24 ff. Taf. 5 (Dolch Nr. 7); J.-C. Courtois, BSPF. 54, 1957, 144 Abb. 1, 7.

382. Guidel, Dép. Morbihan. – Cruguel; Grabfund vgl. Nr. 377. – Dolch, Basis schlecht erhalten, je sieben schneidenparallele Rillen, Mittelrippe relativ flach; Reste des Holzgriffes und der mit einfachem Reihstich genähten Holz/Lederscheide; L. noch 18,5 cm, B. noch 8,1 cm *(Taf. 27, 382;* nach le Pontois u. Photo H. Schickler). – Mus. Saint-Germain-en-Laye (nicht zugänglich). – L. le Pontois, Rev. Arch. 16, 1890, 325 ff. Taf. B. 2.

383. Plouvorn, Dép. Finistère. – Kernonen; Grabfund vgl. Nr. 352. – Dolchfragment; Holzreste des Griffes mit Goldstiftchen und -nägeln (dazu s. auch S. 107 f.); Reste der Scheide aus Holz; auf der Klinge eine Ringkopfnadel und eine Radnadel aus Bronze; L. noch ca. 25 cm, B. ca. 10 cm *(Taf. 27, 383;* nach Briard). – Mus. Penmarc'h (nicht zugänglich). – J. Briard, L'Anthropologie 74, 1970, 25 Abb. 9. 12.

384. Glomel, Dép. Côtes-du-Nord. – Landes de Glomel; wohl Grabfund vgl. Nr. 284. – Dolch, Basis nicht erhalten, L. noch 27,5 cm, B. noch 6,4 cm *(Taf. 27, 384;* nach de Mortillet u. Museumsphoto). – Mus. Saint-Omer (4570). – A. de Mortillet, Rev. Ec. Anthr. 15, 1905, 338 Abb. 167.

385. Plouvorn, Dép. Finistère. – Kernonen; Grabfund vgl. Nr. 352. – Fragmente eines Dolches; Reste des Holzgriffes mit Goldstiftchen und -nägeln; bei dem Dolch – wahrscheinlich auf der Klinge – Fragmente dreier Ringkopfnadeln aus Bronze; L. ca. 20–25 cm, B. ca. 6–7 cm *(Taf. 27, 385;* nach Briard). – Mus. Penmarc'h (nicht zugänglich). – Briard, L'Anthropologie 74, 1970, 28 Abb. 9.

386. Priziac, Dép. Morbihan. – Grabhügel mit eingetiefter Steinkiste aus Trockenmauerwerk mit Deckstein, gestört. – Fragment einer Dolchklinge; Goldeinlage oder eher durchgehende Goldstifte; L. noch ca. 9 cm, B. noch ca. 3,5 cm *(Taf. 27, 386;* nach Briard). – Beifunde: „Das Grab enthielt mindestens mehrere Dolche (vgl. Nr. 453) und Beile, unglücklicherweise zerbrochen und verstreut". In der Hügelschüttung Glockenbecherscherbe und bronzezeitliche Scherben. – Mus. Penmarc'h (nicht zugänglich). – J. Briard, Arch. Atl. 1, 1, 1975, 28 Abb. 5, 7; ders., in: Coll. Ghent 42 Abb. 1, 5; ders., in: Préhist. Franç. 2, 564. Abb. 2, 7.

387. Elven, Dép. Morbihan. – Coët-er-Garf; Grabhügel (Lehm) mit steingedeckter Grabgrube, 1,6 × 2,3 m, Holzumbau. – Dolchfragment, Mittelrippe von je einer Rille begleitet; Reste der Holzscheide; L. noch 13,5 cm, B. noch 4,4 cm *(Taf. 27, 387).* – Beifunde: Fragmente eines Dolches der Art Bourbriac angeschlossen (Nr. 413); Dolchfragment (Nr. 420); Beil mit leichten Randleisten; 28 Silexpfeilspitzen; Silexabschlag; Eberzahn (Incisive) *(Taf. 55, C).* – Mus. Vannes (1219). – L. Marsille, Bull. Soc. Polym. Morbihan 1913, 3 ff. Taf. 3, 2; St. Piggott, PPS. 4, 1938, 100.

388. Landerneau, Dép. Finistère. – Bel Air; Grabfund vgl. Nr. 330. – Dolchfragment mit flacher Mittelrippe, nach Giot, Britanny 132, auf einer Seite zwei, auf der anderen drei Niete (vgl. Nr. 353), L. noch 16 cm, B. noch 3,7 cm *(Taf. 27, 388;* nach Piggott u. Skizze H. Schickler). – Mus. Penmarc'h (nicht zugänglich). – St. Piggott, PPS. 4, 1938, 52 ff. Abb. 7, 2 („Porzpoder").

389. Plouvorn, Dép. Finistère. – Lambader; Hügel (?), Steinkiste mit Trockenmauerwerk, eingetieft. – Dolchfragment mit breiter Mittelrippe, L. noch 27 cm, B. noch 7,5 cm *(Taf. 27, 389;* nach B. le Pontois). – Beifunde: Dolchfragment (Nr. 417); Silexpfeilspitze. – Aufbewahrungsort unbekannt. – Micault, Poignards 114; du Chatellier, Epoques 81; Bénard le Pontois, Finistère 220. 272 mit Abb.; J. Briard, BSPF. 67, 1970, 373 Abb. 1, A.

Folgende Dolche hatten nach der Beschreibung eine Mittelrippe und können den Dolchen der Art Trévérec zugeordnet werden.

390. Plonéour-Lanvern, Dép. Finistère. – Cosmaner; Grabhügel mit Steinkiste, Trockenmauerwerk mit Deckstein, 2,5 × 2 m, Holzsarg, Brandbestattung (?). – Sehr schlecht erhaltener Dolch mit starker Mittelrippe und schneidenparallelen Rillen; nur Fragmente konnten geborgen werden. – Beifunde: Fragmente eines Dolches nicht näher bestimmbarer Form (Nr. 431); 25 schlecht erhaltene Silexpfeilspitzen. – Nicht erhalten. – P. du Chatellier, Bull. Soc. Arch. Finistère 25, 1898, 132; ders., ebd. 26, 1899, 292; A. Martin, L'Anthropologie 11, 1900, 168 Abb. 2 (Pfeilspitzen); C.D. Forde, Antiqu. Journ. 7, 1927, 32; St. Piggott, PPS. 4, 1938, 99.

391. Saint-Adrien, Dép. Côtes-du-Nord. – Brun Bras; Grabfund vgl. Nr. 307. – „Eine kleine trianguläre Dolchklinge mit ausgeprägter Mittelrippe. Der Knauf war mit einigen Goldstiften, der Griff mit kleinen Goldplättchen verziert". – Mus. Penmarc'h (nicht zugänglich). – J. Briard. Arch. Korrbl. 8, 1978, 14.

392. 393. Beuzec-Cap-Sizun, Dép. Finistère. – Parc-à-Lion (oder Kerodou); Grabfund vgl. Nr. 378. – „Zwei Bronzefragmente, durch die Patina miteinander verbacken, anscheinend zu zwei andern, analogen Dolchen gehörend, vervollständigen das Inventar". – Nicht erhalten. – P. du Chatellier, Bull. Soc. Arch. Finistère 26, 1899, 283.

Dolche der Art Plouvorn

Mit triangulärer, allerdings relativ schmaler Klinge, schneidenparallelen Rillen und der Aufteilung der sechs Nietlöcher in zwei Dreier-Gruppen gehören die Dolche der Art Plouvorn zu den bretonischen Dolchen. Bei gutem Erhaltungszustand weist die gerade Basis auch eine Heftzunge auf (Nr. 394. 395); der verschollene, sehr lange Dolch aus der Normandie (Nr. 398) ist ohne Heftzunge abgebildet. Entweder war diese nicht erhalten, oder es gibt bei diesen Dolchen Exemplare mit und solche ohne Heftzunge, ähnlich den Dolchen der Art Loucé (s. S. 85) und Rumédon (s. S. 86).

Eigenart der Dolche der Art Plouvorn ist der zwischen den schneidenparallelen Rillen gewölbte Klingenquerschnitt.

394. Trévérec, Dép. Côtes-du-Nord. – Tossen Maharit; Grabfund vgl. Nr. 294. – Dolch mit kleiner Heftzunge, Niete mit Holzmantel und Holzabdeckung, Reste des Holzgriffes mit Goldstiftchen, Holz/Lederscheide, genäht, mit Stempelverzierung und Goldstiftchen, L. 24 cm, B. 6,4 cm *(Taf. 28, 394;* nach Martin u. Bertholet du Chesnay). – Mus. Saint-Germain-en-Laye (nicht zugänglich). – Martin/Bertholet du Chesnay, Tossen Maharit 21 ff. Taf. 3 (Dolch Nr. 6); J.-C. Courtois, BSPF. 54, 1957, 144 Abb. 1, 1.

395. Landivisiau, Dép. Finistère. – Kerhuellea;

Grabhügel mit einer Art Steinkiste, Trockenmauerwerk mit Steinplattenabdeckung, Brandbestattung (?). – Dolchfragment, bei der Auffindung noch mit kleiner Heftzunge, L. 32 cm, B. 8 cm (nach Piggott Fragment L. noch ca. 27 cm, B. noch ca. 7 cm); „die Klingen haben in der Mitte einen deutlich stärkeren Durchmesser als an den Seiten" (*Taf. 28, 395;* nach Piggott und Beschreibung du Chatellier). – Beifunde: Fragmente eines zweiten Dolches der Art Plouvorn (Nr. 403) (nach Piggott zwei weitere Dolche); zwei Steinperlen, eine grünlich (nach du Chatellier aus Quarz, nach Piggott Glasperlen). – Ehem. Mus. Kernuz, jetzt Mus. Saint-Germain-en-Laye (?). – P. du Chatellier, Epoques 69; ders., Bull. Soc. Arch. Finistère 26, 1899, 286f.; St. Piggott, PPS. 5, 1939, 193f. Abb. 2, 1.

396. Plouvorn, Dép. Finistère. – Keruzoret; Grabhügel mit Grabgrube ohne Steineinbau, Körpergrab, evtl. identisch mit Cléder, Kergournadec (vgl. Nr. 452. 453). – Dolchfragment, L. noch 18,6 cm, B. noch 6 cm (*Taf. 28, 396;* nach Photo H. Schickler). – Beifunde: Fragmente von zwei Dolchen (Nr. 401 [?]. 422); elf Silexpfeilspitzen, meist geflügelt, ohne Stiel. – Mus. Saint-Germain-en-Laye (72 454; nicht zugänglich). – P. du Chatellier, Bull. Soc. Arch. Finistère 26, 1899, 296; A. Martin, L'Anthropologie 11, 1900, 168 Abb. 2 (Pfeilspitzen); J. Briard, BSPF. 67, 1970, 373 ff. Abb. 1, 2.

397. Fouesnant, Dép. Finistère. – Coatalio; Grabhügel. – Dolchfragment, L. ca. 22 cm, B. noch ca. 4 cm (*Taf. 28, 397;* nach Giot u. Photo H. Schickler). – Beifunde: doppelkonisches Gefäß mit zwei Henkeln verziert (das im Mus. Penmarc'h diesem Fund zugewiesene Gefäß entspricht nicht dem Gefäß bei du Chatellier, Poterie Taf. 13, 3). – Mus. Penmarc'h (nicht zugänglich). – Giot, Brittany 137 Abb. 39, d.

398. Normandie. – Dolch, nach der überlieferten Zeichnung ohne Heftzunge, L. ca. 40 cm, B. ca. 9 cm (*Taf. 28, 398;* nach Rev. Arch). – Verschollen. – Rev. Arch. 13, 1866, 182 Taf. 6, k.

399. Ploudalmézeau, Dép. Finistère. – Tout-al-Lern (auch Kerloroc); Grabhügel mit Steinkiste, Brandbestattung (?). – Dolchfragment. L. noch 23,6 cm, B. noch 6,6 cm (*Taf. 28, 399;* nach Giot u. L'Hostis). – Beifunde: doppelkonisches Gefäß mit vier Henkeln. – Ehem. Mus. Quimper (1939 verbrannt). – Micault, Poignards 117; P. du Chatellier, Bull. Soc. Arch. Finistère 26, 1899, 293; P.-R. Giot/L. L'Hostis, ebd. 1953, 18ff. Abb. 2; St. Piggott, PPS. 4, 1938, 100.

400. Longues-sur-Mer, Dép. Calvados. – Wohl Grabfund vgl. Nr. 291. – Dolchfragment, L. noch 21,1 cm, B. noch 4,5 cm (*Taf. 28, 400*). – Mus. Bayeux. – Villers, Longues 379ff. Taf. 1, 3; Déchelette Manuel II App. 18 Nr. 68; Piggott, PPS. 4, 1938, 100; J.-R. Maréchal, BSPF. 53, 1956, 682ff. Abb. 3.

401. Plouvorn (?), Dép. Finistère. – Keruzoret (?); der Dolch wird ohne Angabe des Fundortes im Mus. Morlaix aufbewahrt und könnte nach Briard zu dem Grab von Plouvorn gehören, vgl. Nr. 396. – Fragmente eines Dolches, L. noch 27 cm, B. noch 4,2 cm (*Taf. 29, 401*). – Mus. Morlaix (117). – J. Briard, BSPF. 67, 1970, 374.

402. Bourbriac, Dép. Côtes-du-Nord. – Tanwedou; Grabhügel mit Steinkiste aus Trockenmauerwerk, zwei große Decksteine auf Balkenunterlage; nach Aussage des Ausgräbers enthielt eines der beiden Gefäße Leichenbrand. – Fragmente eines Dolches, L. noch 26 cm, B. noch 6 cm (*Taf. 29, 402;* nach Briard). – Beifunde (nach dem Ausgräber): zwei weitere Dolche (vgl. Nr. 405–406: „zwei Dolchklingen, etwa 25 cm lang ... Eine kleinere Klinge, gleichfalls verziert ..."); mehrere tausend Goldstiftchen auf Lederfragmenten, wahrscheinlich von Dolchscheiden; Goldpinzette; zwei „clavettes" (Vorstecknägel) aus Gold, evtl. Griffstifte; zwei Gefäße, davon eines mit Leichenbrand. Jüngere Berichte variieren das Inventar, so P. du Chatellier, Matériaux 1880, 297 (Wiedergabe eines Briefes von Monseigneur David): „1. drei oder vier Dolche ... 2. Steinbeil ... 3. Lederarmband mit Goldnägeln ... 4. Pinzette." Des weiteren u.a. vier Dolche bei Micault, Briard, Harmois, Cordier; ein Bronzebeil bei Harmois, Cordier, Briard, Piggott; fünf Dolche bei Piggott; Pfeilspitzen bei Piggott; Goldstifte als Dolchverzierung bei Briard, Piggott („in the haft"); die beiden Gefäße werden nirgends mehr erwähnt. – Mus. Penmarc'h (?) (ehem. z.T. Mus. Saint Brieuc). – Abbé le Foll, in: Congr. Arch. France 32, Montauban, Cahors, Gueret 1865 (1866), 594ff.; Micault, Poignards 106ff.; A. de la Granciére, Rev. Ec. Anthr. 9, 1899, 160; Harmois, BSPF. 9, 1911, 475f.; St. Piggott, PPS. 4, 1938, 99; J. Briard, Inv. Arch. France 3 (1969) F. 18, 3.

403. Landivisiau, Dép. Finistère. – Kerhuella; Grabfund vgl. Nr. 395. – Fragmente eines Dolches, L. noch ca. 25 cm, B. noch ca. 3 cm (*Taf. 29, 403;* nach Piggott u. Beschreibung von du Chatellier). – Verschollen (?) (ehem. Mus. Kernuz). – P. du Chatellier, Epoques 69; ders., Bull. Soc. Arch. Finistère 26, 1899, 286f.; St. Piggott, PPS. 5, 1939, 193f. Abb. 2, 2. 3.

404. Brennilis, Dép. Finistère. – Goarem-ar-Réouniou; Grabhügel mit Trockenmauerwerk und Deckstein, Holzeinbau. – Dolch, „sechs Niete ...

Klinge mit stark gebauchter Mitte"; Holzscheide; L. 22 cm, B. 5,6 cm. – Beifunde: Gefäß mit vier Henkeln. – Verschollen (?) (ehem. Mus. Kernuz). – P. du Chatellier, Bull. Soc. Arch. Finistère 26, 1899, 283; A. Martin, L'Anthropologie 11, 1900, 163 Anm. („Coetmacun").

Dolche der Art Bourbriac

Die Dolche der Art Bourbriac weisen einen gewölbten Klingenquerschnitt und geschweifte Schneiden mit ebenfalls geschweiften Rillen oder Riefen auf. Heftzungen sind nicht überliefert, bei dem Dolch Nr. 409 und wahrscheinlich auch bei dem Nr. 410 ist an der Stelle der Heftzunge ein alter Bruch feststellbar. Zumindest bei diesen beiden Exemplaren kann eine Heftzunge angenommen werden.

405. Bourbriac (?), Dép. Côtes-du-Nord. – Tanwedou; Grabfund vgl. Nr. 402. Nach den Maßangaben von Abbé le Foll erscheint es allerdings fraglich, ob der Dolch aus dem Grab von Bourbriac stammt. – Fragmente eines Dolches, L. noch 35,5 cm, B. noch 7,5 cm (Taf. 29, 405; nach Briard u. Zeichnung H. Schickler). – Mus. Penmarc'h (?) (ehem. Mus. Saint-Brieuc). – Abbé le Foll, in: Congr. Arch. France 32, Montauban, Cahors, Gueret 1865 (1866), 396; J. Briard, Inv. Arch. France 3 (1969) F 18, 1.

406. Bourbriac, Dép. Côtes-du-Nord. – Tanwedou; Grabfund vgl. Nr. 402. – Fragmente eines Dolches, L. noch ca. 26 cm, B. noch 6 cm (Taf. 29, 406; nach Briard). – Verschollen (?). – J. Briard, Inv. Arch. France 3 (1969) F. 18, 2.

407. Dép. Côtes-du-Nord (?). – Nach Briard soll das Stück zu dem Grab von Bourbriac (vgl. Nr. 402) gehören. 1962 wurde es noch fundortlos im Mus. Morlaix aufbewahrt, 1976 war es dort nicht mehr vorhanden. – Dolchfragment, auf der Klinge winzige Stelle einer Vergoldung beobachtet, L. noch 23,9 cm, B. noch 7 cm (Taf. 29, 407; nach Briard). – Mus. Penmarc'h (?) (ehem. Mus. Morlaix). – J. Briard, Inv. Arch. France 3 (1969) F. 18, 4.

408. Guiclan, Dép. Finistère. – Berven; Grabhügel. – Dolchfragment, L. noch 19,5 cm, B. noch 6 cm (Taf. 29, 408). – Mus. Morlaix (116).

409. Saint-Jean-Brévelay, Dép. Morbihan. – Kerusan (auch Keruzun), Tumulus de la Garenne; Grabhügel (Lehm) mit Steinkern, wahrscheinlich falsches Gewölbe, 3,7 × 2,4 m, Holzeinbau, Gestrecktbestattung; Dolch und Bronzefragment (weiterer Dolch?) in Gürtelhöhe, Gefäß oberhalb des Kopfes. – Dolchfragment, Reste der Holz/Lederscheide, L. noch 25 cm, B. noch 6 cm (Taf. 29, 409). – Beifunde: Bronzefragment, evtl. von einem Dolch (Nr. 421); winziges, gebogenes Goldblech (3 × 7 mm) mit vier gepunzten Rillen, an den vier Ecken je ein winziges Nietloch, in zweien noch ein Goldstift (das Goldblech gehörte evtl. zur Scheide); doppelkonisches Gefäß mit vier Henkeln (Taf. 55, B). – Mus. Vannes (1226). – L. de Cussé, Bull. Soc. Polym. Morbihan 1884, 172ff. Taf. 3; Matériaux 1885, 470f.; Marsille, Catalogue 70f.; St. Piggott, PPS. 4, 1938, 100 („Zwei Dolche mit Goldnägeln, Goldfragment, Gefäß"); Y. Rollando, Bull. Soc. Polym. Morbihan 1959–60, 42 (Abb.).

Bei zwei sehr langen Dolchen enden die schneidenparallelen Rillen etwas oberhalb der Dolchspitze in einen leichten Mittelgrat.

410. Cléguer, Dép. Morbihan. – Kervellerin; Grabhügel mit Steinkiste, rezent gestört. – Dolch, L. 27,8 cm, B. 7,5 cm (Taf. 29, 410). – Beifunde: Scherben eines flachbodigen Gefäßes mit Kerbleiste. – Mus. Carnac (5741). – Gallia Préhist. 1, 1958, 132 Abb. 19; Giot, Brittany Taf. 51; Briard, Dépôts bretons Abb. 26, 10; ders., Inv. Arch. France 3 (1969) F. 24, 1; Gerloff, PBF. VI, 2 (1975) Taf. 56, L. 1.

411. Rennes, Dép. Ille-et-Vilaine. – Quai Saint-Yves; zusammen mit einem zweiten Dolch bei Erdarbeiten. – Dolch, L. 40,3 cm, B. 7 cm (Taf. 30, 411). – Mus. Rennes (883. 10. 1). – Briard/Onné/Veillard, Musée de Bretagne Nr. 52.

Vier Dolche weisen keinen einfach gewölbten Querschnitt, sondern einen leichten Mittelgrat auf. Die Exemplare Nr. 414 und 415 zeigen nicht die üblichen schneidenparallelen Rillen, sondern je eine Längsriefung.

412. Saint-Maclou, Dép. Eure. – Beim Bau der Eisenbahn; zerstörtes Grab (?). – Dolch mit nicht erhaltener Basis oder nietloser Dolch, L. 25,2 cm, B. 5,2 cm *(Taf. 30, 412)*. – Mus. Evreux (3433). – L. Coutil, Bull. Soc. Norm. Et. Préhist. 6, 1898, 57 Taf. 1; J.-C. Courtois, BSPF. 54, 144 Abb. 1, 4.

413. Elven, Dép. Morbihan. – Coët-er-Garf; Grabfund vgl. Nr. 387. – Fragmente eines Dolches, sehr schlecht erhalten, wahrscheinlich mit Mittelgrat, Reste der Holzscheide, L. noch ca. 19,8 cm, B. noch 4 cm *(Taf. 30, 413)*. – Mus. Vannes (1221). – L. Marsille, Bull. Soc. Polym. Morbihan 1913, 3 ff. Taf. 3, 1; St. Piggott, PPS. 4, 1938, 100.

414. Longues-sur-Mer, Dép. Calvados. – Wohl Grabfund vgl. Nr. 291. – Dolchfragment; nach den erhaltenen Basisresten waren die Niete asymmetrisch angeordnet, wahrscheinlich sekundär; L. noch 22,7 cm, B. noch 5 cm *(Taf. 30, 414)*. – Mus. Evreux (3430; Slg. de Villers). – Villers, Longues 379 ff. Taf. 2, 1; L. Coutil., L'Homme préhist. 16, 1927, 289 ff. Abb. 1, 82; J.-C. Courtois, BSPF. 54, 1957, 142 Abb. 1, 5.

415. Lannion, Dép. Finistère. – La Motta; Grabfund vgl. Nr. 277. – Dolchfragment, L. noch 24,5 cm, B. noch 5,7 cm *(Taf. 30, 415;* nach Butler u. Waterbolk). – Bio-Arch. Inst. Groningen. – Butler/Waterbolk, La Motta 138 Abb. 17, 15.

Dolchfragmente

Mindestens zehn Dolche sind zwar in Abbildung bekannt, aber so schlecht erhalten, daß man die Fragmente keiner der bretonischen Dolchgruppen mit Sicherheit zuweisen könnte. Da es sich den jeweiligen Fundverbänden oder der Fundsituation nach aber wahrscheinlich um weitgehend korrodierte Dolche bretonischer Art handelt, werden sie hier mitaufgeführt und nicht bei den Dolchfragmenten allgemein (s. S. 121).

416. Trévérec, Dép. Côtes-du-Nord. – Tossen Maharit; Grabfund vgl. Nr. 294. – Dolchfragmente; Reste eines Nietes mit Holzmantel und der Holz/Lederscheide; L. noch 17 cm, B. noch 4,2 cm *(Taf. 30, 416;* nach Martin u. Bertholet du Chesnay). – Mus. Saint-Germain-en-Laye (nicht zugänglich). – Martin/Bertholet du Chesnay, Tossen Maharit 17 Taf. 7 (Dolch Nr. 2).

417. Plouvorn, Dép. Finistère. – Lambader; Grabfund vgl. Nr. 389. – Dolchfragment, L. noch 12,5 cm, B. noch ca. 4 cm *(Taf. 30, 417;* nach Briard). – Verschollen. – J. Briard, BSPF. 67, 1970, 373 Abb. 1, B.

418. Guidel, Dép. Morbihan. – Cruguel; Grabfund vgl. Nr. 377. – Neun Bronzefragmente, die nach le Pontois von einem Dolch oder auch einem Beil stammen können, L. insgesamt noch 11,1 cm, B. insgesamt noch 3,9 cm *(Taf. 30, 418;* nach le Pontois). – Mus. Saint-Germain-en-Laye (?). – L. le Pontois, Rev. Arch. 16, 1890, 326 Taf. B, 4.

419. Morbihan (Dép.). – Dolchfragment, L. noch 6 cm, B. noch 3,1 cm *(Taf. 30, 419)*. – Mus. Vannes (1254).

420. Elven, Dép. Morbihan. – Coët-er-Garf; Grabfund vgl. Nr. 387. – Dolchfragment, L. noch 6,2 cm, B. noch 3,6 cm *(Taf. 30, 420)*. – Mus. Vannes (1220). – L. Marsille, Bull. Soc. Polym. Morbihan 1913, 3 ff. Taf. 3, 3.

421. Saint-Jean-Brévelay, Dép. Morbihan. – Kerusan (auch Keruzun); Grabfund vgl. Nr. 409. – Bronzefragment, evtl. von einem Dolch, L. noch ca. 7 cm, B. noch 2 cm *(Taf. 30, 421;* nach de Cussé). – Mus. Vannes (nicht auffindbar). – L. de Cussé, Bull. Soc. Polym. Morbihan 1884, 172 ff. Taf. 3.

422. Plouvorn, Dép. Finistère. – Keruzoret; Grabfund vgl. Nr. 396. – Dolchfragment, L. noch ca. 5 cm, B. noch ca. 3 cm *(Taf. 30, 422;* nach Briard). – Mus. Saint-Germain-en-Laye (?). – J. Briard, BSPF. 67, 1970, 374 Abb. 1, 1.

423.–425. Melrand, Dép. Morbihan. – Saint-Fiacre; Grabfund vgl. Nr. 331. – Fragmente dreier Dolche, einer davon mit gewölbtem Querschnitt (?); Lederscheidenreste *(Taf. 30, 423–425;* nach Museumsphoto). – Mus. Oxford. – A. de la Grancière, Melrand 91 f. Abb. 6. 7; St. Piggott, PPS. 4, 1938, 52 ff. Abb. 6, 11. 12; Gerloff, PBF. VI, 2 (1975) Taf. 55, B, 9.

Sonderformen bretonischer Dolche

Das Exemplar von Naveil (Nr. 426) mit flacher, triangulärer Klinge und schneidenparallelen Rillen ähnelt den Dolchen der Art Rumédon (s. S. 86). Die Heftzunge ist aber ungewöhnlich breit und lang, die fünf Nietlöcher sind in zwei Zweiergruppen auf der Griffplatte und einem fünften Nietloch auf der Heftzunge angebracht, der Heftausschnitt ist weitbogig, die Heftspur steigt nach außen an. Die Klinge entspricht jenen der Vollgriffdolche vom Oder-Elbe-Typus.[3]

Der Dolch Nr. 427 ist nur in Zeichnung überliefert. Nach der Abbildung von H. du Fretay besitzt er einen Mittelgrat und eine gerundete, nietlose Griffplatte; allerdings sind die Zeichnungen von du Fretay insgesamt etwas aberrant, wenn es auch Anzeichen für nietlose Griffplattendolche gibt.

426. Naveil, Dép. Loir-et-Cher. – Flachgrab in 1 m Tiefe; Dolchfragment beim Kopf. – Dolchfragment, L. noch 15,1 cm, B. noch 6,4 cm *(Taf. 31, 426).* – Mus. Vendôme. – Ch. Bouchet, Bull. Soc. Arch. Vendômois 4, 1865, 176 ff.; Florance, Age du Bronze 26; G. Cordier, in: Préhist. Franç. 2, 544 Abb. 1, 8.

427. Poullan, Dép. Finistère. – Kervini 2; Grabfund vgl. Nr. 298. – Dolch, nach der Abb. bei du Fretay mit gerundeter Griffplatte, ohne Niete, Mittelgrat; L. ca. 28 cm, B. ca. 4,5 cm *(Taf. 31, 427;* nach du Fretay). – Verschollen. – H. du Fretay, Bull. Soc. Arch. Finistère 1889, 41 Taf. 2, 13.

Dolche nicht näher bestimmbarer Form

Relativ zahlreiche Dolchfunde der Bretagne müssen als verschollen gelten; es gibt von ihnen nur mehr kurze Berichte mit mehr oder weniger guten Beschreibungen *ohne Abbildung* (im Gegensatz zu den Fragmenten Nr. 416–425). Das liegt zum Teil daran, daß die Mehrzahl der bretonischen Grabhügel im vergangenen Jahrhundert geöffnet wurden und viele Funde in Privatbesitz gelangten und verschwanden, zum andern aber war eine ganze Reihe gerade von Dolchen durch die Bodenverhältnisse bereits bei der Auffindung soweit zerstört, daß nur noch Oxydspuren in Dolchform beobachtet werden konnten. Die etwas besser erhaltenen Exemplare haben nicht selten durch Transport und der Aufbewahrung in den Museen Substanzverlust erlitten, und es sind nur noch kleine Fragmente vorhanden.

Im Folgenden führen wir die Funde auf, die nach Beschreibung der Fundumstände (Beifunde) zu einer der bretonischen Dolchgruppen gehören können. Nicht genannt werden in diesem Zusammenhang jene Funde, von denen ein Gefäß und ein nicht näher bestimmbarer Dolch bekannt sind, da sie im Einzelfall eher zu den mittelbronzezeitlichen Gräbern und deren Dolchtypen in der Bretagne gehören.

Bei den hier aufgeführten Funden ist die Möglichkeit einer Verwechslung mit andern Funden oder einer doppelten Aufzählung vorhanden, da die Angaben über die Funde, Fundort und Fundstelle ein und desselben Fundkomplexes oft wechseln. Ohne die Funde selbst oder zumindest Abbildungen bzw. detaillierte Beschreibungen kann nicht immer Klarheit geschaffen werden.

428.–430. Trévérec, Dép. Côtes-du-Nord. – Tossen Maharit; Grabfund vgl. Nr. 294. – Dolchfragment Nr. 428 mit noch 36 Goldstiftchen; ein Niet erhalten; Reste der Holz/Lederscheide; L. noch 8,5 cm, B. noch 3,5 cm; Dolchspitze Nr. 429, auf der nicht erhaltenen Klinge eine Art Pfriem oder sehr kleiner

---

[3] Uenze, Vollgriffdolche 41 ff.

Meißel aus Bronze (L. 10 cm, Dm. 0,65 cm, ein Ende zweiseitig flachgeschlagen); L. noch 5,7 cm, B. noch 2,7 cm; Fragment einer „Lanzenspitze Nr. 430, schneidenparallele Rillen und Mittelrippe, 2,4 × 1,5 cm, möglicherweise handelt es sich um einen Dolch der Art Trévérec. – Reste im Mus. Saint-Germain-en-Laye (nicht zugänglich). – Martin/Bertholet du Chesnay, Tossen Maharit 19 (Dolch Nr. 4). 26 (Dolch Nr. 8). 31 f. („pointe de javelot").

431. Plonéour-Lanvern, Dép. Finistère. – Cosmaner; Grabfund vgl. Nr. 390. – Kleine Fragmente eines Dolches mit sehr flacher Klinge und schneidenparallelen Rillen. – Aufbewahrungsort unbekannt (ehem. Mus. Kernuz). – P. du Chatellier, Bull. Soc. Arch. Finistère 25, 1898, 132.

432. Prat, Dép. Côtes-du-Nord. – Tossen Prat (auch Tossen Kergourognon); Grabfund vgl. Nr. 283. – Dolchfragment, flach, Basis und Spitze fehlen; Reste der genähten Holz/Lederscheide; L. noch 17,2 cm, B. noch 5,5 cm. – Nicht erhalten. – Prigent, Grand Tumulus 24 (Dolch Nr. 3).

433. 434. Longues-sur-Mer, Dép. Calvados. – Wohl Grabfund vgl. Nr. 291. – Zwei Dolche, bei der Auffindung bereits weitgehend zerstört. – Reste nicht erhalten (ehem. Slg. G. de Villers). – Villers, Longues 379 ff.

435. 436. Loucé, Dép. Orne. – Geschlossener Fund, wahrscheinlich Grab vgl. Nr. 274. – Zwei Dolche. – Verschollen. – G. Verron, in: Préhist. Franç. 2, 587.

437. Plouyé, Dép. Finistère. – Kerguévarec; Grabfund vgl. Nr. 337. – Bei der Ausgrabung wurden Fragmente eines nicht bergbaren Dolches beobachtet. – M. Lukis, Matériaux 1884, 448.

438. Pleudaniel, Dép. Côtes-du-Nord. – Mouden Bras; Grabfund vgl. Nr. 289. – Schlecht erhaltenes Fragment einer Dolchklinge, nach Martin/Prigent ohne Heftzunge; vier von sechs Nieten erhalten; schneidenparallele Rillen, Klingenquerschnitt sehr leicht gewölbt; Scheidenreste; auf dem Dolch fand sich eine Nadel; L. noch 10 cm, B. noch 5,2 cm. – Mus. Saint-Germain-en-Laye (nicht zugänglich). – Martin/Prigent, Mouden Bras 156 (Dolch Nr. 3).

439. Pleudaniel, Dép. Côtes-du-Nord. – Mouden Bras; Grabfund vgl. Nr. 289. – Zwei Fragmente eines flachen Dolches, 3 × 5 und 3 × 2 cm, drei von sechs Nietlöchern erhalten, breite schneidenparallele Rillen, Reste des Griffes aus Knochen („Elfenbein"), Heftrand des Griffes aus Knochenlamelle; auf dem Dolch fand sich eine Nadel. – Mus. Saint-Germain-en-Laye (nicht zugänglich). – Martin/Prigent, Mouden Bras 156 f. (Dolch Nr. 4).

440. 441. Saint-Adrien, Dép. Côtes-du-Nord. – Brun Bras; Grabfund vgl. Nr. 307. – Zwei Dolche, wahrscheinlich der Art Rumédon, einer davon mit Knochengriff. – Aufbewahrungsort unbekannt. – J. Briard, Arch. Korrbl. 8, 1978, 14 f.

442. Poullan, Dép. Finistère. – Kervini 2; Grabfund vgl. Nr. 298. – Bei der Ausgrabung ein nicht bergbarer Dolch beobachtet. – H. du Fretay, L'Association Bretonne 1887 (St. Brieuc 1888), 5.

443. 444. Beaumont-Hague, Dép. Manche. – Grabfund vgl. Nr. 366. – Zwei Dolche. – Verschollen (ehem. Privatslg.), s. Nr. 366. – Chantre, Age du Bronze Nr. 44.

445. Priziac, Dép. Morbihan. – Grabfund vgl. Nr. 386. – „Mehrere Dolche, zerbrochen und verstreut". – Nicht erhalten. – J. Briard, in: Coll. Ghent 42.

446. 447. Saint-Vougay, Dép. Finistère. – Liorzou; Grabhügel mit Steinkiste aus Trockenmauerwerk mit Deckstein (1926 ausgegraben). – Ein großer und ein kleiner Dolch, Basis schlecht erhalten. – Beifunde: Beil mit leichten Randleisten; 16 Silexpfeilspitzen. – Mus. Penmarc'h (nicht zugänglich).

448. Ploudalmézeau, Dép. Finistère. – Tréouélan; Grabfund vgl. Nr. 347. – Dolchfragment, L. noch ca. 8–10 cm, B. noch 2 cm. – Mus. Penmarc'h (nicht zugänglich). – J. Briard, Bull. Soc. Arch. Finistère 87, 1961, 106.

449. Plouhinec, Dép. Finistère. – Dame de Kersandy; Grabhügel mit Steinkern und zentraler Steinkiste. – Nicht mehr restaurierbare Fragmente eines Dolches, nach Briard L. ca. 30 cm, wahrscheinlich kleine Heftzunge. – Beifunde: 30 Silexpfeilspitzen. – Mus. Penmarc'h (nicht zugänglich). – J. Briard, in: Coll. Ghent 38 f.; Gallia Préhist. 20, 1977, 422 f.

450. 451. Plouarzel, Dép. Finistère. – Penn-an-Dreff; Steinkiste unter Bodenniveau. – Zwei schlecht erhaltene Dolche, Nietzahl nicht feststellbar, schneidenparallele Rillen. – Mus. Penmarc'h (nicht zugänglich). – J. Briard, Bull. Soc. Arch. Finistère 87, 1961, 105; Gallia Préhist. 5, 1962, 196.

452. 453. Cléder, Dép. Finistère. – Kergournadec; Grabhügel mit Steinkiste aus Trockenmauerwerk mit Deckstein, Brandbestattung (?); nach J. Briard, BSPF. 67, 1970, 373 evtl. identisch mit Plouvorn, Keruzoret (vgl. Nr. 396). – Zwei Bronzedolche. – Beifunde: zwei Silexpfeilspitzen. – Verschollen. – P. du Chatellier, Bull. Soc. Arch. Finistère 26, 1899, 298 („Plouzévédé, Vern"); A. Martin, L'Anthropologie 11, 1900, 162; St. Piggott, PPS. 4, 1938, 99.

454. Coat Méal, Dép. Finistère. – Lesvern; Grabhügel mit Steinkiste aus Trockenmauerwerk und Deckstein. – Bronzedolche. – Verschollen. – P. du Chatellier, Bull. Soc. Arch. Finistère 31, 1899, 284 f.; Gerloff, PBF. VI, 2 (1975) 247.

455. Plougoulm, Dép. Finistère. – Kerichen; Grabhügel (?) mit Steinkiste aus Trockenmauerwerk, 2,5 × 1,3 m; Notbergung. – Reste eines Dolches, leicht geschweift (?), sechs Nietlöcher, L. ca. 15 cm. – Mus. Penmarc'h (nicht zugänglich). – Gallia Préhist. 20, 1977, 419.

456. Bretagne (?) vgl. Nr. 363. – Dolch bretonischer Art. – Verschollen. – Babelon/Blanchet, Catalogue 666 Nr. 2058.

457. Caen, Dép. Calvados. – Aus der Orne. – Dolch mit vier bis sechs Nietlöchern, schneidenparallele Rillen, L. 28 cm, B. 7 cm. – Verschollen. – L. Coutil, Bull. Soc. Norm. Et. Préhist. 6, 1898, 57.

458. Lorient, Dép. Morbihan. – Aus dem Blavet, Flußfund vgl. Nr. 257. – „Sieben Dolchklingen", angeblich mit einem Vollgriffdolch zusammen gefunden. – Eingeschmolzen. – Cariou, Reconstitution 2.

Von St. Piggott[4] wurden sieben Dolche – wahrscheinlich aus Brest, Aufbewahrungsort Mus. Brest – aufgeführt. Weder in der übrigen Literatur noch in den Museen von Brest war ein Hinweis auf diese Dolche zu finden. Des weiteren nannte Piggott[5] eine Gruppe von vier Dolchen aus dem Dép. Finistère, aufbewahrt im Mus. Penmarc'h. Da die Sammlung des Museums nicht zugänglich war, konnte diese Angabe nicht überprüft werden (vgl. S. 8 Anm. 43).

Funktion, Zeitstellung und Verbreitung der bretonischen Dolche

Funktion: Die Grabhügel der älteren Bronzezeit in der Bretagne bestehen im allgemeinen aus einem eingetieften oder – öfter – auf der alten Oberfläche errichteten Zentralgrab in Form einer langschmalen Steinkiste aus Wandplatte, Trockenmauerwerk oder beidem kombiniert, mit einem oder mehreren Decksteinen; selten ist das Grab ohne Steinschutz (Nr. 289). Die Steinkiste selbst ist meist wiederum mit einem Steinkern aus unbearbeiteten Steinen umgeben, überlagert von einem aus Lehm, selten aus Lehm/Sandgemisch (Nr. 385) errichteten Erdhügel. Der Hügellehm, in höheren Lagen gelb bis braun, dem Hügelkern zu blau bis violett, hat die Eigenschaft, Wasser (Niederschläge) nur sehr langsam aufzunehmen, es aber noch langsamer wieder abzugeben und es in tieferen Lagen zu speichern, so daß das Zentralgrab mit Steinhügel praktisch von einer luftdichten Lehm-Wasserglocke umschlossen ist.[6]

Diese Hügelstruktur hat, in Verbindung mit anderen bodenkundlichen Vorgängen, eigenartige Erhaltungsbedingungen für Funde und Befunde zur Folge. Im Grab selbst sind die Knochen praktisch völlig vergangen, lediglich in unmittelbarer Nähe von Metallgegenständen ist Knochensubstanz etwas besser konserviert,[7] so daß Überreste der Bestatteten fast ausschließlich nur in Form von Knochenkrümeln beobachtet werden konnten. Die Holzeinbauten der Steinkistengräber – Holzsärge oder eher Holzboden und Holzabdeckung (Seitenwände wurden bisher nicht beobachtet) – sind oft relativ gut als braune oder schwarze Schicht organischen Materials, teilweise noch mit Holzstruktur erhalten. Die oft sehr zusammengepreßte Schichtung Holz-Bestattung-Holz erweckte durch das Gemisch von Holz und Knochenresten bisweilen den Eindruck, es handele sich bei den Gräbern um Brandbestattungen. Bei näherer Untersuchung der Knochenreste des Grabes von Guidel (Nr. 377) konnte aber festgestellt werden, daß die Knochen nicht verbrannt waren,[8] ebenso bei dem Grab von Ploumilliau (Nr. 285); in dem Grab von Saint-Jean-

---

[4] Piggott, PPS. 4, 1938, 99 Nr. 9.
[5] Ebd. 100 Nr. 22.
[6] Martin/Bertholet du Chesnay, Tossen Maharit 7.
[7] Der einzig erhaltene bronzezeitliche Schädel der Bretagne ist in dem wahrscheinlich mittelbronzezeitlichen Grab von Guissény gefunden worden. Er war deshalb relativ gut konserviert, weil er ein Bronzeblechband um die Stirn trug (du Chatellier, Epoques 44. 97; ders., Bull Soc. Arch. Finistère 26, 1899, 286; Micault, Poignards 121; E. Carthailhac, Matériaux 1884, 85f. Abb. 50–52. In dem Grab von Ploumilliau (Nr. 285) konnte Martin einige Skelettfragmente bergen: „... zwei interessante Fragmente, von Kupfersalzen so imprägniert, daß die ganze, leichte Masse einheitlich grün, die äußeren Oberflächen dunkelbraun sind ... Die beiden Stücke gehören zur rechten Seite des Skelettes" (Martin, Rumédon 148).
[8] L. le Pontois, Rev. Arch. 16, 1890, 329 Anm. 1.

Brévelay (Nr. 409) wurde der Leichenschatten einer Gestrecktbestattung beobachtet und überliefert, die bei den Maßen der rechteckigen Grabkammern auch plausibler erscheint als Brandbestattung. Gesicherte Hinweise für eine Brandbestattungssitte liegen nicht vor, mit Ausnahme eventuell des Grabes von Bourbriac (Nr. 402); der Ausgräber gab an, eines der beiden Gefäße habe Leichenbrand erhalten.

Bisher einzige Ausnahme in der Erhaltung von Knochensubstanz bildet, wie es den Anschein hat, der Grabhügel von Lescongar, Gem. Plouhinec, Dép. Finistère. Im letzten Jahrhundert angegraben und danach überbaut, konnten 1966 bei einer Nachgrabung die Reste des Zentralgrabes geborgen werden. Bei dem Grab handelt es sich um einen Grabhügel mit Steinkiste aus Trockenmauerwerk mit Deckstein, Steinkern und Erdmantel, letzterer aus einem Gemisch Lehm/Granitverwitterungsboden. P. du Chatellier berichtete von der ersten Grabung über ein Gefäß mit zwei Henkeln und einem Bronzebeil, nach J. Briard sind diese Angaben etwas vage. Bei der Nachgrabung kamen insgesamt 17 Silexpfeilspitzen zutage, außerdem Reste von insgesamt vier „Knochendolchen", nach dem Rekonstruktionsvorschlag von Briard der Arten Rumédon (s. S. 86) und Bourbriac (s. S. 100), einer der Dolche ist dem „malaischen Kris" oder „gewellten Dolch" von Plonéour-Lanvern (Nr. 370; vgl. S. 95) nachempfunden; dazu kommen sechs „Knochenniete" (Taf. 57, A).[9]

Aus der Bretagne gibt es verschiedene Hinweise auf Dolchklingen aus Knochen; auch aus dem Bereich der Wessex-Kultur ist, neben einfachen Dolchnachbildungen mit Griff aus einem Knochenstück, eine Klinge aus Knochen bekannt. Die Beschreibungen des Materials, aus dem die Klingen gefertigt sind, erscheinen jedoch nicht eindeutig. A. Martin und Abbé Prigent berichteten über den „Elfenbeindolch" von Trézény (Taf. 57, C):[10] „Es ist eine kleine Plakette in Form einer Dolchklinge, an beiden Enden abgebrochen, heutige L. 5,3 cm, B. 1,8 cm, die Schneide ist stellenweise ausgebrochen ... Unter der Lupe zeigt die Klinge die *lamellenartige Elfenbeinsubstanz*, die von *Knochensubstanz sehr verschieden* ist". Auch die Untersuchung des der Wessex-Kultur angehörenden Dolches von Crug-yr-Afan (Taf. 57, D)[11] ergibt keine genauere Bestimmung: „Der Autor hat das Stück mehreren Fachleuten vorgelegt. Während sich alle darüber einig waren, daß es sich mit Sicherheit nicht um ein fossiles Krusten- oder Schalentier handelt, sondern um ein Artefakt, gingen aber die Ansichten über das Material selbst auseinander. Die Mehrheit sprach sich für Knochen aus, jedoch möglicherweise mineralisierten Knochen. Da nur so wenig von dem Gerät erhalten ist, erschien es nicht gerechtfertigt, es zu zerteilen, um die Frage nach der Substanz endgültig zu beantworten. Die Farbe der Oberfläche ist eine Mischung aus lederfarben, gelb und grün, die Oberfläche erscheint poliert ... das ganze Fragment scheint wie mit einer Politur überzogen".

---

[9] Kurze Notiz über die erste Grabung bei du Chatellier, Bull. Soc. Arch. Finistère 26, 1899, 294. Bericht über die Nachgrabung bei J. Briard, Gallia Préhist. 11, 1968, 247 ff. Abb. 1–13. – „Gewellter" Dolch: ebd. 245 f. Abb. 11, 10.

[10] Trézény, Dép. Côtes-du-Nord. – Ruguello; Grabhügel mit Steinkiste aus Trockenmauerwerk, Deckstein. Fragment eines Knochendolches mit schneidenparallelen Rillen, L. noch 5,3 cm, B. noch 1,8 cm (Taf. 57, C; nach Martin u. Prigent). – Beifunde: verziertes Henkelgefäß (Taf. 57, C; nach Martin u. Prigent). – Verschollen. – Martin/Prigent, Bull. Soc. Arch. Finistère 40, 1913, 6 ff. mit Abb.; Briard, Gallia Préhist. 11. 1968, 258 Abb. 11, A.

[11] C.B. Burges, Bull. Board Celt. Stud. 20, 1962, 75 ff. bes. 80 f. Taf. 2; vgl. PBF. VI, 2 (Gerloff) Nr. 351. Knochendolche mit Griff: ebd. Nr. 347–350; bei diesen Nachbildungen ist die Knochenstruktur sehr klar. Ähnlich kann ein verschollenes Exemplar aus der Bretagne gewesen sein: Locmaria-Plouzané, Dép. Finistère. – Brendégué; Grabhügel, Steinkiste (wahrscheinlich falsches Gewölbe) aus Trockenmauerwerk. – Dolch aus einem gespaltenen Hirschgeweih, L. 17 cm. – Beifunde: Schädelreste und Geweihstangen vom Hirsch. Nach P. du Chatellier, Bull. Soc. Arch. Finistère 26, 1899, 287 f. außerdem „zwei kleine Bronzedolche mit Holzscheide, zu schlecht erhalten, um sie einem bestimmten Typ zuzuweisen"; diese beiden Dolche sind im Ausgrabungsbericht nicht vorhanden. – P. du Chatellier, Bull. Mem. Soc. Emul. Côtes-du-Nord 34, 1896, 81 ff.

Briard[12] beschrieb die Oberfläche der Klingenfragmente von Plouhinec/Lescongar als graue bis schwarze Kruste, die er auf den umgebenden, mit vergangenem Holz durchsetzten Boden zurückführte, auch hatten die Fragmente das Aussehen von kleinen Schieferstückchen. Unter dem Mikroskop sei eine Art Spongiosa zu erkennen (auch gänzlich zersetzte Bronze kann aber in starker Vergrößerung eine schwammig wirkende Struktur aufweisen). Als Ausgangsmaterial erwog er Knochen eines großen Säugetieres, Rind o.a., ohne eine spezifische Art nennen zu können. Bei der Größe der Artefakte müßte aber zumindest eine ungefähre Bestimmung möglich sein, vor allem um welchen Körperknochen es sich handeln kann (Femur o.a.). Als Beispiel für Metalltypen nachgebildete Knochengeräte nannte Briard[13] neben einem Dolchknauf ein Beilfragment aus dem Grab von Plouvorn/Kernonen (Nr. 352; Taf. 57, B); eine später erfolgte Analyse dieses Stückes ergab aber, daß es sich nicht um Knochen, sondern um fast völlig aufgelöste Bronze handelt. Wie bei den „normalen" Metalldolchen häufig, sind auch hier vor allem die Heftpartien, die Spitzen und die Schneiden sehr schlecht bzw. gar nicht erhalten.

Unter Berücksichtigung dieser Überlegungen bleibt zu erwägen, ob es sich bei den „Knochendolchen" nicht doch um Metalldolche handeln kann. Die Beschreibung des Materials, vor allem auch der poliert erscheinenden Oberfläche des oben genannten Wessexdolches und der Verkrustung der Klingenfragmente von Plouhinec/Lescongar entsprechen dem Zustand durchkorrodierter Bronze, die unter den für die Bretagne typischen Bodenverhältnissen gelagert war. Auch hätten sich, wäre das Grab von Plouhinec/Lescongar ein Ausnahmefall guter Knochenerhaltung, wenigstens kleine Teile des Skelettes finden müssen. Eine wie bei dem „Knochenbeil" von Plouvorn/Kernonen erfolgte Materialanalyse ist hier unerläßlich.

In direkter Nähe der Metallbeigaben sind die Reste der unteren und oberen Holzlage besser erhalten als in metallfreien Grabbereichen. Dieser Umstand wurde sehr oft beobachtet und auch so beschrieben, daß sich über und unter den Metallfunden je eine Schicht Holz befand (Nr. 283. 289. 296. 299. 352. 377). Abbé Prigent z.B. berichtete über die Ausgrabung des Tossen Prat (Nr. 283): „Ich fand ... vier Holzkästchen ... Es waren weniger eigentliche Kästchen als Holzstücke über und unter den Gegenständen ... Mangels einer besseren Bezeichnung werde ich ... den Namen „Kästchen" belassen". Die Bezeichnung „Kästchen" bürgerte sich ein, allerdings aber mit ausdrücklichen Hinweisen darauf, daß Seitenwände fehlen und das Holz den Holzspuren der Boden- und Deckenlage der Bestattung gleicht (Eiche).[14] Briard interpretierte das auffallende Fehlen einer eigentlichen Kastenkonstruktion: „Eher als um Kästchen im heutigen Sinn des Wortes handelt es sich um einen flachgehöhlten Holzblock, ohne Fugen und Zapfen oder Scharniere".[15] Mit Sicherheit handelte es sich aber um besser erhaltene Teile der Holzeinbauten.[16] Im Bereich nicht-metallischer Beigaben wie Silexpfeilspitzen sind „Kästchen" nie beobachtet worden.

Die relativ guten Erhaltungsbedingungen für organische Stoffe wie Holz und Leder in der Nähe der Metallbeigaben führten zu Beobachtungen wie der Längsschäftung von Beilen (Trémel [Nr. 296]; Trévérec? [Nr. 294]), die auch „Stoßbeile" genannt werden,[17] aber eher Abzeichen- oder

---

[12] Briard, Gallia Préhist. 11, 1968, 254.

[13] Ebd. 258 Abb. 11; B; vgl. ders., L'Anthropologie 74, 1970, 42f.

[14] Prigent, Grand Tumulus 18; vgl. Martin, Bull. Soc. Arch. Finistère 31, 1904, 11; Martin/Prigent, Mouden Bras 148f.; le Pontois, Rev. Arch. 16, 1890, 304ff.; Prigent, Trémel 178.

[15] Briard, L'Anthropologie 74, 1970, 18.

[16] Martin/Bertholet du Chesnay, Tossen Maharit 13f.; Martin/Prigent, Mouden Bras 172f.

[17] Zwei (etwas jüngere) Beile bei J. Brønstedt, Nordische Vorzeit II (1962) 52 mit Abb.

Symbolfunktion als Waffen- oder Gerätfunktion hatten.[18] Neben Beilen mit Schäftungsspuren kommen in den gleichen Gräbern auch Beile ohne Schaftreste vor (Ersatzstücke?). Neben Lederhüllen von Beilschneiden sind auch Umwicklungen des Beiles mit Bronzeblech bekannt (vgl. 284. 292). Die Pfeilspitzen waren offenbar mit Holzschäften beigegeben worden (vgl. Nr. 292).

Nicht zuletzt sind auch Einzelheiten der Dolchgriffe und vor allem der Dolchscheiden bekannt. Letztere sind meist aus Holz und Leder, das Holz als Außenhülle, das Leder mit dem Fell zur Klinge als Futter (Nr. 358 (?). 361. 416. 428),[19] oder aus drei Schichten (Leder/Holz/Leder: Nr. 323. 356. 359. 367. 394). Bei der Scheide von zwei Dolchen des Grabes von Trévérec (Nr. 381. 416) vermuteten die Ausgräber eine Bemalung der äußeren Holzschicht; im gleichen Grab wurden Dolchscheiden mit Stempelverzierung der äußeren Lederschicht gefunden (Taf. 54, A). Auch Nahtspuren und Säume waren zum Teil erhalten.

Bei einigen Dolchen soll das Heft so an den Seiten verbreitet gewesen sein, daß es als Halt für die obere Scheidenkante dienen konnte, um zu verhindern, daß die Dolchspitze die Scheidenspitze innen beschädigt.[20] Nach dem heutigen Erhaltungszustand der Dolche läßt sich nicht mehr entscheiden, ob nicht doch die Beobachtung von A. Martin und C. Bertholet du Chesnay zutrifft, daß es sich bei diesen „buttoirs" eher um eine Ablagerung von Metalloxyd handelt.[21]

Die Dolchgriffe aus organischem Material (Holz oder Knochen) sind nur im Bereich des Heftes, also in unmittelbarer Nähe des Metalles soweit erhalten, daß sich das Material feststellen läßt; nur einmal ist die gesamte Form des Holzgriffes überliefert (Nr. 319). Abbé Prigent berichtete über eine Beschichtung eines Holzgriffes (Bemalung?),[22] als Holzarten wurden Erle und Esche genannt. Von Knochengriffen sind kleine Reste erhalten (Nr. 289. 359). Über die Konstruktion der Griffe selbst liegen kaum Beobachtungen vor; von dem Knochengriff eines Dolches von Ploumilliau (Nr. 359) ist lediglich bekannt, daß er aus zwei Hälften bestand.[23] Eine Bronzescheibe mit Stift von Pleudaniel (Nr. 289; Taf. 17, 289) könnte zu einem Dolchknauf gehören, ebenso ein bearbeitetes Holzstück aus dem Grab von Guidel (Nr. 377; Taf. 27, 377).

Eine bisher nur von bretonischen Dolchen bekannte Eigenart ist die Ummantelung der relativ dünnen Niete mit Holz (Nr. 292 [?]. 306. 323. 325. 357 [?]) oder Knochen (Nr. 289. 359), auch sollen die sehr flachen und kaum verbreiterten Nietköpfe mit Knochen- oder Holzscheiben abgedeckt gewesen sein, so daß der gesamte Griff von außen aus einheitlichem Material zu bestehen schien.[24] Nach dem heutigen Erhaltungszustand läßt sich dies kaum mehr überprüfen. Auffallend ist, daß die Niete oft sehr viel dünner als die Nietlöcher sind; andererseits erscheinen aber die Niete bei manchen Dolchen durch die Verzierung mit Goldstiftchen eher betont als versteckt (vgl. die Punktverzierung der Vollgriffdolche vom Rhône-Typ [S. 73]).

Diese Goldstiftchen sind meist winzige, mit bloßem Auge oft nur schwer zu erkennende Abschnitte von dünnem Golddraht bis zu nur 0,4 mm Stärke und noch geringerem, nicht mehr gemessenem Durchmesser,[25] die auf der Griffstange, dem Knauf oder auf der Heftpartie in Kreisen um die Niete angebracht waren (Nr. 289. 307. 323. 328. 329. 367. 377. 383. 385. 394. 428). Aus

---

[18] Vgl. Martin/Bertholet du Chesnay, Tossen Maharit 27f. Eines der beiden *nordischen* Beile soll einen „mannshohen" Schaft gehabt haben (vgl. Anm. 17).

[19] Vgl. auch Prigent, Grand Tumulus 26; Martin, Rumédon 135.

[20] Martin, ebd. Abb. 1; du Chatellier, Matériaux 1880, 293; vgl. auch Nr. 323. 394.

[21] Martin/Bertholet du Chesnay, Tossen Maharit 18.

[22] Prigent, Grand Tumulus 22.

[23] Martin, Rumédon 140. Zu älterbronzezeitlichen zweischaligen Dolchgriffen aus organischem Material s. A. S. Henshall, Scottish Dagger Graves; in: Studies in Ancien Europe. Essays presented to Stuart Piggott (1968) 173ff.

[24] Martin, Rumédon 140; ders. Bull. Soc. Arch. Finistère 31, 1904, 12; ders./Bertholet du Chesnay, Tossen Maharit, passim.

[25] Le Pontois, Rev. Arch. 16, 1890, 321; Martin/Prigent, Mouden Bras 168ff.

zwei weiteren Gräbern sind die Stiftchen keinem bestimmten Dolch mehr zuweisbar (Nr. 296. 331).

Über die genaue Anordnung der Goldstiftchen ist nicht allzuviel bekannt. Sie wurden offenbar, meist sehr dicht gesetzt, in den Holz- oder Knochengriff eingelassen; belegt ist außerdem die kreisförmige Anbringung um die Niete und die Verzierung des Heftrandes mit einer Reihe von Goldstiftchen. – Ein Fragment des Dolchgriffes von Pleudaniel (Nr. 328) zeigt eine flächige Verzierung mit Goldstiftchen, die an einer Seite in einem rechten Winkel endet. Von dem gleichen Griff ist außerdem erhalten: „Ein Holznagel (L. 1,3 cm) mit halbkugeligem Kopf (Dm. 0,6 cm), der ganz mit Goldstiftchen (fast 100 Stück) verziert ist ... Ein anderes Fragment (eines Holznagels) mit Goldstiftchen an beiden Enden gibt einen Hinweis auf den Durchmesser des Griffes mit sehr flachovalem Querschnitt".[26] Die überlieferte Zeichnung des Dolches mit dem verzierten Griff wurde von A. Martin und Abbé Prigent nach dem Vorbild des damals schon bekannten Dolches von Normanton angefertigt (Taf. 20, 328). Ein Holzgrifffragment von Guidel (Nr. 377) läßt nach der Abbildung von L. le Pontois vermuten, daß es sich bei den eingelassenen Goldstiftchen um ein Dreiecks- oder Zickzack-Muster handelt, die Stiftchen sind aber lediglich, nach verschiedenen Größen sortiert, in Reihen angeordnet, der Musteransatz ist auf eine Störung der dritten Reihe bei der Bergung zurückzuführen.[27] Sicher geometrische Muster bilden die wenigen in Originallage erhaltenen Stiftchen des Lederbesatzes oder der Lederscheide von Bourbriac (Nr. 402; Taf. 29, 402). Gleichfalls in Leder eingelassen waren Stiftchen auf einem Dolch von Trévérec (Nr. 394); auch das kleine Goldplättchen von Saint-Jean-Brévelay (Nr. 409) könnte zur Scheide gehören.

Bei der Anordnung der sechs Goldnägel in Nietgröße eines Dolches von Plouvorn (Nr. 383) in zwei Dreiergruppen handelt es sich um einen Rekonstruktionsvorschlag von Briard nach dem Vorbild der Griffe von Saint-Brandan-Schwertern.[28] Aus der Fundlage geht eine derartige Gruppierung nicht hervor; plausibler und vor allem von einer implizierten chronologischen Wertung frei wäre – erscheint eine Rekonstruktion wünschenswert – eine Anordnung der sechs Goldnägel (zwei mit Stift, vier mit Dorn) in Reihen auf der Griffstange.[29] Griffverzierung mit derartigen Nägeln ist bei bretonischen Dolchen selten; wahrscheinlich sind die „clavettes" (Vorstecknägel) aus Gold von Bourbriac (Nr. 402) solche Griffnägel. Abbé Prigent berichtete außerdem über das Grab von Trémel (Nr. 296): „Es gibt drei Arten von Nieten: Runde, flache und spitze ... Die spitzen haben wie die anderen einen runden Kopf, enden aber in einer Spitze. Von dieser Art habe ich nur ein Fragment".[30] Dieses Fragment eines Bronzenagels könnte zum Griff gehören.

Die Dolchklinge von Priziac (Nr. 386) trägt eine ungewöhnliche Verzierung: beidseitig der Mittelrippe ist je eine Reihe runder „Goldplättchen" erhalten. Mangels genauer Untersuchung ist bisher noch nicht geklärt, ob es sich um Einlegearbeiten handelt oder um eine Art Niete, wie Briard vermutete: „In Priziac scheint die Goldverzierung durch eine Bohrung doppelkonischer Form durchzugehen, da der Goldstift auf beiden Seiten flachgeschlagen ist".[31]

Die erst kürzlich näher untersuchte Arsenbeschichtung mancher Bronzegegenstände[32] wurde, soweit erhalten, als Versilberung, Verzinnung oder als Effekt einer Seigerung betrachtet. Von den bretonischen Klingen sind mindestens neun sicher oder wahrscheinlich arseniert (Nr. 318. 353 bis

---

[26] Martin/Prigent, ebd. 165.
[27] Le Pontois, Rev. Arch. 16, 1890, 321.
[28] Briard, L'Anthropologie 74, 1970, 25 Abb. 9 (oben).
[29] Vgl. z. B. den mittelbronzezeitlichen Dolch von Appenwihr (Gallia Préhist. 19, 1976, 493 ff. Abb. 24, 4); s. auch PBF. VI, 2 (Gerloff) Nr. 57. 59. 66. 67. 76. 78.

[30] Prigent, Trémel 183.
[31] Briard, Arch. Atl. 1, 1, 1975, 28.
[32] D. Ankner, Jb. RGZM. 18, 1971 (1974), 44 ff. bes. 50. – Als eigenartig hatte schon A. de Mortillet (L'Homme Préhist. 13, 1926, 181 ff.) die Oberfläche einiger Dolche erkannt, dachte aber mangels Analyse an Verzinnung.

357. 363. 371. 377); die Dunkelziffer ist hier wohl sehr hoch, da eine gute Erhaltung der Oberflächen die Ausnahme ist. Auch das verzierte Beil von Trévérec (s. Nr. 294) scheint arseniert.

Bei dem Dolch Nr. 407 wurde auf einer winzigen Stelle der Klinge Vergoldung (Blattgold?) beobachtet.

Eine weitere Eigenart der bretonischen Dolche ist die enge Verbindung mit Nadeln aus Silber oder Bronze, die auf der Klinge unter dem Scheidenfutter liegen (vgl. Nr. 283. 290. 325–327. 329. 385. 438. 439). Es sind Nadeln mit sehr kleinem Ringkopf oder einem kleinen, flachen dreieckigen Spachtelkopf und, in einem Fall, eine einfache Radnadel mit sehr kleinem Kopf (s. Nr. 352. 383). Auf Grund ihrer Fundlage ist eine Funktion als Gewandnadel von vornherein auszuschließen; auch der Vorschlag, diese „Nadeln" dienten zur Befestigung des Dolches am Gürtel, erscheint wenig plausibel,[33] da sie ja in der Dolchscheide steckten und nicht etwa in Griffhöhe lagen. Ihre Funktion ist nicht mit Sicherheit zu bestimmen;[34] ein Anhaltspunkt bietet ein „Metallstäbchen" in gleicher Fundlage aus dem Grab von Trévérec (Nr. 429), das nach der Beschreibung von Martin und Bertholet du Chesnay ein Pfriem oder Meißelchen ist.[35] Die ältere Bronzezeit der Bretagne kennt nach Aussage der bisher ergrabenen Befunde keinen eigentlichen Pfriem; möglicherweise treten diese sehr kleinen „Nadeln" an seine Stelle. Die ältere Bronzezeit der Bretagne ist, von diesen Nadelpfriemen abgesehen, nach Aussage der Grabfunde und -befunde eine nadellose Kultur, ähnlich der El Argar-Kultur, die auch den Pfriem als Grabbeigabe führt.

Kupfer oder Bronze selbst – also vorwiegend die Dolche und Beile – sind meist außerordentlich schlecht erhalten. Das Metall kann völlig durchkorrodiert und bisweilen vorwiegend in der Längsrichtung aufgeschilfert sein; Ränder, vor allem Spitze und Basis der Dolche sind oft schon bei der Auffindung nicht mehr bergbar gewesen. Bei diesen Erhaltungsbedingungen konnte L. le Pontois z. B. nicht mehr entscheiden, ob es sich bei neun zusammengehörenden Bronzefragmenten um die Reste eines Dolches oder eines Beiles handelt (Nr. 418);[36] vor einer Materialanalyse hat Briard eines der fast völlig korrodierten Metallbeile aus dem Grab von Plouvorn/Kernonen (Nr. 352) primär als Knochenbeil angesehen.[37]

Je nach ihrer Lage können Gegenstände aus ein und demselben Grab fast völlig vergangen oder auch relativ gut erhalten sein. Die bereits bei der Auffindung weniger gut erhaltenen Bronzefunde erleiden ohne Restaurierung auch bei der Lagerung noch erheblichen Substanzverlust; die Reste organischen Materiales lösen sich weitgehend auf, ebenso das krümelnde Bronzeoxyd. Um so wertvoller sind die zum Teil hervorragenden, mit Zeichnungen ausgestatteten Berichte der sehr guten Ausgrabungen des vergangenen Jahrhunderts von A. Martin, Abbé Prigent, C. Bertholet du Chesnay, P. du Chatellier, L. le Pontois, A. de la Grancière u. a.[38]

---

[33] Briard, L'Anthropologie 74, 1970, 28.
[34] Prigent, Grand Tumulus 23 (Schmuck, Toilettegegenstand oder unbekannte Verwendung).
[35] Martin/Bertholet du Chesnay, Tossen Maharit 26.
[36] Le Pontois. Rev. Arch. 16, 1890, 317.
[37] Vgl. Anm. 13.
[38] Die Mehrzahl der großen Hügel wurde im letzten Jahrhundert oder Anfang dieses Jahrhunderts ausgegraben, dazu kommen die Zufallsfunde von Glomel, Loucé und Longues:
Plouvorn/Lambader zwischen 1825 und 1830
Quimperlé 1843
Glomel vor 1845
Longues vor 1846
Bourbriac 1865

Plounevez-Lochrist 1867
Trémel 1875
Plonéour-Lanvern, Kerhué Bras 1879
Prat/Tossen Prat 1880
Plouyé vor 1884
Saint-Jean-Brévelay vor 1884
Poullan/Kervini 1 und 2 1887
Guidel 1890
Melrand/Saint-Fiacre 1897
Trévérec vor 1899
Loucé 1902
Prat/Tossen Rugouec vor 1904
Pleudaniel vor 1907
Elven vor 1913

Auffallend ist die hohe Anzahl der bisher fast nur aus Bestattungen bekannten Dolche in einem Grab (z.B. Glomel [Nr. 284]: 11 Dolche, 1 Stabdolch. – Melrand [Nr. 331]: 11 Klingen, 1 Vollgriffdolch. – Pleudaniel [Nr. 289]: 8 Dolche. – Trévérec [Nr. 294]: 8 Dolche. – Prat [Nr. 283]: 7 Dolche. – Lannion [Nr. 277]: 7 Dolche). Obwohl Skelettreste kaum erhalten sind, handelt es sich aller Wahrscheinlichkeit nach jeweils um eine Einzelbestattung. Neben dem Befund von Saint-Jean-Brévelay (Nr. 409) spricht auch die Anordnung der Beigaben selbst dafür; sie wurden offenbar gleichzeitig in Gruppen um die Bestattung selbst niedergelegt.

Die Dolche sind im allgemeinen nahe beieinander deponiert, jeweils in der Anordnung Spitze des einen zur Basis des andern. Als einfache Waffenausstattung für ein Individuum sind sie zu zahlreich, außerdem erscheinen einige, vor allem die Langdolche, für einen praktischen Gebrauch als Waffe wenig geeignet. Sechs Dolche der Art Rumédon (Nr. 283. 285. 288. 290. 294. 323) und ein Langdolch der gleichen Art (Nr. 358) wurden offenbar vor oder bei der Niederlegung mit Absicht in der Längsachse verbogen, also unbrauchbar gemacht. Abbé Prigent und du Chatellier vermuteten außerdem, daß einige der Dolche bereits zerbrochen oder als Fragment in das Grab kamen.[39]

Insgesamt spielen die zum Teil sehr aufwendig gestalteten Dolche im Grabbrauch eine hervorragende Rolle; zeitgleiche Depots oder Siedlungen mit vergleichbaren Funden sind bisher nicht bekannt.

Nach den Beigaben zu urteilen, handelt es sich eher um Männergräber. Daß Dolche in der älteren Bronzezeit durchaus auch Beigabe in Frauengräbern sein können, ist geläufig.[40] Die Kombination Dolch/Beil/Pfeilspitzen/Pfriem (?) spricht aber doch eher für eine männliche Waffenausstattung. In diesem Falle wären zeitgleiche Frauengräber bisher nicht bekannt; die nur mit Gefäßen ausgestatteten oder beigabenlosen Steinkistengräber unter Hügel, die bisweilen als Frauengräber der älteren Bronzezeit herangezogen werden, sind möglicherweise oder wahrscheinlich mittelbronzezeitlich, auch wurden in Gräbern mit Gefäßbeigaben anthropologisch nachweisbar männliche Skelette gefunden.[41] Der sehr schlechte Erhaltungszustand der Skelettreste in den hier aufgeführten Dolchgräbern erlaubt leider keine Geschlechtsbestimmung nach anthropologischen Befunden.

Aller Wahrscheinlichkeit nach muß das Fundbild als vorläufig betrachtet werden, und zwar unter dem Filter der Ausgrabungstätigkeit des vergangenen Jahrhunderts. Bevorzugt wurden auffallende, große Hügel angegangen, kleinere oder kaum erkennbare nur selten, auch sind die Berichte über derartige Befunde weit weniger ausführlich. Vorerst läßt sich aber nur feststellen, daß nach den *archäologischen* Befunden bislang aus der älteren Bronzezeit nur Männergräber bekannt sind oder daß sich nach dem Fundmaterial eine Differenzierung der Grabausstattungen nach Geschlechtern nicht vornehmen läßt.

Zeitstellung: Die bretonischen Dolche, die mit den Arten Loucé, Rumédon, Trévérec, Plouvorn und Bourbriac trotz der artdifferenzierenden Merkmale eine typologisch gut faßbare Großgruppe bilden, entsprechen mit ihren Beifunden in etwa der sogenannten ersten Serie der bretonischen Grabhügel.[42] Die Arten Loucé und Rumédon, letztere mit Langdolchen, unterscheiden sich voneinander lediglich durch das Vorhandensein oder mehr oder weniger gesicherte Fehlen der kleinen

---

[39] Prigent, Grand Tumulus 18f. 21; du Chatellier, Rev. Arch. 39, 1880, 293; vgl. auch de la Granciére, Melrand 92.
[40] G. Gallay, HOMO 23, 1972 (Festschrift Kurth Gerhardt), 59.
[41] Giot, Brittany 142.
[42] J. Cogné/P.-R. Giot, L'Anthropologie 55, 1951, 425ff; Giot/Briard, BSPF. 53, 1956, 363ff; Giot, Brittany 128ff.; Briard, Dépôt bretons 286ff.

Heftzunge,⁴³ auch die Arten Plouvorn und Bourbriac sind eng verwandt;⁴⁴ die Art Trévérec mit der ausgeprägten Mittelrippe bildet eine kleine Gruppe für sich.⁴⁵

Die erste Serie der bronzezeitlichen Grabhügel gilt allgemein als in sich geschlossene, feinchronologisch eher unempfindliche Gruppe, wobei die den Gräbern und den Dolchen eigenen Gemeinsamkeiten stärkere Beachtung finden als die vorhandenen Unterschiede.⁴⁶ S. Gerloff wies zwar darauf hin, daß die von ihr so benannten armorikanisch-britischen Dolche A und B (i.e. die Arten Loucé, Rumédon und Trévérec) wohl gleichzeitig beginnen, betrachtete aber doch die Dolche Typ C (i.e. die Arten Plouvorn und Bourbriac) als insgesamt etwas jünger.⁴⁷ Argumente für eine weitgehende Gleichzeitigkeit der Gräber der ersten Serie sind außer der Vergesellschaftung der Dolcharten untereinander auch die sehr einheitliche Formgebung der Bronzebeile. Unterschiede in der Gestaltung der Silexpfeilspitzen werden eher als Hinweise auf verschiedene Werkstätten denn als Ansatz für eine typologisch/chronologische Bewertung betrachtet.⁴⁸

Erfaßt man die verschiedenen Dolcharten mit ihren Fundverbänden auf einer Tabelle (Abb. 6),⁴⁹ so ergibt sich deutlich, daß in der Tat praktisch alle Dolcharten miteinander vergesellschaftet sind, und zwar in den Gräbern von Longues-sur-Mer (Nr. 291), Lannion (Nr. 277) und Trévérec (Nr. 294); es ergeben sich aber außerdem verschiedene Kombinationsgruppen:

Dolche der Arten Loucé/Rumédon mit Beilen und Pfeilspitzen,

Dolche und Langdolche der Art Rumédon mit Beilen und Pfeilspitzen,

Dolche und Langdolche der Art Rumédon und Dolche der Art Trévérec mit Beilen und Pfeilspitzen,

Dolche der Art Trévérec mit Beilen und Pfeilspitzen,

Dolche der Arten Plouvorn und Bourbriac, einzeln oder zusammen, jeweils mit einem oder zwei Gefäßen.

Diese Gruppierung ist mit ihren Überschneidungen auf der Tabelle von links oben nach rechts unten angeordnet. Wie bei allen Tabellen dieser Art ergibt sich die Frage, ob die zu ersehende Gruppierung für eine chronologische Aussage herangezogen werden kann oder ob soziologische oder andere Gründe die Ursache spezifischer Fundkombinationen sind.

Anhaltspunkt für eine chronologische Einordnung bildet u.a. die Armschutzplatte von Quimperlé (Nr. 353; Taf. 56).⁵⁰ Armschutzplatten in älterbronzezeitlichem Fundverband sind vereinzelt in Mitteleuropa,⁵¹ zahlreicher von der Iberischen Halbinsel bekannt, dort vor allem in Inventaren des sogenannten Ferradeira-Horizontes und vornehmlich aus Gräbern der beginnenden El Argar-

---

⁴³ Armorico-British Daggers A nach Gerloff, PBF, VI, 2 (1975) 70ff.

⁴⁴ Armorico-British Daggers C nach ders., ebd. 78ff.

⁴⁵ Armorico-British Daggers B nach ders., ebd. 73ff.

⁴⁶ Vgl. Anm. 44.

⁴⁷ Gerloff, PBF, VI, 2 (1975) 92ff.

⁴⁸ z.B. die Pfeilspitzen ohne Dorn von Plouvorn/Keruzoret (Nr. 396): Briard, BSPF. 67, 1970, 373ff.

⁴⁹ Gezwungenermaßen erfolgte eine Auswahl der Gräber; vorwiegend sind die Funde derjenigen eingetragen, über die ein einigermaßen ausreichender Bericht vorliegt. Dolchfragmente, die keinem bestimmten Typ zuzuordnen sind, wurden nicht berücksichtigt.

⁵⁰ Bei der oft zitierten Armschutzplatte von Coatjou Glas, Gde. Plonéis (Briard/L'Helgouach, Chalcolithique 52; Giot, Brittany 131; Briard/Mohen, Antiqu. Nat. 6, 1974, 55) kann es sich um eine Armschutzplatte der Art El Argar handeln (zwei Löcher, schmal, L. 8,3 cm), auch stammen aus dem Grab zwei Silexpfeilspitzen, allerdings nicht, wie nach der Notiz von Briard/L'Helgouach, Chalcolithique 52 zu vermuten wäre, vom armorikanischen Typ, sondern mit konkaver Basis (du Chatellier, Bull. Soc. Arch. Finistère 26, 1899, 290f.); der Dolch aus dem Grab ist aber mit Sicherheit spätbronzezeitlich (ders., Matériaux 1887, 49ff. 142 Taf. 4, 6; vgl. Briard/Giot, BSPF. 53, 1956, 367 Abb. 3, 11).

⁵¹ Vgl. J. Pätzold/H.P. Uenze, Vor- und Frühgeschichte im Landkreis Griesbach (1963) Taf. 13, 3–5 (Safferstetten); E. Sangmeister, Fundber. Baden-Württ. 1, 1974, 122.

Katalognummer	Fundort	Typ Loucé	Typ Rumédon	Typ Rumédon lang	Beil	Pfeilspitze	Typ Trévérec	Typ Plouvorn	Typ Bourbriac	Keramik	Goldstifte auf Griff	Goldstifte auf Scheide	Armschutzplatte	ähnlich Armschutzplatte	Nadeln	Schleifstein	Arsenoberflächen bei Bronzegegenständen	Silbergegenstände	sonstige Beigaben	eingetiefte Grabkammer
275	Haguenau	●																	Nadel, Halsring, Armspirale	
274	Loucé	●	●		●	●														
296	Trémel		●	●	●						●									●
299	Prat Rugouec*		●		●	●														
283	Prat Tossen		●	●	●						●			●	●					●
285	Ploumilliau		●	●	●	●								●						
446	Saint-Vougay		●	●	●	●														
364	Plonéour Fao		●		●															
369	Cissac		●		●													●	Vollgriffdolch	
298	Kervini 2		●	●																
337	Plouyé		●	●	●	●							●							
292	Plonéour Lanv.		●	●	●	●													„Kommandostab" aus poliertem Schiefer	
289	Pleudaniel		●	●	●	●					●			●	●			●	Beil Art Neyruz	●
353	Quimperlé			●	●	●	●					●			●	●		●	Gold-, Silber-, Bronzespiralen, Jadeitanhänger, Bronzespitze	
352	Plouvorn Kern.		●	●	●	●	●				●			●	●				Bernsteinanhänger	●
307	Saint-Adrien		●	●	●	●	●				●							●	Silbergefäß	●
284	Glomel*		●		●	●	●												Stabdolch	
330	Landerneau		●		●	●														
331	Melrand*		●		●	●	●				●			●				●	Vollgriffdolch, Silbergefäß	●
377	Guidel		●		●	●	●				●					●				●
390	Plonéour Cosm.		●			●	●													
386	Priziac*		●		●	●	●				●									●
291	Longues		●		●	●		●	●							●				
277	Lannion*	○	●	●	●	●	●		●					●		●	●			●
294	Trévérec		●		●	●	●				●	●			●	●				●
379	Beuzec				●	●	●													
376	Kervini 1				●	●	●													
373	Plounevez				●	●	●												Steingerät („percuteur")	
387	Elven				●	●	●	●											Eberzahn	
396	Plouvorn Keruz.					●	●													
402	Bourbriac						●	●	●	●									Goldpinzette, Goldnietnägel (clavette)	●
397	Fouesnant						●	●												
404	Brennilis						●	●												
395	Landivisiau						●	●											Steinperlen	
399	Ploudalmézeau						●	●												
410	Cléguer							●	●											
409	Saint-Jean							●	●	●								●		●

Abb. 6. Fundverbände bretonischer Dolche. — Anmerkungen zu Fundorten mit einem *:
299 Prat Rugouec: Keine eigentliche Beilbeigabe, statt dessen Holzkeule. – 284 Glomel: Pfeilspitzen fraglich. –
331 Melrand: Pfeilspitzen aus Bronze. – 386 Priziac: Goldeinlagen nicht auf dem Griff, sondern auf der Klinge. –
277 Lannion: Der Dolch der Art Loucé weist eine leicht geschweifte Klinge auf.

Kultur.⁵² Bei den Armschutzplatten der El Argar-Kultur handelt es sich aber weitgehend um den langschmalen Typ mit zwei Löchern, der für Ferradeira und El Argar kulturspezifisch erscheint; die breiteren Armschutzplatten mit vier Löchern wie das Exemplar von Quimperlé mit seinen doppelkonischen Bohrungen (Taf. 56) sind eher der Glockenbecherkultur eigen.⁵³

Die „armorikanischen" Silexpfeilspitzen, sehr fein gearbeitete gestielte Pfeilspitzen mit rechteckigen, lang heruntergezogenen Flügeln, werden, ähnlich der Armschutzplatte, gleichfalls in Verbindung mit der Glockenbecherkultur gesehen (s. S. 42). Wie in anderen älterbronzezeitlichen Kulturprovinzen ist offenbar auch in der Bretagne eine Relation Glockenbecher/Bronzezeit gegeben, deren Art allerdings nicht mit Exaktheit festgestellt werden kann; man wird jedoch einen Ablösungsprozeß postulieren können. Ob dieser in etwa zeitgleich mit ähnlichen Vorgängen in anderen Gebieten West- und Mitteleuropas stattgefunden hat, läßt sich nicht belegen. Es besteht aber andererseits auch kein Grund zu der Annahme, daß die Glockenbecherkultur in der Bretagne länger andauerte als in benachbarten Gebieten.⁵⁴

Die armschutzplattenähnlichen Gegenstände aus Bernstein bzw. Goldblech auf Pechkern von Plouvorn/Kernonen (Nr. 352), Melrand (Nr. 331; Taf. 55, A) und Lannion (Nr. 277), untereinander in der Form sehr ähnlich; sie unterscheiden sich vor allem in der Art der einfachen Bohrung von den eigentlichen Armschutzplatten, können aber solche als Vorläufer gehabt haben. Bei den Stücken von Melrand und Lannion könnte man auch eine den Armschutzplatten vergleichbare Funktion annehmen, während der Bernsteinanhänger von Plouvorn/Kernonen zusammen mit anderen Bernsteingegenständen aus dem Grab einen der Wessex-Kultur verwandten Halsschmuck gebildet haben wird. Ein formgleicher Gegenstand aus Gagat mit komplexer Bohrung (auf einer Seite drei, auf der anderen fünf Löcher) von Plouyé (Nr. 337) wurde von St. Piggott als Teil eines „crescending necklace" der Wessex-Kultur gedeutet.⁵⁵ Seiner Lage im Grab – inmitten eines Kreises aus Pfeilspitzen – nach zu urteilen, hatte er aber sicher andere Funktionen (eher die einer Armschutzplatte).

Vorwiegend die Gagat- oder Bernsteinschieber der Wessexkultur werden zu dem großen Kreis der Bernsteinschieber gerechnet, die in der Ägäis und der mittelbronzezeitlichen Hügelgräberkultur Süddeutschlands auftreten. Die verschiedenen Typen sind allerdings nicht immer direkt vergleichbar, auch erscheinen sie vor allem in der Ägäis recht langlebig. Der Gagatschieber von Plouyé kann wohl im Zusammenhang mit den Bernsteinschiebern gesehen werden; welcher Art diese Beziehung war, sei dahingestellt.⁵⁶

Neben den der bretonischen Bronzezeit oder Wessex-Kultur eigenen Beifunden in den Dolchgräbern der ersten Hügelserie geben auch andere Beigaben Datierungshinweise. Wenn auch die

---

⁵² Ders., in: Studien aus Alteuropa I (Festschrift K. Tackenberg; 1964) 97.

⁵³ Sangmeister, Fundber. Baden-Württ. 1, 1974, 116 Abb. 8 („Typus D"); vgl. ders., in: Studien aus Alt-Europa I (Festschrift K. Tackenberg; 1964) 103.

⁵⁴ Bisweilen wird für die als „randlich" betrachteten Zonen wie die Bretagne oder auch Südfrankreich, für die Glockenbecherkultur und auch für die ältere Bronzezeit eine gewisse Retardierung angenommen, für die Glockenbecherkultur in der Hauptsache, um eine zeitlich bedingte Lücke bis zum spät angesetzten Beginn der älteren Bronzezeit auszufüllen (die sich zumindest in Südfrankreich inzwischen geschlossen hat), aber auch ganz allgemein auf Grund der räumlichen Entfernung zu Mitteleuropa (Junghans/Sangmeister/Schröder, SAM. II Tl. I 138: „Die räumliche Entfernung von den jeweiligen Expansionszentren ist Maßstab für die Art des Entwicklungsablaufes").

⁵⁵ Piggott, PPS. 5, 1939, 193 f.; vgl. z. B. Gerloff, PBF. VI, 2 (1975) Taf. 63, A 2.

⁵⁶ Gerloff, ebd. 215 ff. – Der Bernsteinhandel von der Ostsee nach Wessex und Mykene, durch Analysen der Bernsteingegenstände belegt, erscheint nach neueren Untersuchungen wieder in Frage gestellt, da es sich bei dem nach den Anlyseergebnissen als baltisch bezeichneten Bernstein offenbar nur um einen Oxydationszustand von Bernstein beliebiger Herkunft handelt (Muhly, Copper and Tin 343 ff.; C. Renfrew, Ann. BSA. 63, 1968, 283 ff.).

ältere Bronzezeit der Bretagne als eine sehr eigenständige Gruppe erscheint, die beste Vergleiche in der Wessex-Kultur und möglicherweise auf der Iberischen Halbinsel findet, so kommen in den Gräbern doch Gegenstände vor, die eher den bronzezeitlichen Gruppen der Zone nordwärts der Alpen und der Rhônekultur eigen sind. Außerdem treten die bretonischen Dolche außerhalb der Bretagne nicht nur im Wessex-Bereich auf[57] sondern auch vereinzelt in Süd- und Ostfrankreich.

Letzteres gilt für den Dolch der Art Loucé aus dem Hagenauer Forst (Nr. 275), dessen Beifunde – Ösenhalsring, Nadel mit drahtumwickelten Hals, Armspirale – in den Bereich der älterbronzezeitlichen Gruppen Singen/Adlerberg/Straubing gehören, also in die früheren Phasen der älteren Bronzezeit Süddeutschlands.

Neben diesem rein bretonischen Dolch im Fundverband anderer älterbronzezeitlicher Gruppen ist auch eine typologische Beziehung vor allem der Dolche der Art Rumédon zu Dolchen Mitteleuropas feststellbar. Ein Dolch aus dem Gräberfeld von Singen (Grab 58/3) hat die typische Anordnung der sechs Niete in zwei Dreier-Gruppen, bei dem Dolch aus Grab 51/4 sind vier Niete in zwei Zweiergruppen angeordnet.[58] Beide Dolche haben zwar keine Heftzunge bretonischer Art, die Basis ist aber bogig, wie dies auch bei manchen Dolchen der Bretagne der Fall ist (z.B. Nr. 372.381), der Heftausschnitt nähert sich der typischen Omega-Form. Schneidenparallele Rillen fehlen bei beiden Dolchen von Singen. Ein Dolch aus Grab 51/7 trägt eine Verzierung mit einem Linienbanddreieck. Gleich verziert ist der Singener Dolch aus Grab 52/22, der mit Nietgruppen und breiter Heftzunge bislang den besten Vergleich für den Dolch von Naveil (Nr. 426) gibt.

Beide Dolchgruppen – die bretonischen Dolche der Art Rumédon und die Singener Dolche – weisen Ähnlichkeit mit den Vollgriffdolchen der Oder-Elbe-Gruppe auf,[59] allerdings neben dem Fehlen des Metallgriffes[60] auch Unterschiede in Zahl und Anordnung der Niete. Eine Beziehung kann zwar zu Recht festgestellt werden, eine Herleitung der einen Form von der anderen – die bretonischen Dolche von den Oder-Elbe-Dolchen[61] oder umgekehrt – ist vorerst nicht zu postulieren, ebensowenig wie die Abstammung der Dolche der Art Trévérec mit Mittelrippe von den Malchiner Dolchen (außer der beiden Gruppen eigenen Mittelrippe weisen sie kaum Ähnlichkeit auf), ganz abgesehen von den sich daraus ergebenden chronologischen Konsequenzen.[62]

Ein Dolch der El Argar-Kultur mit Nietgruppen und kleiner Heftzunge (mit Niet) gehört wohl

---

[57] Auf ausführlichen Vergleich mit der Wessexkultur wollen wir im einzelnen nicht eingehen. Einmal hat S. Gerloff (PBF. VI, 2 [1975] passim) die Gemeinsamkeiten der Gebiete Wessex/Bretagne genügend herausgestellt und betrachtet die bretonische Bronzezeit als auslösenden Faktor für die Wessexkultur: „Der Anstoß, der für die Ausbildung der Wessex-Kultur verantwortlich war, muß aus der Bretagne gekommen sein" (ebd. 93); zum andern sind die meisten chronologischen Anhaltspunkte für Wessex aus Funden und Befunden des Kontinents übertragen. Diese nun wiederum von Wessex ausgehend auf die bretonischen Funde zu projizieren, birgt eine zu große Gefahr der Verzerrung in sich. Auch sollten Unterschiede der beiden Kulturen bei allen Gemeinsamkeiten nicht unbeachtet bleiben. Die ältere Bronzezeit der Bretagne kennt z.B. keine Nadeln vergleichbarer Funktion wie die Nadeln der Wessex-Kultur (s. S. 109) und auch nicht ihre Steingeräte. Andererseits treten in den Gräbern der Wessex-Kultur Dolche nie in so hoher Anzahl auf wie in bretonischen Bestattungen. Weiterhin ausschließlich typisch für die bretonische Bronzezeit ist die fast stereotype Kombination Dolch/Beil/Silexpfeilspitze. Auch die Form der Pfeilspitzen ist weitgehend bretonische Eigenart (vgl. Briard, BSPF. 55, 1958, 20ff.).

[58] R. Dehn, in: Ausgrabungen in Deutschland Tl. I (1975) 132 Abb. 7, 4. 3 und Mus. Singen.

[59] Uenze, Vollgriffdolche 41 ff.

[60] Wie der Vollgriffdolch aus dem Grab von Melrand (Nr. 228) zeigt, müssen Metallgriffe in der Bretagne bekannt gewesen sein, wurden aber in die Kultur nicht aufgenommen. Alternative können die Dolchgriffe mit Goldstiftchen sein.

[61] Gerloff, PBF. VI, 2 (1975) 86 betrachtete die Oder-Elbe-Dolche als Ausgangspunkt für die Entwicklung der bretonischen Dolche (vgl. Anm. 56).

[62] Ebd. 87.

Funktion, Zeitstellung und Verbreitung der bretonischen Dolche 115

auch in den Bereich der bretonischen oder der Oder-Elbe-Dolche, ist in seiner Umgebung aber eher fremd.[63]

Die Langdolche der Art Rumédon finden Vergleichbares in der älteren Bronzezeit der Iberischen Halbinsel, besonders in der Tendenz zu langen Klingen und in der Ausführung des zweifach gebogenen Heftes.[64] Der Silberniet des Langdolches von Cissac-Médoc (Nr. 369) spricht ebenso deutlich für El Argar-Einfluß. Andererseits weisen auch Dolche vom Oder-Elbe-Typ lange Klingen auf.[65]

Verschiedene Merkmale finden sich an einem Dolch des Depots von Gaubickelheim,[66] der zwei aufeinanderfolgend angebrachte Verzierungen aufweist. Die Gesamtkonzeption der langen, flachen Klinge in ihrer Formgebung, die Nietgruppierung, der Arsenoberfläche und die erste (untere) Verzierung mit schneidenparallelen, leicht geschweiften Rillen entsprechen den Langdolchen der Art Rumédon, vor allem den Exemplaren von Quimperlé (Nr. 353–355), deren Verzierung mit schneidenparallelen Rillen durch die Form der langgezogenen Klinge geschweift *erscheint*. Die in etwa dreieckige Heftzunge mit Niet entspricht eher Oder-Elbe-Dolchen. Die zweite (obere) Verzierung aus Punktmustern, ebenso wie die Verzierung des kleinen Dolches aus dem Hort von Gaubickelheim,[67] gehört in den Bereich der Rhône-Dolche von Ringoldswil,[68] Conthey[69] und Loriol-sur-Drôme (223) sowie verwandter Erscheinungen der Wessex-Kultur.[70] Diese Verzierung, typisch für Dolche der Stufe III der Rhône-Kultur, gibt einen Terminus ante quem für die schneidenparallelen Rillen der Langdolche der Art Rumédon. Allerdings ist sowohl die Plazierung des Hortes von Gaubickelheim innerhalb dieser Phase III[71] sowie der zeitliche Abstand der beiden Verzierungen unbekannt.

Die Dolche der Arten Plouvorn und Bourbriac entsprechen, vor allem mit den geschweiften Klingen der letzteren und dem leichten Mittelgrat der Dolche Nr. 410. 411, den spätesten älterbronzezeitlichen Exemplaren Mitteleuropas.[72]

In die Stufe 3 der älteren Bronzezeit gehören, neben dem Stabdolch von Glomel (Nr. 504), der Vollgriffdolch vom Rhône-Typ aus dem Grab von Melrand (Nr. 228) und der Dolch mit Vollgriffdolchverzierung aus dem Zwei-Stück-Depot von Cissac-Médoc (Nr. 265). Eines der Beile von Pleudaniel (vgl. Nr. 289) wurde von Martin und Prigent zwar bedauerlicherweise nicht abgebildet, aber doch sehr genau beschrieben.[73] Es unterscheidet sich der Beschreibung nach deutlich durch seine langschmale Form (L. 15,5 cm, B. 4 cm) und die ausgeprägten, gerundeten Randleisten von den typisch bretonischen Beilen. Nach den Angaben von Martin und Prigent zeichnerisch rekonstruiert (Taf. 53, B), handelt es sich aller Wahrscheinlichkeit um ein Beil des Types Neyruz und weist so zeitlich und räumlich gleiche Beziehung auf wie der Vollgriffdolch von Melrand. Auch

---

[63] Siret, Premiers Ages Taf. 32, 449 (mit einem Stabdolch vom Typ El Argar A).
[64] Vgl. die Heftspuren der Langdolche von Saint-Menoux (Nr. 368), Cissac-Médoc (Nr. 369) und Pleudaniel (Nr. 367) mit z.B. M. Almagro Gorbea, Trab. Prehist. NS. 29, 1972, 61 Abb. 2. – Vgl. auch die Heftgestaltung von Rapieren aus dem Schachtgräberrund A von Mykene (K. Kilian, Jber. Inst. Vorgesch. Univ. Frankfurt 1976, 114 Abb. 2 [links]).
[65] Uenze, Vollgriffdolche 47.
[66] Hundt, Gaubickelheim Abb. 2, 4 Taf. 2, 1. 2; 3.
[67] Ebd. Abb. 3, 1. 2.

[68] Ch. Strahm, Jb. Hist. Mus. Bern 45–46, 1965–66, 321 ff. Abb. 6, 21.
[69] Bocksberger, Valais 82 Abb. 24.
[70] Gerloff, PBF. VI, 2 (1975) 86. 100. 249; E.V.W. Proudfoot, PPS. 29, 1963, 406 ff. App. II A; vgl. G. Gallay, Rev. Arch. Est 21, 1970, 386 Abb. 11 (Karte).
[71] Für eine solche Datierung, eventuell etwas jünger, sprechen auch der Dolch mit italischer Verzierung, der Dolch vom Oder-Elbe-Typ und der Dolch mit Tüllengriff aus dem Hort (Hundt, Gaubickelheim Abb. 1; 2, 1–3).
[72] z.B. Rümlang, Amsoldingen, Villars-sous-Mont (G. Gallay, Frühbronzezeit Abb. 2, d.e; 3, f; 4, b; 14).
[73] Martin/Prigent, Mouden Bras 157 (Beil Nr. 1).

die Bronzepfeilspitzen von Melrand könnten ein Einfluß oder Import der Rhônekultur sein (vgl. Nr. 148), ebenso wie die Beigabe eines Tierzahnes im Grab von Elven (Nr. 387).[74]

Die kleinen Schleifsteine von Lannion (Nr. 277) und Trévérec (Nr. 294), möglicherweise auch das nicht durchbohrte Exemplar des relativ älteren Grabes von Pleudaniel (Nr. 289) sind sowohl Schleifsteinen der Wessex-Kultur vergleichbar[75] wie auch Funden aus der jüngeren und jüngsten Phase der schweizerischen älteren Bronzezeit[76] und der nordischen Bronzezeit.[77]

Ob die Ringkopfnadeln und vor allem die kleine Radnadel von Plouvorn/Kernonen (Nr. 352) mit mitteleuropäischen Formen sinnvoll verglichen werden können,[78] erscheint fraglich. Sind Ringkopfnadeln in der Zone nordwärts der Alpen ab Stufe III der älteren Bronzezeit durchaus geläufig, so würde die Radnadel mit dem Beginn der mittleren Bronzezeit eine für das Grab von Plouvorn/Kernonen sehr junge Zeitstellung ergeben, die den sonstigen chronologischen Anhaltspunkten für die erste Hügelserie deutlich widerspricht. In Anbetracht der von mitteleuropäischen Gewandnadeln völlig verschiedenen Lage im Grab (vgl. S. 109) fällt eine Vergleichsmöglichkeit von der *Funktion* her jedenfalls aus. Es könnte sich um eine in den geographisch und chronologisch verschiedenen Fundbereichen unabhängig entstandene Form handeln (in der Bretagne aus den zeitgleichen Ringkopfnadeln);[79] will man aber an einem Bezug der Nadeln festhalten, so handelt es sich bei dem bretonischen um das mit Abstand älteste Exemplar der Radnadelserien.

Nicht nur mit dem Konzept der Langdolche ist eine Verbindung mit der El Argar-Kultur feststellbar. Die Verwendung von Silber (Nadeln, Silbergefäße, Niet von Cissac-Médoc) weist zur Iberischen Halbinsel, auch die Spiralketten aus Silber bzw. Gold von Quimperlé (Nr. 353) und Singleyrac (Nr. 230).[80] Schließlich weist die Sitte der Beilbeigabe nach El Argar, vor allem zur Stufe B dieser Kultur.[81] Die Beile unterscheiden sich allerdings bei einer gewissen Formengleichheit vor allem durch die leichten Randleisten der bretonischen Exemplare; Randleistenbeile der Iberischen Halbinsel werden als Import aus Frankreich gewertet.[82] Eine Datierungshilfe geben diese Beziehungen jedoch vorderhand nicht, da trotz der Untersuchungen von B. Blance[83] und vor allem H. Schubart[84] die räumliche und zeitliche Gliederung der älteren Bronzezeit auf der Iberischen Halbinsel noch nicht ausreichend geklärt erscheint und manche postulierte Retardierung der Kulturentwicklung auch der Versuch sein kann, die noch bestehenden Fundlücken dieses im Vergleich zu Mitteleuropa sehr großen und im Hinblick auf die Vorgeschichte noch wenig erforschten Landes zu überbrücken.

Zusammenfassend ergibt sich, daß die ältere Bronzezeit der Bretagne mit deutlichen Affinitäten zur Wessexkultur, zur Iberischen Halbinsel und wohl auch zu Irland[85] eine recht eigenständige Gruppe einer atlantischen älteren Bronzezeit ist, die durch Einzelformen – möglicherweise Importe – mit der Entwicklung der mitteleuropäischen älteren Bronzezeit verknüpft werden kann.

Typologisch an den Beginn der bronzezeitlichen Entwicklung der Bretagne zu stellen und in

---

[74] Vgl. La-Roche-de-Rame (Nr. 268), dabei Bärenzahn; Rocamadour (Nr. 489), dabei Eberhauer.

[75] Gerloff, PBF. VI, 2 (1975) 123 ff.

[76] G. Gallay, Frühbronzezeit 126. 131 Abb. 1, n; 5, k.l.

[77] Gerloff, PBF. VI, 2 (1975) 123 f.

[78] Briard, L'Anthropologie 74, 1970, 46; Kubach, PBF. XIII, 3 (1977) 134 (Anm. 1). 139.

[79] Ebd. 140.

[80] R. J. Harrison, Madr. Mitt. 18, 1977, 25 f. bes. 26 lehnte eine Datierung der Iberischen Goldspiralen und -ketten in die ältere Bronzezeit ab. Vgl. Schubart, Bronzezeit 95; Savory, Spain and Portugal 208 f.

[81] Eine Verbindung mit einem Dolch der Stufe El Argar B (?) und einer Flügelnadel lag bereits in dem Grab von Nant (Nr. 185) vor; vgl. Nr. 146.

[82] Monteagudo, PBF. IX, 6 (1977) 126.

[83] Blance, SAM. IV 122 ff.

[84] Schubart, Bronzezeit 134 ff. 155 ff.

[85] Giot, Britanny 166; Harbison, PBF. IX, 1 (1969) 77.

etwa zeitgleich mit Adlerberg/Singen/Straubing wären die Dolche der Arten Loucé und Rumédon, auch teilweise die Langdolche der Art Rumédon. Diese erste Gruppe entspricht ungefähr den Stufen I und II der älteren Bronzezeit der Zone nordwärts der Alpen; daß das sonst, auch in der Rhône-Kultur, übliche Knocheninventar dieser Stufen fehlt, kann einen Unterschied im Kulturhabitus oder eine geringe zeitliche Abweichung als Ursache haben, ebenso und am wahrscheinlichsten aber an den Erhaltungsbedingungen für Knochen in den bretonischen Hügeln liegen (s. S. 104 f.).[86]

Die Kombination Dolche und Langdolche der Art Rumédon, auch mit Dolchen der Art Trévérec, gehört in die Stufe III der älteren Bronzezeit. Zu den bereits in den ältesten Gräbern üblichen Pfeilspitzen und Beilen kommen weitere typisch bretonische Erscheinungen hinzu wie Goldstiftchen auf den Dolchgriffen, Silbergegenstände, Nadeln in Dolchscheiden, Arsenoberfläche von Dolchklingen, die Armschutzplattenvarianten sowie die Eintiefung der Gräber unter die alte Oberfläche.

Die Dolche der Arten Plouvorn und Bourbriac in Gräbern leiten eine letzte Phase ein, in der Pfeilspitzen und Beile nur noch mit Dolchen der Art Trévérec zusammen vorkommen, außerdem sind die Dolche der Arten Plouvorn und Bourbriac typisch, fast ausschließlich mit Keramik im Grab. Die Goldverzierung aus kleinen Stiftchen tritt nur einmal im Grab von Bourbriac (Nr. 402) auf, und zwar nicht auf einem Dolchgriff, sondern auf Lederresten; ein winziges Goldplättchen fand sich im Grab von Saint-Jean-Brévelay (Nr. 409).

Diese jüngste Gruppe der bretonischen Dolche leitet mit Grabsitten – vor allem den im Vergleich zu den älteren Gräbern spärlichen Beigaben – über zu den recht monoton und eher ärmlich ausgestatteten mittelbronzezeitlichen Steinkisten der zweiten Hügelserie in der Bretagne. Diese Gräber sind oft beigabenlos, meist enthalten sie ein Gefäß, bisweilen mit einem, höchstens mit zwei Dolchen.[87]

Der älterbronzezeitliche Komplex der ersten Serie wurde parallel zur Wessex-Kultur in engem Zusammenhang mit den Schachtgräbern von Mykene und deren Inventar gestellt.[88] Dabei sind die Schachtgräber chronologischer Maßstab für die Datierung der bretonischen Bronzezeit und der Wessex-Kultur. Die Schachtgräber wurden als impulsgebend oder direkt als auslösender Faktor für die beiden atlantischen Kulturen betrachtet; damit müßten Wessex und die bretonische ältere Bronzezeit zwangsläufig und folgerichtig in ihrer Gesamtheit zeitlich jünger als Mykene sein und relativ weit in die mittlere Bronzezeit Mitteleuropas hineinreichen.

Zweifel an einer derartigen Abhängigkeit von Wessex und der Bretagne von Mykene ergaben sich seltsamerweise nicht aus dem Fundstoff selbst, der den Chronologievorstellungen bisweilen angepaßt wurde, sondern erst aus der Gegenüberstellung von einfachen und vor allem kalibrierten

---

[86] Aus einem Dolmen mit anderen Erhaltungsbedingungen ist eine Scheibennadel aus Knochen überliefert: M. Gaillard, Bull. Soc. Polym. Morbihan 1881, 6 ff. Abb. 3.

[87] Die Datierung der zweiten Hügelserie in die mittlere Bronzezeit wird bisweilen in Frage gestellt, der Unterschied zum Inventar der ersten Serie als soziologisch bedingt aufgefaßt, vor allem da typische Funde der Horte wie Tréboul in den Gräbern fehlen (Gerloff, PBF. VI, 2 [1975]). Dieses Fehlen von Tréboul-Funden kann auch durch Beigabensitte bedingt sein. Ein weiteres Argument für eine älterbronzezeitliche Datierung ist die postulierte Ähnlichkeit der Dolche der zweiten Serie mit denen der ersten. Hier handelt es sich offenbar um die Dolche der Arten Plouvorn und Bourbriac. Die Dolche der mittelbronzezeitlichen zweiten Serie sind, wenn überhaupt ausreichend erhalten, Sonderformen oder aber der Form nach deutlich mittelbronzezeitliche Dolche, die mit den bretonischen Dolchen der ersten Serie nichts gemeinsam haben, z. B. Plounévez-Lochrist: Matériaux 1884, 81 Abb. 41 (etwas verzeichnet).

[88] Gerloff, PBF. VI, 2 (1975) 88 ff. 96 ff. 216 ff. und passim.

C-14 Daten mit der Mykene-Chronologie, nach der die Funde von Wessex und der Bretagne nicht jünger, sondern eher älter als Mykene sind.[89]

Die Anhaltspunkte für eine enge Beziehung Wessex/Bretagne und Mykene sind, genau genommen, relativ gering[90] und beschränken sich mehr auf ungefähre Ähnlichkeiten z. B. der Metallgefäße und der chronologisch eher unempfindlichen Bernsteinschieber, Goldblechüberzug u. a. Ob es sich bei der Anlage von unter einem Hügel in den anstehenden Boden eingetieften großen rechteckigen Grabkammern in der Bretagne um einen Bezug des Bestattungsprinzipes zu den mykenischen Schachtgrabanlagen oder um zufällige Ähnlichkeit handelt, müßte näher untersucht werden. Für die Bretagne am bedeutendsten ist wohl die Sitte der mehrfachen Waffenbeigabe, die sich auch in den Schachtgräbern von Mykene[91] beobachten läßt. Möglicherweise läßt sich auch die einer Versilberung ähnelnde Arsenoberfläche von bretonischen Dolchen mit Silber-Dolchen oder echter Versilberung ägäischer Dolche vergleichen. Für die *mitteleuropäische* Chronologie ist die Frage relevant, ob es sich bei der Klinge aus dem Schachtgrab VI um einen Stabdolch handelt oder nicht, eine Frage, die letztlich nicht mit Sicherheit entschieden werden kann, außerdem der schmale Meißel aus Grab IV mit seinen sechzehn Goldstiftchen, der mit dem schmalen Beil von Renzenbühl und seiner Verzierung verglichen wurde.[92] In jüngerer Zeit kam als möglicher Bezugspunkt noch der Neufund des Dolches von Priziac mit Goldverzierung hinzu (Nr. 386). Ist die Beobachtung von Briard richtig, daß es sich bei der Goldverzierung der Klinge nicht um eingelegte Scheibchen, sondern um durchgehende Stifte handelt, muß der Vergleich sich ausschließlich auf das äußere Erscheinungsbild beschränken, das durch verschiedene Herstellungstechnik erzielt wurde. Auch ist offenbar die Griffverzierung mit Goldstiften der bretonischen Dolche anders ausgeführt als ähnlich erscheinende Verzierungen in der Ägäis.[93] Vergleichbar bleibt eine allgemeine Tendenz zu reicher Verzierung mit Edelmetallen.

Deutlicher erscheint die Ähnlichkeit zweifach gebogter Heftspuren der Langdolche von Pleudaniel (Nr. 367), Saint-Menoux (Nr. 368) und Cissac-Médoc (Nr. 369) mit Heftausschnitten mykenischer Rapiere (Schachtgräberrund A).[94]

Diese Gemeinsamkeiten der bretonischen Bronzezeit und von Wessex mit den Funden der Schachtgräber und Vergleichbarem, nimmt man sie einmal als gegeben, stehen nun allerdings relativchronologisch nicht am Anfang der bretonischen Bronzezeitentwicklung. Goldene Griffstiftchen, Goldblech über Pechkern, Goldschmuck, Arsenoberfläche, Silbergefäße und eingetiefte Grabkammern finden sich in der bretonischen Zeitgruppe, die der Stufe III mitteleuropäischer Bronzezeit entspricht (s. Abb. 6) und, ist die Beobachtung eines Goldblechüberzuges auf dem Dolch Nr. 407 richtig, auch in den spätesten älterbronzezeitlichen Gräbern. Offenbleiben muß, ob sich in diesen bretonischen Eigenarten Mykene-Impulse äußern, ob nicht etwa die Verzierung des

---

[89] C. Renfrew, Ann. BSA. 63, 1968, 277ff; Muhly, Copper and Tin 343ff. Das mit der auf Mykene basierenden Chronologie in etwa übereinstimmende C-14 Datum von Plouvorn/Kernonen (Nr. 352) ist ein Mittelwert aus vier sehr weit gestreuten Daten des Grabes (1960/1480/1250/1200 v. Chr.), ein weiteres Datum (1540 v. Chr.) für die bretonische ältere Bronzezeit ist aus sieben Daten mit einer Streuung von 1950–1320 v. Chr. errechnet: Briard, L'Anthropologie 74, 1970, 43 f.; vgl. Gerloff, PBF. VI, 2 (1975) 97: „Das C-14 Datum von Kernonen ist 1470 v. Chr." In der Folge revidierte Briard (Arch. Korrbl. 8, 1978, 19; Arch Atl. 1, 1, 1975, 28 f.) seine Chronologie etwas, d.h. er erwog eine ältere Zeitstellung für die erste Hügelserie, wiederum auf der Basis von C-14 Daten.

[90] Renfrew, Ann. BSA. 63, 1968, 277ff.

[91] Karo, Schachtgräber 36ff. 350; F. Matz, Kreta, Mykene, Troja, Große Kulturen der Frühzeit (1956) 127.

[92] Dolch: Karo, Schachtgräber Taf. 95, 928; Hachmann, Bronzezeit 166f. Taf. 68, 1; s. auch O. Uenze, in: Marburger Studien 243 ff. – Beil: Karo, Schachtgräber Taf. 98, 437; Hachmann, Bronzezeit Taf. 68,9; Strahm, Jb. Hist. Mus. Bern 45–46, 1965–66, 321 ff. Abb. 1 (Mitte); 3, 7.

[93] Gerloff, PBF. VI, 2 (1975) 88.

[94] Vgl. Anm. 64.

Meißels aus Schachtgrab IV mit Goldstiftchen im Gegenteil auf bretonischen Einfluß zurückzuführen ist (was nach dem Mengenkriterium nicht einmal aberrant erscheint) oder ob es sich nicht einfach allgemein um verschiedene Ausprägung der Hochblüte einer mediterran-atlantischen älteren Bronzezeit mit nur sehr losen gegenseitigen Beziehungen handelt.

Bestätigt es sich, daß die bretonische Bronzezeit nicht an ihrem Beginn, sondern erst zu einem späteren Zeitpunkt ihrer Entwicklung einen wie auch immer gearteten Kontakt zu Mykene hatte, wird auch die Diskrepanz zwischen naturwissenschaftlicher und klassischer Datierung deutlich geringer und die Möglichkeit eines Einklanges der nach verschiedenen Methoden gewonnenen absoluten Daten rückt etwas näher.

Verbreitung (Taf. 45, A): Von wenigen Ausnahmen abgesehen, konzentrieren sich die bretonischen Dolche in Frankreich auf die Bretagne. Entgegen der oft geäußerten Ansicht, daß sich die Hügel der ersten Serie auf die Küstenbereiche – vorzugsweise im Dép. Côtes-du-Nord – konzentrieren, erscheint das Verbreitungsbild auf der gesamten bretonischen Halbinsel recht einheitlich. Inwieweit es von der mehr oder weniger willkürlichen oder zufälligen Auswahl der gegrabenen Hügel abhängt, ist derzeit nicht zu beurteilen.

SONDERFORMEN ÄLTERBRONZEZEITLICHER GRIFFPLATTENDOLCHE

Einige wenige Dolche entsprechen keiner der größeren älterbronzezeitlichen Gruppen; sie werden im folgenden behandelt.

459. Fontaine-les-Puits, Dép. Savoie. – Kleine Nekropole von drei Gräbern; Grab A, Hockerbestattung, der Dolch lag vor dem Becken; vgl. auch Nr. 530. – Schlecht erhaltener Dolch, Griffplatte gerundet, fünf Nietlöcher, Heftspur, L. noch 13,8 cm, B. 4,2 cm (*Taf. 31, 459*; nach Combier). – Beifunde: Kupferflachbeil; Kupferpfriem in Hirschhornfassung; meißelartiges Gerät aus Kupfer, zwei Steinbeile; zahlreiche Silexpfeilspitzen; zwei Eberhauer, Muschel. Nach Combier soll in dem Grab ein Stabdolch gefunden worden sein, der in den Grabbeschreibungen jedoch nicht erwähnt ist. – Mus. Chambéry (nicht zugänglich). – Déchelette, Manuel II 134 Abb. 36; 37, 2; H. Muller, in: Congr. préhist. France 5, Beauvais 1909 (1910), 544ff. Abb. 1. 2; J. Combier, in: IXe Congr. UISPP. (1976), Livret-Guide A 9, prétirage 169ff. Abb. 67.

Zeitstellung: Mehr nach den Beifunden als nach dem Dolchtyp selbst und nach der Anlage des Gräberfeldes kann das Grab der Remedello-Kultur zugeordnet werden[1] (vgl. S. 44f.).

Verbreitung: Die Fundstelle ist im Vergleich zum Verbreitungsschwerpunkt der Remedellokultur jener des Dolches von Salins-les-Bains (Nr. 115) vergleichbar; allerdings ist von Salins-les-Bains nur ein Dolch, von Fontaine-les-Puits ein, wenn auch kleines, Gräberfeld bekannt. Kann es sich bei dem Exemplar von Salins-les-Bains um Import handeln, so macht das Gräberfeld eher den Eindruck einer Enklave der Remedello-Kultur.

460. Irigny, Dép. Rhône. – Dolch, Basis fast gerade, fünf Nietlöcher, Schneiden gedengelt, L. 12 cm, B. 4,8 cm (*Taf. 31, 460*; nach Gallia Préhist.). – Verschollen (?). – J. Combier/R. Laurent, Bull. Mens. Soc. Linnéenne Lyon 29, 5, 1960, 131ff. mit Abb.; Gallia Préhist. 5, 1962, 249 Abb. 20, 1; Bill, Glockenbecher 92 Taf. 29, 4.

461. Ivory, Dép. Jura. – Forêt des Moidons; Grabhügel Nr. 3, Gestrecktbestattung mit Steineinfassung, Dolch in Gürtelhöhe. – Dolch, schlecht erhal-

---

[1] Vgl. J. Combier, in: IXe Congr. UISPP (1976), Livret-Guide A 9, prétirage 169ff.

ten, vier(?) Nietlöcher, L. noch 11,6 cm, B. noch 5,2 cm (*Taf. 31, 461*; nach Piroutet). – Mus. Saint-Germain-en-Laye (nicht zugänglich). – M. Piroutet, L'Anthropologie 11, 1900, 283 Abb. 5; Bill, Glockenbecher Taf. 44, 7.

462. Castelnau-de-Médoc, Dép. Gironde. – Dolch, Basis schlecht erhalten, vier(?) Nietlöcher, Schneiden gedengelt, L. noch 15 cm, B. noch 15 cm (*Taf. 31, 462*). – Mus. Bordeaux. – A. Coffyn, in: Préhist. Franç. 2, 532 Abb. 1, 8.

463. Lozère (Dép.). – Aus einem Dolmen. – Dolch, Basis gerundet, vier(?) Nietlöcher, L. 11 cm, B. 4,5 cm (*Taf. 31, 463*; nach Museumsphoto). – Mus. de l'Homme, Paris (D 77. 4. 493. M. H. 45. 11. 3122).

464. Ris-Orangis, Dép. Essonne. – Aus der Seine. – Dolch, vier(?) Nietlöcher, Mittelrippe (*Taf. 31, 464*; nach Mohen). – Verschollen. – Mohen, Paris 35. 253 Abb. S. 35.

465. Normandie(?). – Dolchfragment, Basis annähernd trapezförmig, vier Nietlöcher, Mittelrippe, L. noch ca. 10 cm, B. ca. 3 cm (*Taf. 31, 465*; nach Coutil). – Verschollen („Musée de Falaise"). – Coutil, Normandie Abb. 1, 83.

Zeitstellung und Verbreitung: Die Dolche von Irigny (Nr. 460) und Yvory (Nr. 461) wurden beide im Gebiet der Rhône-Kultur gefunden. Ergänzt man das mittlere Nietloch des Exemplares von Irigny, könnte der Dolch eine gebogte Basis ähnlich den Dolchen von Singen (s. S. 114) gehabt haben; die Bestattungssitte bei dem Grab von Ivory paßt sich mit Gestrecktbestattung, Steineinfassung und der Lage des Dolches in Gürtelhöhe ganz in den Rahmen der jurassischen älterbronzezeitlichen Hügel ein (vgl. Nr. 173).

Die Dolche von Castelnau-de-Médoc (Nr. 462), Ris-Orangis (Nr. 464), aus dem Dép. Lozère (Nr. 463) und der Normandie(?) (Nr. 465) sind eher Einzelerscheinungen, die bislang noch in keinen größeren Rahmen eingeordnet werden können; möglicherweise gehört der Dolch Nr. 462 zu einer älterbronzezeitlichen Kulturprovinz in Aquitanien, die sich durch Funde wie Singleyrac (Nr. 230) und Cissac-Médoc (Nr. 265) vermuten läßt, der Dolch Nr. 463 eventuell zu einer Gruppe westlich des Zentralmassives (vgl. S. 57. 64. 123), während die recht zahlreichen Flußfunde aus der Seine im Großraum Paris bisher einen ziemlich heterogenen Eindruck machen.

EINFACHE LANGDOLCHE MIT SECHS NIETLÖCHERN

Drei Dolche, die sich keiner der bisher genannten Dolchgruppen eindeutig anschließen lassen, haben als gemeinsame Merkmale ihre langschmale Form und die Anzahl der jeweils sechs Niete.

466. Dijon, Dép. Côte-d'Or. – Einzelfund, Rue de la Monnaie. – Fragment eines langen Dolches, sechs Nietlöcher, Heftspur, L. noch 16 cm, B. 5,2 cm (*Taf. 31, 466*; nach Zeichnung E. F. Mayer). – Mus. Berlin-West (V a 601). – Dict. Archéol de la Gaule 1 (1875) Textband 342; Bill, Glockenbecher Taf. 33, 3.

Diesem Dolch stehen zwei weitere Langdolche mit sechs Nietlöchern und geschweifter Klinge nahe, davon einer mit Mittelgrat.

467. Cabrerets, Dép. Lot. – Tumulus de Vialole, Grabfund. – Dolch, sechs Nietlöcher, L. ca. 28 cm, B. ca. 6 cm (*Taf. 31, 467*; nach Clottes). – Verschollen. – Clottes, Lot 181; J.-P. Millotte, BSPF. 60, 1963, 661 ff. Abb. 1, 7 („Saint-Gers."; vgl. Clottes, Lot); Clottes/Costantini, Bronze Abb. 1, 23.

468. Toulouse, Dép. Haute-Garonne. – La Poudrerie; Einzelfund. – Dolch, Mittelgrat, sechs Nietlöcher, Heftspur, L. 21,4 cm, B. 4,4 cm (*Taf. 31, 468*). – Mus. Toulouse. – Guilaine, Languedoc 132. 406 Abb. 38, 2.

Zeitstellung und Verbreitung: Die drei Dolche – zwei Einzelfunde und ein Grabfund ohne weitere bekannte Beigaben – wurden im Bereich der Rhônekultur bzw. randlich dazu gefunden. Mit den sechs Nieten in zwei Dreiergruppen ähnelt der Dolch von Dijon (Nr. 466) bretonischen Dolchen, aber auch späten Exemplaren der schweizerischen älteren Bronzezeit.¹ Auch die geschweiften Klingen der Dolche Nr. 467. 468 sowie der Mittelgrat des letzteren sprechen für eine relativ junge Zeitstellung.

DOLCHE DER ART WINWICK

Ein Dolch aus der Saône (Nr. 469) mit breiter und flacher Mittelrippe und Griffzunge mit Niet entspricht in der Gesamtkonzeption Dolchen oder Lanzenspitzen¹ der späten Wessex-Kultur, in Einzelheiten besonders dem kleinen Exemplar von Winwick.² Zwei Dolche (oder Lanzenspitzen) lassen sich dem Saône-Fund möglicherweise anschließen; von einem (Nr. 471) ist nur eine Notiz von Abbé Breuil überliefert, den anderen (Nr. 470) zweifelte G. Cordier als authentischen Fund etwas an, da ihm der Zusammenfund zweier Typen der Wessex-Kultur im Dép. Creuse suspekt erschien.³

469. Villefranche-sur-Saône, Dép. Rhône. – Aus der Saône. – Dolchfragment, L. noch 16,5 cm, B. noch 4 cm *(Taf. 32, 469).* – Slg. Palix, Trévoux. – G. Gallay, Rev. Arch. Est 21, 1970, 369 ff. Abb. 1 (Maßstab unrichtig).

470. Argenton-sur-Creuse, Dép. Indre. – Butte des Séguins; geschlossener Fund (?). – Dolch oder Lanzenspitze, Griffzunge offenbar beschädigt, L. noch ca. 22 cm, B. ca. 4,8 cm *(Taf. 32, 470; nach Cordier).* – Beifund (?): verziertes Randleistenbeil. – Verschollen. – G. Cordier, in: Préhist. Franç. 2, 546 Abb. 2, 4. 7.

471. Cires-lès-Mello, Dép. Oise. – Dolch. – Verschollen. – Freundl. Mittlg. Blanchet, Compiègne.

Zeitstellung und Verbreitung: Gesicherte Fundverbände sind nicht vorhanden; zu dem Dolch von Argenton-sur-Creuse (Nr. 470) kann aber durchaus ein verziertes Randleistenbeil gehören. Eine Datierung ist nur im Vergleich zur Wessex-Kultur möglich, danach gehören diese Dolche an das Ende der Entwicklung.⁴

Bisher handelt es sich in Frankreich um Einzelerscheinungen. Der Dolch von Villefranche-sur-Saône (Nr. 469) kann möglicherweise einen Rhône-Saône-Weg vom Mittelmeer nach Nordfrankreich und dem Ärmelkanal belegen;⁵ zu dem Exemplar von Argenton-sur-Creuse gesellt sich eventuell der „zyprische" Dolch von Plévénon,⁶ eine Zwischenform von Dolchen des Typus Winwick und zyprischen Dolchen.

DOLCHFRAGMENTE

Folgende Fragmente sind keinem bestimmten Typ zuweisbar:

472. Collias, Dép. Gard. – Grotte de Pâques; Siedlung vgl. Nr. 191. – Fragment einer Klinge, L. 5,1 cm, B. 1,4 cm *(Taf. 32, 472).* – Mus. Nîmes.

473. Besançon, Dép. Doubs. – Siedlung; gestörte Schicht mit nicht sehr typischen älterbronzezeitlichen Scherben und neolithischem Silexgerät. –

---

¹ Z.B. Rümlang, Amsoldingen, Villars-sous-Mont (G. Gallay, Frühbronzezeit Abb. 2, d. e; 3 f.; 4, b; 14).

¹ Zur Funktion vgl. G. Jacob-Friesen, PZ. 52, 1977, 162 (Besprechung Gerloff, PBF. VI, 2 [1975]).
² PBF. VI, 2 (Gerloff) Nr. 343; G. Gallay, Rev. Arch. Est 21, 1970, 375 Abb. 4, e.

³ Cordier, in: Préhist. Franç. 2, 546.
⁴ Gerloff, PBF. VI, 2 (1975) 137 ff. 148 f.; G. Gallay, Rev. Arch. Est 21, 1970, 379.
⁵ G. Gallay, ebd. 384.
⁶ Gestrecktbestattung in einer Allée couverte, der Dolch bei den Füßen, ein Steinbeil am Kopf: Robinet de Saint-Cyr, Matériaux 1874, 436 ff.; Micault, Poignards 105 f.; Briard, Dépôts bretons 62 Abb. 15, B.

Dolchfragment, L. ca. 3,5 cm, B. ca. 2 cm (*Taf. 32, 473*; nach Petrequin). – P. Petrequin/D. Vuillat, Rev. Arch. Est 18, 1967, 261 Abb. 2, 1; Gallia Préhist. 10, 1967, 365.

ÄLTERBRONZEZEITLICHE DOLCHE NICHT NÄHER BESTIMMBARER FORM

Folgende Dolche sind sicher oder wahrscheinlich älterbronzezeitlich, können aber keinem bestimmten Typ zugewiesen werden.

474. Ariège (Dép.). – Montagnes du Riverot; in einer Felsspalte. – Dolchklinge, drei Nietlöcher, flach, ohne Rillen, Riefen oder Verzierung, L. 14 cm. – Verschollen. – Matériaux 1886, 515.

475. Armissan, Dép. Aude. – Grotte de Bringairet; Grabhöhle mit älter- bis mittelbronzezeitlichem Inventar. – Triangulärer Dolch, zwei Niete, Kupfer (?). – Verschollen. – E. Genson, BSPF. 10, 1913, 590; Guilaine, Languedoc 54. 386.

476. „Blain". – Fragment eines triangulären kleinen Dolches, beide Enden abgebrochen, L. noch 10 cm. – Mus. Nantes (derzeit nicht auffindbar).

477.–479. „Bonnay, Picardie". – Drei trianguläre Dolche; Nr. 477, L. 19,1 cm, B. 7 cm; Nr. 478, L. 18,6 cm, B. 7,5 cm; Nr. 479, L. 13,3 cm, B. 4,7 cm. – Verschollen. – H. Breuil, L'Anthropologie 12, 1901, 286.

480. Chaintraux (ehem. Gde. Largeville), Dép. Seine-et-Marne. – Älterbronzezeitlicher Dolch. – Privatsammlung. – Mohen, Paris 249.

481. Charcier, Dép. Jura. – Grabhügel; daraus auch Randleistenbeil mit „gravierten Rändern", Nadeln, Armring aus Golddraht. – Dolch. – Mus. Salins (?). – M. Piroutet, Bull. Arch. Com. Trav. Hist. Scient. 1932–33 (1935), 549; Millotte, Jura 278 (nach Piroutet).

482. Congéniez, Dép. Gard. – Peyre Plantade; Siedlungsgrube mit Silex, darunter eine Pfeilspitze und Keramik. – Älterbronzezeitlicher Dolch, fünf Nietlöcher; zwei Niete in situ; L. 24 cm. – Verschollen. – Marignan, Bull. Soc. Etud. Scienc. Nat. Nîmes, 2e trimestre 1893, 3 ff. 12.

483. Corbères-les-Cabanes, Dép. Tarn-et-Garonne. – Grotte de Montou; Höhle mit stratifizierten Siedlungsschichten; aus der „aeneolithischen" Schicht, außer dem Dolch Bronzepfrieme mit Mittelschwellung, Knochenpfeilspitzen, Schieferplatten (z.T. durchbohrt), V-Knöpfe, Keramik. – Bronzedolch mit Nieten. – Mus. Perpignan (nicht zugänglich). – Guilaine, Languedoc 54. 413 f.

484. Donzère, Dép. Drôme. – Baume Noire; Höhlensiedlung vgl. Nr. 183. – Nietdolch. – Aufbewahrungsort unbekannt. – Gallia Préhist. 20, 1977, 613.

485. La Parade, Dép. Lozère. – Ossuaire des Sourbettes; Kollektivbestattung, dabei u.a. ein Pfriem. – Nietdolch. – Aufbewahrungsort unbekannt. – Maury, Grands Causses 265 f.

486. L'Etoile, Dép. Somme. – Au Moulin-Bleu; Grab- oder Depotfund vgl. Nr. 256. – Dolch, L. 14,9 cm, B. 3,8 cm. – Verschollen. – H. Breuil, L'Anthropologie 12, 1901, 286 f.

487. Luchon, Dép. Haute-Garonne. – Triangulärer Dolch. – M. Dunlop, L'Anthropologie 48, 1939, 42.

488. Meloisey, Dép. Côtes-d'Or. – Aus einem Grabhügel. – „Trianguläre Dolchklinge mit breiter, abgerundeter Basis und drei Nieten ... L. 11,5 cm, B. 4,2 cm ... époque morgienne", also wohl älterbronzezeitlich. – Verschollen. – F. Rey, in: Congr. Arch. France, 66, Mâcon 1899 (1901), 102 ff. 107 Nr. 8.

489. Rocamadour, Dép. Lot. – Tumulus de Joan-Menou; Grabhügel mit zentraler Steinkiste aus Trockenmauerwerk. – „Rautenförmige, bruchstückhafte Bronzeplakette, die zwei Nietlöcher gehabt haben muß", wahrscheinlich handelt es sich um ein Dolchfragment. – Beifunde: gestielte geflügelte Silexpfeilspitze; Nadel mit doppelkonischem waagrecht gelochtem Kopf; zwei einfache Bronzearmringe; drei einfache Bronzeperlen; Steinperle; Muschelperle; gelochter Eberhauer. – Verschollen. – A. Viré, in: Congr. préhist. France, 5 Beauvais 1909 (1910), 399 Taf. 2, 7–19.

490. Rompon, Dép. Ardèche. – Grotte de Payre III; Bestattungshöhle; Funde: Silexdolch wie Roaix (vgl. S. 29); Flügelnadeln. – Metallfragmente mit gewölbtem Querschnitt, wohl von einer Dolchklinge, fünf Niete einzeln. Nach Combier, Gallia Préhist. 20, 1977, 594 „Dolch mit breiter Mittelrippe, fünf Niete, möglicherweise Stabdolch, Kupfer". – Inst. Paléontologie Humain, Paris (nach schriftlicher Mitt. Combier). – S. Nikitine, L'Anthropologie 67, 1963, 464; J. Combier, Gallia Préhist. 20, 1977, 594.

491. Saint-Affrique, Dép. Aveyron. – Grotte de Thoran; Bestattungshöhle mit etwa 20 Skeletten; Funde: Lanzenspitze aus Bronze, Steinbeile, Silexgerät, zwei Bronzeperlen, Muschelperlen. – Bronze- oder Kupferdolch. – Verschollen. – P. de Mortillet,

in: Congr. préhist. France 7, Nîmes 1911 (1912), 95.
492. Saint-Come-et-Maruéjols, Dép. Gard. – Station de Font-Aran; Siedlung mit wohl spätkupferzeitlichem Inventar. – „Dolch, zwei Niete". – Aufbewahrungsort unbekannt. – Guilaine/Vaquer, Débuts 58.

493. „Saint-Laurent", Dép. Orne. – Depotfund vgl. Nr. 260. – Großer, triangulärer Dolch aus Bronze. – Verschollen. – Montelius, Chronologie 107.

Zeitstellung: Eine Datierung dieser meist verschollenen Exemplare kann weitgehend nur an Hand der bekannten Beifunde vorgenommen werden, seltener auf Grund irgendeines angegebenen Details. So scheint der Dolch mit zwei Nieten von Saint-Come-et-Maruéjols (Nr. 492), möglicherweise auch der Dolch von Corbère-les-Cabanes (Nr. 483), zu den ältesten Griffplattendolchen vom Typ Lussan (s. S. 53) zu gehören, etwa wie das Exemplar von Sainte-Croix-de-Verdon (Nr. 146).

Sicher jünger sind die Dolche von L'Etoile (Nr. 486) und Saint-Laurent (Nr. 493), die, jeweils mit einem Vollgriffdolch vergesellschaftet, erst ab Stufe III der älteren Bronzezeit denkbar sind. Die Befunde (Dolch/Vollgriffdolch, Grab oder kleines Depot) ähneln dem von Nîmes/Chemin bas d'Avignon (Nr. 238). Bei den Dolchfragmenten von Rompon (Nr. 490) läßt sich nach der Beschreibung und auch nach einer Mitteilung von J. Combier nicht mehr entscheiden, ob es sich um einen Stabdolch handeln kann.

Das nicht ganz sicher als Dolchfragment anzusprechende Bronzefragment von Rocamadour (Nr. 489), unter anderm mit einer Nadel mit waagrecht gelochtem, doppelkonischem Kopf vergesellschaftet, gehört an das Ende der älteren Bronzezeit; die Konstruktion des Grabes läßt an bretonischen Einfluß denken, die Beschreibung des Dolches – flach, mit Resten von zwei Nietlöchern – an späte Griffplattendolche vom Typ Lussan, wie etwa aus dem Hügel von Laurie (Nr. 151). Gleichfalls jung ist der nur aus einer Notiz von M. Piroutet bekannte Dolch von Charcier (Nr. 481); Piroutet selbst verglich ihn mit dem Stück von Onay (Champagnoles) (Nr. 162).[1] Möglicherweise gehört auch der Dolch von Congéniez (Nr. 482) zu den kannelierten Dolchen oder Verwandtem, nach der angegebenen Länge und Nietzahl zu urteilen.

Verbreitung: Wie bei dem Kriterium der Zusammenstellung nicht anders zu erwarten, treten die Dolche nicht zuweisbarer Art weitstreuend in ganz Frankreich auf. Die Exemplare Nr. 474. 475. 481. 482. 484. 488. 490–492 können auf Grund ihrer Fundstelle möglicherweise der Rhône-Kultur zugeordnet werden, während die Exemplare 483. 485. 487 und vor allem Nr. 489[2] eher zu einer Frühbronzezeitprovinz westlich und südwestlich des Zentralmassives gehören.

STABDOLCHE

Die Stabdolche, auch Dolchstäbe genannt, sind zwar vom Phänotypus her mit zweischneidigen Klingen und, sehr weit gefaßt, dreieckiger Klingenform den kupfer- und bronzezeitlichen Dolchen sehr ähnlich, jedoch von der Funktion her grundsätzlich verschieden. Im Gegensatz zum Dolch war die Stabdolchklinge nicht in der Längsachse der Schäftung, sondern quer dazu angebracht. Der Stabdolch wies nicht wie der Dolch einen zur Handhabung gedachten Griff, sondern

---

[1] Piroutet, Bull. Arch. Con. Trav. Hist. Scient. 1932-33 (1935), 549.
[2] Vgl. S. 57. 64. 135 und auch das Grab von Rocamadour, Dép. Lot, Grabhügel Pied de Prune, darin Pfriem mit Mittelschwellung, einfacher Bronzering, zwei Knochenringe, Kette aus runden Cardiumplättchen: A. Viré, in: Congr. préhist. France 5, Beauvais 1909 (1910), 396ff. Taf. 2, 1–6.

einen den Beilen vergleichbaren Schaft auf. Ist, wie bei der weitaus größten Anzahl der Stabdolche, dieser Schaft nicht erhalten, kann eine Schäftung der Klinge als Stabdolch nur aus Merkmalen der Klinge selbst deduziert werden. Diese Merkmale können verschiedener Art sein; meist dienen eine leichte Asymmetrie der Klinge selbst, die oft deutlich ausgeprägte Mittelrippe der Griffplatte und vor allem die Anordnung der Nietlöcher sowie eine leicht schräg verlaufende Heftspur als Hinweise auf Stabdolchfunktion; auch die Art der Nietgestaltung kann relevant sein, außerdem sind Stabdolche oft ungewöhnlich schwer.

Eine exakt eingrenzende Definition ist bislang nicht zu erstellen, was weitgehend durch das Fundmaterial selbst bedingt ist, da die einzelnen Merkmale an den Klingen oft auch alleine auftreten und erhaltene Metallschäfte nicht häufig sind. Weisen Dolche, die sonst völlig geläufigen Dolchtypen entsprechen, lediglich eine leicht schräge Heftspur auf, wird man mit Recht zögern, sie primär als Stabdolche zu bezeichnen (vgl. Nr. 45. 96); auch das Merkmal der deutlich ausgeprägten Mittelrippe alleine genügt nicht,[1] obwohl Grenzfälle durchaus auftreten können. So weist der Dolch von Glomel (Taf. 27, 384) zwar eine leichte, möglicherweise auch durch den Bruch der Klinge bedingte Asymmetrie der Mittelrippe auf. Vor dem Hintergrund vergleichbarer eindeutiger Dolche desselben Typs handelt es sich aber doch wohl um einen Dolch und nicht um einen Stabdolch, zumal aus dem gleichen Grab ein ausgeprägter Stabdolch (Nr. 504) bekannt ist. Der Dolch mit Mittelrippe von Landerneau (Nr. 388) hat nach P.-R. Giot auf der einen Seite zwei, auf der andern drei Nietlöcher und erscheint so asymmetrisch; ungleiche Nietzahl weist aber auch der Langdolch der Art Rumédon von Quimperlé (Nr. 353) auf, ohne daß man ihn als Stabdolch (oder, nach seiner Länge, als Stabschwert) bezeichnen könnte, da sonstige Hinweise völlig fehlen.

Zur sicheren Zuweisung einer Klinge zu den Stabdolchen bedarf es wohl einer Kombination der genannten Merkmale,[2] wobei allerdings nicht mit Sicherheit ausgeschlossen werden kann, daß nicht die eine oder andere Dolchklinge eventuell sekundär quergeschäftet wurde; diese Klingen hätten dann aber zumindest bei ihrer Herstellung mit einer Stabdolchkonzeption nichts zu tun.

Die bisher aus Frankreich bekanntgewordenen Stabdolchklingen lassen sich in vier Gruppen (mit Varianten) untergliedern; einige Stabdolche sind Einzelformen.

Stabdolche der Art Luynes

Typisch ist eine trianguläre bis eher leicht konvexe Klinge mit mittelbreiter Mittelrippe, deren Längsseiten parallel verlaufen. Die bei zwei der Stabdolche leicht abgesetzte Griffplatte (Nr. 494. 495) ist gerundet, bei einem der Stabdolche in etwa trapezförmig (Nr. 496) und trägt drei runde oder viereckige Nietlöcher. Die Niete des Stabdolches von Eysines (Nr. 495) sind vierkantig, der erhaltene Niet von Paimboeuf (Nr. 497) ist rundstabig und sehr dünn. Bei den Exemplaren Nr. 495 u. 497 sind sowohl die Schneiden als auch die Griffplattenkanten gedengelt.

494. Luynes. Dép. Indre-et-Loire. – Aus der Loire. – Stabdolch, Schneiden gedengelt, Heftspur mit Holzfaserspuren, L. 22,6 cm, B. 6,9 cm (Taf. 32, 494). – Mus. Saint-Germain-en-Laye (82 953). – G. Cordier, Antiqu. Nat. 1969, 47ff. Abb. 1, 1.

---

[1] Vgl. Briard, Dépôts bretons 67.
[2] Vgl. O Ríordáin, Halberd 195ff.; Schickler, Stabdolche und Vollgriffdolche 12ff.; ebd. 240: „Es genügt also nicht, sich bei der Beurteilung auf ein Merkmal zu verlassen, sondern es muß eine Kombination mehrerer Merkmale vorhanden sein, wenn die Deutung als Stabdolchklinge sicher sein soll".

495. Eysines, Dép. Gironde. – Aus einem Hügel, wohl Grabfund. – Stabdolch, Schneiden und Griffplatte gedengelt, Heftspur, L. 17,2 cm, B. 6,1 cm *(Taf. 32, 495; nach Roussot-Larroque).* – Mus. Bordeaux. – J. Roussot-Larroque, BSPF. 69, 1971, 185 f. Abb. 1.

496. Saint-Denis-en-Val, Dép. Loiret. – Am Ufer der Loire; Depotfund (?) vgl. Nr. 499. – Stabdolch mit trapezförmiger Griffplatte, drei Nietlöcher, Mittelrippe, Schneiden leicht gedengelt, leichte Heftspur, L. 27 cm, B. 8,1 cm *(Taf. 32, 496; nach Cordier).* – Privatbesitz (unzugänglich). – G. Cordier, Rev. Arch. Nord Loiret 1976, 2. 13 Abb. 1, 1.

497. Paimboeuf, Dép. Loire-Atlantique. – Aus der Loire. – Stabdolch mit halbrunder Griffplatte und leicht konvexen Schneiden, drei Nietlöcher, ein Niet erhalten, Mittelrippe, Schneiden und Griffplattenkante gedengelt, Heftspur, L. 20,6 cm, B. 8 cm *(Taf. 32, 497).* – Mus. Nantes (56 3427). – M. Baudouin, BSPF. 20, 1923, 180 ff. Abb. 1; O Ríordáin, Halberd 285 Abb. 65, 3; Giot, Brittany Taf. 25; Briard, Dépôts bretons 67 Abb. 16, 7.

Stabdolche der Art Amboise

Zwei der Stabdolche (Nr. 498. 499) weisen gleiche Merkmale wie die vorausgehenden auf, tragen aber auf der geschweift oder gerundet trapezförmigen Griffplatte vier Nietlöcher, ein dritter (Nr. 500) ist mit nur einem Nietloch versehen. Bei dem Exemplar von Saint-Denis-en-Val (Nr. 499) fällt der etwas gezipfelte Griffplattenabsatz auf.

498. Amboise, Dép. Indre-et-Loire. – Aus der Loire. – Stabdolch, vier Nietlöcher, in einem noch Reste eines Nietes, Mittelrippe, Heftspur, L. 25,5 cm, B. 7,8 cm *(Taf. 32. 498; nach Zeichnung Yvard).* – Mus. Grand-Pressigny (Slg. Yvard).

499. Saint-Denis-en-Val, Dép. Loiret. – Am Ufer der Loire; in sechs Meter Tiefe, von der gleichen Fundstelle ein zweiter Stabdolch (Nr. 496), Depotfund (?). – Stabdolch, Schneiden gedengelt, Heftspur, L. 28,6 cm, B. noch 8,1 cm *(Taf. 33, 499; nach Cordier).* – Privatbesitz (unzugänglich). – G. Cordier, Rev. Arch. Nord Loiret 1976, 2. 13 Abb. 1, 2; ders., in: Préhist. Franç. 2, 544 Abb. 1, 7.

500. „Vallée de la Saône". – Stabdolch, Nietloch, Schneiden leicht gedengelt, Heftspur, L. 21,8 cm, B. 7,3 cm *(Taf. 33, 500).* – Mus. Saint-Germain-en-Laye (792 46).

Stabdolche der Art Glomel

Auch für die Stabdolche der Art Glomel ist die annähernd trapezförmige Griffplatte mit vier Nietlöchern und meist gezipfeltem Griffplattenabsatz typisch; im Unterschied zu den Stabdolchen der Arten Luynes und Amboise verlaufen die Seiten der Mittelrippe nicht weitgehend parallel, sondern der Basis zu divergierend. In zwei Fällen (Nr. 502. 503) weist die Mittelrippe zusätzlich einen leichten Mittelgrat auf. Der Stabdolch von Armentières (Nr. 505) wird unter den Stabdolchen der Art Glomel seiner vergleichbaren Form wegen mit aufgeführt, obwohl er nur drei Nietlöcher aufweist.

501. Ris-Orangis, Dép. Essonne. – Stabdolch, Spitze fehlt, L. noch 25,8 cm, B. 8,5 cm *(Taf. 33, 501).* – Mus. Saint-Germain-en-Laye (25999). – O Ríordáin, Halberd Abb. 65; J. Bill, BSPF. 70, 1973, 21 Abb. 2, 2.

502. Etigny, Dép. Yonne. – Aus der Yonne. – Stabdolch, Mittelrippe mit leichtem Mittelgrat, L. 28,9 cm, B. 8 cm *(Taf. 33, 502).* – Mus. Auxerre. – Hure, Sénonais 27 Abb. 63, A; A. Nicolas/A. Duval/ C. Eluère/J.-P. Mohen/C. Mordant, Rev. Arch. Est, 1975, 140 Abb. 1, 6; J. Bill, BSPF. 70, 1973, 21 Abb. 2, 1.

503. Fundort unbekannt; evtl. aus der Loire bei Nantes (vgl. Nr. 535). – Fragment eines Stabdolches, Griffplatte stark beschädigt, Reste zweier ausgebrochener Nietlöcher, Basis flachgehämmert, Schneiden

gedengelt, Mittelrippe mit Mittelgrat, L. noch 16,5 cm, B. noch 6,1 cm *(Taf. 33, 503)*. – Mus. Nantes (56–3428). – Briard, Dépôts bretons 67 Abb. 16, 6.
504. Glomel, Dép. Côtes-du-Nord. – Landes de Glomel; wohl Grabfund vgl. Nr. 284. – Stabdolch, Schneiden gedengelt, an einer Seite alt leicht gekerbt, L. 25 cm, B. 9,2 cm *(Taf. 33, 504;* nach de Mortillet u. Museumsphoto). – Mus. Saint-Omer (4570). –

Micault, Poignards 102 f.; A. de Mortillet, Rev. Ec. Anthr. 15, 1905, 338 Abb. 168; Briard, Dépôts bretons 304 Abb. 17, 2.
505. Armentières, Dép. Nord. – Stabdolch, drei Nietlöcher, L. 21 cm, B. noch 5,4 cm *(Taf. 33, 505;* nach Zeichnung E. F. Mayer). – Mus. Berlin-West. – J. Bill, BSPF. 70, 1973, 22 Abb. 3, 3.

Stabdolche der Art Rouans

Die bisher weitaus größte Gruppe der in Frankreich gefundenen Stabdolche hat eine breite bis schmalere, deutlich trianguläre Klinge und eine gerundete bis dreieckige Griffplatte mit drei Nietlöchern oder Nietkerben; die Mittelrippe mit nach der Basis zu divergierenden Seiten ist relativ breit. Die Stabdolche der Art Rouans können relativ klein sein, aber auch, in der schmaleren Form, ziemlich lang (L. 18,7 bis ca. 40 cm). Einige der Stabdolche waren nach Aussage der Heftspuren mehrmals geschäftet.

506. Rouans, Dép. Loire-Atlantique. – Le Pellerin; aus der Loire. – Stabdolch mit gerundeter Griffplatte, drei Nietlöcher, zwei Niete erhalten, Schneiden und Griffplatten rund gedengelt, sehr deutliche Heftspur, L. 18,7 cm, B. 6,7 cm *(Taf. 34, 506)*. – Mus. Nantes (936-8-1). – Briard, Dépôts bretons, 67 Abb. 16, 2.
507. Fundort unbekannt. – Stabdolch mit gerundeter Griffplatte, Schneiden stellenweise gedengelt, Heftspur, L. 23,2 cm, B. 8 cm *(Taf. 34, 507;* nach Gomez). – Mus. Angoulême. – J. Gomez, BSPF. 71, 1974, 69 Abb. 1.
508. Euffigneix, Dép. Haute-Marne. – Auf einem Hochplateau; bei Sprengung gefunden. – Stabdolch mit dreieckiger Griffplatte, zwei Niete erhalten, Schneiden stellenweise gedengelt, mindestens zwei Heftspuren, Spitze fehlt, L. noch 20,7 cm, B. 7 cm *(Taf. 34, 508)*. – Mus. Châtillon-sur-Seine. – J. Bill, BSPF. 70, 1973, 21 Abb. 1, 4 (Museumsangabe und Maßstab unrichtig).
509. Gegend von Beaune (?), Dép. Côtes-d'Or. – Stabdolch mit dreieckiger Griffplatte, ein Niet erhalten, Schneiden gedengelt, Heftspur, L. 22 cm, B. 7,8 cm *(Taf. 34, 509;* nach Museumszeichnung). – Mus. Beaune (44. 1614). – J. Bill, BSPF. 70, 1973, 21 Abb. 1, 3.
510. Sost-en-Barousse, Dép. Hautes-Pyrénées. – Héréchède. – Stabdolch mit abgerundet dreieckiger Griffplatte, drei Nietlöcher, Mittelrippe, schneidenparallele Rillen (?), L. 25,2 cm, B. 6,5 cm *(Taf. 34, 510;* nach de Mortillet). – Privatsammlung (?). – de Mortillet, Musée préhistorique Taf. 73, 829; Déchelette, Manuel II Taf. 2, 6; Guilaine, Languedoc Abb. 11, 5.

511.–514. Epone, Dép. Seine-et-Oise. – La Garenne (bei Coutil, de Mortillet und Mohen Fundstelle „Le Batardeau", dies ist aber eine Brücke bei der Flur La Garenne); Grabhügel (ausgegraben 1814) offenbar mit spätrömischer Nachbestattung; Fundumstände unklar; nach Cassan „unter ... Stein ... tiefe Grube ..., die mit großen, ordentlich gestapelten menschlichen Knochen gefüllt war, und, nur einen Schritt vor diesem Grab ein ganzes, langes Skelett, mit vier Lanzen, einer Lampe, einer Medaille und etwas Grobkeramik". – Bei den vier „Lanzen" handelt es sich nach Abbildung und Beschreibung von Cassan mit Sicherheit um vier Stabdolche der Art Rouans mit gerundeter Griffplatte; die etwas gebogte Griffplatte des Stabdolches Nr. 514 ähnelt denen der Stabdolche der Art Luynes, L. 32 cm, 34,5 cm, 35 cm, 40 cm; Nr. 514 wiegt 650 g *(Taf. 34, 511; 35, 512–514;* nach Cassan). – Verschollen. – A. Cassan, Antiquités gauloises et gallo-romaines de l'Arrondissement de Mantes (Seine-et-Oise) (Mantes 1835) 24 f. Abb. 23; L. Coutil, AFAS. Reims 1907, 7 Anm. 4 (nach Coutil eher bretonische Dolche); P. de Mortillet, L'Homme préhist. 6, 1908, 238; Mohen, Paris 38 mit Abb.
515. Ferrières-Haut-Clocher (?), Dép. Eure. – Der Stabdolch wurde im Kirchenschatz der Kirche von Ferrières-Haut-Clocher entdeckt; möglicherweise handelt es sich um den verschollenen Stabdolch von Rostrenen (Nr. 516). – Stabdolch mit dreieckiger Griffplatte, Heftspur, L. 27 cm, B. 8 cm *(Taf. 35, 515;* nach Gallia Préhist.). – Mus. Penmarc'h (?). – Gallia Préhist. 16, 1973, 372 f. Abb. 16.

516. Rostrenen, Dép. Côtes-du-Nord. – Stabdolch mit dreieckiger Griffplatte, L. 32 cm, B. 8 cm *(Taf. 35, 516;* nach Briard). – Verschollen (vgl. aber Nr. 515). – Micault, Poignards 104f.; Briard, Dépôts bretons, 65 Abb. 17, 1.

517. „Picardie", Dép. Somme. – Stabdolch mit dreieckiger Griffplatte, Spitze fehlt, L. noch 12,6 cm, B. 4 cm *(Taf. 36, 517;* nach einem Abguß). – Original: verschollen; Abguß: Mus. Saint-Germain-en-Laye (45835). – Gaucher/Mohen, Nord de la France 29f. Abb. 12, c.

518. Lanfains, Dép. Côtes-du-Nord. – Stabdolch mit abgerundet dreieckiger Griffplatte, ein Niet erhalten, Schneiden gedengelt, Heftspur, L. 32,2 cm, B. 8 cm *(Taf. 36, 518;* nach Gallia Préhist.). – Mus. Penmarc'h (?). – Micault, Poignards 103f. („zusammen mit Schwert und Tüllenbeilen"); Gallia Préhist. 5, 1962, 187 Abb. 1; 188.

519. Saumur, Dép. Maine-et-Loire. – Aus der Umgebung. – Stabdolch mit dreieckiger Griffplatte, Schneiden gedengelt, zwei Heftspuren, Spitze mit seitlich gebogener Mittelrippe, L. 39,2 cm, B. 10,4 cm *(Taf. 36, 519;* nach Cordier, ergänzt). – Mus. Saumur. – G. Cordier, Antiqu. Nat. 1969, 49f. Abb. 1, 2; G. Cordier/M. Gruet, Gallia Préhist. 18, 1975, 232 Abb. 4, 4.

520. Saint-Savinien, Dép. Charente-Maritime. – Geay; Flußfund (?). – Stabdolch mit dreieckiger Griffplatte, ein Niet erhalten, Mittelrippe, Heftspur, L. 32,5 cm, B. 8,2 cm *(Taf. 36, 520;* nach Zeichnung Gachina). – Mus. Saintes. – J. Gachina, BSPF. 69, 1972, 283 ff. Abb. 2; Gomez, Bassin de la Charente Abb. 9, 1.

521. Consenvoye, Dép. Meuse. – Stabdolch, Spitze und Griffplatte beschädigt, Griffplatte mit zwei großen Kerben und einem (?) ausgebrochenen Nietloch, Schneiden gedengelt, Heftspur, L. noch 30,3 cm, B. noch 7,9 cm *(Taf. 36, 521).* – Mus. Verdun. – F. Liènard, Archéologie de la Meuse. Description des voies anciennes et des monuments aux époques celtique et gallo-romaine III. Publ. Soc. Polymath. Verdun (1885) 8f. Taf. 22, 6 („Lanzenspitze").

522. Les Andelys, Dép. Eure. – La Mantelle; Einzelfund „beim Rübenhacken". – Stabdolch mit abgerundeter Griffplatte, drei Nietkerben; Schneiden gedengelt (?), L. 35 cm, B. 8,5 cm *(Taf. 36, 522;* nach Coutil). – Verschollen. – Coutil, Normandie Taf. 1.

523. Guerlesquin, Dép. Finistère. – Stabdolch mit halbrunder Griffplatte, zwei große, deutliche Nietkerben, eine verschliffene dritte, zwei Heftspuren, L. 23,2 cm, B. noch ca. 6,5 cm *(Taf. 37, 523).* – Mus. Morlaix (114).

Vier weitere Stabdolche entsprechen in Form und Ausbildung den Stabdolchen der Art Rouans, weisen aber mehr als drei Nietlöcher oder Nietkerben auf.

524. Alderney, Guernsey, Channel Island, Großbritannien. – Château l'Etoc; im Bereich eines vorgeschichtlichen Begräbnisplatzes; Depotfund. – Stabdolch mit dreieckiger Griffplatte, fünf Nietlöcher, Schneiden gedengelt, L. 35,6 cm, B. etwa 10 cm *(Taf. 37, 524;* nach Kendrick). – Beifunde: Stabdolch nicht näher bestimmbarer Form (Nr. 535). – Mus. Guernsey (?). – Kendrick, Channel Islands 61f. Abb. 31.

525. La-Grande-Paroisse, Dép. Seine-et-Marne. – Pincevent; Schicht II, Siedlungsfund (?). – Stabdolch mit abgerundeter Griffplatte, vier Nietlöcher, zwei Niete erhalten, Heftspur, L. 27 cm, B. 8,5 cm *(Taf. 37, 525;* nach Gaucher). – Mus. La-Grande-Paroisse. – G. Gaucher, in: Préhist. Franç. 2, 577 Abb. 1, 2.

526. Caylus, Dép. Tarn-et-Garonne. – Camp de César; Einzelfund bei Sprengung. – Stabdolch, Griffplatte beschädigt, Nietloch, Reste von vier weiteren Nietlöchern oder Nietkerben, Schneiden gedengelt, mindestens zwei Heftspuren, Spitze leicht beschädigt, L. noch 27 cm, B. 9,8 cm *(Taf. 37, 526).* – Syndicat d'Initiative de Caylus.

527. „Vallée de la Somme". – Stabdolch, Griffplatte beschädigt, zwei Kerben, mindestens zwei Nietlöcher oder Nietkerben, Mittelbahn, Heftspur, L. 20,4 cm, B. 6,4 cm *(Taf. 37, 527).* – Mus. Amiens. – H. Breuil, L'Anthropologie 12, 1901, 283 Abb. 1, 2; Briard, Dépôts bretons 67 (irrtümlich mit Fundort „Arry"; richtiggestellt bei G. Cordier, Antiqu. Nat. 1969, 51 Anm. 16).

Sonderformen von Stabdolchen

Die folgenden als Stabdolche anzusprechenden Klingen lassen sich in keine der aufgeführten Gruppen eingliedern. Es sind entweder Einzelformen, Formen anderer Kulturbereiche oder nur als Fragmente überlieferte Exemplare.

528. Mâcon, Dép. Saône-et-Loire. – Aus der Saône (?). – Stabdolch mit gerundeter Griffplatte und Spitze, drei Nietlöcher, ein Niet erhalten, Mittelrippe, Heftspur, L. 22,3 cm, B. 6,6 cm *(Taf. 38, 528).* – Mus. Saint-Germain-en-Laye (723). – Reinach, Catalogue Taf. 13, 723; O Ríordáin, Halberd Abb. 65, 5; Millotte, Jura, 312 Taf. 17, 6; Bill, Glockenbecher Taf. 32, 1; ders., BSPF. 70, 1973, 21 Abb. 1, 2.
529. Mâcon, Dép. Saône-et-Loire. – Oberhalb der Ile-Saint-Jean aus der Saône. – Stabdolch mit gerader Basis, zwei Nietlöcher, Mittelgrat, Spitze verbogen, L. 18,8 cm, B. 6,4 cm *(Taf. 38, 529).* – Mus. Chalon-sur-Saône (69. 2. 1).
530. Fontaine-les-Puits, Dép. Savoie. – Angeblich aus dem kleinen älterbronzezeitlichen Gräberfund von Fontaine-les-Puits, vgl. Nr. 459. – Stabdolch mit gerader Basis, drei Niete, Mittelgrat, Heftspur, L. 21 cm, B. 6 cm *(Taf. 38, 530; nach Combier).* – Privatslg. – J. Combier in: IXe Congr. UISPP. (1976), Livret-Guide A 9, prétirage Abb. 67, 4.
531. Montreuil-sur-Mer, Dép. Pas-de-Calais. – Stabdolch mit halbrunder, leicht abgesetzter Griffplatte, drei Nietlöcher, Mittelrippe mit Mittelgrat, Schneiden gedengelt, Klinge im oberen Teil mit leicht geschweiften Linienbanddreiecken verziert, L. 44 cm, B. 6,4 cm *(Taf. 38, 531; nach Mohen).* – Original: Aufbewahrungsort unbekannt; Nachbildung: Mus. Saint-Germain-en-Laye. – H. Breuil, L'Anthropologie 11, 1900, 531 Abb. 7,2; J.-P. Mohen, BSPF. 69, 1972, 444ff. Abb. 3, 5; Gaucher/Mohen, Nord de la France, 29 Abb. 12, a.
532. Montereau, Dép. Seine-et-Marne. – Fragment einer Klinge mit leicht gebogener Mittelrippe mit divergierenden Seiten, zwei sehr kleine Nietlöcher, L. noch 14,5 cm, B. noch 3,6 cm *(Taf. 38, 532; nach Mohen).* – Inst. Palethn. humaine, Paris (Slg. Soulingeas). – Mohen, Paris 249 Abb. 12.
533. „Bassin de la Somme". – Das Stück besitzt Moorpatina. – Stabdolch (?) mit abgerundeter Griffplatte, zwei Niete, Kerbe für einen dritten Niet, Schneiden leicht geschweift, etwas gebogene Mittelrippe, L. 18,5 cm, B. 5,1 cm *(Taf. 38, 533; nach Breuil).* – Verschollen. – H. Breuil, L'Anthropologie 12, 1901, 284 Abb. 1, 7; Gaucher/Mohen, Nord de la France 29.
534. Verdun-sur-Garonne, Dép. Tarn-et-Garonne. – Aus der Garonne. – Fragment einer stark korrodierten Dolchklinge, möglicherweise eines Stabdolches, leichte Mittelrippe, L. noch ca. 21 cm, B. noch ca. 6,3 cm *(Taf. 38, 534; nach Carthailac).* – Verschollen. – E. Carthailac, Matériaux 1885, 278 Abb. 75.
534 A. Fundort unbekannt (vgl. Nr. 165 A). – Klinge mit abgesetzt dreieckiger Griffplatte, zwei Nietlöcher, leicht gebogene Mittelrippe, schräge Heftspur, wahrscheinlich Stabdolch. L. 19,8 cm, B. 5,6 cm *(Taf. 38, 534 A).* – Mus. Raymond Toulouse.

Stabdolche nicht näher bestimmbarer Form

535. Alderney, Guernsey, Channel Island, Großbritannien. – Château l'Etoc; Depotfund vgl. Nr. 524. – Stabdolch. – Verschollen (?). – Kendrick, Channel Islands 61 f.
536. Languidic, Dép. Morbihan. – Forêt de Languidic. – Stabdolch mit abgerundeter Griffplatte und drei Nietlöchern, breite Mittelrippe, L. 34 cm, B. 8 cm. – Verschollen (?) (ehem. Mus. Hennebont). – L. Marsille, BSPF. 32, 1935, 577; Briard, Dépôts bretons 67.
537. Aus der Loire. – Lisle du Dreneuc, Catalogue 24: „Stabdolch irischen Types"; M. Baudouin, BSPF. 20, 1923, 181: „Irisches Stück im Museum Nantes, mit Mittelrippe schlanker als der Stabdolch vom Paimboeuf, keine Nietlöcher, nur Nietkerben"; Leeds, Archaeologia 76, 1926 (1927), 223: „Stabdolch irischen Types aus dem Flußbett der Loire (Musée Dobrée, Nantes)". Das Stück ist im Mus. Nantes nicht auffindbar. Es kann sich möglicherweise um den fundortlosen Stabdolch (Nr. 503) im Mus. Nantes handeln, obwohl Briard, Dépôts bretons 67, dies strikt ausschließt. Immerhin erwähnt Baudouin, daß keine Nietlöcher vorhanden sind, was auf das fundortlose Stück zutreffen würde.

Funktion: Insgesamt 19 der 45 aus Frankreich bekannten Stabdolche sind als Einzelfunde anzusehen, von denen bisweilen nicht einmal der genaue Fundort, sondern lediglich ein Herkunftsgebiet bekannt ist (Nr. 500. 501. 505. 507. 509. 510. 515–519. 521–523. 527. 531. 532. 534 A. 536). Etwa ein Dutzend weiterer Stücke stammen sicher oder wahrscheinlich aus Flüssen, von Flußufern oder, in einem Falle, aus einem Moor (Nr. 494. 496. 499. 502. 503. 506. 520 [?] 528 [?]. 529. 533.

534. 537), zwei weitere sind bei Sprengungen auf einem Plateau gefunden worden (Nr. 508. 526). Bei diesen Exemplaren handelt es sich offenbar meist um Ein-Stück-Depots; die in Zusammenhang mit Wasserläufen gefundenen Stabdolche haben am ehesten Opfercharakter[3] und man kann wohl annehmen, daß zumindest ein Teil der Einzelfunde ohne näher bekannte Fundumstände Flußfunde sind.

Die beiden Stabdolche Nr. 496 und 499 wurden in unmittelbarer Nähe beieinander gefunden; bei den beiden Exemplaren von Alderney (Nr. 524. 535) handelt es sich um ein Depot in einem Gräberfeld. Von drei Fundstellen sind Stabdolche als sichere oder wahrscheinliche Grabfunde bekannt (Nr. 495. 504. 511–514), bei dem Exemplar von Fontaine-les-Puits (Nr. 530) ist die Zugehörigkeit zu dem kleinen Remedello-Gräberfeld (vgl. Nr. 459) einigermaßen unsicher. Bei den Einzelfunden ohne nähere Beobachtung könnte es sich im Einzelfall wohl auch um nicht erkannte Grabfunde handeln.

Die Angabe „Schicht II" bei dem Stabdolch von La-Grande-Paroisse (Nr. 525) läßt vermuten, daß hier ein Siedlungsfund vorliegt, der bisher einzige aus dem Arbeitsgebiet.

Reste der Schäftung sind – mit einer Ausnahme (Nr. 494: Holzfaserspuren) – nicht erhalten. Eine Bedeutung als Opfergabe ließe sich bei den Flußfunden annehmen; Funde vor allem im Bereich der Aunjetitzer Kultur mit Metallschäftung lassen die Stabdolche auch als Prunkwaffe erscheinen,[4] während Darstellungen aus dem Val Camonica einen Gebrauch des Stabdolches als Jagdwaffe implizieren.[5] Durch ihr meist großes Gewicht und auch heute noch überzeugende Klingenschärfe erscheinen sie als Kampfwaffe durchaus geeignet. Der Stabdolch von Glomel (Nr. 504) tritt in dem Grab möglicherweise an die Stelle einer weiteren Beilbeigabe, ähnlich wie in El Argar B das Beil offenbar den Platz der für El Argar A typischen Stabdolche einnimmt.[6]

Zeitstellung: Die Fundumstände der Stabdolche in Frankreich geben kaum Hinweise auf eine chronologische Einordnung innerhalb der älteren Bronzezeit. Lediglich der Stabdolch von Glomel (Nr. 504) wurde in einem Fundverband angetroffen, der andere Gegenstände als Stabdolche enthielt. Nach Aussage der Beifunde gehört er in den mittleren Abschnitt der älteren bretonischen Bronzezeit (s. Abb. 6). Der Grabhügel von Epone (Nr. 511–514) kann als Einfluß der Phase III der Rhônekultur aufgefaßt werden, aber auch – unterstützt durch die Mehrzahl der Stabdolche in einem Grab – als Niederschlag einer Kulturbeziehung zur Bretagne.

Während der Stabdolch von Armentières (Nr. 505) südosteuropäischen Exemplaren ähnelt,[7] sind Vergleiche mit benachbarten Gebieten wenig ergiebig. Die im Fundverband auftretenden Stabdolche von El Argar sind formenkundlich von den französischen zu verschieden,[8] die eher entsprechenden nordportugiesischen Stabdolche vom Typ Carrapatas[9] wiederum sind, ähnlich den irischen und auch den englischen Exemplaren,[10] weitgehend Einzelfunde.

Mitteldeutsche Stabdolche mit vergleichbaren Klingen beginnen in etwa mit dem klassischen Aunjetitz.[11] Die mittel- und westeuropäische Erscheinung des Stabdolches läßt sich aber keiner

---

[3] Zur Deutung von Gewässerfunden s. H.-E. Mandera, Fundber. Hessen 12, 1972, 97 ff.

[4] W. A. v. Brunn, Hortfunde Taf. 39, 1. 96–98.

[5] Z. B. E. Anati, I Massi di Cemno. Studi Camoni 5 (1972) 61 ff.

[6] Blance, SAM IV Taf. 23, 5. 16; s. auch Anm. 8.

[7] A. Moszolicz, 46–47. Ber. RGK. 1965–66, 5 ff. 50 Taf. 1.

[8] H. Schubart, in: Estudios dedicados al Profesor Dr. Luis Pericot. Publicaciones Eventuales 23, 1973, 247 ff.

[9] Ebd. Abb. 7. Die sehr kleinen Nietlöcher des Stabdolches Nr. 534 A ähneln jenen des Types Carrapatas, seine Gesamtform mit Mittelrippe und der abgesetzt dreieckigen Griffplatte einem Stabdolch aus Nordspanien (Gerona), s. Guilaine, Languedoc Abb. 11, 4.

[10] Harbison, PBF. VI, 1 (1969) 36.

[11] Schickler, Stabdolche und Vollgriffdolche 253 ff.

bestimmten Kultur zuweisen, noch ist bisher ein Entstehungszentrum mit Sicherheit auszumachen, es lassen sich allenfalls auch forschungsbedingte räumliche Schwerpunkte, wie Südostspanien,[12] Irland,[13] Schottland[14] und Mitteldeutschland,[15] aufzeigen. Eine zeitliche Priorität eines Gebietes zu postulieren scheitert daran, daß die verschiedenen regionalen Feinchronologien noch nicht in einen ausreichenden Einklang gebracht werden können.

Die Stabdolche der Arten Luynes, Amboise, Glomel und Rouans, die untereinander einige Gemeinsamkeiten aufweisen, können in ungefähr wohl in einen mittleren Abschnitt der älteren Bronzezeit datiert werden. Der Fund von Montreuil-sur-Mer (Nr. 531), der zu einer „mitteleuropäisch-ungarischen" Gruppe gehört, ist seinem Phänotypus mit leicht geschweifter Klinge nach wohl etwas jünger anzusetzen, vor allem aber auch nach den Beifunden des vergleichbaren Stabdolches von Ried im Oberinntal.[16]

Verbreitung (Taf. 45, B): Die Stabdolche der Arten Luynes und Amboise weisen eine atlantische Verbreitung auf, auch der Schwerpunkt der Arten Glomel und Rouans liegt im atlantischen Küstenbereich, allerdings mit breiter Streuung in das Hinterland, die großen Flußläufe entlang, während die Einzelformen kein spezifisches Verbreitungsbild zeigen. Auffallend ist, daß das Gebiet der Rhônekultur kaum Stabdolche aufzuweisen hat.

---

[12] S. Anm. 8.
[13] Harbison, PBF. VI, 1 (1969) 35 ff.
[14] Schickler, Stabdolche und Vollgriffdolche Karte 1.
[15] Vgl. W. Meier-Arendt, Germania 47, 1969, 53 ff.; Gaucher/Mohen, Nord de la France 29.
[16] Schauer, PBF. IV, 2 (1971) 60 f. Taf. 131, B.

RÉSUMÉ

LES POIGNARDS EN CUIVRE ET BRONZE DU CHALCOLITHIQUE ET BRONZE ANCIEN EN FRANCE

Dans le volume I, consacré aux poignards métalliques de France, nous présentons les poignards du Chalcolithique et du Bronze ancien que nous avons pu récoltés jusqu'en 1977 dans les Musées et la littérature. Il s'agit de 537 pièces, hallebardes incluses. Ce chiffre ne rend forcément pas compte de la totalité des objets trouvés car certaines pièces, voire certaines collections ont disparu et certains objets sont inaccessibles. De plus le matériel de base s'élargit constamment, compte tenu des fouilles récentes ou alors des publications portant sur des collections inaccessibles.

Ce travail présente néanmoins un bilan de ce que l'on peut savoir actuellement sur les poignards trouvés en France. L'avenir dira si les lignes générales tracées dans ce volume resteront valables ou s'il se révèlera nécessaire d'y apporter certaines corrections.

Le cadre géographique, qui englobe la France et les Iles de la Manche peut paraître trop vaste pour ce genre de travail. L'ensemble retenu est pourtant bien circonscrit par des limites naturelles. Il est donc plus raisonnable de diviser notre domaine – les poignards métalliques en France – en deux parties chronologiques (un deuxième volume consacré au Bronze moyen et final est en préparation) que de choisir plus ou moins arbitrairement une partition régionale.

Par contre, il est difficile sinon impossible de donner une définition satisfaisante de ce qu'est exactement un poignard.

Du point de vue de la longueur, il semble arbitraire de choisir une limite exacte entre poignard et épée; les rapières ont par exemple des dimensions intermédiaires. Certaines pièces sont assez longues pour être considérées comme des épées, mais leur morphologie les rattache incontestablement aux poignards dont elles dérivent (par ex. les longs poignards bretons). A l'opposé il existe des lames de poignards extrêmement courtes, difficilement assimilables à des «armes».

Nous avons donc récolté toute lame à deux tranchants (à l'exception du «poignard-scie» Nr. 168), dont les bords sont plutôt symétriques par rapport à l'axe longitudinal. La limite supérieure des mesures de longueur se situe généralement approximativement entre 30 et 40 cm. Ce critère de choix, assez vague, semble mieux correspondre à la réalité de cette classe d'objets.

Chalcolithique

Les poignards de l'âge du Cuivre forment deux groupes principaux (avec des subdivisions typologiques internes): *Les poignards à encoches* (Nr. 1–35) et les *poignards à languettes* (Nr. 36–123).

Les «encoches» correspondent à des transformations secondaires de la partie proximale de la lame par martelage, il ne s'agit donc pas de vraies encoches. Nous conservons pourtant ce terme familier d'utilisation courante (dérivant certes de la technologie des poignards en silex). Les *poignards à encoches* présentent une grande variété de formes, lames à deux encoches, à plusieurs encoches, parfois avec arête médiane sur une seule face, lames à encoches et trous de rivets. Les traces de manches sont généralement rectilignes, ce qui laisse supposer un emmanchement à enroulement de fibre végétale comme on l'observe sur certains poignards suisses (voir p. 14 suiv.).

Les lames ne semblent pas toujours conçues pour être utilisées. Elles sont souvent soit trop minces, soit trop courtes, ou possèdent des «tranchants» non fonctionnels. Vu l'existence de pendeloques à bélière en forme de languette, dont la morphologie est très proche de certains poignards à encoches, on peut leur attribuer une fonction de parure ou d'insigne symbolique.

Les poignards à encoches appartiennent à des ensembles attribuables au Ferrières, au groupe de Treilles, au Fontbouissien/Rodézien (voir fig. 3), et, éventuellement, à l'Artenacien. Tandis que les quatre premiers groupes sont nettement chalcolithiques, l'Artenacien est parfois considéré comme du Bronze ancien. Pour des raisons diverses (stratigraphie, dates C-14, analyses métallo-graphiques) nous préférons placer également cet ensemble dans l'âge du Cuivre (voir p. 18).

Les contextes des poignards à encoches témoignent d'une très ancienne industrie du cuivre, qui, à l'origine, est certainement précampaniforme. Cette métallurgie comprend, outre les poignards, des pendeloques (voir ci-dessus), des perles et des haches plates en cuivre. On y trouve également quelques objets en or et en plomb. Le cuivre semble avoir été extrait sur place, il n'est donc pas importé. Seules les techniques de l'exploitation et du travail du métal sont dues à une influence extérieure. Il est possible que l'extension de ces civilisations chalcolithiques sur les Grands Causses soit due à la recherche systématique de ce nouveau matériau que représente le métal, comme semble l'indiquer la répartition des poignards à encoches ainsi que des pendeloques (planche 42, A).

Les *poignards à languette de type Fontbouisse* possèdent une languette relativement large, dont les bords ont été ondulés par martelage, mais ne présentent aucun rebord quelconque (Nr. 36–63). Les traces d'emmanchement témoignant de la nature du manche sont différentes de celles des poignards à encoches.

Les ensembles clos disponibles montrent que les poignards de type Fontbouisse se trouvent dans les mêmes contextes que les poignards à encoches, auxquels ils sont du reste directement associés. Les liaisons avec le Fontbouisse sont par contre plus importantes comme en témoigne l'aire de répartition de ces objets (voir planche 42, B). Le poignard Nr. 49 témoigne peut-être des relations entre le Midi de la France et la civilisation du Seine-Oise-Marne (voir p. 27). Les contextes comprenant du Campaniforme sont plus ou moins douteux. Il faut donc rejeter l'idée générale que les poignards à languette sont obligatoirement des poignards campaniformes. Ainsi le poignard des Mureaux (Nr. 50) n'est pas lié de façon nette au Campaniforme.

L'origine des poignards à encoches, et des poignards type Fontbouisse reste obscure car les parallèles plus ou moins exactes sont rares. Mise à part les quelques pièces d'Europe centrale, on trouve des poignards comparables en péninsule Ibérique dans des contextes plus ou moins contemporains du Chalcolithique du Midi de la France. Mais les ressemblances sont trop générales pour qu'on puisse en déduire des relations très étroites ou l'idée d'une provenance étrangère.

On a plutôt l'impression, que les débuts de l'industrie du cuivre en France ou en péninsule Ibérique procèdent peut-être d'une même origine commune, malgré les divergences apparues par la suite. Eventuellement faut-il chercher cette région d'origine quelque part en Egée ou en Asie mineure, zones d'où viennent par exemple les modes de construction et le style de fortification utilisés dans les deux régions (par ex. Le Lébous dans le Midi et Los Millares en Espagne). Ces sites inspirés du Proche Orient ou construits par des gens venant de ces régions, se trouvent de préférence dans des zones où le cuivre est relativement abondant ou sur des points favorables au commerce à travers la Méditerranée.

Résumé

Les contextes de neuf *poignards à languette* plus ou moins *triangulaire* ne permettent aucune attribution culturelle (Nr. 64–72).

Douze poignards n'ont de conservées que leurs *pointes* (Nr. 73–84). On trouve ces pointes dans des contextes funéraires du Ferrières, du Fontbouisse, du Rodézien et de l'Artenacien, dont une dans une vertèbre d'une colonne vertébrale humaine (Nr. 73). Dans ce cas là, la fonction comme arme semble assurée.

Les *poignards à languette effilée* sont répartis entre les *types Soyons et Bois-en-Ré* (Nr. 85–100, éventuellement Nr. 101–103). Les premiers sont surtout répandus dans le Midi, les seconds dans le nord et l'ouest de la France, surtout à proximité de la côte. Un troisième type, le *type Trizay*, possède une languette effilée dont les rebords sont martelés. Sa répartition coïncide plus ou moins avec celle du type Bois-en-Ré (Nr. 104–113).

D'après les contextes connus, les trois types – Soyons, Bois-en-Ré et Trizay – font tous partie de la civilisation du Campaniforme; la question de leur origine et de leur datation est donc étroitement liée aux problèmes liés à ce complexe. Le Campaniforme, civilisation qu'on rencontre partout en Europe centrale et occidentale à la fin du Chalcolithique, présente en France, comme ailleurs, des groupes locaux (groupe de la Manche, groupe breton, groupe occidental en Vendée, groupe du Rhône, groupe provençal et pyrénéen, groupe du Centre) qui, au-delà des caractéristiques communes, ont tous leurs traits particuliers.

Quelques stratigraphies du Midi de la France et de la région du Massif central montrent que le Campaniforme est un ensemble du Chalcolithique tardif, situé au-dessus du Chalcolithique local (Fontbouisse ou autre) et en-dessous du Bronze ancien proprement dit. Certaines composantes du décor des céramiques campaniformes et Bronze ancien témoignent d'autre part de contacts entre ces deux groupes. Cette chronologie relative est confirmée par les dates C 14.

Il n'existe pas encore de stratigraphie interne du Campaniforme qui permettrait d'établir une chronologie fine de cet ensemble. On est donc forcé de travailler sur la base de subdivisions typologiques fondées sur des statistiques et des relations externes.

D'une manière générale le «style maritime» ou «occidental» est sensé être le Campaniforme le plus ancien. Le site de la Balance à Avignon a livré de la céramique de ce style maritime et un poignard en cuivre. Dans toutes les autres stations les poignards semblent plus récents que le Campaniforme ancien.

Les inventaires des tombes campaniformes avec poignard en cuivre fournissent d'autre part les informations suivantes: Les pointes de flèche à pédoncule et ailerons carrés sont typiques du Campaniforme, mais on les retrouve également sous une forme technique plus achevée dans le Bronze ancien breton. Qu'il s'agisse d'une survivance du Campaniforme en Bretagne ou d'un début précoce du Bronze ancien de cette région, le contact existe clairement. Cette liaison se retrouve du reste au niveau des brassards d'archer (voir p. 42. 113).

Si l'on se base sur le mobilier d'une tombe de Pago de la Peña, Prov. Zamorra (Espagne), les poignards du type Trizay peuvent être contemporains des débuts du Bronze ancien dans les pays de la Méditerranée occidentale. Il en va de même des longs poignards «épicampaniformes» de type Bois-en-Ré, dont un exemplaire fait partie du dépôt Bronze ancien de Roufeiro (Espagne). La perle en argent de la tombe de Soyons (Nr. 85) témoigne d'autre part d'une relation avec la péninsule Ibérique. Les mors en os et les boutons perforés en V sont caractéristiques du Campaniforme comme du début du Bronze ancien. En conclusion, exception faite du complexe de la Balance à Avignon, les mobiliers campaniformes avec poignard sont plutôt tardifs.

La question de la provenance des poignards campaniformes est liée à la question de l'origine du

Campaniforme en général, dont la solution est loin d'être en vue. Tout ce que l'on peut indiquer c'est que les poignards campaniformes trouvés en France portent à la fois les marques des influences de l'Europe centrale et de l'Europe occidentale.

Quatre poignards à languette possèdent un ou deux trous de rivets (Nr. 114–117). Les deux premiers sont nettement des *poignards type Remedello;* ils ont donc une origine italienne – le poignard de Pépieux (Nr. 116) présente une certaine parenté avec des pièces de l'Egée ou de l'Asie Mineure, tandis que le petit poignard de Miers (Nr. 117) ressemble aux poignards campaniformes des Pays Bas ou de l'Angleterre (voir p. 44 suiv.).

Quelques autres poignards chalcolithiques et certains fragments (Nr. 118–128) n'ont rien de significatif. Enfin certaines pièces disparues ou inaccessibles (Nr. 129–145) restent sans attribution culturelle ou chronologique exacte.

L'emmanchement des poignards chalcolithiques présente certainement un nombre considérable de variations possibles (voir p. 14. 25 et 50). Si l'on se réfère aux poignards avec manche conservé trouvés par ex. au bord des lacs suisses, les manches sont très courts, en tout cas plus courts qu'une largeur de main. Les poignards type Remedello ont été considérés par L. Barfield comme des lames de hallebarde. Des considérations d'ordre technique (longueur restreinte des languettes et autres particularités) et l'examen des figurations rupestres de l'Italie du Nord, montrent que cette hypothèse est invraisemblable et qu'il doit plutôt s'agir d'armes de chasse emmanchées comme des poignards. Les traces d'emmanchement en biais de deux poignards chalcolithiques (Nr. 45. 108) pourraient par contre parler en faveur d'un emmanchement de type hallebarde. On notera pourtant que toutes les autres caractéristiques de ce type d'arme sont absentes de ces pièces.

On considère parfois les poignards, surtout les plus petits, comme des couteaux, sans, souvent, mentionner la raison de cette attribution fonctionnelle. On pourrait trouver des arguments en faveur d'une telle interprétation dans l'asymétrie de certaines lames (lames usées seulement d'un côté) mais la faible dimension des lames n'est par contre pas un argument valable, car les couteaux nets ont généralement une longueur supérieure à 10 cm. La fonction de ces petits poignards n'est pas claire. Il en va de même pour les grands exemplaires, qui, toujours très plats et larges ne correspondent ni à une arme tranchante ni à une arme à pointe. Leurs conditions de découverte, trouvailles isolées en rivière ou dépôt d'une pièce (Nr. 89. 96. 97 (?).111. 127) font penser à des objets symboliques.

Huit poignards chalcolithiques ont été trouvés dans des contextes d'habitat, 115 dans des tombes. Ces objets jouent donc un rôle important dans les rites funéraires comme propriété privée du mort.

Les pointes de poignards chalcolithiques (dont une fixée dans une colonne vertébrale humaine, voir Nr. 73) du Midi de la France sont limitées à une région très restreinte et à des contextes culturels bien limités. Nous n'avons pas encore trouvé des parallèles pour ces objets.

Poignards du Bronze ancien

Un des poignards triangulaires simples à base droite et deux trous de rivets (*type Lussan* et variantes, Nr. 146–161) a été trouvé en contexte campaniforme (Nr. 146). D'autres exemplaires, celui de Saint-Antonin-Noble-Val par exemple, sont associés à des matériaux qui n'appartiennent pas au Chalcolithique comme on pourrait le croire à première vue et qui se distinguent nettement du Rodézien dont il est question (voir p. 55). Certains exemplaires comme le Nr. 150 et le

Nr. 151 appartiennent, si l'on en croit le rite funéraire et le contexte archéologique, associés à une phase tardive du Bronze ancien.

Cette situation est, à première vue, très inhomogène. On peut pourtant identifier trois stades successifs:
1. Poignards type Lussan avec mobilier osseux et objets en silex sous dolmen ou en grotte,
2. Poignards type Lussan associés à un mobilier métallique plus abondant, en grotte,
3. Poignards type Lussan avec mobilier presque uniquement métallique, sous tumulus.

Ces trois «phases» ou groupes peuvent être comparés avec la chronologie du Bronze ancien établie sur la base des ensembles clos de Suisse occidentale et du Jura (chronologie comparable à la séquence élaborée à l'aide du matériel autrichien du Bronze ancien). Cette séquence comporte trois à quatre phases (I/II, III, IV). Contrairement à la situation observée en Europe centrale, où il n'existe pas de poignards dans les tombes des phases I/II, on trouve donc dans la région rhodanienne des poignards de type Lussan dès les débuts du Bronze ancien et même en contexte encore chalcolithique (campaniforme). Cette situation est peut-être due à une influence d'El Argar, cette civilisation qui possède le poignard comme mobilier funéraire dès les tombes les plus anciennes.

On rencontre surtout les poignards type Lussan dans le couloir rhodanien, dans des contextes de la civilisation du Rhône.

Quatre *poignards à base droite et deux rivets* sont *décorés* de simples cannelures dénommées «filets en creux» (Nr. 162–165). Le contexte du Nr. 165 et le type de sépulture associé au Nr. 162 montrent qu'il s'agit d'une phase récente de la civilisation du Rhône.

D'autres poignards à deux rivets présentent des formes variées. Trois ont en commun une base élargie (Nr. 166–168). Celui de Beaucaire (Nr. 168) possède un tranchant denté («poignard-scie»). Il a été trouvé dans une tombe en ciste sous tumulus, associé à une tasse carénée et une épingle à tête globulaire et trou transversal appartenant à la fin du Bronze ancien (voir p. 61).

Deux poignards à lame courbe semblent plutôt singuliers (Nr. 169. 170); de tels poignards sont exceptionnels dans le Bronze ancien européen (voir p. 61 suiv.).

Toutes ces formes exceptionnelles se trouvent dans la région de la civilisation du Rhône.

Les poignards à trois rivets du *type Caunes* (Nr. 171–174) ne présentent pas, comme en outre les poignards type Lussan, de structure de lame, sinon des tranchants martelés. Deux poignards à trois trous de rivet possèdent des cannelures parallèles aux tranchants (Nr. 175. 176). Un seul des poignards type Caunes et variantes présente un contexte archéologique utilisable (Nr. 173). Il s'agit d'une épingle treflée de la phase III de la civilisation du Rhône. Le brassard d'archer de la tombe de Laudun (Nr. 175) de forme effilée, paraît présenter l'influence d'El Argar plutôt que du Campaniforme.

Quant à leur répartition, les poignards à trois trous de rivet se trouvent dans la région de la civilisation du Rhône, à l'exception de celui de Saint-Nazaire, dont la disposition asymétrique des trous de rivet peut venir d'une influence argarique le long de la côte atlantique.

Un poignard à trois rivets de Saint-Bonnet-de-Rochefort (Nr. 177) reste une pièce unique en France; sa forme rappelle les poignards de l'Allemagne du Sud, surtout de la nécropole de Singen. Peut-être s'agit-il d'une première pièce signalant là la présence d'un Bronze ancien en France centrale, dont, en regardant de près, il existent encore d'autres traces (voir pp. 64 et pp. 123).

Le poignard de Clucy est une trouvaille isolée, rattachable, par comparaison, à la phase III. Les poignards de forme simple comportent des *poignards miniatures*. Nous en connaissons six en tout (Nr. 179–184), dont cinq sont associés à des habitats des phases récentes de la civilisation du Rhône (en Allemagne du Sud ces objets se trouvent uniquement dans des tombes).

Les poignards de Nant et Aguëssac (Nr. 185. 186) et peut-être certains éléments disparus du Midi de la France (Nr. 187–189) sont des *poignards de type El Argar*, même si celui de Nant n'est pas en cuivre comme la plupart des poignards argariques mais en bronze (voir p. 68 et note 18). Cet objet est associé à des épingles treflées (phase III de la civilisation du Rhône). Suivant J. Arnal, le matériel de La Liquisse à Nant appartient en fait à deux constructions distinctes, un dolmen à inventaire rodézien et une ciste adventice construite sous le même tumulus et abritant la tombe Bronze ancien. Si le rattachement du poignard à la civilisation El Argar est juste, on peut considérer la tombe de La Liquisse comme un point de repaire assurant la liaison entre la chronologie Bronze ancien de la péninsule Ibérique et celle de l'Europe centrale. Mais pour cela il faut revoir la chronologie d'El Argar, notamment en ce qui concerne les poignards genre Nant, dont la sériation chronologique n'est pas encore très claire (voir p. 67).

Les *poignards de type Collias* possèdent une base arrondie, quatre rivets et une légère arête médiane, trois exemplaires ont une lame décorée de rainures (Nr. 190–194). Ils sont très proches du *type Cannes-Ecluse* (Nr. 200–205); d'après le matériel associé, ils semblent récent dans le cadre du Bronze ancien (phase IV). Il en va de même du type Cannes-Ecluse et des cinq poignards à quatre rivets de formes diverses (Nr. 195–199).

Les *poignards à lame cannelée* (Nr. 207–210), typiques de la fin de la civilisation du Rhône, se trouvent surtout en Suisse et dans le Jura français, en relation avec des tombes ou des habitats. Un seul vient du Bassin parisien (Nr. 208).

Les *poignards à manche métallique* sont pour la plupart typiques de la civilisation du Rhône (Nr. 211–226). Les poignards Nr. 227–231 sont très proches au point de vue typologique. Nous pensons soit à celui de Singleyrac, dont on ne connaît qu'un vieux croquis, soit à celui de Melrand, qui, figuré généralement sans décor, était, selon A. de la Granцière «orné, près du manche, de globules ou points et de deux lignes convergeantes gravées. Ces ornements nous semblent obtenus les uns – les globules – par le coulage, les autres – les lignes – au moyen du poinçon». Il s'agit là d'une description assez précise, notamment au point de vue de technique, du décor caractéristique des poignards rhodaniens à manche métallique. Ce décor actuellement recouvert de patine épaisse est désormais invisible ou a disparu.

Six pièces parmi les poignards à manche métallique appartiennent au type italique de O. Uenze (Nr. 237–242). Trois autres, à lame effilée, sont coulés d'une seule pièce (Nr. 243–245). Il existe également des formes mixtes suivant la typologie de Uenze et quelques poignards perdus, donc inclassables (Nr. 246–261). Un soi-disant poignard à manche métallique, mentionné par N. K. Sandars, est en fait un modèle récent assez curieux conservé au British Museum (voir p. 80).

La plupart des poignards à manche métallique sont soit des pièces isolées soit des pièces groupées en dépôt. Ce type est par contre rare dans les mobiliers des tombes. Les rares contextes significatifs permettent de les placer à la phase III, parfois à la phase IV. Le poignard de Melrand joue un rôle important dans la synchronisation entre le Bronze ancien breton et le Bronze ancien rhodanien et celui de l'Europe centrale (voir p. 115).

Quelques *lames décorées* ressemblent aux lames des poignards à manche métallique (Nr. 262–267), d'autres leur sont proches du point de vue typologique (Nr. 268–271). Elles se rattachent soit à la phase III (Nr. 262), soit à la fin du Bronze ancien (surtout Nr. 268. 271).

Les *poignards bretons* forment un groupe à part. Sous le terme «poignards bretons» nous comprenons tous les poignards triangulaires de France qui présentent des rivets – généralement six – disposés en deux groupes symétriques, des tranchants généralement martelés et une lame

Résumé

décorée de «filets», c'est-à-dire des lignes parallèles aux tranchants. On y observe souvent une très petite languette marquant le milieu de la base.

On peut subdiviser cet ensemble en cinq types généraux désignés sous les termes éponymes de *Loucé, Rumédon* (y compris les exemplaires longs), *Trévérec, Plouvorn* et *Bourbriac.* Naturellement il existe également des fragments non classables, quelques formes spéciales et des poignards perdus donc difficilement rattachables aux types mentionnés. On connaît à peu près 200 poignards type breton (Nr. 272–458), un nombre assez élevé, en partie dû à la coutume de déposer jusqu'à douze poignards dans une seule tombe, presque toujours des tombes sous tumulus.

Les conditions pédologiques particulières propres à la zone des tumulus bretons entraînent des conditions de conservation très spéciales. Les ossements humains ne sont conservés qu'à proximité du mobilier de bronze. Le bronze même, fortement corrodé, est très fragile, tandis que les constructions en bois (cercueil) sont presque toujours visibles près des bronzes (il faut insister qu'il ne s'agit en aucun cas, comme on l'a souvent cru, de «boîtes» construites pour abriter les précieux poignards, mais bien de restes de planches conservés uniquement dans les zones riches en sels d'oxyde de cuivre ou de bronze, alors que tout a disparu ailleurs). Il semble d'autre part que les fameux poignards «en os» de Lescongar ne sont pas façonnés dans cette matière. Il s'agit très vraisemblablement d'un bronze corrodé qui peut parfois donner l'impression d'une matière osseuse (voir p. 105 suiv.).

La conservation parfois assez bonne du matériel organique permet de faire des observations détaillées sur des manches en bois et des gaines en cuir. Une spécialité bretonne consiste en minuscules bâtonnets en or entrant dans la décoration des poignards, surtout des manches. On mentionnera également des goupilles ou des clous en or plus grands décorant soit le manche proprement dit, soit la zone de fixation de ce dernier à la lame. Nous supposons qu'ils étaient disposés en ligne droite sur le manche (et non groupés, comme on l'a proposé pour le poignard Nr. 383 de Plouvorn, disposition inspirée par les épées de type Saint-Brandan, ce qui n'est pas sans conséquence chronologique dangereuse).

Une autre spécialité bretonne est l'arséniage des surfaces, qui donne aux poignards un aspect argenté. Nous pensons que de telles pièces sont plus nombreuses que ne le laissent croire les rares exemplaires connus. La corrosion des surfaces ne permet en fait que rarement observer un tel effet (Nr. 318. 353. 357. 363. 371. 377) sur les lames de poignards mais aussi sur des haches en bronze.

Une caractéristique propre aux tombes du Bronze ancien breton est constituée par les petites «épingles» en bronze ou argent, qui, quand elles existent, se trouvent toujours à proximité d'un poignard et qui sont généralement placées dans la gaine, entre le cuir et la lame. Leur emplacement leur confère une fonction différente des autres épingles connues. Ce pourrait être des poinçons ou des alènes. Ce type d'instrument est en effet inconnu en Bretagne ce qui n'est pas le cas ailleurs où on le trouve fréquemment dans le Bronze ancien.

Le nombre élevé de poignards par tombe est également une caractéristique propre à la Bretagne (voir p. 110). Il semble que les poignards jouent un rôle très important dans les coutumes funéraires.

Les mobiliers comprennent généralement des poignards, des haches en bronze, des pointes de flèche à pédoncule et ailerons carrés en silex, une ou plusieurs épingles ou plutôt alènes en bronze ou en argent. Bien qu'on connaisse en Europe centrale quelques sépultures féminines avec poignard, on peut admettre que les inventaires bretons appartiennent à des tombes d'homme (vu la mauvaise conservation des ossements humains une étude anthropologique n'est pas possible). On ne connaît pas encore de sépultures nettement féminines.

Cet ensemble, appartenant à la dite «première série des tumulus», donc au Bronze *ancien* breton, semble à première vue plus ou moins homogène et indifférenciable du point de vue chronologique. Si l'on y regarde de près et si l'on se donne la peine de reprendre les *premiers* comptes rendus de fouilles avec leurs exactes descriptions du mobilier funéraire, on obtient une sériation des inventaires où se dessinent tout de même quatre groupes (voir fig. 6):

Poignards genres Loucé et Rumédon (y compris longs poignards), haches, pointes de flèches.
Poignards genres Rumédon et Trévérec, haches, pointes de flèches.
Poignards genre Trévérec, haches, pointes de flèches.
Poignards genre Bourbriac/Plouvorn, poterie.

Cette partition semble bien avoir une valeur chronologique. Le brassard d'archer de Quimperlé, appartenant au premier groupe (voir Nr. 353) n'est pas un type propre aux tombes El Argar, donc Bronze ancien, mais un type nettement campaniforme. Les pointes de flèches armoricaines indiquent également une connexion entre le Campaniforme et le Bronze ancien breton, sans qu'il soit possible de préciser plus. Il est de toute façon possible de constater – comme c'est le cas dans la plupart des groupes Bronze ancien d'Europe occidentale et centrale – une certaine relève du Campaniforme par le Bronze ancien.

Outre les relations étroites entre le Bronze ancien breton et la civilisation du Wessex d'une part, et la civilisation d'El Argar – d'une façon moins évidente – d'autre part, il existe quelque contacts évidents, quoique peu nombreux, avec le Bronze ancien d'Europe centrale. Mentionnons dans cette optique le poignard de type Loucé trouvé dans une tombe de la Forêt de Haguenau (Nr. 275), dont le reste du mobilier appartient au Bronze ancien de l'Allemagne du Sud-Ouest des phases I/II.

Il existe également une certaine parenté typologique entre les poignards bretons – surtout du genre Rumédon – et les poignards Bronze ancien d'Europe centrale, par exemple avec certaines pièces de la nécropole de Singen. Les deux ensembles, poignards bretons et poignards de Singen, ont des affinités avec les poignards à manche métallique de type Oder–Elbe en Allemagne Centrale, sans pour autant impliquer, pour l'instant, une dérivation dans un sens ou dans l'autre.

Les longs poignards genre Rumédon ressemblent à certaines pièces d'El Argar et de façon plus nette encore à un poignard du fameux dépôt de Gaubickelheim au sud de Mayence. L'interprétation chronologique de ce dépôt posait un énigme car le poignard en question présente deux décors successifs. Le premier, des lignes parallèles aux tranchants, semble à première vue proche du décor de certains poignards Bronze moyen. Nous pensons que cette interprétation est fausse et qu'il s'agit plutôt du décor habituel des poignards bretons. Le deuxième décor, donc le plus récent, tracé en pointillé, est typique des poignards de la phase III du Bronze ancien. Nous avons donc là un «terminus ante quem» pour les longs poignards bretons (voir p. 115).

Ce sont les poignards genre Plouvorn et Bourbriac qui se rapprochent des types propres au Bronze moyen; ils sont donc probablement à l'origine des poignards typiques du Bronze moyen.

La hallebarde de Glomel (Nr. 504), le poignard à manche métallique de Melrand (Nr. 228) et l'un des poignards de Cissac (Nr. 265) sont également rattachables à la phase III du Bronze ancien d'Europe centrale. D'après la description qu'en donnent Martin et Prigent, une des haches de Pleudaniel (voir Nr. 289) appartient nettement au type Neyruz, donc également à la phase III. Les petits aiguisoirs de Lannion et Trévérec (Nr. 277. 294) peuvent être comparés à des pièces du Wessex ou de la fin du Bronze ancien suisse (phases III/IV).

Par contre on peut difficilement comparer les petites épingles bretonnes (ou plutôt les alènes) avec les types d'épingle d'Europe centrale, vu leur fonction évidemment différente. Du point de vue chronologique, la comparaison avec les épingles à tête en anneau ne soulève pas de problème.

Par contre la confrontation entre la petite épingle à tête en forme de roue de Plouvorn/Kernonen et les épingles analogues d'Europe centrale, rattachables au début du Bronze moyen, soulève bien des difficultés d'ordre chronologique. Si l'on retient cette comparaison, l'épingle de Plouvorn devrait être de loin le plus ancien exemplaire de ce type.

En résumé le Bronze ancien breton est, si l'on tient compte des relations externes, un groupe Bronze ancien atlantique assez particulier et fortement autonome, qu'on peut tout de même paralléliser avec l'Europe centrale, en tenant compte de certains détails.

Le Bronze ancien breton débute évidemment avec des tombes à poignards genre Loucé et Rumédon et évolue vers le Bronze moyen avec les tombes à poignards genre Plouvorn et Bourbriac, les poignards genre Trévérec se plaçant au milieu de l'évolution.

La «première série des tumulus» a souvent été mise – comme la civilisation du Wessex – en étroite relation avec le Bronze ancien méditerranéen de Mycène. Dans cette optique, Mycène serait à l'origine du Bronze ancien breton et du Wessex. Ces deux groupes devraient donc être un peu plus récents que la civilisation sensée d'être à l'origine des groupes atlantiques.

Etrangement les premiers doutes n'ont pas été formulés sur la base du mobilier des tombes même – qui, parfois se trouvait plus ou moins réinterprété sous l'influence de l'hypothèse de base – mais sur la base des dates C 14 calibrées du Wessex confrontées avec la chronologie dite classique de Mycène. Suivant cette confrontation, la civilisation de Wessex, et avec, le Bronze ancien breton seraient plutôt plus anciens que Mycène. Cette situation est en fait, comme en le verra, étonnante seulement à première vue (voir p. 117).

A y regarder de près, les parentés entre le Bronze ancien breton et Wessex d'un côté et Mycène de l'autre ne sont pas tellement nombreuses ni même nettes. Il s'agit de ressemblances générales, nous pensons aux coulants en ambre (peu utilisables sur le plan chronologique) et aux pièces comparables en jadéite du Wessex, aux récipients en métal, de préférence en argent mais de formes diverses, ou à l'utilisation de la tôle d'or. Peut-être les tombes rectangulaires des tumulus bretons sont-elles en relation avec les «Schachtgräber» de Mycène. Peut-être le fait de placer plusieurs armes du même genre dans une seule tombe évoque-t-il quelques contacts. On pourrait mentionner également les surfaces arséniées des poignards bretons comme imitation des pièces en argent de l'Egée. Tous ces traits peuvent être communs mais ils sont insuffisants pour étayer l'idée d'une dérivation à partir de l'Egée.

En ce qui concerne de Bronze ancien en Europe centrale, deux questions essentielles se posent à propos de Mycène: 1. Est-ce que l'arme de la tombe VI de Mycène est une hallebarde comparable aux hallebardes d'Europe centrale, et, 2. Est-ce que le ciseau de la tombe IV de Mycène avec ces 16 clous d'or est à l'origine de la hache de Renzenbühl dont le décor est, mais seulement de loin, comparable? On peut y ajouter éventuellement le poignard de Priziac (Nr. 386), mais il faut encore attendre la publication détaillée de cette pièce notamment en ce qui concerne la technique du décor. D'autres décors en or sont du point de vue stylistique et technique nettement très différents. Il ne reste donc le fait même du décor en or. On peut également voir une relation, rarement mentionnée, entre les traces d'emmanchement des longs poignards bretons de Pleudaniel, Saint-Menoux et Cissac (Nr. 367–369), certaines «épées» El Argar et les rapières de Mycène (voir p. 118).

Même si l'on considère ces données comme établies, il faut insister sur le fait que ces vagues ressemblances ne se rattachent pas, en chronologie relative, au début du Bronze ancien breton mais à une phase déjà *tardive* de ce groupe, comparable à la phase III du Bronze ancien d'Europe centrale, donc dans la deuxième moitié du Bronze ancien breton et non à l'origine de son développement.

Il nous semble plus plausible de considérer Mycène, El Argar, le Bronze ancien breton et Wessex comme des variations locales relativement autonomes d'un Bronze ancien méditerranéen et atlantique présentant des relations réciproques sans pour autant chercher à tout prix un centre d'origine plus archaïque ici ou là.

Si l'hypothèse d'un contact Bretagne/Mycène se manifestant seulement à un stade évolué des deux groupes se révélait être juste, la discordance notée entre les dates C 14 et la chronologie classique de l'Egée diminuerait nettement.

Les poignards Nr. 459–465 sont des pièces plus ou moins singulières. Parmi ces dernières, le poignard d'Ivory peut appartenir à la civilisation du Rhône, le Nr. 459 à celle de Remedello. Le Nr. 462 et 463 peuvent appartenir à des groupes Bronze ancien encore mal définis situés à l'ouest du massif central et en Aquitaine.

Trois poignards relativement longs (Nr. 466–468) ressemblent à des poignards bretons ou à des pièces du Bronze ancien suisse.

Certains *types anglais* – en fait peut-être non pas des poignards mais des pointes de lances – indiquent d'évidentes relations entre les Iles britanniques et le continent (Nr. 469–471). Mentionnons encore des pièces disparues inclassables (Nr. 472–493).

Les *hallebardes* sont incorporées à ce travail malgré leur fonction tout à fait différente. Les 44 pièces se répartissent en quatre types, auxquels il faut ajouter quelques formes particulières et des exemplaires disparus. En France les hallebardes correspondent généralement à des trouvailles isolées, ou, parfois, associées entre elles, souvent déposées en rivière (sacrifice?). Les pièces à manche métallique d'Allemagne Centrale montrent qu'il peut s'agir d'armes d'apparat ou d'insigne de pouvoir. Les gravures rupestres d'Italie du Nord parlent de leur côté en faveur d'armes de chasse.

Seule la hallebarde de Glomel a été trouvée dans un contexte significatif (phase III); il est donc difficile de dater le tout. Les hallebardes n'appartiennent pas à une civilisation bien définie. En France elles ont surtout une répartition atlantique, tandis que la région de la civilisation du Rhône n'a pas encore fourni de hallebarde indiscutable.

VERZEICHNISSE UND REGISTER

VERZEICHNIS DER ALLGEMEINEN ABKÜRZUNGEN

Abb.	= Abbildung	Lit.	= Literatur
Anm.	= Anmerkung	Mitt.	= Mitteilung
B.	= Breite	mm	= Millimeter
bzw.	= beziehungsweise	Mus.	= Museum
cf.	= vergleiche	m.W.	= meines Wissens
cm	= Zentimeter	Nr.	= Nummer
Coll.	= Collection	o.a.	= oder anderes
Dép.	= Département	Priv.bes.	= Privatbesitz
ders.	= derselbe	Priv.Slg.	= Privatsammlung
derz.	= derzeit	S.	= Seite
diess.	= dieselben	s.	= siehe
Dm., -dm.	= Durchmesser	Slg.	= Sammlung
ebd.	= ebenda	SOM	= Seine-Oise-Marne
evtl.	= eventuell	Taf.	= Tafel
f.	= folgende	u.a.	= unter anderem
ff.	= die folgende und weitere Seiten	u.a.m.	= und anderes mehr
Gem.	= Gemeinde	u.U.	= unter Umständen
Inv.	= Inventar	vgl.	= vergleiche
Krs.	= Kreis, Landkreis	z.B.	= zum Beispiel
L.	= Länge	z.T.	= zum Teil
Lab.	= Laboratoire		

Abkürzungen schweizerischer Kantone

BE	= Bern	VD	= Vaud (Waadt)
NE	= Neuchâtel	VS	= Valais (Wallis)

VERZEICHNIS DER LITERATURABKÜRZUNGEN

MONOGRAPHIEN, AUFSÄTZE, SAMMELWERKE

Actes Narbonne = Les civilisations néolithiques du Midi de la France. Actes du Colloque de Narbonne (Carcassonne 1970).

Apellaniz, Materiales = J.M. Apellaniz, Corpus de materiales de las culturas con ceramica de la población de cavernas del Pais Vasco meridional. Munibe Supplemento I (San Sebastián 1973).

Arch. der Schweiz 3 = Ur- und frühgeschichtliche Archäologie der Schweiz. 3. Die Bronzezeit (Basel 1973).

Arnal, Dolmens = J. Arnal, Les dolmens du Département de l'Hérault. Préhistoire 15, 1963, 7 ff.

Audibert, Chalcolithique = J. Audibert, La période chalcolithique dans le Languedoc oriental. Gallia préhist. I, 1958, 39 ff.

Audibert, Languedoc = J. Audibert, La civilisation chalcolithique du Languedoc oriental (Bordighera-Montpellier 1962).

Babelon/Blanchet, Catalogue = E. Babelon/J.-A. Blanchet, Catalogue des Bronzes antiques de la Bibliothèque Nationale. Cabinet des Médailles (Paris 1895).

Bailloud, Bassin parisien = G. Bailloud, Le Néolithique dans le Bassin parisien. IIe supplément à Gallia préhist. (Paris 1964).

Bailloud/Mieg de Boofzheim, Civilisation = G. Bailloud/P. Mieg de Boofzheim, Les civilisations néolithiques de la France dans leur contexte européen (Paris 1955).

Behrens, Bronzezeit = G. Behrens, Bronzezeit Süddeutschlands. Kat. RGCM Nr. 6 (Mainz 1916).

Bénard le Pontois, Finistère = Ch. Bénard le Pontois, Le Finistère préhistorique (Paris 1929).

Bill, Glockenbecher = J. Bill, die Glockenbecherkultur und ihre frühe Bronzezeit im französischen Rhonebecken und ihre Beziehungen zur Südwestschweiz (Basel 1973).

Blance, SAM IV = B. Blance, Die Anfänge der Metallurgie auf der Iberischen Halbinsel. Studien zu den Anfängen der Metallurgie IV (Berlin 1971).

Bocksberger, Valais = O.-J. Bocksberger, Age du Bronze en Valais et dans le Chablais vaudois (Lausanne 1964).

Bocksberger, Dolmen = O.-J. Bocksberger, Le site préhistorique du Petit-Chasseur. Le Dolmen MVI (Sion, Valais) (Lausanne 1976).

Bocquet, Musée Dauphinois = A. Bocquet, Musée Dauphinois. Catalogue des collections préhistoriques et protohistoriques (Grenoble 1969/1970).

Bonnamour, Chalon-sur-Saône = L. Bonnamour, L'Age du Bronze au Musée de Chalon-sur-Saône (Chalon-sur-Saône 1969).

Borrel, Centrons = E.P. Borrel, Les Centrons pendant les temps préhistoriques et l'époque galloromaine (Moûtiers 1905).

Branigan, Aegean Metalwork = K. Branigan, Aegean Metalwork of the Early and Middle Bronze Age (Oxford 1974).

Briard, Inv. Arch. F 3 = J. Briard, Civilisation des tumulus armoricains. Inv. Arch. France 3 (Paris 1969).

Briard, Dépôts bretons = J. Briard, Les dépôts bretons et l'âge du bronze atlantique (Rennes 1965).

Briard/L'Helgouach, Chalcolithique = J. Briard und J. L'Helgouach, Chalcolithique. Néolithique secondaire. Survivances néolithiques à l'Age du Bronze ancien en Armorique. Travaux du Laboratoire d'Anthropologie générale et des Musées préhistoriques de la Faculté des Sciences à Rennes (Rennes 1957).

Briard/Onné/Veillard, Musée de Bretagne = J. Briard/Y. Onné/J. Veillard, L'age du Bronze au Musée de Bretagne. Musée de Rennes (Rennes 1976/1977).

v. Brunn, Hortfunde = A. v. Brunn, Die Hortfunde der frühen Bronzezeit aus Sachsen-Anhalt, Sachsen und Thüringen (Bronzezeitliche Hortfunde I) (Berlin 1959).

Burnez, Néolithique = C. Burnez, Le Néolithique et le Chalcolithique dans le Centre-Ouest de la France. Mém. Soc. Préhist. Franç. 12 (Paris 1976).

Butler, Connections = J.J. Butler, Bronze Age Connections across the North Sea. Palaeohistoria 9, 1963.

Butler/Waterbolk, La Motta = J.J. Butler/H.T. Waterbolk, La fouille de A.E. van Giffen à „La

Motta". Un tumulus de l'Age du Bronze ancien à Lannion (Bretagne). Palaeohistoria 16, 1974, 107 ff.

Cariou, Reconstitution = P.-A. Cariou, Reconstitution d'un poignard armoricain (Brest 1960).

del Castillo Yurrita, Vaso camapniforme = A. del Castillo Yurrita, La cultura del vaso campaniforme (Barcelona 1928).

Cazalis de Fondouce, Temps préhistoriques = P. Cazalis de Fondouce, Les temps préhistoriques dans le sud-est de la France (Paris/Montpellier 1872).

Chantre, Age du Bronze = E. Chantre, Etudes paléthnologiques dans le bassin du Rhône. L'Age du Bronze; recherches sur l'origine de la métallurgie en France (Paris 1875–1877).

du Chatelier, Epoques = P. du Chatelier, Les époques préhistoriques et gauloises dans le Finistère (Paris 1889).

du Chatelier, Poterie = P. du Chatelier, La poterie aux époques préhistorique et gauloise en Armorique (Rennes/Paris 1897).

Clarke, Beakers = D. L. Clarke, Beaker Pottery of Great Britain and Ireland (London 1970).

Clottes, Mégalithes = J. Clottes, Inventaire des mégalithes de la France. 5 – Lot. 1e supplément à Gallia préhist. (Paris 1977).

Clottes/Costantini, Bronze = J. Clottes/G. Costantini, Les civilisations de l'âge du Bronze dans les Causses. Préhist. franç. 2, 470 ff.

Colloque Brest = Actes du Ier colloque atlantique. Les civilisations atlantiques du néolithique à l'âge du Fer. Brest 11. sept. 1961 (Rennes 1963).

Coll. Ghent = Dissertationes Archaeologicae Gandenses XVI (1976).

Combier, Savoie = J. Combier, Bronze en Savoie (Albertville 1972).

Congr. Arch. France = Congrès Archéologique de la France (Paris).

Congr. Ass. Bourguignonne Soc. Sav. = Congrès de l'Association Bourguignonne des Sociétés Savantes (Mâcon).

Costa de Beauregard/Perrin, Catalogue = Costa de Beauregard und A. Perrin, Catalogue de l'Exposition Archéologique du Départment de la Savoie (Paris/Chambéry 1878).

Courtin, Néolithique = J. Courtin, Le Néolithique de la Provence. Mém. Soc. Préhist. Franç. 11 (Paris 1974).

Courtois, Hautes-Alpes = J.-C. Courtois, L'Age du Bronze dans les Hautes-Alpes. Gallia Préhist. 3, 1960, 47 ff.

Coutil, Normandie = L. Coutil, L'Age du Bronze en Normandie et spécialement dans les départements de l'Eure et de la Seine-Inférieure. Bull. Soc. Norm. Et. préhist. 6, 1898, 46 ff.

Déchelette, Manuel II = J. Déchelette, Manuel d'Archéologie préhistorique, celtique et gallo-romaine. II. Archéologie celtique ou protohistorique. Première partie: Age de Bronze (Paris 1910). App. = Appendice.

Déchelette, Millon = J. Déchelette, La collection Millon. Antiquités préhistoriques et gallo-romaines (Paris 1913).

Delort, Auvergne = J.-B. Delort, Dix années de fouilles en Auvergne et dans la France centrale (Lyon 1901).

Dict. Archéol. de la Gaule = Dictionnaire Archéologique de la Gaule (Paris 1875–1923).

Dubreuil-Chambardel, Touraine = L. Dubreuil-Chambardel, La Touraine préhistorique (Paris 1923).

Evans, Bronze Implements = J. Evans, The Ancient Bronze Implements, Weapons and Ornaments of Great Britain and Ireland (London 1883).

Ferrier, Pendeloques = J. Ferrier, Pendeloques et amulettes d'Europe (Périgueux 1971).

Festschrift Varagnac = Mélanges de Préhistoire, d'Archéocivilisation et d'Ethnologie offerts à A. Varagnac (Paris 1971).

Florance, Age du Bronze = E.-C. Florance, L'Archéologie préhistorique, protohistorique et gallo-romaine en Loir-et-Cher. Période protohistorique. 1. Age du Bronze (Bull. Soc. Hist. nat. Anthr. Loir-et-Cher 18) (Blois 1925).

Gagnière/Germand/Granier, Musée Calvet = S. Gagnière/L. Germand/J. Garnier, Les armes et les outils protohistoriques en Bronze. Inventaire des Collections archéologiques du Musée Calvet d'Avignon II (Avignon 1963).

Gaillard, Explorations = F. Gaillard, Une série d'Explorations à Plouhinec (Vannes 1884).

A. Gallay, Origines = A. Gallay, Origines et expansion de la civilisation du Rhône. 9. Congrès UISPP, Colloque XXVI, 1976, 5 ff.

G. Gallay, Frühbronzezeit = G. Gallay, Das Ende der Frühbronzezeit im Schweizer Mittelland. Jb. SGU. 56, 1971, 125 ff.

G. Gallay, Oberrhein = G. Gallay, Die Besiedlungsgeschichte der südlichen Oberrheinebene in Neolithikum und Frühbronzezeit. Bad. Fundber. Sonderheft 12 (Freiburg/Karlsruhe 1970).

Gaucher/Mohen, Nord de la France = G. Gaucher/J.-P. Mohen, L'âge du bronze dans le Nord de la France. Numéro spécial du Bull. Soc. Préhist. du Nord Nr. 9 (Amiens 1974).

Giot, Brittany = P.R. Giot, Brittany. Ancient Peoples and Places Nr. 13 (London 1960).

Glockenbecher Symposium = Glockenbecher Symposium Oberried 1974 (Bussum 1976).

Gomez, Bassin de la Charente = J. Gomez, Les cultures de l'Age du Bronze dans le bassin de la Charente (Périgueux 1980). (zit. nach Manuskript).

de la Grancière, Melrand = A. de la Grancière, Fouille du Tumulus à enceinte semi-circulaire de Saint-Fiacre en Melrand, Canton de Baud (Morbihan). Bull. Soc. Polym. Morbihan 1897, 81 ff.

Guilaine, Campaniforme = J. Guilaine, La civilisation du vase campaniforme dans les Pyrénées françaises (Carcassonne 1967).

Guilaine, Languedoc = J. Guilaine, L'Age du Bronze en Languedoc occidental, Roussillon, Ariège. Mém. Soc. Prèhist. Franç. 9 (Paris 1972).

Guilaine/Vaquer, Débuts = J. Guilaine/J. Vaquer, Les débuts de la métallurgie dans le Midi de la France et en Italie du Nord. 9. Congrès UISPP, Colloque XXIII, 1976, prétirage 46 ff.

Gutherz, Fontbouisse = X. Gutherz, La culture de Fontbouisse. Recherches sur le chalcolithique en Languedoc oriental (Caveirac 1975).

Hachmann, Bronzezeit = R. Hachmann, Die frühe Bronzezeit im westlichen Ostseegebiet und ihre mittel- und südosteuropäischen Beziehungen. Beihefte zum Atlas der Urgeschichte 6 (Hamburg 1957).

Harbison, Bracers = P. Harbison, Bracers and V-perforated Buttons in the Beaker and Food Vessel Cultures of Ireland. Arch. Atl. Research Report 1 (Bad Bramstest 1976).

Hardaker, Dagger Pommels = R. Hardaker, A Corpus of Early Bronze Age Dagger Pommels from Great Britain and Ireland. British Archeological Reports 3 (London 1974).

Hawkes, Jersey = J. Hawkes, The Archeology of the Channel Islands, II The Bailwick of Jersey (Jersey 1937).

Héléna, Origines = Ph. Héléna, Les origines de Narbonne (Toulouse/Paris 1937).

Henry, Tumulus = F. Henry, Les tumulus du département de la Côte-d'Or (Paris 1933).

Hundt, Katalog Straubing = H.-J. Hundt, Katalog Straubing I. Die Funde der Glockenbecherkultur und der Straubinger Kultur. Materialhefte Bayer. Vorgesch. 11 (Kallmünz 1958).

Hundt, Gaubickelheim = H.-J. Hundt, Der Dolchhort von Gaubickelheim in Rheinhessen. Jb. RGZM. 18, 1971 (1974) 1 ff.

Hure, Sénonais = A. Hure, Le Sénonais aux Ages du Bronze et du Fer. Les Sénonais d'après l'Archéologie (Sens 1931).

Inv.Arch. = Inventaria Archaeologia.

Jouannet, Musée d'Aquitaine = F. Jouannet, Sur les armes et autres instruments en pierre et en bronze, découverts en Aquitaine. Musée d'Aquitaine III (Bordeaux 1824) 210 ff.

Julien, Ardèche = J. Julien, Préhistoire de l'Ardèche. Paléolithique, Néolithique, Age du Bronze (Largentière 1913).

Junghans/Sangmeister/Schröder, SAM I = S. Junghans/E. Sangmeister/M. Schröder, Metallanalysen kupferzeitlicher und frühbronzezeitlicher Bodenfunde aus Europa. Studien zu den Anfängen der Metallurgie I (Berlin 1960).

Junghans/Sangmeister/Schröder, SAM II = S. Junghans/E. Sangmeister/M. Schröder, Kupfer und Bronze in der frühen Metallzeit Europas. Studien zu den Anfängen der Metallurgie II (Berlin 1968).

Karo, Schachtgräber = G. Karo, die Schachtgräber von Mykenae (München 1930–1933).

Kendrick, Channel Islands = T.D. Kendrick, The Archeology of the Channel Islands. I. The Bailiwick of Guernsey (London 1928).

Kraft, Bronzezeit = G. Kraft, Die Kultur der Bronzezeit in Süddeutschland (Augsburg 1926).

Labet, Sépulture = J.-A. Labet, Découverte d'une sépulture gauloise aux environs de Bergerac. Recueil des Actes de l'Académie Impériale des Sciences, Belles-Lettres et Arts de Bordeaux 21, 1859, 81 ff.

Leisner, Süden = G. und V. Leisner, Die Megalithgräber der Iberischen Halbinsel. 1. Teil: Der Süden. Röm.-Germ. Forsch. 17 (Berlin 1943).

Leisner, Westen = V. Leisner, Die Megalithgräber der Iberischen Halbinsel. Der Westen. Madr. Forsch. I/3 (Berlin 1965).

L'Helgouach, Sépultures = J. L'Helgouach, Les sépultures mégalithiques en Armorique (dolmens à couloir et allées couvertes) (Rennes 1965).

Lisle du Dréneuc, Poignards = P. de Lisle du Dréneuc, Epées et poignards de bronze du Morbihan et de la Loire-Inférieure. Bull. Soc. Emul. C-d-N 21, 1883, 125 ff.

Lisle du Dréneuc, Catalogue = P. Lisle du Dréneuc, Catalogue du Musée Archéologique de Nantes 3ᵉ éd. (Nantes 1903).

Marburger Studien = Marburger Studien, Gero von Merhardt gewidmet, Hrsg. E. Sprockhoff (Darmstadt 1938).

Marsille, Catalogue = L. Marsille, Catalogue du Musée Archéologique de la Société Polymathique du Morbihan (Vannes 1921).

Martin, Rumédon = A. Martin, Fouille du Tumulus du Rumédon en Ploumilliau (Côtes-du-Nord). Bull. Soc. Arch. Finistère 31, 1904, 128 ff.

Martin/Bertholet du Chesnay, Tossen-Maharit = A. Martin/C. Bertholet du Chesnay, Exploration du Tumulus de Tossen-Maharit, commune de Trévérec (Côtes-du-Nord). Bull. Soc. Emul. Côtes-du-Nord 36, 1899, 5 ff.

Martin/Prigent, Mouden Bras = A. Martin/Abbé Prigent, Le Mouden Bras en Pleudaniel (Côtes-du-Nord). Bull. Soc. Arch. Finistère 34, 1907, 146 ff.

Maury, Grands Causses = J. Maury, Les étapes du peuplement sur les Grands Causses des origines à l'époque gallo-romaine (Millau, etwa 1965).

Micault, Poignards = V. Micault, Epées et poignards de bronze des Côtes-du-Nord, Finistère et Ile-de-Vilaine. Bull. Soc. Emul. Côtes-du-Nord 21, 1883, 72 ff.

Millon, Château de Kernuz = A. Millon, Le Château de Kernuz. Son histoire – ses collections (Saint-Brieuc 1905).

Millotte, Jura = J.P. Millotte, Le Jura et les Plaines de la Saône aux âges des métaux. Ann. litt. Univ. Besançon 59 (Archéologie 16) (Besançon 1963).

Mohen, Paris = J.-P. Mohen, L'Age du Bronze dans la région de Paris. Editions des Musées Nationaux (Paris 1977).

Montelius, Civilisation primitive = O. Montelius, La civilisation primitive en Italie depuis l'introduction des métaux I (Stockholm 1895).

Montelius, Chronologie = O. Montelius, Die Chronologie der älteren Bronzezeit in Nordwestdeutschland und Skandinavien (Braunschweig 1900).

Moret, Saint-Menoux = J.-J. Moret, Le tumulus de Saint-Menoux (Allier) et les sépultures de l'époque celtique (Moulins 1900).

Mortillet, Musée préhistorique = G. und A. de Mortillet, Musée préhistorique² (Paris 1903).

Muhly, Copper and Tin = J.D. Muhly, Copper and Tin. The distribution of mineral resources and the Nature of the Metals Trade in the Bronze Age (New Haven 1973).

Munro, Stations lacustres = R. Munro, Les stations lacustres d'Europe aux âges de la pierre et du bronze (Paris 1908).

Müller-Karpe, Handbuch 3 = H. Müller-Karpe, Handbuch der Vorgeschichte III. Kupferzeit. (München 1974).

Naue, Elsass = A.W. Naue, Die Denkmäler der vorrömischen Metallzeit im Elsass (Straßburg 1905).

Ó Ríordáin, Halberd = S.Ó Ríordain, The Halberd in Bronze Age Europe. Archaeologia 36, 1937, 195 ff.

PBF. = Prähistorische Bronzefunde (München).

PBF. IX, 4 (Abels) = B.U. Abels, Die Randleistenbeile in Baden-Württemberg, dem Elsaß, der Franche Comté und der Schweiz (1972).

PBF. XIII, 2 (Carancini) = G.L. Carancini, Die Nadeln in Italien (1975).

PBF. IX, 11 (Chardenoux/Courtois) = F. Chardenoux und J.-C. Courtois, Haches dans la France méridionale (1979).

PBF. VI, 2 (Gerloff) = S. Gerloff, The Early Bronze Age Daggers in Great Britain and a reconsideration of the Wessex Culture (1975).

PBF. IX, 1 (Harbison) = P. Harbison, The Axes of the Early Bronze Age in Ireland (1969).

PBF. VI, 1 (Harbison) = P. Harbison, The Daggers and the Halberds of the Early Bronze Age in Ireland (1969).

PBF. XIII, 3 (Kubach) = W. Kubach, Die Nadeln in Hessen und Rheinhessen (1978).

PBF. IX, 9 (Mayer) = E.F. Mayer, Die Äxte und Beile in Österreich (1977).

PBF. IX, 6 (Monteagudo) = L. Monteagudo, Die Beile auf der Iberischen Halbinsel (1976).

PBF. IV, 2 (Schauer) = P. Schauer, Die Schwerter in Süddeutschland, Österreich und der Schweiz I (1971).

PBF VI, 3 (Vladár) = J. Vladár, Die Dolche in der Slowakei (1974).

Pericot García, Cultura pirenaica = L. Pericot García, Los sepulcros megalíticos catalanes y la cultura pirenaica² (Barcelona 1950).

Peroni, Età del Bronzo = R. Peroni, L'Età del Bronzo nella Peniscola italiana. 1. L'antica Età del Bronzo. Accademia Toscana di Science e Lettere „La Colombaria" studi 19 (Florenz 1971).

Perrin, Savoie = A. Perrin, Etude préhistorique sur la Savoie, spécialement à l'époque lacustre (âge du bronze) (Paris/Chambéry 1870).

Pétrequin, La Tuilerie = P. Pétrequin, La Grotte de la Tuilerie à Gondenans-les-Montby. Ann. Litt. Besançon 137 (Besançon 1972).

Préhist. Franç. 2 = Préhistoire Française 2. Les civilisations néolithiques et protohistoriques de la France (sous la direction de J. Guilaine). Publiée à l'occasion du IXe Congrès de l'UISPP Nice 1976 (Paris 1976).

Prigent, Trémel = Abbé Prigent, Exploration du

tumulus de Porz-ar-Saoz en Trémel (Côtes-du-Nord). Bull. Soc. Emul. Côtes-du-Nord 17, 1880, 173 ff.

Prigent, Grand tumulus = Abbé Prigent, Fouille du grand tumulus de Tosenn-Kergourognon en la commune de Prat (Côtes-du-Nord). Bull. Soc. Emul. Côtes-du-Nord 11, 1881, 15 ff.

Raget, Lago di Ledro = R. Raget, Der Lago di Ledro im Trentino und seine Beziehungen zu den alpinen und mitteleuropäischen Kulturen. Ber. RGK 55, 1974, 73 ff.

Raymond, Uzès = P. Raymond, L'Arrondissement d'Uzès avant l'histoire (Paris 1900).

Reinach, Catalogue = S. Reinach, Catalogue illustré du Musée des Antiquités Nationales au Château de Saint-Germain-en-Laye. Tome II (Paris 1921).

Renfrew, Emergence = C. Renfrew, The emergence of Civilisation. The Cyclades and the Aegean in the Third Millenium B.C. (London 1972).

de Ring, Alsace² = M. de Ring, Tombes celtiques de l'Alsace. Nouvelle suite des mémoires (Strasbourg 1865).

Rochebrune, Collection = R. de Rochebrune, Collection du Comte Raoul de Rochebrune. Château de la Court, Saint-Cyr-en-Talmondais (Vendée) (Luçon 1917).

Roudil, Age du Bronze = J.-L. Roudil, L'Age du Bronze en Languedoc oriental. Mém. Soc. Préhist. Franç. 10 (Paris 1972).

Roussot, Catalogue = A. Roussot, Préhistoire en Aquitaine. Catalogue (Bordeaux 1973).

Roussot-Larroque, Age du Bronze = J. Roussot-Larroque, L'Age du Bronze. Société Archéologique de Bordeaux, Exposition du Centenaire 1873–1973 (Bordeaux 1973), 15 ff.

Sandars, Bronze Age = N.K. Sandars, Bronze Age Cultures in France (Cambridge 1957).

Savory, Spain and Portugal = H.N. Savory, Spain and Portugal. Ancient Peoples and Places 61 (London 1964).

Schaeffer, Tertres I = F.A. Schaeffer, Les Tertres funéraires préhistoriques dans la Forêt de Haguenau. I. Les Tumulus de l'Age du Bronze (Haguenau 1926) (II. Les Tumulus de l'Age du Fer [Haguenau 1930]).

Schickler, Stabdolche und Vollgriffdolche = H. Schickler, Stabdolche und Vollgriffdolche. Beiträge zur Ornamentik und Technologie der frühen Bronzezeit. (Ungedr. Diss. Freiburg/Brsg. 1963).

Schubart, Bronzezeit = H. Schubart, Die Kultur der Bronzezeit im Südwesten der iberischen Halbinsel. Madr. Forsch. 9. (Berlin 1975).

Schwab, Kanton Freiburg = H. Schwab, Jungsteinzeitliche Fundstellen im Kanton Freiburg (Basel 1971).

Serra Vilaró, Civilització = J. Serra Vilaró, Civilització megalítica a Catalunya. Contribució a seu estudi (Solsona 1927).

Siret, Premiers Ages = H. und L. Siret, Les premiers Ages du Métal dans le Sud-Est de l'Espagne (Anvers 1887).

Strahm, Schnurkeramische Kultur = Ch. Strahm, Die Gliederung der schnurkeramischen Kultur in der Schweiz. Acta Bernensia VI (Bern 1971).

Temple, Aveyron = P. Temple, La Préhistoire de l'Aveyron (Nîmes 1935).

Torbrügge, Oberpfalz = W. Torbrügge, Die Bronzezeit in der Oberpfalz. Material. Bayer. Vorgesch. 13 (Kallmünz 1959).

Trésors = Trésors Archéologiques de l'Armorique occidentale. Album en Chromolithographie publié par la Société d'Emulation des Côtes-du-Nord (Rennes 1886).

Uenze, Vollgriffdolche = O. Uenze, die frühbronzezeitlichen triangulären Vollgriffdolche. Vorgesch. Forsch. 11 (Berlin 1938).

Vallon, L'Hérault = J. Vallon, L'Hérault préhistorique et protohistorique (Montpellier 1968).

Villers, Longues = G. de Villers, Note sur des poignards de bronze antiques trouvés à Longues, près Bayeux. Mém. Soc. d'Agriculture, Sciences, Arts et Belles-Lettres de Bayeux 3, 1845/46, 379 ff.

Zumstein, Haut-Rhin = H. Zumstein, L'Age du Bronze dans le Département du Haut-Rhin (Bonn 1966).

ZEITSCHRIFTEN

AJA. = The American Journal of Archeology (New York).

Ampurias = Ampurias, Revista de Prehistoria, Arqueología y Etnologia (Barcelona).

Anat. Stud. = Anatolian Studies, Journal of the British Institute of Archeology at Ankara (London).

Ann. Bretagne = Annales de Bretagne, Notices d'archéologie armoricaine (Rennes).

Ann. BSA. = Annual of the British School at Athens (London).

Ann. Litt. Univ. Besançon = Annales Littéraires de l'Université de Besançon (Besançon).

L'Anthropologie (Paris).

Antiqu.Journ. = The Antiquaries Journal, Being the Journal of the Society of the Society of Antiquaries of London (London).

Antiqu.Nat. = Antiquités Nationales (Saint-Germain-en-Laye).

Antiqu.Nat.Internat. = Antiquités Nationales et Internationales (Saint-Germain-en-Laye).

Anz.Elsäss.Altkde = Anzeiger für Elsässische Altertumskunde / Cahiers d'Archéologie et d'Historie d'Alsace (Straßburg/Strasbourg).

AFAS. = Association Française pour l'Avancement des Sciences (Paris).

Archaeologia = Archaeologia or Miscellaneous Tracts Relating to Antiquity (London).

Arch.Atl. = Archaeologia Atlantica (Hamburg).

Arch.Inf. = Archäologische Informationen, Mitteilungen zur Ur- und Frühgeschichte (Tübingen).

Arch.Iugosl. = Archaeologia Iugoslavica (Beograd).

Arch.Korrbl. = Archäologisches Korrespondenzblatt (Mainz).

Arch.Rozhl. = Archeologické Rozhledy (Praha).

Arch.Prehist.Levantina = Archivo de Prehistoria Levantina (Valencia).

Arch. Suisses Anthr.Gén. = Archives Suisses d'Anthropologie générale (Genf).

Bad.Fundber. = Badische Fundberichte (Freiburg/Brsg.).

Ber.RGK. = Berichte der Römisch-Germanischen Kommission des Deutschen Archäologischen Instituts (Frankfurt a. Main–Berlin).

BPI. = Bulletino di Paletnologia Italiana (Rom).

BSPF. = Bulletin de la Société Préhistorique Française (Paris/Issoudun).

Bull. Acad.Var = Bulletin de l'Académie du Var séant à Toulon (Toulon).

Bull.Arch. Com.Trav.Hist.Scient. = Bulletin Archéologique du Comité des Travaux Historiques et Scientifiques (Paris).

Bull.Board.Celt.Stud. = Bulletin of the Board of Celtic Studies (Cardiff).

Bull.Et.Préhist.Alp. = Bulletin des Etudes Préhistoriques Alpines (Aoste/Aosta).

Bull.Group.Arch. Seine-et-Marne = Bulletin du Groupement Archéologique de Seine-et-Marne (Paris).

Bull.mens.Soc.Linnéenne de Lyon = Bulletin mensuel de la Société Linnéenne de Lyon (Lyon).

Bull.Mus.Monaco = Bulletin du Musée d'Anthropologie préhistorique de Monaco (Monaco).

Bull.Soc.Arch.Béziers = Bulletin de la Société Archéologique de Béziers (Béziers).

Bull.Soc.Arch.Bordeaux = Bulletin de la Société Archéologique de Bordeaux (Bordeaux).

Bull.Soc.Arch.Finistère = Bulletin de la Société Archéologique du Finistère (Quimper).

Bull.Soc.Arch.Stat.Drôme = Bulletin de la Société Archéologique et Statistique de la Drôme (Valence).

Bull.Soc.Arch.Vendômois = Bulletin de la Société Achéologique Scientifique et Littéraire du Vendômois (Vendôme).

Bull.Soc.Emul.Côtes-du-Nord = Bulletin de la Société d'Emulation des Côtes-du-Nord (Saint-Brieuc).

Bull.Soc.Etud.Scienc.Nat.Nîmes = Bulletin de la Société d'Etudes des Sciences Naturelles de Nîmes (Nîmes).

Bull.Soc.Hist.nat.Anthr.Loir-et-Cher = Bulletin de la Société d'Histoire naturelle et d'Anthropologie de Loir-et-Cher (Blois).

Bull.Soc.Ind.Mulhouse = Bulletin de la Société Industrielle de Mulhouse (Mulhouse).

Bull.Soc.Lettr.Sc.Arts Lozère = Bulletin de la Société des Lettres, Sciences et Arts de la Lozère – Revue du Gévaudan – (Mende).

Bull.Soc.Norm.Et.préhist. = Bulletin de la Société Normande d'Etudes préhistoriques (Louviers).

Bull.Soc.Polym. Morbihan = Bulletin de la Société Polymathique du Morbihan (Vannes).

Bull.Soc.Scienc.Lettr.Beaux-Arts Chôlet = Bulletin de la Société des Sciences, Lettres et Beaux-Arts de Cholet (Cholet).

Cah.Arch.Picardie = Cahiers Archéologiques de Picardie (Heilly).

Celticum (Rennes).

Verzeichnis der Literaturabkürzungen

Cah.Ligures = Cahiers Ligures de Préhistoire et d'Archéologie (Bordighera/Montpellier).
Cah.Rhodan. = Cahiers Rhodaniens (Bordighera/Valence-sur-Rhône).
Estud. Arqu.Alavesa = Estudios de Arqueología Alavesa (Vitoria).
Etud. Préhist. = Etudes Préhistoriques. Revue trimestrielle d'Archéologie préhistorique (Mâcon/Lyon/Paris).
Etud. Roussillon. = Etudes Rousillonnaises, Revue d'Histoire et d'Archéologie (Perpignan).
Fundber.Bad.-Württ. = Fundberichte aus Baden-Württemberg (Stuttgart).
Fundber.Hessen = Fundberichte aus Hessen (Bonn).
Fundber.Schwaben = Fundberichte aus Schwaben (Stuttgart).
Gallia Préhist. = Gallia Préhistoire (Paris).
Genava (Genf/Genève).
Germania = Germania, Anzeiger der Römisch-Germanischen Kommission des Deutschen Archäologischen Instituts (Frankfurt a. Main–Berlin).
Helv.Arch. = Helvetica Archaeologica (Basel).
L'Homme préhist. = L'Homme préhistorique, Revue mensuelle illustrée d'Archéologie et d'Anthropologie préhistoriques (Paris).
HOMO = HOMO. Zeitschrift für vergleichende Forschung am Menschen (Göttingen/Zürich/Frankfurt.
Iraq = Iraq (London).
Informes y Memorias = Informes y Memorias (Madrid).
Jber.Inst.Vorgesch.Univ.Frankfurt = Jahresbericht des Institutes für Vorgeschichte der Universität Frankfurt a. M. (München).
Jber.Musealver. Schaffhausen = Jahresbericht des Musealvereines Schaffhausen (Schaffhausen).
Jb.Hist.Mus.Bern = Jahrbuch des Bernischen Historischen Museums in Bern (Bern).
Jb.RGZM. = Jahrbuch des Römisch-Germanischen Zentralmuseums Mainz (Mainz).
Jb.SGU. = Jahrbuch der Schweizerischen Gesellschaft für Urgeschichte – Ur- und Frühgeschichte – (Basel/Frauenfeld).
Mannus = Mannus (Berlin).
Madr.Mitt. = Madrider Mitteilungen (Heidelberg).
Matériaux = Matériaux pour l'Histoire primitive de l'Homme (Paris).
Mém.Soc.Emul.Montbéliard = Mémoires de la Société d'Emulation de Montbéliard (Montbéliard).

Mém.Soc.Préhist.Franç. = Mémoires de la Société Préhistorique Française (Paris).
Nass.Ann. = Naussauische Annalen, Jahrbuch des Vereins für Naussauische Altertumskunde und Geschichtsforschung (Wiesbaden).
Ogam = Ogam (Rennes).
Origini = Origini, Preistoria e Protohistoria delle Civiltà Antiche (Roma).
Palaeohistoria = Palaeohistoria (Bussum).
Pam.Arch. = Památky Archaeologické (Praha).
PPS. = Proceedings of the Prehistoric Society (Cambridge).
Préhistoire = Préhistoire (Paris).
Preist.Alpina = Preistoria Alpina (Trento).
Pyrenae = Pyrenae, Crónica Arqueológica (Barcelona).
PZ. = Praehistorische Zeitschrift (Berlin).
Rev.Arch. = Revue Archeologique (Paris).
Rev.Arch.Centre = Revue Archéologique du Centre (Vichy).
Rev.Arch.Est = Revue Archéologique de l'Est et du Centre-Est (Dijon).
Rev.Arch.Nord Loiret = Revue Archéologique du Nord du Loiret (Neuville-aux-Bois).
Rev.Arch.Oise = Revue Archéologique de l'Oise (Compiègne).
Rev.Ec.Anthr. = Revue d'Ecole d'Anthropologie de Paris (Paris).
Rev.Hist.Bordeaux = Revue Historique de Bordeaux et du Département de la Gironde (Bordeaux).
Rev.Guimarães = Revista de Guimarães (Guimarães).
Revue des Musées = Revue des Musées et Collections archéologiques (Dijon).
Saalburg-Jahrbuch = Saalburg-Jahrbuch, Bericht des Saalburg-Museums (Berlin).
Trab.Prehist. = Trabajos de Prehistoria (Madrid).
Trav.Inst.Art Préhist.Toulouse = Travaux de l'Institut d'Art préhistorique; Annales publiées par la Faculté des Lettres et Sciences humaines de Toulouse (Toulouse).
Vjesn.Muz. Zagreb = Vjesnik Arheološkog Muzeja u Zagrebu (Zagreb).
ZAK. = Zeitschrift für Archäologie und Kunstgeschichte (Basel).
Zephyrus = Zephyrus, Crónica del Seminario de Prehistoria, Arqueología y de la Sección Arqueológica del Centro de Estudios Salmantinos (Salamanca).

VERZEICHNIS DER MUSEEN UND SAMMLUNGEN

(Die Zahlen beziehen sich auf die laufenden Nummern der erfaßten Funde).

DEUTSCHLAND

Berlin, Museum für Vor- und Frügeschichte 243, 466, 505,
Mainz, Römisch-Germanisches Zentralmuseum 238, 288, 295, 308, 378, 415 (Kopien)

FRANKREICH

Alès, Musée d'Alès 74, 75, 121, 182
Amiens, Musée de Picardie 527
Angoulême, Musée Municipal 507
Arles, Musée Réattu 112
Autun, Musée Rolin 179
Auxerre, Ancienne Abbaye Saint-Germain 502
Avignon, Musée Calvet 86, 153, 154, 217
Bayeux, Bibliothèque Municipale 400
Beaune, Musée des Beaux-Arts et Musée Marey 156, 509
Beauvaix, Bibliothèque Municipale 342
Bergerac, Musée du Tbac 65, 66
Bernay, Musée Municipal 240
Besançon, Musée des Beaux-Arts et d'Archéologie 178, 473
Bordeaux, Musée d'Aquitaine 106, 462, 495
Bordeaux, Musée du Vieux Bordeaux 265, 369
Boulogne-sur-Mer, Musée des Beaux-Arts 266
Bourges, Musée du Berry 122, 271
Cahors, Musée Municipal 160
Carnac, Musée Préhistorique James Miln – Zacharie Le Rouzic 410
Caylus, Syndicat d'Initiative 526
Chalon-sur-Saône, Musée Denon 67, 68, 212, 529
Chambéry, Musée Savoisien 459
Châtillon-sur-Seine, Musée Archéologique 508
Clermond-Ferrand, Musée Bargoin 236, 250
Cognac, Musée Municipal 108
Colmar, Musée d'Unterlinden 262
Denain, Musée Municipal 92
Evreux, Musée Municipal 198, 291, 318, 412, 414
Gap, Musée Départemental des Hautes-Alpes 181, 211, 215, 219, 268
La-Grande-Paroisse, Musée 525
Le-Grand-Pressigny, Musée Préhistorique 498
Grenoble, Musée Dauphinois 164
Haguenau, Musée Historique de la Ville 275
Lons-le-Saunier, Musée Municipal 162, 165, 210
Lyon, Musée des Beaux-Arts 170, 213
Marseille, Musée Borély 46, 148, 234
Le Mans, Musée Archéologique 199
Mende, Musée Ignon-Fabre 14–19, 22, 25–28
Millau, Musée Gallo-Romain de la Graufesenque 3, 8, 10, 13, 20, 21, 33, 34, 38, 73, 79
Montauban, Musée Ingres 31, 80
Montbéliard, Musée du Château 276
Montpellier, Musée de la Société Archéologique 40, 41, 52, 54, 57, 59, 62, 78, 81, 149(?), 184
Morlaix, Musée de Morlaix 341, 401, 408, 523
Mulhouse, Musée Historique 113
Nantes, Musée Archéologique Thomas Dobrée 98, 127, 158, 172, 196, 232, 242, 278, 281, 283, 294, 296 (Nachbildung) 320–322 (Nachbildungen) 329, 349, 350 (Nachbildungen) 356, 476, 497, 503, 506, 537 (?)
Narbonne, Musée de la Préhistoire et des Antiquités 23, 58
Nemours, Musée du Vieux-Château 202
Nîmes, Museum d'Histoire Naturelle 36, 37, 149 (?), 167, 191, 192, 238 (Kopie) 472
Orléans, Musée des Beaux-Arts 96
Pamiers, Petit Séminaire de Pamiers 111
Paris, Musée de l'Armée 107
Paris, Bibliothèque Nationale/Cabinet des Médailles 363, 374, 375
Paris, Musée Carnavalet 223
Paris, Musée de l'Homme 50, 272, 463
Paris, Institut de Paléonthologie Humaine 490, 532
Paris, Musée du Louvre (Département des Antiquités Grecques et Romaines) 225
Penmarc'h (Saint-Guénolé), Musée Préhistorique Finistère 99(?) 125, 132(?) 133(?) 135, 296(?) 307, 320–322(?) 330, 337–340, 344, 347, 352, 360, 361, 380, 383, 385, 386, 388, 391, 397, 402(?) 405(?) 407(?) 446–451, 455, 515, 518
Périgueux, Musée du Périgord 235, 345
Perpignan, Musée du Palais de l'ancien Roi de Majorque 483

Verzeichnis der Museen und Sammlungen

Poitiers, Musée de Poitiers 90(?) 240 (Kopie)
Rennes, Musée de Bretagne 413
Robion, Musée Cavaillon 124
La Roche-sur-Yon, Musée Artistique et Archéologique 101
Rodez, Musée Fenaille 6, 9, 11, 24
Saint-Antonin-Noble-Val, Musée Préhistorique et Folclorique 147
Saintes, Musée Mestreau 520
Saint-Flour, Musée de la Haute Auvergne 151
Saint-Georges-de-Didonne, Musée Municipal 128
Saint-Germain-en-Laye, Musée des Antiquités Nationales 29, 94, 102, 109, 115 (Kopie) 145(?) 150, 173(?) 195, 200, 201, 207, 208 (Kopie) 239, 240 (Kopie) 258(?) 272 (Kopie) 273, 285–287, 289, 290, 292, 297, 299, 301–306(?) 319, 323, 325–328, 346, 353–355, 357, 359, 364, 365, 367, 370, 371, 373, 377, 379, 381, 382, 394, 395(?) 396, 403(?) 404(?) 416, 418(?) 422(?) 428–430. 431(?) 438, 439, 461, 494, 500, 501, 517 (Kopie) 528, 531 (Kopie)
Saint-Martin-en-Ré, Musée Cognac-Gay 91, 95
Saint-Omer, Musée – Hôtel Sandelin 284, 309–317, 384, 504
Saint-Rémy, Centre Archéologique Hôtel de Sade 87
Salins-les-Bains, Musée Municipal 115(?) 173(?) 481(?)
Saumur, Musée Château de Saumur 110, 343, 348, 519
Soyons, Musée de Soyons 85
Strasbourg, Musée Archéologique Château Rohan 197
Toulouse, Musée d'Histoire Naturelle 103
Toulouse, Musée Saint-Raymond 118, 468
Vannes, Musée de la Société Polymathique du Morbihan 247, 264, 387, 409, 413, 419–421
Vendôme, Musée Municipal 279, 426
Verdun, Musée de la Princerie 521

PRIVATSAMMLUNGEN UND GRABUNGSDEPOTS FRANKREICH

Besançon, Slg. Vuillat 244
Bize, Slg. Lauriol 119
Carcassonne, Dépôt de fouilles 53, 159
Corconne, Slg. Bort 157
Cresancey, Slg. Chauvin 248
Cuers, Slg. Jacob 214
Foix, Slg. Clottes 117
Gennevilliers, Slg. Marguet 204
Lamalou-les-Bains, Slg. Ster 48(?)
Lesparre-Médoc, Slg. Cours 63
Libourne, Slg. Moisan 64
Lodève, Dépôt des fouilles du Groupe archéologique lodévois 47, 83, 152
Marseille, Dépôt de fouilles Fort Saint-Jean 144, 146, 161
Montélimar, Slg. Veyrier 30
Montpellier, Dépôt de fouilles de la Paillade 44, 45, 56
Montpellier, Slg. Audibert 61(?)
Montpellier, Slg. Bigot 227
Montpellier, Slg. Temple 1, 7, 42
Nîmes, Slg. Reinaud 238, 267
Olonzac, Slg. Ambert 76, 116
Rethondes, Slg. Bejot 208
Saint-Mathieu-de-Tréviers, Slg. Arnal 5, 77, 180, 190
Strasbourg, Slg. Griess 263
Trévoux, Slg. Pallix 469

Vesoul, Slg. Collot 49
Privatbesitz Frankreich, ohne Ortsangabe:
„Slg. Boissier" 163
„Slg. J. Richard" 123
Privatbesitz Frankreich, ohne weitere Angaben 104, 105, 186, 216, 222, 480, 496, 499, 510, 530

VERBLEIB UNBEKANNT

Aufbewahrungsort unbekannt 4, 55, 60, 69, 72, 82, 89, 93, 100, 138, 142, 183, 241, 251, 254, 255, 260, 274, 282, 324, 389, 440, 441, 484, 485, 492, 531
Verschollen 2, 12, 32, 35, 39, 43, 51, 70, 71, 84, 88, 120, 126, 129–131A, 134, 136, 137, 139–141, 143, 144, 155, 166, 168, 169, 171, 175–177, 187–189, 194, 203, 209, 218, 220, 221, 229–231, 245, 246, 249, 252, 253, 256, 261, 269, 270, 298, 300, 349, 350, 362, 366, 368, 376, 398, 403(?) 404(?) 406(?) 417, 427, 435, 436, 443, 444, 452–454, 456, 457, 460(?) 464, 465, 467, 470, 471, 474, 475, 477–479, 482, 486, 487–489, 491, 493, 511–514, 516, 517, 522, 533, 534, 535–537(?)
Nicht erhalten 257, 259, 390, 392, 393, 399, 432–434, 437, 442, 445, 458

GROSSBRITANNIEN

Guernsey, Lukis Museum 524(?)
London, British Museum 174, 206, 224, 226, 233
Oxford, Ashmolean Museum 228, 280, 331–336, 351, 372, 413–425

HOLLAND

Groningen, Biologisch-Archaeologisches Institut der Universität 277, 288, 295, 308, 358, 378, 415

SCHWEIZ

Bern, Bernisches Historisches Museum 237
Genf, Musée d'Art et d'Histoire 185

VERZEICHNIS DER FUNDORTABKÜRZUNGEN AUF TAF. 39–41

A	= Ardèche		N	= Normandie
Ad	= Saint-Adrien		Na	= Nantes
Al	= Alderney		Ni	= Nizas
Ar	= Armissan		Nm	= Nîmes
B	= Bourbriac		No	= Nottonville
Ba	= Beaune		O	= Orléans
Be	= Beaumont-Hague		P	= Paris
BI	= Brison-Saint-Innocent		Pa	= Plouarzel
Bl	= Blandas		Pe	= Pleudaniel
BN	= La-Batie-Neuve		Pi	= Priziac
Bo	= Bonnay		PL	= Plonéour-Lanvern
Bu	= Buzeins		PLC	= Plonéour-Lanvern (Cosmaner)
Bz	= Beuzec-Cap-Sizun		PLY	= Plonéour-Lanvern (Fao-Youen)
C	= Creissels		Pm	= Ploumilliau
Ca	= Carnac		Po 1	= Poullan-s.-M. (Kervini 1)
CC	= Coulounieux-Chanvers		Po 2	= Poullan-s.-M. (Kervini 2)
Cc	= Carnac		Pr	= Prat
Ce	= Cléder		Pv	= Plouvorn
Ci	= Cissac		PvK	= Plouvorn (Keruzoret)
Cl	= Clairvaux-les-Lacs		PvL	= Plouvorn (Lambader)
Co	= Collias		Py	= Plouyé
Cr	= Corent		Pz	= Ploudalmézeau
D	= Donzère		Qu	= Quimperlé
E	= Elven		R	= Rouffignac-de-Sigoulès
Ep	= Epone		Rm	= Roquemaure
Et	= Etigny		RO	= Ris-Orangis
F	= Fontaine-les-Puits		S	= Saumur
G	= Glomel		SA	= Saint-Anastasie
Gu	= Guidel		SB	= Saint-Bauzile
L	= Loucé		SD	= Saint-Denis-en-Val
La	= Laudun		SJ	= Saint-Jean-Brévelay
LB	= Le-Bois-en-Ré		Sl	= Salins-les-Bains
Ld	= Landivisiau		SLa	= Saint-Laurent
LE	= L'Etoile		SM	= Saint-Menoux
Li	= Lannion		SN	= Saint-Nazaire
Lu	= Landernau		SP	= Solliès-Pont
Lo	= Longues-s.-M.		SV	= Saint-Vallier-de-Thiey
Lr	= Loriol		SVo	= Saint-Vougay
Ls	= Lunas		T	= Tharaux
Lt	= Lorient		Tc	= Trévérec
Lu	= Lauroux		To	= Tournemire
Ly	= Lyon		Tr	= Trémél
Lz	= Lozère		Tv	= Trèves
M	= Melrand		V	= Villevieille
Ma	= Mâcon		Ve	= Veyreau
Mi	= Minerve		Vi	= Vilhonneur
Ml	= Millau		Vl	= Villefranche-sur-Saône
Mp	= Montpellier		VS	= Vallée de la Somme

SACHREGISTER

Absatzbeil 85
Adlerberg-Kultur 58
Adlerberg/Singen/Straubing 117
Ältere Bronzezeit
    Glockenbecher 40
    interne Chronologie 56
    Südwestdeutschland 64
    Westschweiz/Jura 56
„Armorikanisch-britische Dolche" 111
Armschutzplatte 42. 59. 63. 111
Armspirale 55
Arsenoberfläche 108. 115
Artenacien 18. 35. 67
    Verbreitung 30
„atlantische ältere Bronzezeit" 116
Aunjetitz 129

Bärenzahn 84
Barnenez, Stratigraphie 48
Beil
    -funktion 106 f.
    -schäftung 106
    Typ Neyruz 65
        Bretagne 115
        Datierung 81 f.
    Typ Onnens 59
    Typ Salez 81
    Typ Roseaux 59
Bernstein
    -anhänger 113
    -handel 113
    -oxydation 113
    -schieber 113
Blecharmband 84
Blechband 84
Blei Kupferzeit 20
Bogenanhänger 47
Brandbestattung 57. 66
    Bretagne 104
Bretagne
    „erste Hügelserie" 111
    Mittelbronzezeit 50. 110. 117
    – Wessex – Mykene 118
    „zweite Hügelserie" 117
Bretonische Bronzezeit 8
    /Dolche 110
        Anzahl 110

        Lage im Grab 110
        Längsachse 110
Bretonische Nadeln 109
Bronzebeile 111
Bronzenadel 55
Bronzepfeilspitze 55. 84
    Bretagne 116
„buttoir" 107

„carpenters grave" 61
Chasséen 16. 18. 39. 60
    /Seine-Oise-Marne 48
Château Kernuz 2
„Ciempozuelos-Dolche" 44
„ciste annexe" 67
„clavettes" 108
couteau 51
C 14 – Datierung 28. 40. 54. 67
    Bretagne (Mittelwerte!) 118
    Wessex/Bretagne 114

Depot Mittelbronzezeit 59
Diadem 84
Dolch
    Dolchanhänger 15 f.
        Verbreitung 21
        Zeitstellung 19
    Dolche, Funktion 15 f. 50 ff.
    Dolchgriffe Bretagne 107
        zweischalig 107
    Dolche, „herzförmig" 64
    Dolch, Hirschgeweih 105
    Dolche, Holznachbildung 90
    Dolchknauf Bretagne 107
    Dolchlänge 4. 25. 51 f. 93. 95
    Dolch/Messer 4
    „Dolchmesser" 51
    Dolch, „Metallgriff" 82
    Dolch, Mittelbronzezeit 65
    „Dolchmodell" 80
    Dolche, Punktverzierung 115
    „Dolch-Säge" 60 f.
    Dolchscheiden 51
        /Bretagne 107
    Dolch, Spätbronzezeit 111
    Dolchspitzen
        Datierung 32 f.

Sachregister

Funktion 52
    Verbreitung 33. 52
  Typ Fontbouisse 50
    Herkunft 28 f.
    Verbreitung 29
  Dolche, Verbreitung 7
  Vollgriffdolchverzierung 115
  Waffenfunktion 52

Eberzahn 63. 123
El Argar A/B 67 f.
  -Dolche, Dolchtypen 59. 67 f.
  -Kultur 8. 57 ff. 63. 111 ff.
  -Schwerter 84
  -Stabdolche 129
Ein-Stück-Depot 52. 81
  Stabdolche 129
„épicampaniforme" 42
Erhaltungsbedingungen Bretagne 104 f.

Fälschung 79
Federgriff 14. 50
Ferradeira-Horizont 111
Ferrières 16 ff. 26 ff. 34. 45
  Verbreitung 29
„Ferrières évolué" 34
Flachbeile 85
„flat riveted blades" 63
Flügelnadeln 55. 63. 68
Flußfunde 52. 71
  Stabdolche 128
Fontbouissien 16 ff. 26 ff. 34. 45. 50. 54
  Befestigungsanlage 29
  Iberische Halbinsel 28
  -Pfrieme 28
  Verbreitung 29
Fundkombination 61
  ältere Bronzezeit 55 ff.
Fundlücken 113. 116

Gagatschieber 113
Gemeinlebarn-Chronologie 57
Gestrecktbestattung 58
Glockenbecherkultur allgemein 7
  Glockenbecher/ältere Bronzezeit 43
    Bretagne 42
  Glockenbecher/Kupferdolch 30
  Glockenbecher/Kupferflachbeil 37 f.
  Glockenbecher/lokale Kupferzeit 27
  Ausbreitung 43
  Bretagne, Dauer 113
  Depot 37
  Einzelgrab 31. 34. 35
  Elemente 40
  Grabfunde 52
  Gruppen Frankreich 34. 40
  Herkunft 43
  innere Chronologie 40 f.
  Nachbestattungen 39. 46. 52
  Provence-Gruppe 54
  Siedlung 35. 52
  Steinkiste 39
  Stratigraphie 18. 24. 34. 40
  Tradition 27
  westeuropäische, Verbreitung 41 f.
  Zeitstellung 18
Glockenbecherdolche 35
  Frankreich 40
  Herkunft 43
  Niet 46
  relative Chronologie 42 f.
  „Glockenbecherdolch" 50
Goldblechspirale 42
Goldfund Bretagne, Kulturbeziehungen 116
Goldkette 82
Gold, Kupferzeit 20
Goldnägel, Bretagne 108
„Goldplättchen" 108
Goldspirale 19
Goldstiftchen 107 f.
  Anordnung 108
Grabhügel 54. 56. 64. 69
  Bretagne 104
  Bretagne Grabungsdaten 109
Griff
  Griffabschluß 25
  Griffform 50
  Griff, geschlossener 25
  Grifflänge 50. 81
  Griffspur 30
  Griffe, zweischalig 50
  Griffplattendolch, Definition 5. 7
  Griffzungendolch, Definition 5. 7
  Griffzungen, Hämmerung 28
  Griffzungenkanten 25
Groupe de Treilles 16

Häkchen-Nadel 55. 57
Halsschmuck 113
Heftausschnitt, Omega-Form 59. 114
Heftspur 14. 30. 50
  Langdolche 118
  Rapiere (Mykene, El Argar) 118
Heftzunge 95. 111
Henkeltasse 60
Hiebwaffe 52

Holzeinbauten Bretagne 104
Holzgriffe Bretagne 107
„Holzkästchen" Bretagne 106
Horkheimer Nadel 82
Hügelstruktur Bretagne 104

Keramik Bretagne 117
Kerbdolche 28. 50
   Herkunft 20f.
   Niet 20
   Verbreitung 21
Kerbschnittscherbe 59
Keulenkopfnadel 73
Klingen, „geschweift" 115
Knopfsichel 85
„knife-dagger" 51
„Knochenbeil" 106
„Knochendolche" 105 f.
Knocheninventar Bretagne 117
„Knochenknauf" 106
Knochenknebel 39. 43
Knochennadeln 18. 55
   Scheibennadel 117
   Südfrankreich 27
„Knochenniet" 14. 105
Knochenring 42. 55. 123
Knochenscheibe 55
Kollektivgrab 14
„Kolonien" 21
Kombinationsgruppe Bretagne 111 ff.
Kombinationsstatistik 57
„Krallenanhänger" 15
„Kris, malaischer" 95. 105
Krummdolche 61 f.
Kupferbeil 45
Kupferblechperle 29
Kupferdolch/Glockenbecher 27
Kupferdolche Iberische Halbinsel 20 f. 28 f.
Kupferflachbeile 19. 31
   /Glockenbecher 37
Kupferindustrie, vorglockenbecherzeitlich 19
Kupferperlen 19 f. 28 f.
Kupferpfriem 20
Kupferschlacke 20
Kupferzeit Schweiz 30
Kupfervorkommen 29
Kupferzeit Südfrankreich, Chronologie 34
Kupferzeit, verharrende 55

Lamellenanhänger 55
Langdolche 84
   Gaubickelheim 115
   Kulturbeziehungen 116

Langschwerter/Rapiere 115
Languedocien 34
Lanzenspitzen Wessex 121
Lappenbeil 63
Leichenschatten 104

„malaischer Kris" 95. 105
Malchiner Dolche 79. 114
Merkmalkombination 73. 123 f.
Mesetagruppe 43
Messer 62. 65
   Funktion 51
Metallanalyse 45. 46. 68
Metallbergbau 20
Metallformen, frühe 52
Metallgewinnung, Kupferzeit 20
Metallgruppen 20
Metallindustrie, frühe 29
Metallurgie Frankreich
   Herkunft 20. 21
   Ursprungsgebiete 20. 21
Metallverarbeitungstechnik, Import 29
Miniaturdolch 80
Miniaturgegenstände 65
Mittelgrat, einseitig 20. 55
   zweiseitig 20
„model of dagger" 80
Museen 1. 2. 6 ff. 102. 104

Nadeln
   Nadeln Bretagne 109
      Fundlage 109
      Funktion 109
      Zeitstellung 116
   Nadel mit waagerecht gelochtem Kopf 60 f. 65. 69. 123
   Nadeln Wessex 114
Neolithikum Frankreich, Kulturenabfolge 16
Nietkerben 14
Nietstifte 108
Niete, Ummantelung 107

Ösennadel, Typen 56

Palmela-Spitzen 30. 31. 37
„Pasteurs languedociens" 34
„Pasteurs des Plateaux" 16
Perlen 19
   segmentierte 55
Pfeilspitzenfunktion Dolche 52
Pfriem 109
„poignards cordiformes" 65
„poignard à encoches" 9

Sachregister

„poignard à manche métallique" 82
„poignard-scie" 60
Polada 65

Radnadel Bretagne 109
    Chronologie 116
    Funktion 109
Randleistenbeil 55
    Bretagne 116
    Wessex 121
Randleistenzungen 44
Rautennadeln 1. 55. 84
Rekonstruktion Vollgriffdolch 80
Remedello 8. 45. 119
    Dolche 44f.
    Dolche Funktion 52
    Silexkerbdolch 45
    Stabdolche 50
Rhône-Kultur 7f. 114
    Chronologie 56ff.
Rhône-Saône-Weg 121
Ringkopfnadeln 109
Ring mit Pfötchenenden 84
Rodézien 16ff. 27ff. 55. 67
Rollennadel 57. 69

Sägen 61
Saint-Brandan-Schwerter, Griffe 108
Saône-Rhône-Kultur 20. 29. 30. 35
Schachtgrab VI 118
Schachtgräber 117
Schachtgräberrund A 115
„Schädelamulette" 27
Schäftung Dolche 5. 14. 50f.
    einbahnige 14
    gebundene 14. 25
    Kerben 14. 19
    Kupferzeit 50f.
    Randleistendolche 50
    Stabdolche 50. 123f.
    Überschubschäftung 25. 50
    Wickelschäftung 14. 25. 50
Schnurkeramik Schweiz 20. 45
Schweifung Dolchklingen 93
Seigerung 108
Seine-Oise-Marne-Kultur 18. 27
    /Glockenbecher 48
    Gruppe Vienne-Charente 35
Sichel 85
Silber 42
    Ägäis 45
    -bergbau 42
    Bretagne 42

Bretagne Kulturbeziehungen 116
    -dolche 45
    El Argar 42
    -nadel 61. 109
    -niet 115
    Ostmittelmeer 42
    Remedello 42
Silexdolche 14. 16. 29
    Priorität 19
    Remedello 45
Silexkerbdolch 20
    Remedello 45
Silexmesser 52
Silexpfeilspitzen 55. 84. 114
    Bretagne 111. 113
    gestielt/geflügelt 35. 42. 113
    gezähnt 19
    konkave Basis 111
Singener Dolche 114
SOM s. Seine-Oise-Marne-Kultur
Spachtelkopfnadel 109
Stabdolche 8
    Beziehungen 130
    Definition 129
    Funktion 50. 129
    Glomel 115
    Remedello 50
    Schäftung 50. 123f.
    Typ Carrapatas 129
Steinbeil 60. 121
Steinkistengräber 34. 50. 60. 63. 67
    Bretagne 104
Steinperlen 45
Stichwaffe 52
„Stoßbeil" 106

Tierzahn 116
Toilettemesser 51
Tondeckel 65
Tonkern 73. 75
Tréboul-Funde 117
Trockenmauer 104
Tüllenfassung 14
Tüllengriff 76

Vérazien 27
Vergoldung 109
„Versilberung" 108
„Verzinnung" 108
Vienne-Charente s. Seine-Oise-Marne-Kultur
V-Knöpfe 39. 42. 43. 55
Vollgriffdolche 1
    Bretagne 114

Oder-Elbe-Gruppe 114ff.
„Vorstecknägel" 108

Wessex 8. 84. 113 ff. 121
　/Bretagne, Beziehungen 114
„Western European Daggers" 44

Wurfspeerfunktion, Dolche 52

Zentralmassiv 8. 57. 64. 123
Zwei-Stück-Depot 115
Zyprische Dolche 121

ORTSREGISTER

(Die Klammern enthalten die Koordinaten und Abkürzungen der Fundorte auf den Verbreitungskarten 39–41. Orte außerhalb des Arbeitsgebietes sind durch Kursivdruck gekennzeichnet).

Adlerberg 59
Aguëssac Nr. 186 (Taf. 41, C 19)
Alcalà 20
Albsheim 59
Alderney Nr. 524. 535 (Taf. 40, I 5/6: Al)
Alteckendorf Nr. 197 (Taf. 41, K 7)
Amboise Nr. 498 (Taf. 40, P 11)
Amsoldingen 115. 121
Andon Nr. 84 (Taf. 41, K 19)
Anglade Nr. 106 (Taf. 40, M 16)
Appenwihr 108
Appeville-Annebault 78
Arbas s. Saint-Pé-d'Ardet
Ardèche (Dép.) Nr. 187–189 (Taf. 41, E 17: A)
Arene Candide 60
Argelliers Nr. 78 (Taf. 41, D 20)
Argenton-sur-Creuse Nr. 470 (Taf. 40, P 13)
Ariège (Dép.) 31. Nr. 474 (Taf. 40, K 11)
Armentières Nr. 505 (Taf. 41, B 3)
Armissan Nr. 23. 475 (Taf. 41, C 21: Ar)
Arnave 59
Arry s. Nr. 527
Assignan Nr. 129 (Taf. 41, C 21)
Aubenas Nr. 251 (Taf. 41, E 17)
Aubussarges Nr. 130 (Taf. 41, E/F 19)
Aufhausen 84
„Auvenay" Nr. 243 (Taf. 41, F 11)
Auvernier 59
Averdon Nr. 279 (Taf. 40, P 10)
Avignon Nr. 86 (Taf. 41, F 19)

Bailleul-sur-Thérain Nr. 342 (Taf. 41, B 6)
Bains-sur-Ouest Nr. 300 (Taf. 39, I 13/14)
Baldegg 65
Barnenez 48
Barret-le-Bas Nr. 164 (Taf. 41, H 18)
Beaucaire Nr. 168 (Taf. 41, F 19)
Beaumont-Hague Nr. 366. 443. 444 (Taf. 39, I 5: Be)
„Beaune" Nr. 156. 509 (Taf. 41, F 10: Ba)
Beauregard Nr. 80 (s. auch Marsa) (Taf. 41, A 18)
Beligny s. Villefranche-sur-Saône
Bergerac 30
Bernières-sur-Mer Nr. 104 (Taf. 40, M 6)
Besançon Nr. 473 (Taf. 41, H 11)

Beuzec-Cap-Sizun Nr. 379. 392. 393 (Taf. 39, A 12: Bz)
Bex 59. 82
Bizannet 31
Bize-Minervois Nr. 119 (Taf. 41, C 21)
„Blain" Nr. 476 (Taf. 40, K 4)
Blandas Nr. 44. 45 (Taf. 41, D 19: Bl)
Bois de Séry 45
„Bonnay" Nr. 477–479 (Taf. 41, A 5: Bo)
Bouches-du-Rhône (Dép.) Nr. 234 (Taf. 41, G 20)
Boucoiran-et-Nozières Nr. 75 (Taf. 41, E 19)
Bounias s. Fontvieille-les-Arles
Boun Marcou 20
Bourbriac Nr. 402. 405. 406 (Taf. 39, E 10: B)
Bourg-Blanc Nr. 344 (Taf. 39, A/B 10)
Bourièges Nr. 159 (Taf. 41, A 21)
Branson/VS 82
Brennilis Nr. 404 (Taf. 39, C 11)
Brest 104
„Bretagne" Nr. 363. 374. 375. 456
Brison-Saint-Innocent Nr. 131. 131 A (Taf. 41, H 15: BI)
Broc 58. 64
Brouzet-les-Alès Nr. 74 (Taf. 41, E 19)
Brumath Nr. 203 (Taf. 41, K 7)
Buzeins 15. Nr. 6. 11. 29 (Taf. 41, C 18: Bu)

Cabrerets Nr. 467 (Taf. 40, P 18)
Caen Nr. 457 (Taf. 39, O 7)
Calvari d'Amposta 28
Canaux 61
Canilhac 15
Cannes-Ecluse Nr. 202 (Taf. 41, C 8)
Carnac Nr. 132. 133 (Taf. 40, H 10: Cc)
Casiz-Cresta 59
Castelneau-de-Médoc Nr. 462 (Taf. 40, L 16)
Caunes-Minervois Nr. 171 (Taf. 41, B 20)
Caylus 15. Nr. 526 (Taf. 41, A 19)
Cazals Nr. 31 (Taf. 40, P 19)
Cessenon Nr. 134 (Taf. 41, C 20)
Chaintraux Nr. 480 (Taf. 41, C 7)
Chalandriani 61
Chamoson 57
Champagnoles 123. Nr. 162 (Taf. 41, H 12)

Chanac 15
Charcier Nr. 481 (Taf. 41, H 12)
Charnay-les-Chalon Nr. 244 (Taf. 41, F/G 12)
Chartres Nr. 158 (Taf. 41, A 8)
Chassey-le-Camp Nr. 179 (Taf. 41, E 12)
Châteaubernard Nr. 108 (Taf. 40, M 15)
Château-Larcher Nr. 90 (Taf. 40, N 13)
Château-Neuf-les-Martigues 31
Ciempozuelos 44
Cires-lès-Mello Nr. 471 (Taf. 41, B 6)
Cissac-Médoc 42. 84. Nr. 265. 369 (Taf. 40, L 16: Ci)
Clairvaux-les-Lacs Nr. 165. 169 (Taf. 41, H 13: Cl)
Cléder s. Nr. 396
Cléder/Kergournadec Nr. 452. 453 (Taf. 39, C 9: Ce)
Cleguer/Kervellerin Nr. 410 (Taf. 39, D/E 13)
„Clermont-Ferrand" Nr. 236 (Taf. 41, C 14)
Clucy Nr. 178 (Taf. 41, H 11)
Coatjou Glas 111
Coat Meal Nr. 454 (Taf. 39, A 10)
Coetmacun s. Brennilis
Col du Bonhomme 1
Collias Nr. 191. 192. 472 (Taf. 41, E 19: Co)
Congéniez Nr. 482 (Taf. 41, C 20)
Conie-Molitard Nr. 122 (Taf. 40, P 9)
Consenvoye Nr. 521 (Taf. 41, F/G 6)
Conthey 95. 115
Corbères 31. Nr. 483 (Taf. 40, O/P 20)
Córdoba 28
Corent Nr. 222. 233 (Taf. 41, C 15)
Côtes-du-Nord (Dép.) Nr. 407 (Taf. 40, I 8)
Coulounieux-Chanvers Nr. 235. 252 (Taf. 40, O 16: CC)
Cournonterral Nr. 61 (Taf. 41, D 20)
Cramona 28
Creissels 15. Nr. 20. 21. 34. 35. 79 (Taf. 41, C 19: C)
Crémieu Nr. 170 (Taf. 41, G 15)
Cresancey Nr. 248 (Taf. 41, G 11)
Crug-yr-Afan 105 f.
Cumarola 45

„Delabre" Nr. 232 (Taf. 40, O 12)
Dijon Nr. 466 (Taf. 41, F 11)
Donzère Nr. 183. 484 (Taf. 41, F 18: D)
Doucier Nr. 263 (Taf. 41, G/H 12)
Dracy-le-Fort Nr. 68 (Taf. 41, F 12)

Ecublens 59. 64
Eguisheim Nr. 262 (Taf. 41, K 8/9)
Eislingen 58
El Argar 59. 68
Elven Nr. 387. 413. 420 (Taf. 39, G 14: E)
Entreterminos 37
Epone Nr. 511–514 (Taf. 41, A 7: Ep)

Esclauzels 15
Espuñola 28
Etigny Nr. 204. 502 (Taf. 41, C 9: Et)
Euffigneix Nr. 508 (Taf. 41, F 9)
Eure 286 (Taf. 39, P 7)
Evreux Nr. 198 (Taf. 40, P 7)
Eysines Nr. 495 (Taf. 40, L/M 16/17)

Ferrières-Haut-Clocher Nr. 515 (Taf. 40, O 6)
Feissons-sur-Isère Nr. 218 (Taf. 41, I 15)
Feissons-sur-Salins Nr. 218 (Taf. 41, I 15)
Finistère (Dép.) 104
Fontaine-les-Puits 8. Nr. 459. 530 (Taf. 41, I 15: F)
Fontlaurier 31
Fontvieille-les-Arles Nr. 112 (Taf. 41, F 20)
Fouesnant Nr. 397 (Taf. 39, C 12)
„Frankreich" Nr. 253
Fully 82

Gaubickelheim 85. 95. 115
Gemeinlebarn 57
Gerona 129
Gergy Nr. 67 (Taf. 41, F 12)
Glomel 115. 124. Nr. 284. 309–317. 384. 504 (Taf. 39, D 11: G; 40, H 8: G)
Gobaederra 28
Goldamburra 44
Gondenans-les-Montby Nr. 49 (Taf. 41, H/I 10)
Grands Causses 20
Grésine 50
Grigny Nr. 195 (Taf. 41, B 8)
Grotte de la Médecine 45
de Maurous 45
Guadalajara 28
Guerlesquin Nr. 523 (Taf. 40, F 8)
Guernsey Nr. 93 (Taf. 40, I 6)
Guiclan Nr. 408 (Taf. 39, C 10)
Guidel Nr. 135. 346. 377. 382. 418 (Taf. 39, D 13: Gu; 40, G 9: Gu)
Guilherand Nr. 213 (Taf. 41, F 17)
Guimilliau Nr. 341 (Taf. 39, C 10)

Habsheim 85
Hagenauer Forst / Soufflenheim Nr. 275 (Taf. 41, L 7)
Hervelinghen Nr. 266 (Taf. 41, A 2/3)
Humska Čuka 61

Irigny Nr. 460 (Taf. 41, F 15)
Ivory Nr. 461 (Taf. 41, H 12)

Jouques Nr. 161 (Taf. 41, H 20)

Kercadoret 31

Ortsregister

La Balance 54. Nr. 80 (s. Avignon) (Taf. 41, F 19)
La Batie-Neuve Nr. 211. 215. 219. 239 (Taf. 41, H/I 17: BN)
Lac de Chalain 20
La-Chapelle-Achard Nr. 101 (Taf. 40, K 12)
La-Chapelle-sur-Furieuse Nr. 207 (Taf. 41, G/H 11)
Lagny Nr. 226 (Taf. 41, B/C 7)
La-Grande-Paroisse Nr. 525 (Taf. 41, B/C 8)
Laissac Nr. 9 (Taf. 41, B 18)
La Liquisse s. Nant
La Livinière Nr. 76 (Taf. 41, B 21)
La Madeleine s. Villeneuve-les-Maguelonne
La Montade s. Plan-de-Cuques
Landerneau 124. Nr. 330. 380. 388 (Taf. 39, B 10: LN)
Landivisiau Nr. 395. 403 (Taf. 39, B/C 10: Ld)
Lanfains Nr. 518 (Taf. 40, H 8)
Langen 66
Languidic Nr. 536 (Taf. 40, G/H 9)
Lannion Nr. 277. 288. 295. 308. 358. 378. 415 (Taf. 39, D 9: Li)
La Parade Nr. 485 (Taf. 41, C 19)
Largeville s. Chaintraux
La Riorthe 31
La-Roche-de-Rame 116. Nr. 268 (Taf. 41, I 17)
La-Roche-sur-Buis Nr. 246 (Taf. 41, G 18)
La Tronche Nr. 166 (Taf. 41, G/H 16)
Laudun 59. Nr. 175. 229 (Taf. 41, F 19: La)
Lauradoux 27
Laure-Minervois Nr. 53 (Taf. 41, B 21)
Laurie 66. Nr. 151 (Taf. 41, C 16)
Lauroux Nr. 48. 60 (Taf. 41, C 20: Lu)
Le-Bois-en-Ré Nr. 91. 95 (Taf. 40, K 13: LB)
Le Dehus s. Guernsey
Le Lébous 21. 29. 69 (s. auch Saint-Mathieu-de-Tréviers)
„Le Mans" Nr. 199 (Taf. 40, N)
Les Andelys Nr. 522 (Taf. 40, P 6)
Les-Bordes-sur-Lez Nr. 118 (Taf. 40, O 21)
Lescongar 105 f.
Les Mureaux Nr. 50 (Taf. 41, A 7)
L'Etoile Nr. 256. 486 (Taf. 41, A 4: LE)
Le Vernet Nr. 111 (Taf. 40, P 21)
Locmaria-Plouzané 105
Locmariaquer 31
„Loire" Nr. 537 (Taf. 40, L 11)
„Loire bei Nantes" Nr. 503 (Taf. 40, K 11)
Longues Nr. 291. 318. 400. 414. 433. 434 (Taf. 39, N 6: Lo)
Lorient Nr. 257. 458 (Taf. 39, D/E 13: Lt)
Loriol-sur-Drôme 115. Nr. 221. 223. 225. 226 (Taf. 41, F 17: Lr)
Los Millares 20. 21
Loucé Nr. 274. 282. 324. 435. 436

Lozère (Dép.) Nr. 272. 463 (Taf. 41, D 17: Lz)
Luchon Nr. 487 (Taf. 40, P 20)
Lüscherz 57
Lugarico Viejo 59
Lunas Nr. 40. 41 (Taf. 41, C 20: Ls)
Lussan Nr. 149 (Taf. 41, E 19)
Luynes Nr. 494 (Taf. 40, O 11)
Lyon Nr. 224. 237 (Taf. 41, F 15: Ly)

Mâcon Nr. 163. 528. 529 (Taf. 41, F 13: Ma)
Mandeure Nr. 276 (Taf. 41, I 10)
Mantilla 28
Marie-Gaillard 55
Marsa 18. 30. 67
Massac 31
Mas Vilas 68
Maz d'Azil Nr. 258 (Taf. 40, P 21)
Meloisey Nr. 488 (Taf. 41, F 11)
Melrand 115. Nr. 228. 331–336. 351. 372. 423–425 (Taf. 39, E 12: M; 40, H 9: M)
Mesnay Nr. 150 (Taf. 41, G/H 12)
Miers Nr. 117 (Taf. 41, A 17)
Millau Nr. 10. 24 (Taf. 41, C 19: Ml)
Minerve Nr. 57. 136 (Taf. 41, B/C 21: Mi)
Moëlans-sur-Mer 31. Nr. 99 (Taf. 40, G 9)
Mörigen 20
Monsheim 58
Montagne des Cordes 50
Monte Pisani 45
Montereau Nr. 532 (Taf. 41, C 8)
„Montpellier" Nr. 52. 62 (Taf. 41, E 20: Mp)
Montpeyroux Nr. 137 (Taf. 41, D 20)
Montreuil-sur-Mer Nr. 531 (Taf. 41, A 3)
Morbihan (Dép.) Nr. 419 (Taf. 39, F 13)
Morges/Roseaux 59
Mouden Bras s. Pleudaniel
Moulins 31. Nr. 120 (Taf. 40, L 12)
Moustier Nr. 64 (Taf. 40, N 17/18)
Moûtiers Nr. 220 (Taf. 41, I 15)
Moya/Toll 68
Mülheim-Kärlich 20
Mykene 113. 115. 117ff.

Nant 59. 116. Nr. 185 (Taf. 41, C 19)
Nantes 31. 37. Nr. 98. 196 (Taf. 40, K 11: N)
Navacelles 31
Naveil Nr. 426 (Taf. 39, P 13)
Naxos 61
Nièvre (Dép.) Nr. 109 (Taf. 41, D 11)
Nîmes 123. Nr. 238. 267 (Taf. 41, E 19: Nm)
Nizas Nr. 46. 193 (Taf. 41, C 20: Ni)
Normandie Nr. 254. 255. 269. 398. 465 (Taf. 40, N 7: N; 39, P 8: N)

Normanton 108
Nottonville Nr. 123. 138 (Taf. 41, A 9: No)

Octon Nr. 83 (Taf. 41, C 20)
Offwiler 1
Onay s. La-Chapelle-sur-Furieuse
Orgon 7. Nr. 114 (Taf. 41, G 20)
Orléans Nr. 96. 205 (Taf. 41, A 9: O)

„Padern" 15
Pago de la Peña 42
Paimbœuf Nr. 497 (Taf. 40, K 11)
Pardailhan Nr. 55 (Taf. 41, B/C 20)
Paris 120. Nr. 206. 280 (Taf. 41, B 7: P)
Pas-de-Calais (Dép.) Nr. 270 (Taf. 41, A/B 3)
Pépieux 7. Nr. 116 (Taf. 41, B 21)
Pépiron 31
Perpetairi 29
Petit-Chasseur s. Sion
„Picardie" Nr. 517 (Taf. 41, C 4)
Plan-de-Cuques Nr. 148 (Taf. 41, G 20/21)
Pleudaniel Nr. 289. 325–328. 367. 438. 439
 (Taf. 39, E 9: Pe)
Plévenon 121. Nr. 261 (Taf. 40, I 8)
Plobannalec Nr. 94 (Taf. 40, F 9)
Ploemeur Nr. 145 (Taf. 40, H 10)
Ploneis 111
Ploneour-Lanvern/Cosmaner Nr. 390. 431
 (Taf. 39, B 12: PLC)
Ploneour-Lanvern/Fao-Youen Nr. 364. 365
 (Taf. 39, B 12/13: PLY)
Ploneour-Lanvern/Kerhué-Bras Nr. 292. 301–303.
 319. 357. 370 (Taf. 39, B 12: PL)
Plouarzel Nr. 450. 451 (Taf. 39, A 10: Pa)
Ploudalmézeau Nr. 347. 399. 448 (Taf. 39, A 10: Pz)
Plouezoc'h Nr. 125 (Taf. 40, G 7)
Plougouin s. Nr. 330
Plougoulm Nr. 455 (Taf. 39, C 9)
Plougourn s. Nr. 330
Plouharnel Nr. 126 (Taf. 40, H 10)
Plouhinec s. Lescongar
Plouhinec, Dame de Nr. 449 (Taf. 39, A 12)
Ploumilliau s. Rumédon
Plounévez-Lochrist 117. Nr. 373 (Taf. 39, B 9)
Plouvorn/Kernonen Nr. 352. 361. 383. 385
 (Taf. 39, C 10: Pv)
Plouvorn/Keruzoret Nr. 396. 401. 422
 (Taf. 39, C 10: PvK)
Plouvorn/Lambader Nr. 389. 417
 (Taf. 39, C 10: PvL)
Plouyé/Kerguévarec Nr. 337–340. 360. 437
 (Taf. 39, D 11: Py)
Plozévet Nr. 102 (Taf. 40, F 9)

Pommiers 31
Pontivy Nr. 107 (Taf. 40, H 9)
Pont-l'Abbé 2
Pontoux Nr. 212 (Taf. 41, F/G 12)
Porzpoder s. Nr. 330
Poullan/Kervini 1 Nr. 376 (Taf. 39, B 12: Po 1)
Poullan/Kervini 2 Nr. 298. 362 (Taf. 39, B 12: Po 2)
Prat/Tossen Prat Nr. 283. 293. 329. 349. 350. 356.
 432 (Taf. 39, E 9: Pr)
Prat/Tossen Rugouec Nr. 299. 304–306
 (Taf. 39, E 9: Pr)
Priziac Nr. 386. 445 (Taf. 39, E 12: Pi)
Pyrénées orientales (Dép.) Nr. 139 (Taf. 41, B 22/23)

Quimperlé 42. 124. Nr. 353–355. 371
 (Taf. 39, D 13: Qu)

Remedello 45
Remoulins 61. Nr. 184 (Taf. 41, F 19)
Rennes Nr. 411 (Taf. 39, I/K 12)
Renzenbühl 118
Rethondes Nr. 208 (Taf. 41, C 6)
Rézé 31. 37
„Rhônetal" Nr. 174 (Taf. 41, F 16)
Riedisheim 1
Ried/Oberinntal 130
Ringoldswil 115
Ris-Orangis Nr. 464. 501 (Taf. 41, B 7: RO)
Roaix 29
Robion Nr. 124 (Taf. 41, G 19)
Rocamadour 64. 116. 123. Nr. 489 (Taf. 40, P 17)
Rompon Nr. 490 (Taf. 41, E 18)
Roquefort 19
Roquemaure Nr. 154. 155 (Taf. 41, F 19: Rm)
Rostrenen Nr. 516 (Taf. 40, H 8)
Rouans Nr. 506 (Taf. 40, K 11)
Roufeiro 42
Rouffignac-de-Sigoulès Nr. 65. 66. 69. 72
 (Taf. 40, N 17: R)
Roussas Nr. 30 (Taf. 41, F 18)
Rüdlingen 64
Rümlang 115. 121
Ruguello s. Trézény
Rumédon Nr. 285. 287. 290. 359 (Taf. 39, D 9: Pm)
 s. Ploumilliau

Safferstetten 56. 111
Saint-Adrien Nr. 307. 391. 440. 441
 (Taf. 39, E 10: Ad)
Saint-Affrique Nr. 491 (Taf. 41, C 19)
Saint-Aigny Nr. 271 (Taf. 40, O 12)
Saint-Amand-sur-Sèvre 31
Saint-Antonin-Noble-Val 15. Nr. 147 (Taf. 41, A 19)

Ortsregister

Saint-Bauzile Nr. 14–19. 22. 26–28
 (Taf. 41, D 18: SB)
Saint-Beaulize Nr. 42 (Taf. 41, C 19)
Saint-Blaise 25. 28. 45. 66
Saint-Bonnet-de-Rochefort Nr. 177 (Taf. 41, C 14)
Saint-Chels Nr. 160 (Taf. 41, A 18)
Saint-Come-et-Maruéjols Nr. 492 (Taf. 41, F 18)
Saint-Denis-en-Val Nr. 496. 499 (Taf. 41, A 9: SD)
Sainte-Anastasie 19. Nr. 51. 54. 59. 81. 140
 (Taf. 41, E 19: SA)
Sainte-Croix-de-Verdon 123. Nr. 146 (Taf. 41, H 19)
Saint-Etienne-de-Gourgas s. Soubès
Saint-Geniès-de-Comolas Nr. 12 (Taf. 41, F 19)
Saint-Geniez-d'Olt Nr. 209 (Taf. 41, C 18)
Saint-Genis Nr. 181 (Taf. 41, H 18)
Saint-Georges-de-Lévejac Nr. 25 (Taf. 41, C 18)
Saint-Georges-de-Montclar Nr. 259 (Taf. 40, O 17)
Saint-Germain-en-Coglès Nr. 141 (Taf. 40, L 8)
Saint-Germain-en-Montagne 71. Nr. 210
 (Taf. 41, H 12)
Saint-Hilaire-Saint-Florent Nr. 110 (Taf. 40, N 11)
Saint-Jean-Brévelay Nr. 409. 421 (Taf. 39, G 13: SJ)
Saint-Just 31
„Saint-Laurent" Nr. 260. 493 (Taf. 40, N 7)
Saint-Laurent-du-Pont s. Moûtiers
Saint-Léger-de-Montbrun Nr. 142 (Taf. 40, M 11)
Saint-Léons Nr. 3. 8. 13 (Taf. 41, C 18: SL)
Saint-Maclou Nr. 412 (Taf. 36, P 6)
Saint-Martin 58
Saint-Martin-de-Londres Nr. 77 (Taf. 41, D 19)
Saint-Mathieu-de-Tréviers Nr. 190 (Taf. 41, D/E 20)
Saint-Maurice-Navacelles Nr. 152 (Taf. 41, D 19)
Saint-Menoux 71. 84. Nr. 194. 368
 (Taf. 41, C 13: SM)
Saint-Nazaire Nr. 127. 172. 278 (Taf. 39, H 15: SN;
 40, I 11: SN)
Saint-Nazaire-de-Ladarez Nr. 227 (Taf. 41, C 20)
Saint-Paul-et-Valmalle Nr. 56 (Taf. 41, D 20)
Saint-Pé-d'Ardet Nr. 103 (Taf. 40, O 21)
Saint-Quentin-des-Iles Nr. 240 (Taf. 40, O 7)
Saint-Rémy-de-Provence Nr. 87 (Taf. 41, F 18/19)
Saint-Rimay 50
Saint-Rome-de-Cernon 15. Nr. 82 (Taf. 41, C 19)
Saint-Rome-de-Tarn 15
Saint-Sauveur Nr. 100 (Taf. 40, L 16)
Saint-Sulpice-d'Arnoult Nr. 128 (Taf. 40, L 15)
Saint-Savignien Nr. 520 (Taf. 40, M 15)
Saint-Vallier-de-Thiey Nr. 39. 143
 (Taf. 41, K 20: SV)
Saint-Vougay Nr. 446. 447 (Taf. 39, B 9: SVo)
Salinelles Nr. 157 (Taf. 41, E 19)
Salins-les-Bains 7. 119. Nr. 115. 173
 (Taf. 41, H 12: Sl)

Sallertaine Nr. 281 (Taf. 39, I 17)
Salles-Curan Nr. 4 (Taf. 41, B 19)
Salles-la-Source 15
San Lorenzo 79
Saône (Fluß) Nr. 88 (Taf. 41, F 13)
Sao Pedro de Estoril 28
Saumur Nr. 343. 348. 519 (Taf. 39, O 15/16: S; 40,
 M 11: S)
Sauve Nr. 63 (Taf. 41, E 19)
Séez s. Moûtiers
Seine (Fluß) 120
Serrigny 61
Sesklo 61
Singen 63. 64. 114. 120
Singleyrac 6. Nr. 230 (Taf. 40, N 17)
Sion/Petit Chasseur 56. 82
Solliès-Pont Nr. 214. 216 (Taf. 41, H 21: SP)
Soloi-Pompeiopolis 28
Sost-en-Barousse Nr. 510 (Taf. 41, N 21)
Soubès Nr. 47 (Taf. 41, C 20)
Soyons Nr. 85 (Taf. 41, F 17)
Stetten Nr. 113 (Taf. 41, K 10)
Straubing 58. 64. 66
Sutz 45
Suze-la-Rousse Nr. 153 (Taf. 41, F 18)

„Tarbes" Nr. 201 (Taf. 40, N 21)
„Tarentaise" Nr. 245 (Taf. 41, I 15)
Tharaux Nr. 121. 167. 182 (Taf. 41, E 18/19: T)
Thonon-les-Bains Nr. 241 (Taf. 41, H/I 13)
Thouars Nr. 89 (Taf. 40, M 12)
Thun-Renzenbühl s. Renzenbühl
Thun-Wiler 59
Toffen 57
Toulouse Nr. 468 (Taf. 40, P 20)
Tournemire Nr. 2. 43 (Taf. 41, C 19: To)
Trausse Nr. 144 (Taf. 41, B 21)
Tréboul 117
Trémel Nr. 296. 320–322 (Taf. 39, D 9/10: Tr)
Trentemoult 31. 37
Trévérec Nr. 294. 297. 323. 381. 394. 428–430
 (Taf. 39, F 9: Tc)
Trèves Nr. 38. 73 (Taf. 41, D 19: Tv)
Trézény 105
Trizay Nr. 105 (Taf. 40, L 14)
Tuchan Nr. 58 (Taf. 41, B/C 22)

Urmitz 20

„Valdrôme" Nr. 217 (Taf. 41, G 17)
„Vallée de la Saône" Nr. 500 (Taf. 41, E 12)
„Vallée de la Somme" Nr. 527. 533
 (Taf. 41, A 5: VS)

„Vannes" Nr. 247 (Taf. 41, I 10)
Verdun-sur-Garonne Nr. 534 (Taf. 40, O 19)
Verrières Nr. 33 (Taf. 41, C 19)
Veyreau Nr. 1. 7 (Taf. 41, C 19)
Vila Nova de São Pedro 20. 21. 61
Vilhonneur Nr. 32. 70. 71 (Taf. 40, N 15: Vi)
Villars-sous-Mont 115. 121
Villefranche-de-Rouergue 15
Villefranche-sur-Saône Nr. 231. 469
   (Taf. 41, F 14: Vl)

Villeneuve-les-Maguelonne Nr. 180
   (Taf. 41, D/E 20)
Villeneuve-Saint-Georges Nr. 200 (Taf. 41, B 7/8)
Villevieille Nr. 5. 36. 37 (Taf. 41, E 20: V)
Vinelz 28

Wallers Nr. 92 (Taf. 41, B 4)

Ydes Nr. 249 (Taf. 41, B 16)

Zambujal 21

TAFELN

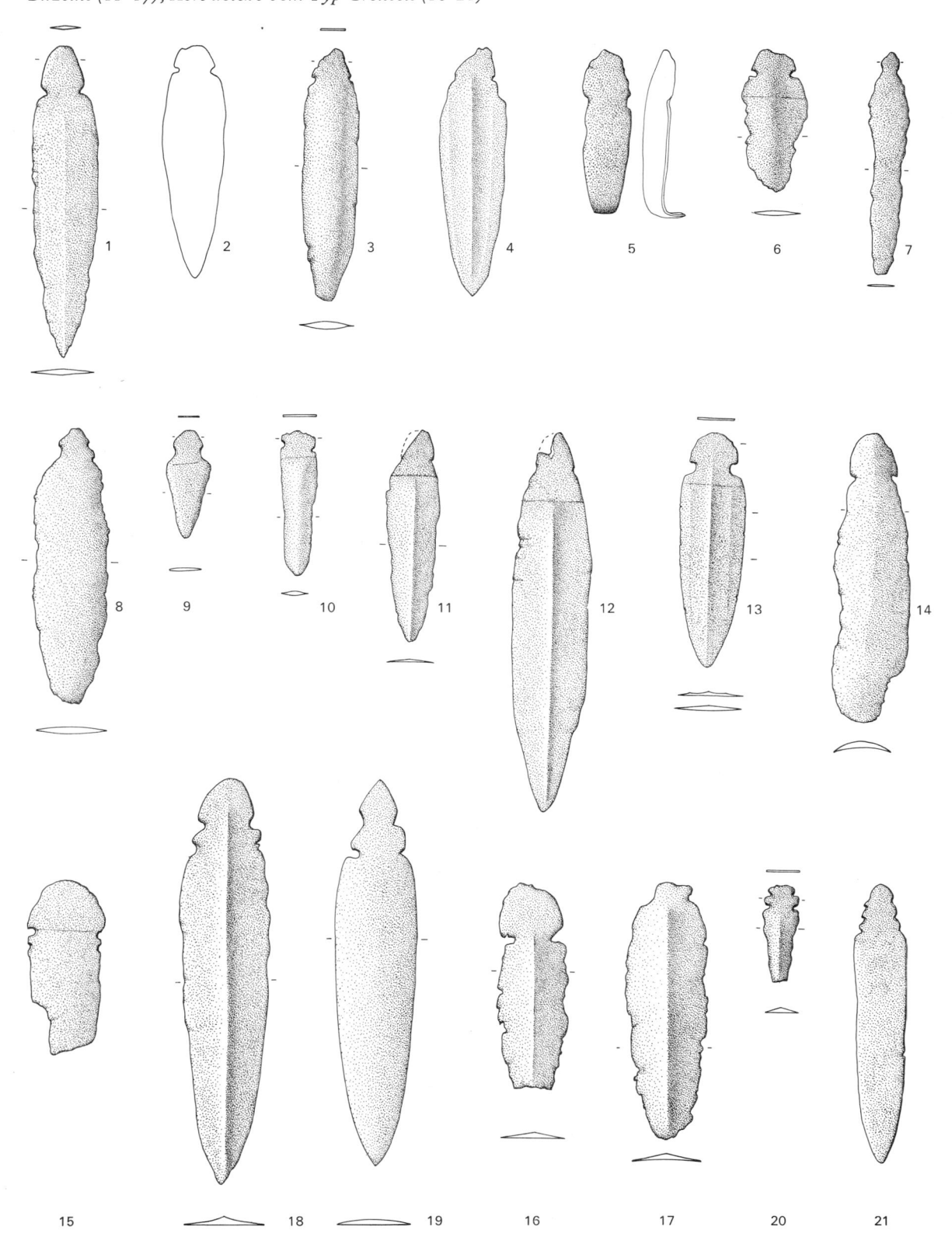

Kerbdolche vom Typ Veyreau (1–10); Kerbdolche der Art Buzeins (11–17); Kerbdolche vom Typ Creissels (18–21)

TAFEL 1

1.7 Veyreau. – 2 Tournemire. – 3.8.13 Saint-Léons. – 4 Salles-Curan. – 5 Villevieille. – 6.11. Buzeins (s. auch Taf. 46, A). – 9 Laissac (s. auch Taf. 46, B). – 10 Millau. – 12 Saint-Geniès-de-Comolas. – 14–19 Saint-Bauzile. – 20–21 Creissels (s. auch Taf. 46, C). – (2 nach Matériaux; 4.21 nach G. Costantini; 5 nach G.B. Arnal; 12 nach P. Raymond; 14–19 nach Ch. Morel).

M. 2:5

TAFEL 2   *Kerbdolche vom Typ Creissels (22.23); Kerbdolche vom Typ Saint-Bauzile (24–28); den Kerbdolchen verwandte Einzelformen (29–33); Dolche vom Typ Fontbouisse (36–43)*

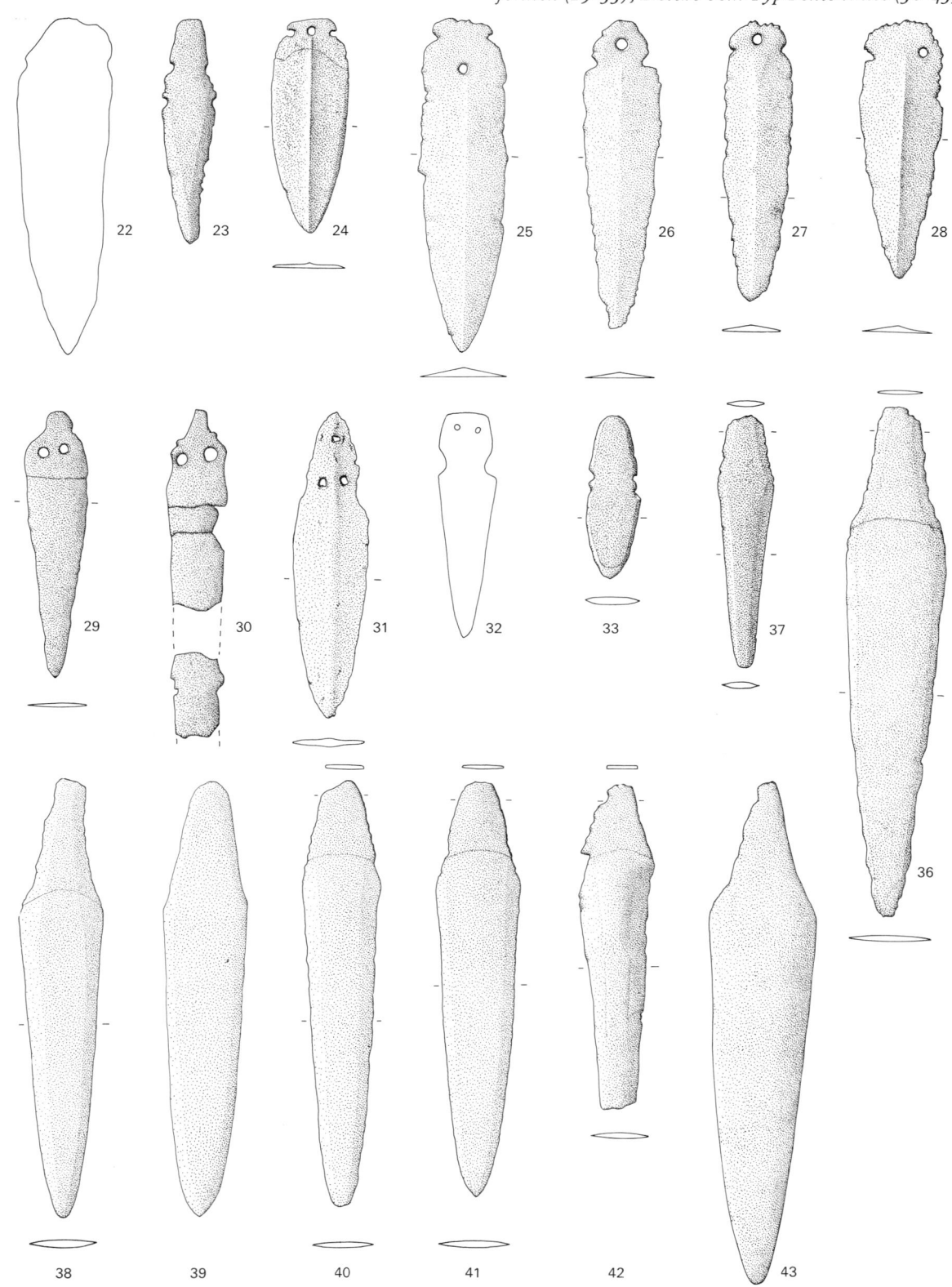

22.26–28 Saint-Bauzile. – 23 Armissan. – 24 Millau (s. auch Taf. 47, A). – 25 Saint-Georges-de-Lévejac. – 29 Buzeins (s. auch Taf. 46, A). – 30 Roussas. – 31 Cazals. – 32 Vilhonneur. – 33 Verrières (s. auch Taf. 47, B). – 36.37 Villevieille. – 38 Trèves. – 39 Saint-Vallier-de-Thiey. – 40.41 Lunas. – 42 Saint-Beaulize. – 43 Tournemire. – (22.25–28 nach Ch. Morel; 23 nach Ph. Héléna; 30 nach M. Vignard; 31 nach J. Clottes und Photo Mus. Montauban; 32 nach Unterlagen J. Gomez; 39 nach J. Courtin; 43 nach Matériaux).

M. 2:5

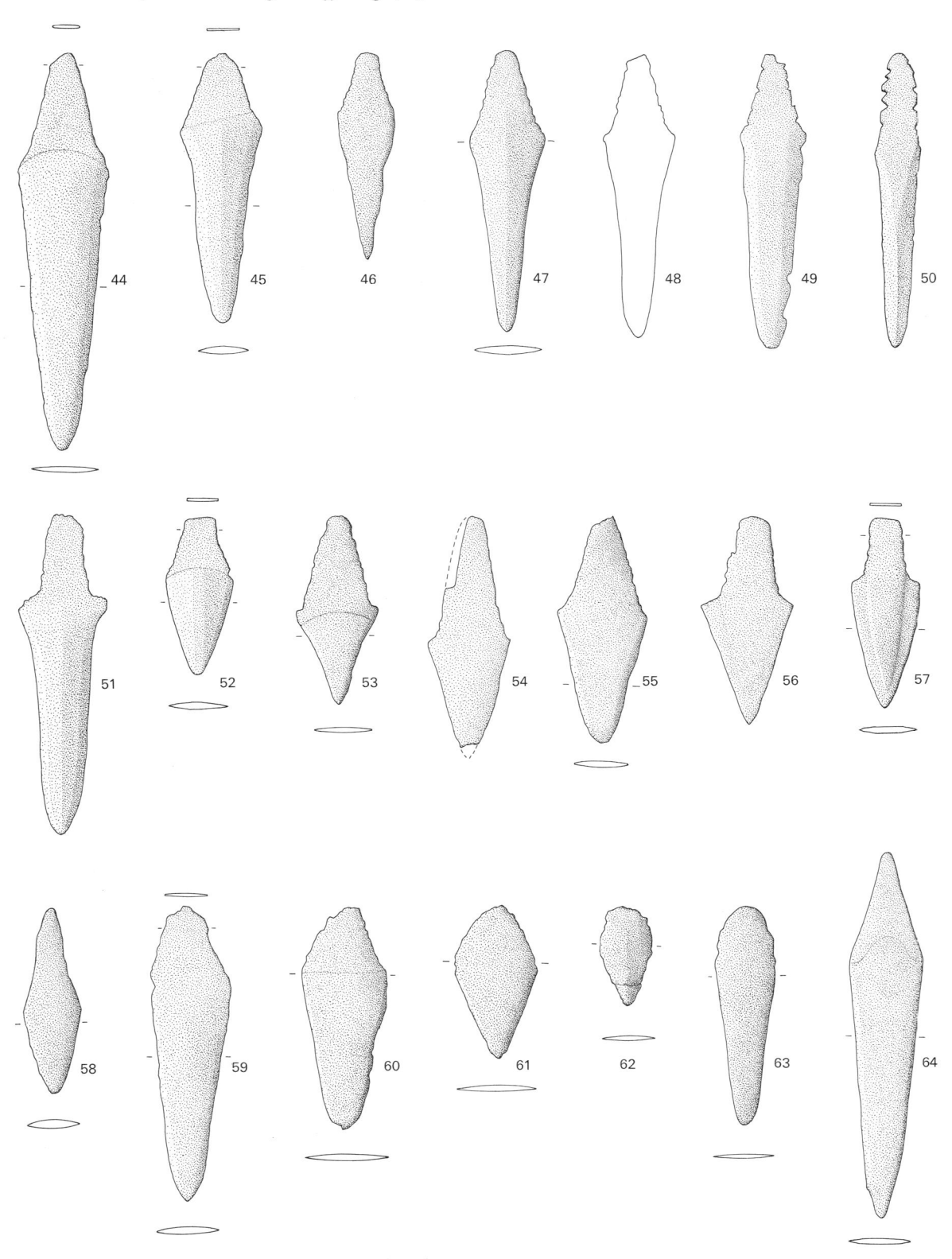

Dolche vom Typ Fontbouisse, verwandte Dolchformen (44–63); TAFEL 3
Dolche mit einfacher dreieckiger Griffzunge (64)

44.45 Blandas. – 46 Nizas. – 47 Soubès (s. auch Taf. 47, C). – 48.60 Lauroux. – 49 Gondenans-les-Montby. – 50 Les Mureaux. – 51.54.59 Sainte-Anastasie. – 52.62 Gegend von Montpellier (?). – 53 Laure-Minervois. – 55 Pardailhan. – 56 Saint-Paul-et-Valmalle. – 57 Minerve. – 58 Tuchan. – 61 Cournonterral. – 63 Sauve. – 64 Moustier. – (46 nach Zeichnung J. Courtin; 47 nach J. Arnal; 48 nach R. Riquet / J. Guilaine / A. Coffyn; 49 nach P. Petrequin; 50 nach Museumsphoto; 51.54 nach P. Raymond; 55 nach P. Ambert; 58 nach J. Guilaine; 60 nach N. Bousquet / R. Gourdiole / R. Guirand; 61 nach J. Audibert; 63 nach Zeichnung Cours; 64 nach A. Coffyn).

M. 2:5

TAFEL 4 *Dolche mit einfacher dreieckiger Griffzunge (65–68) und verwandte Dolche (69–72); Dolchspitzen (73–83); Dolche der Art Soyons (85–90); Dolche vom Typ Bois-en-Ré (91–96)*

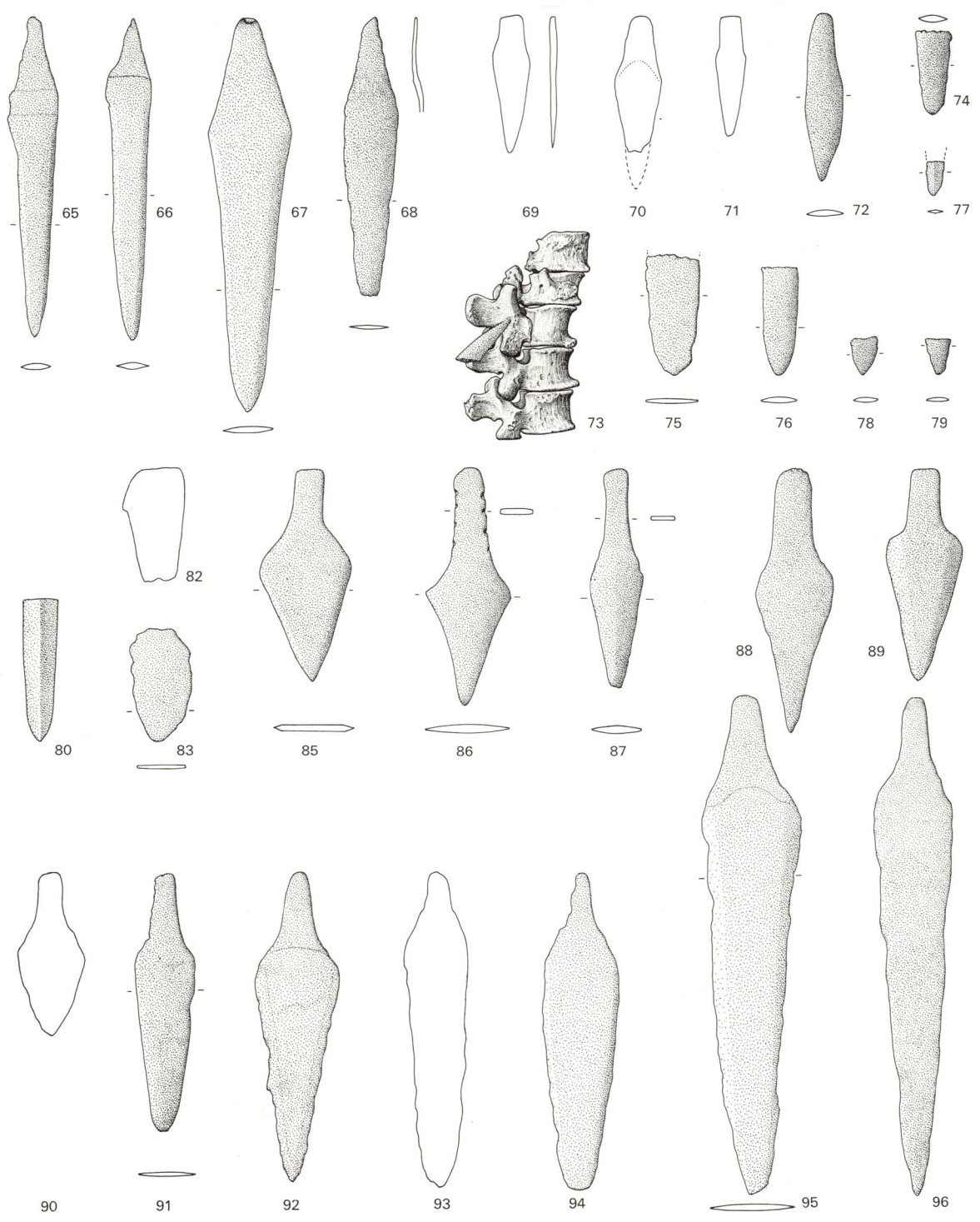

65.66.69.72 Rouffignac-de-Sigoulès. – 67 Gergy. – 68 Dracy. – 70.71 Vilhonneur. – 73 Trèves. – 74 Brouzet-les-Alès. – 75 Boucoiran-et-Nozières. – 76 La Livinière. – 77 Saint-Martin-de-Londres. – 78 Argelliers. – 79 Creissels. – 80 Beauregard (s. auch Taf. 47, D). – 82 Saint-Rome-de-Cernon. – 83 Octon. – 85 Soyons. – 86 Avignon. – 87 Saint-Rémy-de-Provence. – 88 Saône (Fluß). – 89 Thouars. – 90 Château-Larcher. – 91.95 Le-Bois-en-Ré. – 92 Wallers (s. auch Taf. 48, B). – 93 Guernsey. – 94 Plobannalec. – 96 Orléans. – (69.72 nach A. Coffyn; 70.71.91.95 nach J. Gomez; 73 nach Photo G. Costantini; 76 nach P. Ambert; 80 nach A. Galan; 82 nach J. Guilaine / J. Vaquer; 83 nach Cah. Ligures; 85 nach J. Bill; 86 nach J. Courtin; 88 nach A. Cabrol; 92 nach Museumsphoto; 93 nach T. D. Kendrick; 94 nach Photo H. Schickler; 96 nach A. Nouel / M. Dauvois).

M. 2 : 5

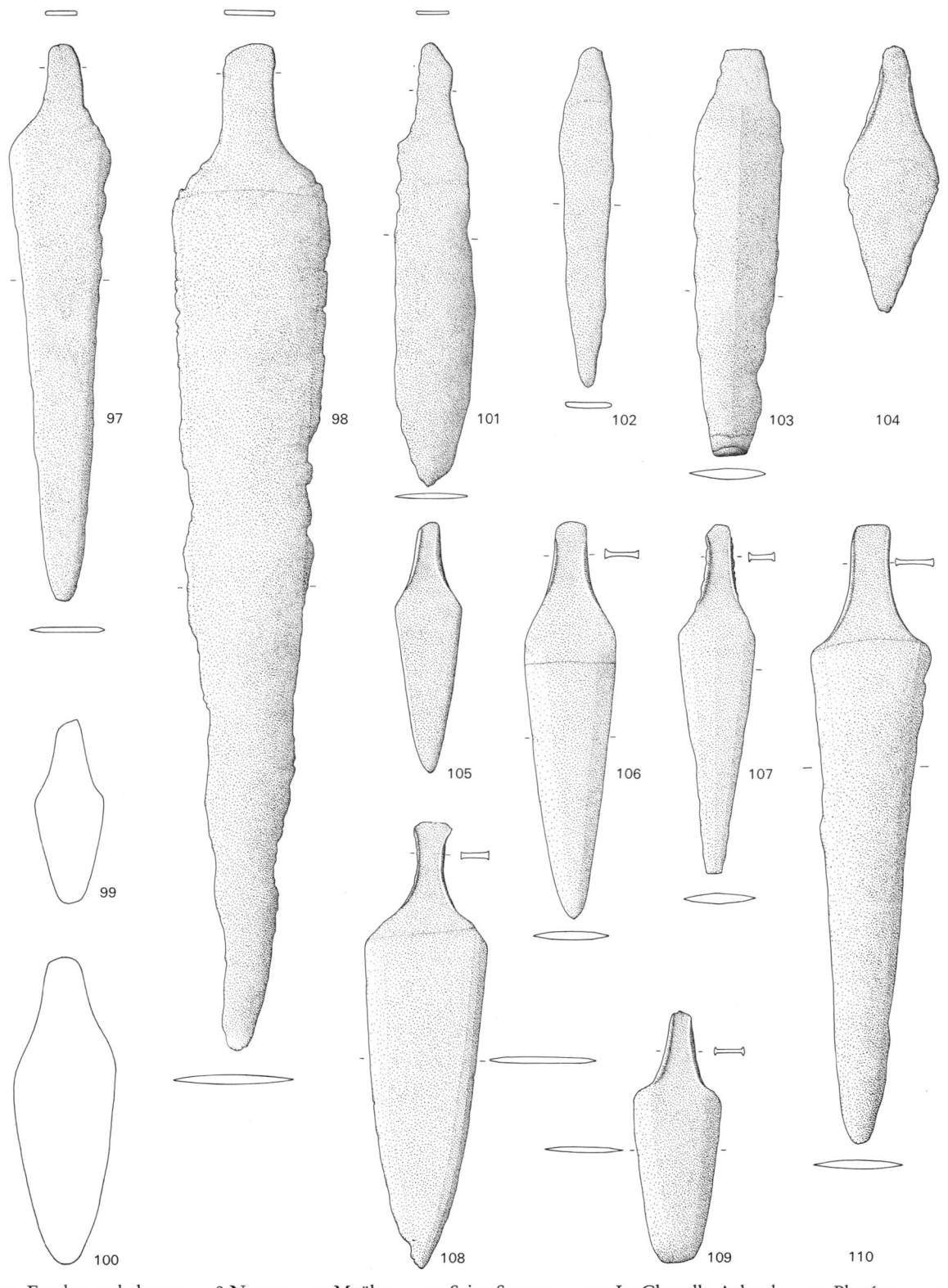

Dolche vom Typ Bois-en-Ré und verwandte Dolche (97–103); TAFEL 5
Dolche vom Typ Trizay (104–110)

97 Fundort unbekannt. – 98 Nantes. – 99 Moëlan. – 100 Saint-Sauveur. – 101 La Chapelle-Achard. – 102 Plozévet. – 103 Saint-Pé-d'Ardet. – 104 Bernières-sur-Mer. – 105 Trizay. – 106 Anglade (s. auch Taf. 48, A). – 107 Pontivy. – 108 Château-Bernard (s. auch Taf. 48, D). – 109 Nièvre (Dép.). – 110 Saint-Hilaire-Saint-Florent. – (99 nach P. du Chatellier; 100 nach A. Coffyn / R. Riquet; 103 nach J. Guilaine; 104 nach Gallia Préhist; 105 nach J. Gomez; 106 nach F. Daleau / E. Maufras; 110 nach J. Cordier / M. Gruet, ergänzt).

M. 2 : 5

TAFEL 6

Dolche vom Typ Trizay (111–113); Griffzungendolche mit Nietloch (114–117); Sonderformen kupferzeitlicher Dolche (118–124); Klingenfragmente kupferzeitlicher Dolche (125–128); kupferzeitlicher Dolch nicht näher bekannter Form (131 A)

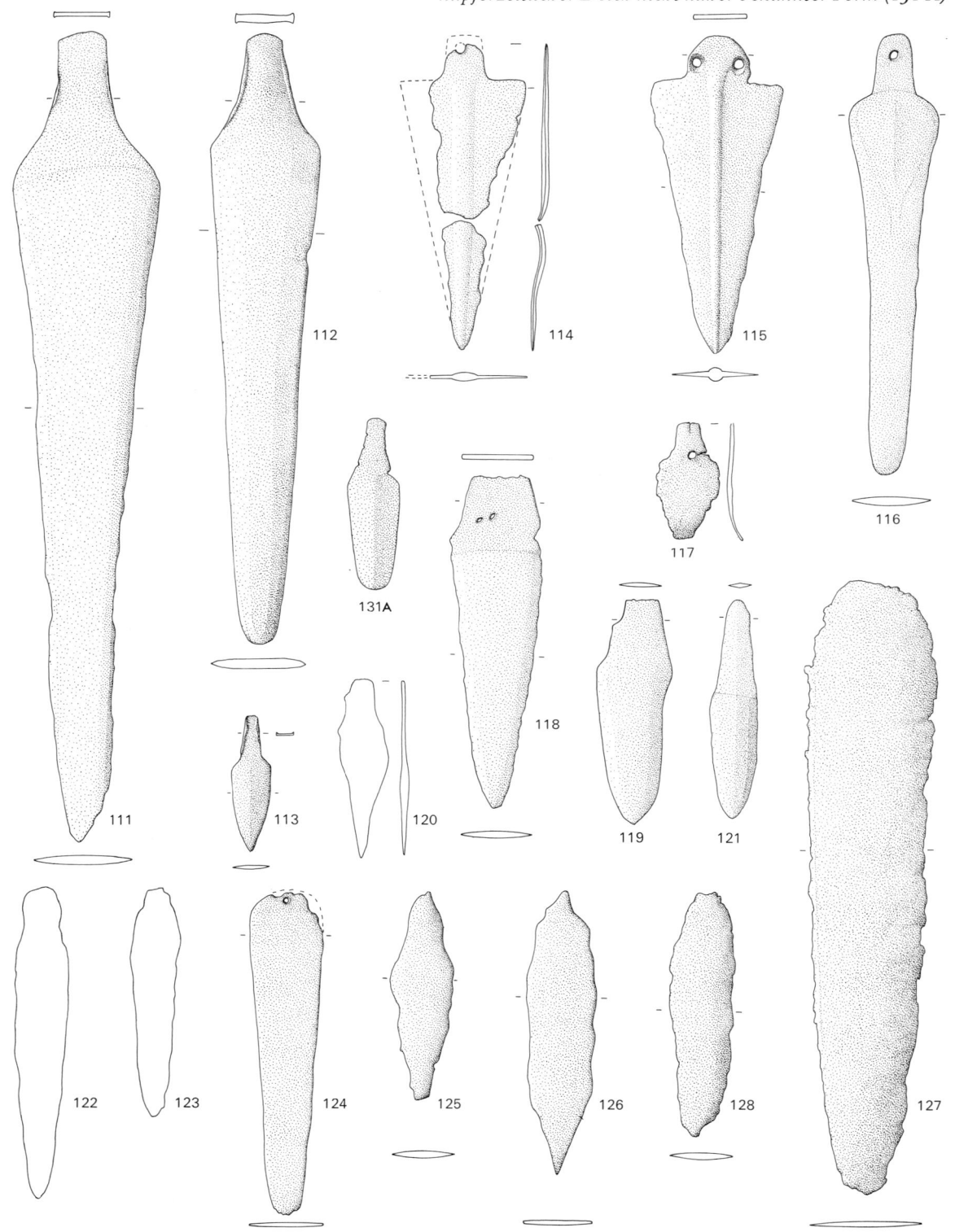

111 Le Vernet. – 112 Fontvieille-les-Arles. – 113 Stetten. – 114 Orgon (s. auch Taf. 48, E). – 115 Salins-les-Bains. – 116 Pépieux. – 117 Miers. – 118 Les Bordes-sur-Lez. – 119 Bize-Minervois. – 120 Moulins. – 121 Tharaux. – 122 Conie-Molitard. – 123 Nottonville. – 124 Robion. – 125 Plouezoc'h. – 126 Plouharnel. – 127 Saint-Nazaire. – 128 Saint-Sulpice-d'Arnoult (?). – 131 A Brison-St. Innocent. – (112.114.124. nach J. Courtin; 116 nach Zeichnung und Photo P. Ambert; 117 nach J. Clottes; 119 nach P. Ambert; 120 nach A. Poilâne; 122 nach G. Cordier; 123 nach A. Nouel; 124 nach J. Briard / J. L'Helgouach; 126 nach Y. Rollando; 131 A nach A. Perrin).

M. 2 : 5

Griffplattendolche vom Typ Lussan (146–156), Variante Salinelles (157–161), verwandte Dolche (162–165 A); Dolche mit verbreiterter Griffplatte (166–168); Dolche mit gebogener Klinge (169.170); Dolche vom Typ Caunes (171–173)

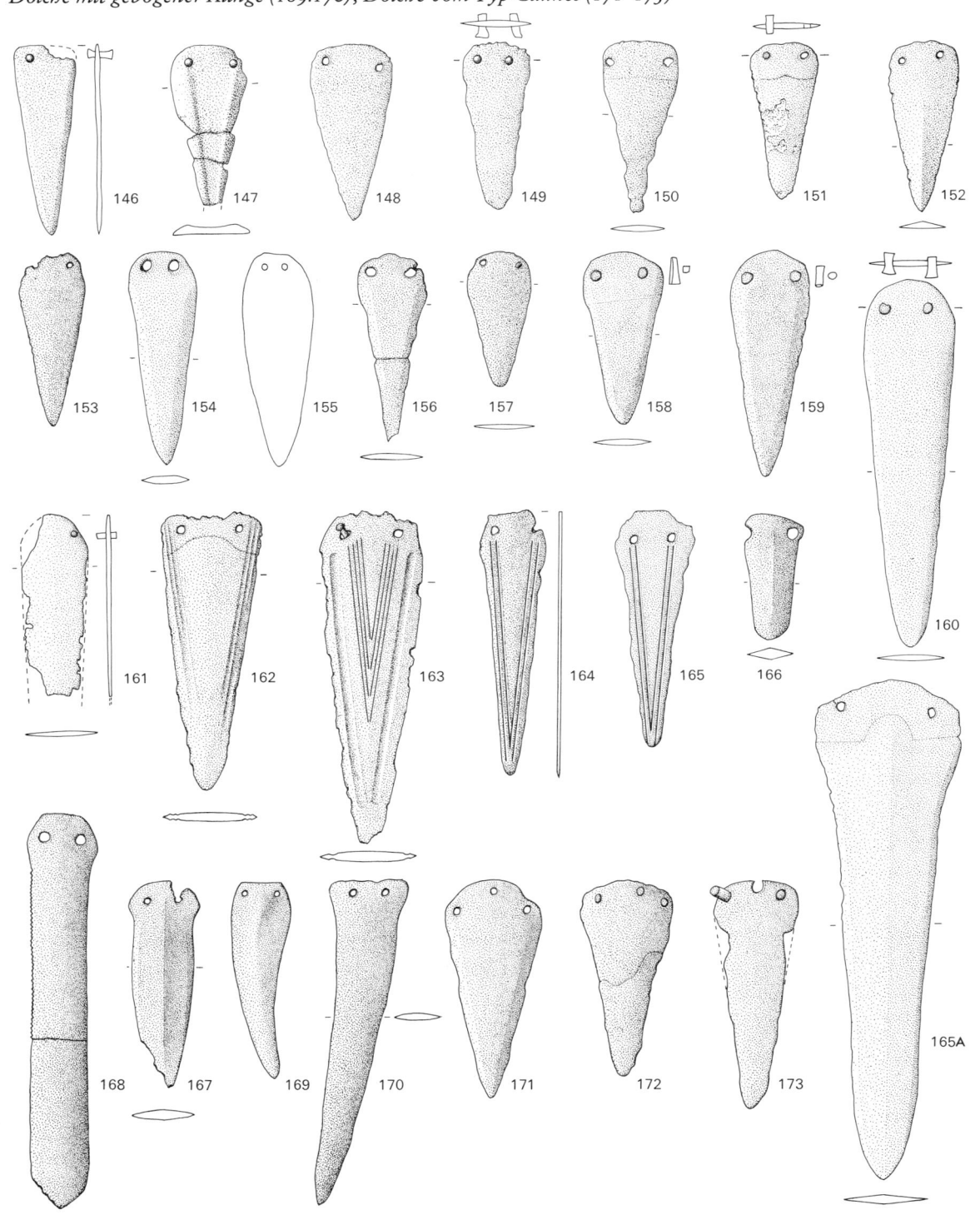

TAFEL 7

146 Sainte-Croix-de-Verdon. – 147 Saint-Antonin-Noble-Val (s. auch Taf. 48, C). – 148 Plan-de-Cuques. – 149 Lussan. – 150 Mesnay. – 151 Laurie (s. auch Taf. 48, F). – 152 Saint-Maurice-Navacelles. – 153 Suze-la-Rousse. – 154.155 Roquemaure. – 156 Gegend von Beaune (?). – 157 Salinelles. – 158 Chartres. – 159 Bouriège. – 160 Saint-Chels. – 161 Jouques. – 162 Champagnoles (s. auch Taf. 48, G). – 163 Mâcon. – 164 Barret-le-Bas. – 165.169 Clairvaux-les-Lacs. – 165 A. Fundort unbekannt. – 166 La Tronche. – 167 Tharaux (s. auch Taf. 49, A). – 168 Beaucaire (s. auch Taf. 49, B). – 170 Crémieu. – 171 Caunes-Minervois. – 172 Saint-Nazaire. – 173 Salins-les-Bains. – (146.148.161 nach Zeichnung J. Courtin; 147 nach J. Clottes / P. Darasse; 149 nach J.-L. Roudil; 151 nach Unterlagen J.-P. Daugas; 152 nach Zeichnung G. B. Arnal; 153.154 nach S. Gagnière / L. Germand / J. Garnier; 155 nach J. de Saint-Venant; 156 nach Zeichnung Mus. Beaune; 160 nach Zeichnung J. Clottes; 163 nach A. Barthélemy; 164.166 nach A. Bocquet; 165 nach J. P. Millotte / M. Vignard; 168 nach R. Charles; 169 nach Congr. Lons-le-Saunier; 170 nach J.-C. Courtois; 171 nach G. Sicard; 173 nach M. Piroutet).

M. 2 : 5

TAFEL 8

Griffplattendolche vom Typ Caunes (174–176); Sonderformen der Dolche mit drei Nietlöchern (177.178); Miniaturgriffplattendolche (179–181.184); Dolche vom Typ Nant (185–189); Dolche vom Typ Collias (190–194); Sonderformen der Dolche mit vier Nietlöchern (195–199)

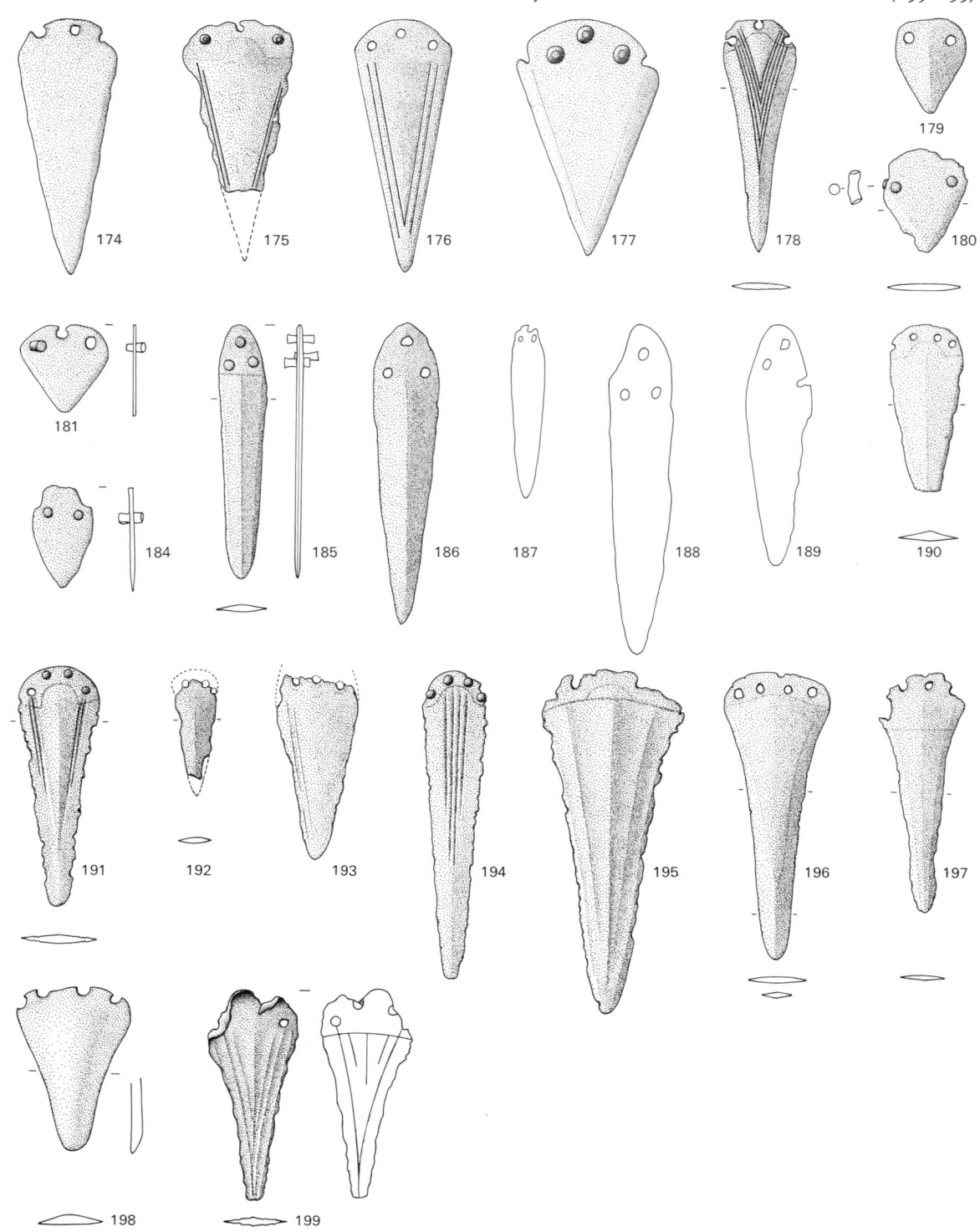

174 „Rhônetal". – 175 Laudun (s. auch Taf. 49, D). – 176 Fundort unbekannt. – 177 Saint-Bonnet-de-Rochefort. – 178 Clucy. – 179 Chassey-le-Camp. – 180 Villeneuve-les-Maguelonne. – 181 Saint-Genis. – 184 Remoulins. – 185 Nant. – 186 Aguëssac. – 187–189 Ardèche (Dép.). – 190 Saint-Mathieu-de-Tréviers (s. auch Taf. 49, E). – 191.192 Collias. – 193 Nizas. – 194 Saint-Menoux (s. auch Taf. 49, F). – 195 Grigny. – 196 Gegend von Nantes (?). – 197 Alteckendorf. – 198 Evreux. – 199 Gegend von Le Mans. – (174 nach Museumsphoto; 175 nach G. Carrière; 176 nach L. Coutil; 177 nach J.-P. Daugas; 179 nach J. Déchelette; 181 nach J.-C. Courtois; 184 nach Cazalis de Fondouce; 185 nach Zeichnung K. Paszthory; 186 nach J. Clottes / G. Costantini; 187–189 nach J. Julien; 194 nach J.-J. Moret).

M. 2 : 5

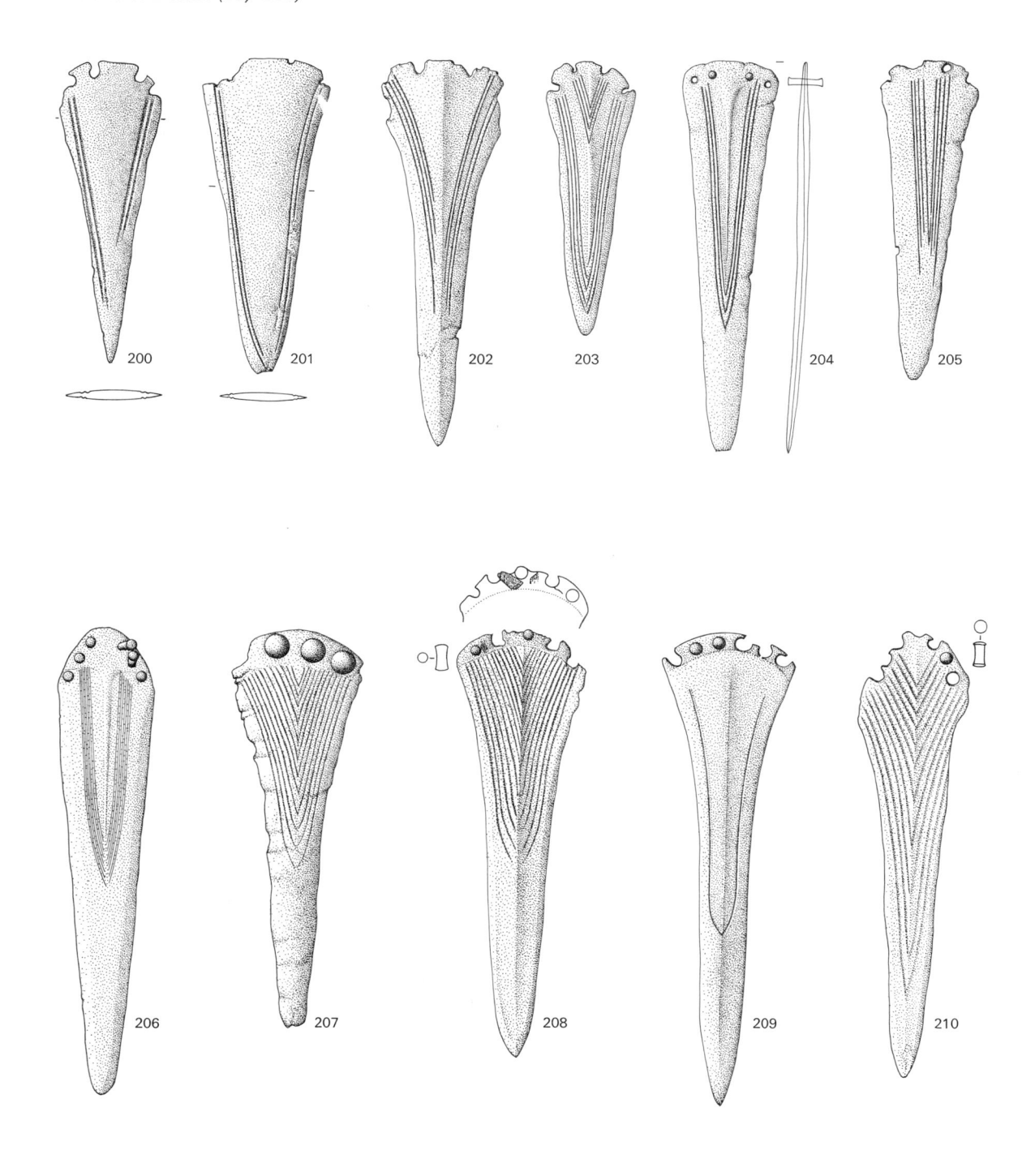

Griffplattendolche der Art Cannes-Ecluse (200–206); TAFEL 9
kannelierte Dolche (207–210)

200 Villeneuve-Saint-Georges. – 201 Gegend von Tarbes. – 202 Cannes-Ecluse. – 203 Brumath. – 204 Etigny. – 205 Orléans. – 206 Paris. – 207 La-Chapelle-sur-Furieuse (s. auch Taf. 49, G). – 208 Rethondes. – 209 Saint-Geniez-d'Olt. – 210 Saint-Germain-en-Montagne. – (200 nach J.-P. Mohen; 202 nach C. Mordant; 203 nach de Ring; 204 nach Unterlagen A. Marguet; 206 nach Museumsphoto; 208 nach Zeichnung C. Blanchet und Abguß; 209 nach E. Chantre).

M. 2:5

TAFEL 10 *Vollgriffdolche vom Rhône-Typ (211–215)*

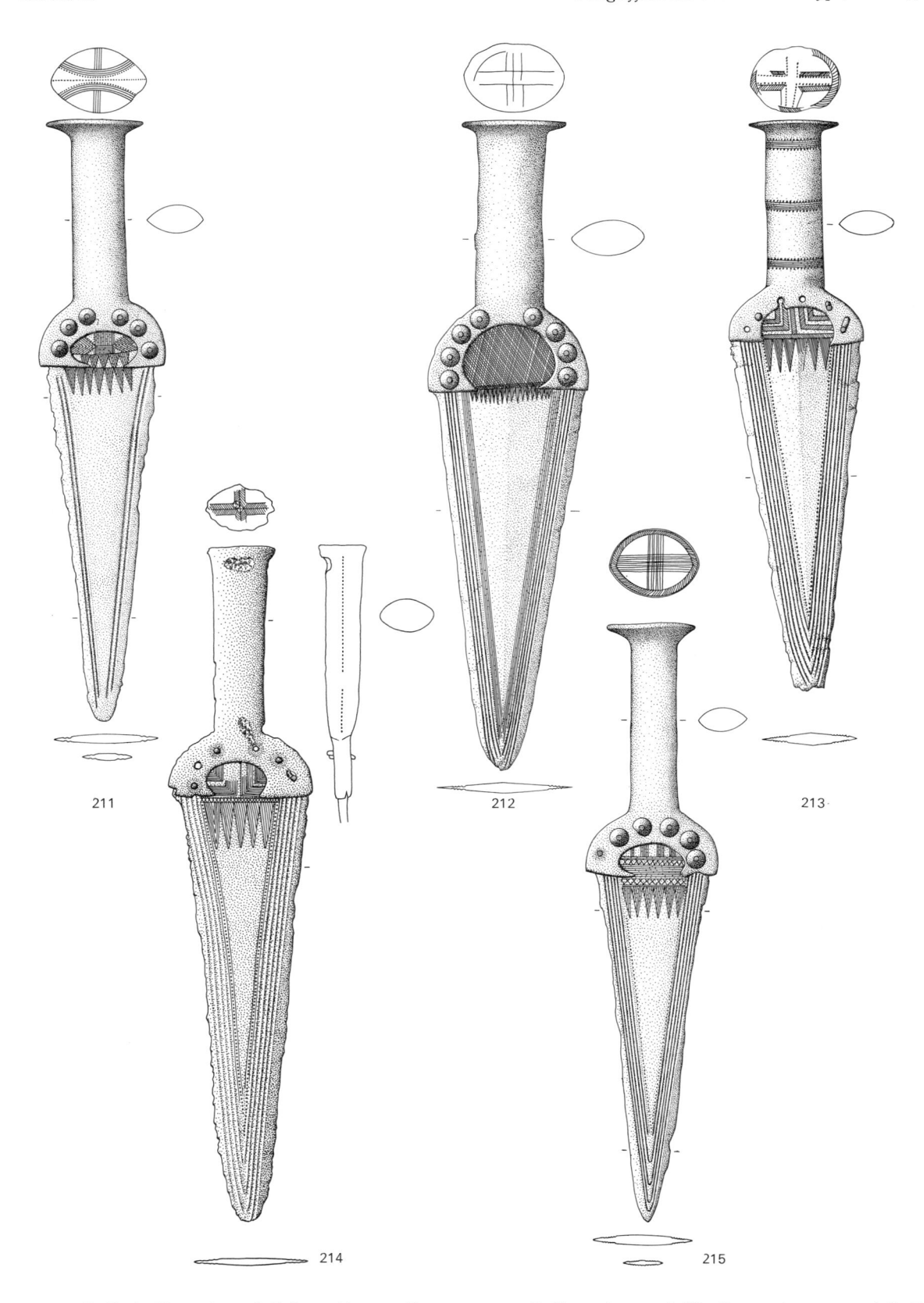

211.215 La Batie-Neuve (s. auch Taf. 50, A). – 212 Pontoux. – 213 Guilherand. – 214 Solliès-Pont. – (211.215 nach J.-C. Courtois; 213.214 nach J. Bill).

M. 2:5

Vollgriffdolche vom Rhône-Typ (216–221) TAFEL 11

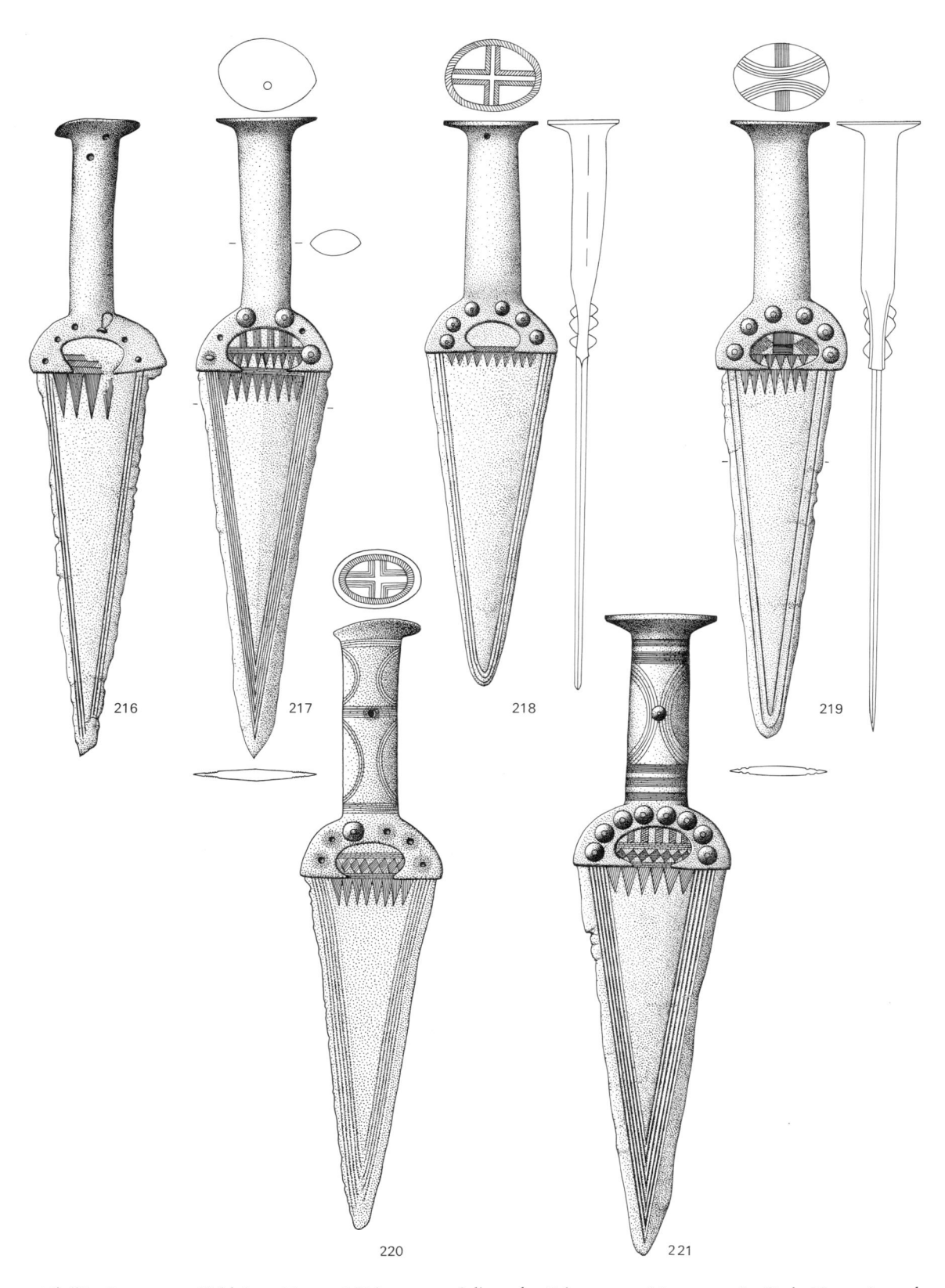

216 Solliès-Pont. – 217 Valdrôme (?). – 218 Feissons-sur-Salins oder Feissons-sur-Isère. – 219 La Batie-Neuve (s. auch Taf. 50, A). – 220 Moûtiers oder Séez. – 221 Loriol-sur-Drôme. – (216 nach J. Bill; 218 nach E. Chantre; 219 nach J.-C. Courtois; 220 nach Zeichnung J. Bill; 221 nach J.-C. Courtois und F. Jouannet).

M. 2:5

TAFEL 12　　　　　　　　　　　　　　　　　　　　　　　　　　　*Vollgriffdolche vom Rhône-Typ (222–226)*

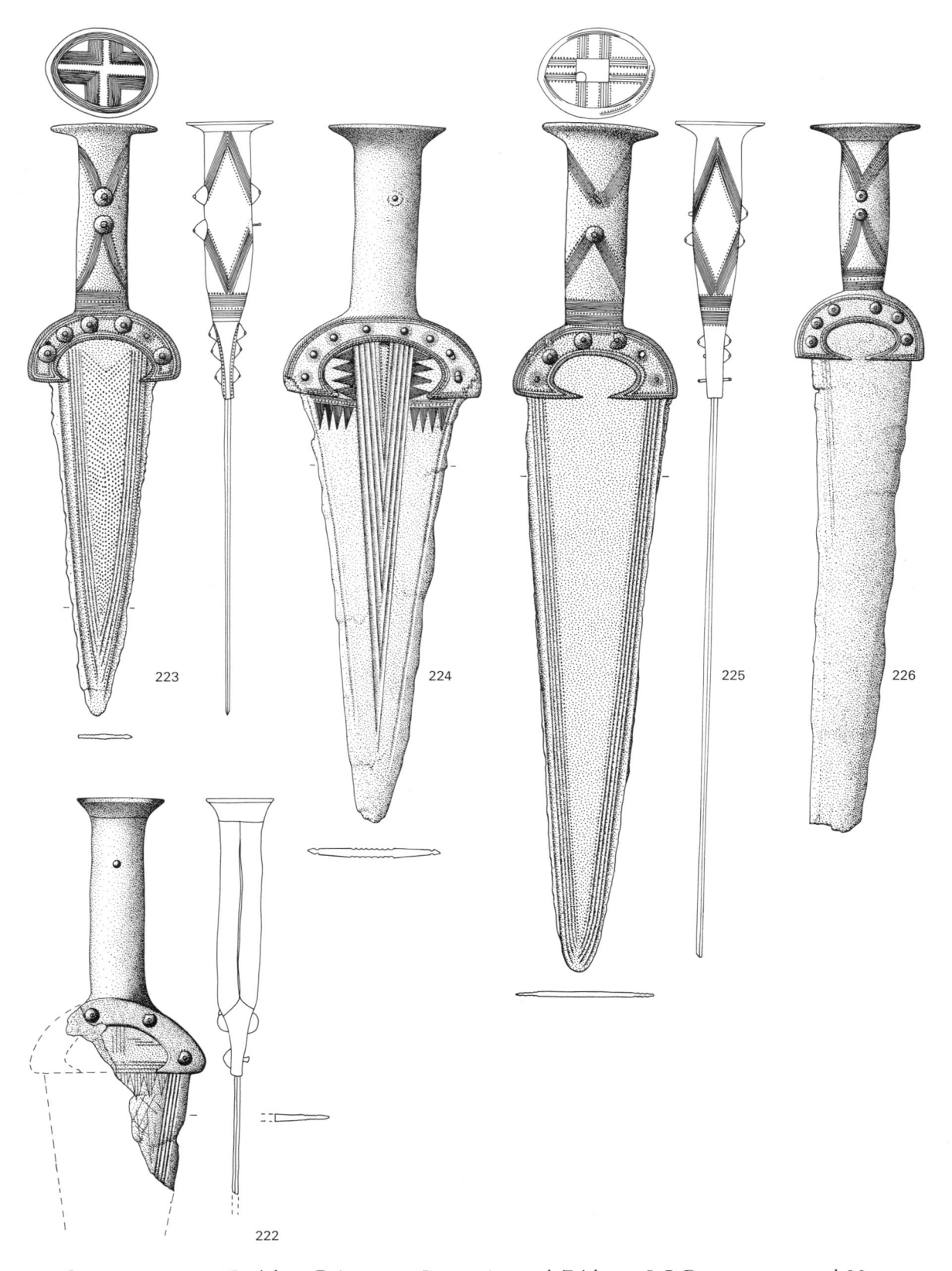

222 Corent. – 223.225.226 Loriol-sur-Drôme. – 224 Lyon. – (222 nach Zeichnung J.-P. Daugas; 224.225 nach Museumsphoto; 226 nach Museumsphoto und J. Bill).

M. 2:5

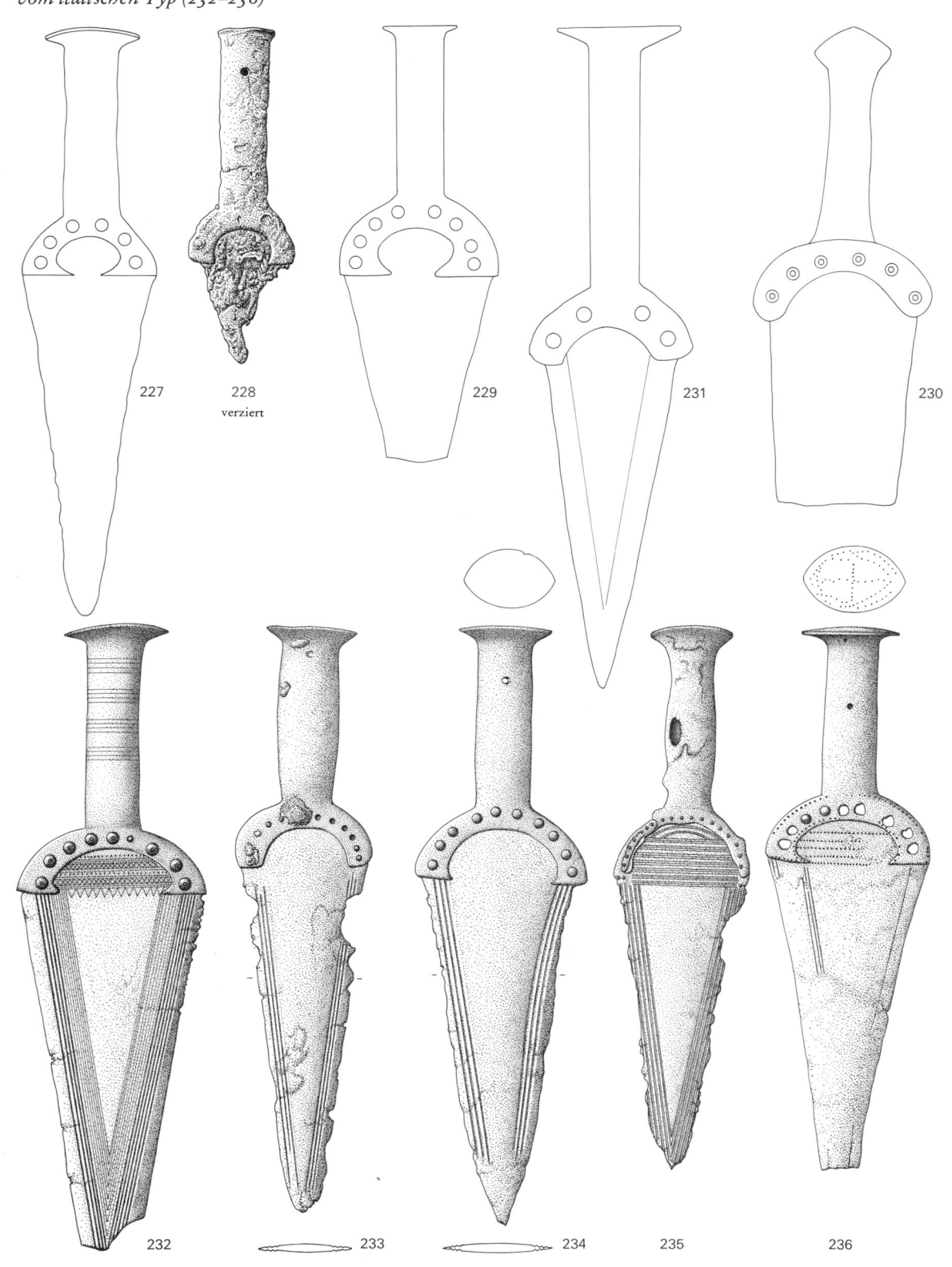

Vollgriffdolche vom Rhône-Typ (227–231); Vollgriffdolche vom italischen Typ (232–236) TAFEL 13

227 Saint-Nazaire-de-Ladarez. – 228 Melrand (s. auch Taf. 55, A). – 229 Laudun. – 230 Singleyrac (s. auch Taf. 49, H). – 231 Villefranche-sur-Saône. – 232 Delabre (?). – 233 Corent. – 234 Bouches-du-Rhône (Dép.). – 235 Coulounieux-Chanvers. – 236 Gegend von Clermont-Ferrand (?). – (227 nach H. Ricalens; 228.233 nach Museumsphoto; 229 nach J. de Saint-Venant; 230 nach J.-A. Labet; 231 nach G. Jeanton / G. Lafay; 234 nach Analysenkat. Stuttgart; 236 nach Zeichnung J.-P. Daugas).

M. 2:5

TAFEL 14

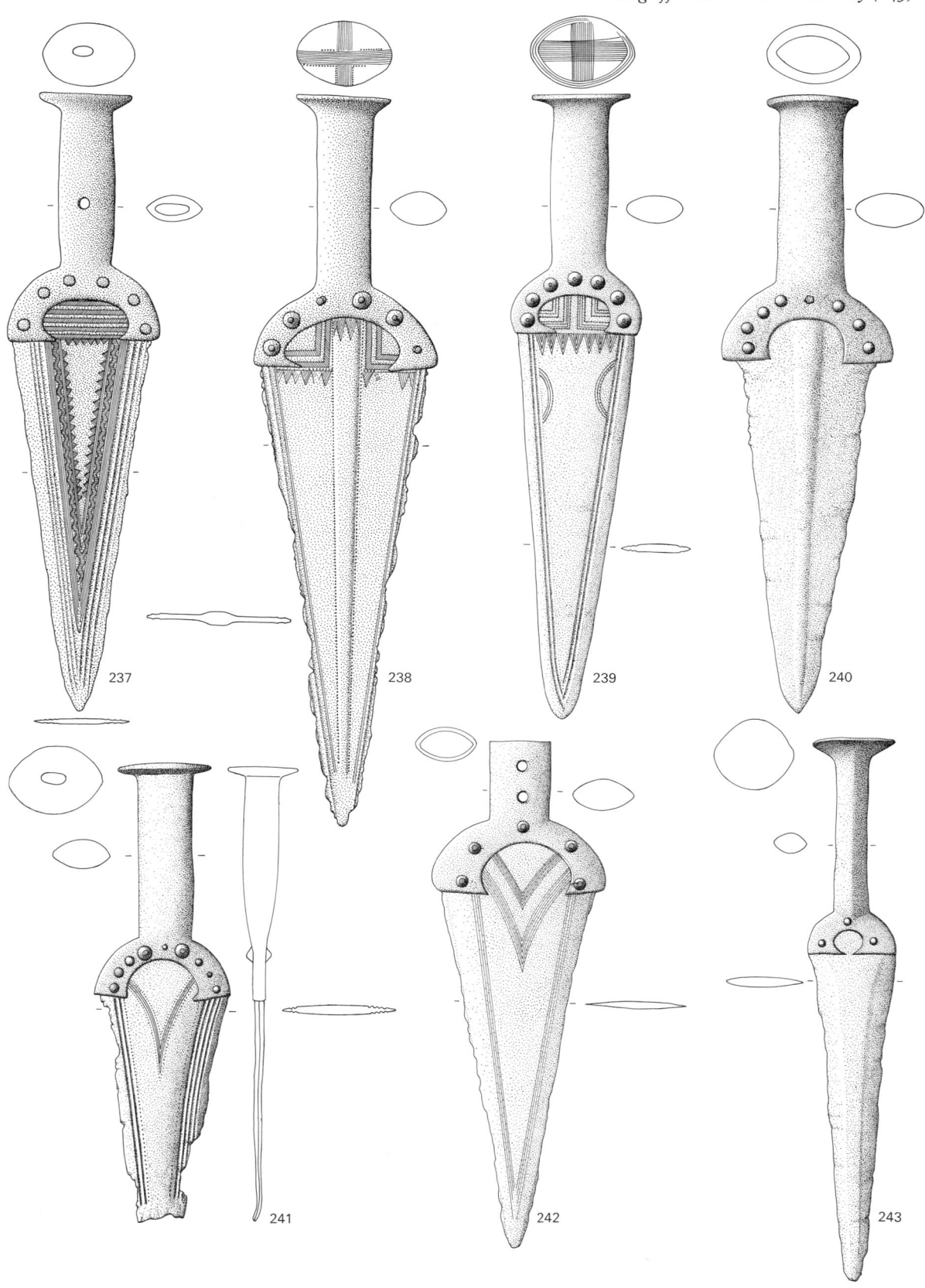

Vollgriffdolche: Mischformen (237–242);
Vollgriffdolche der Art Charnay (243)

237 Lyon. – 238 Nîmes. – 239 La Batie-Neuve (s. auch Taf. 50, A). – 240 Saint-Quentin-des-Iles. – 241 Thonon-les-Bains. – 242 Fundort unbekannt. – 243 „Auvenay". – (237 nach Zeichnung K. Paszthory; 239 nach Original und J. Bill; 241 nach J. Bill; 243 nach Zeichnung H. Schickler).

M. 2:5

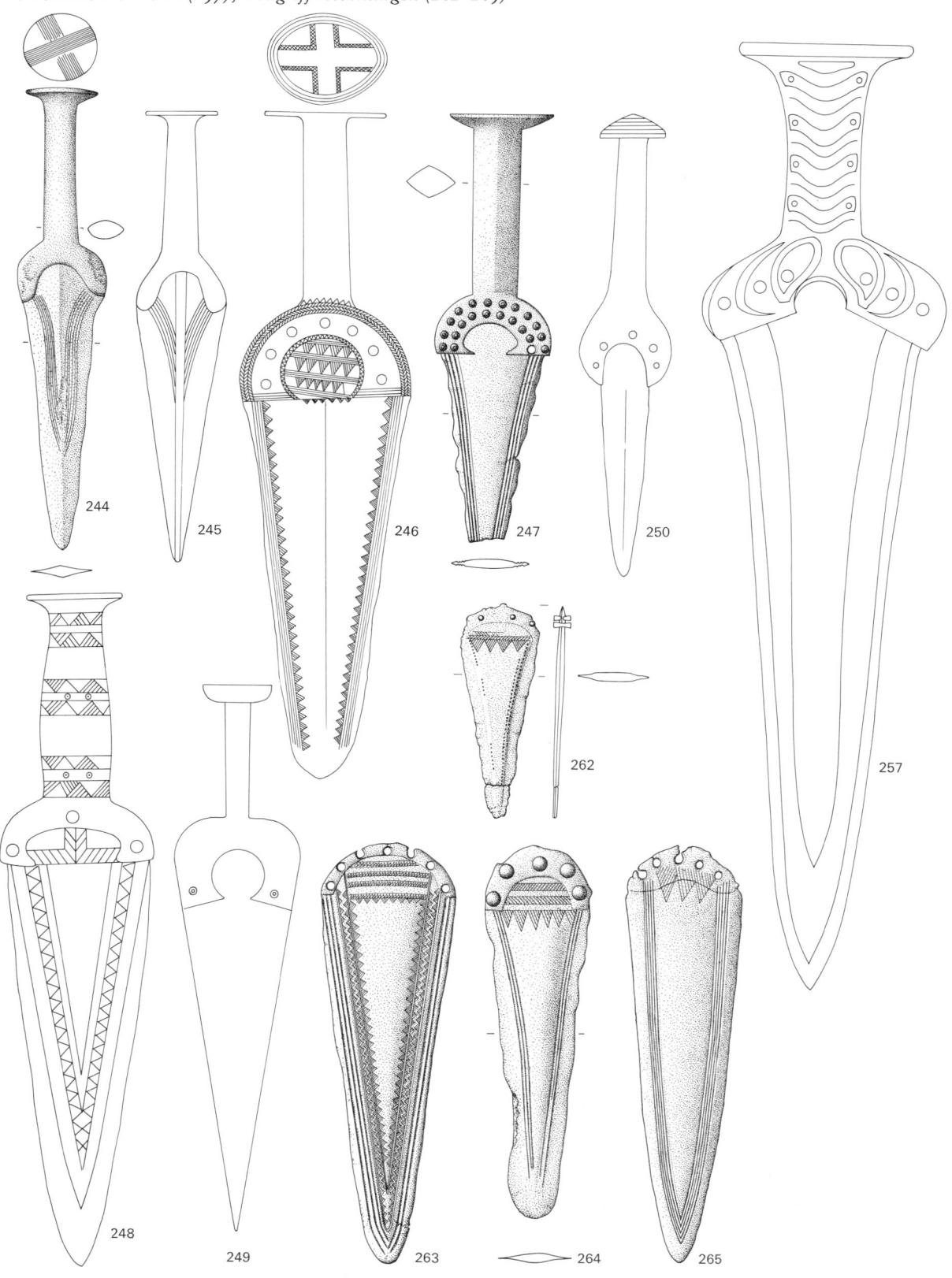

Vollgriffdolche der Art Charnay (244.245); Sonderformen von Vollgriffdolchen (246–250); Vollgriffdolch nicht näher bestimmbarer Form (257); Vollgriffdolchklingen (262–265)

TAFEL 15

244 Charnay-les-Chalon. – 245 Tarentaise. – 246 La-Roche-sur-Buis (?). – 247 Gegend von Vannes (?). – 248 Cresancey. – 249 Ydes. – 250 Fundort unbekannt. – 257 Lorient. – 262 Eguisheim (s. auch Taf. 49, I). – 263 Doucier. – 264 Fundort unbekannt. – 265 Cissac-Médoc. – (245 nach E.P. Borrel; 246 nach H. Schickler; 248 nach Gallia Préhist.; 249 nach J.-B. Delort; 250 nach Analysenkat. Stuttgart; 257 nach Nachbildung).

M. 2:5

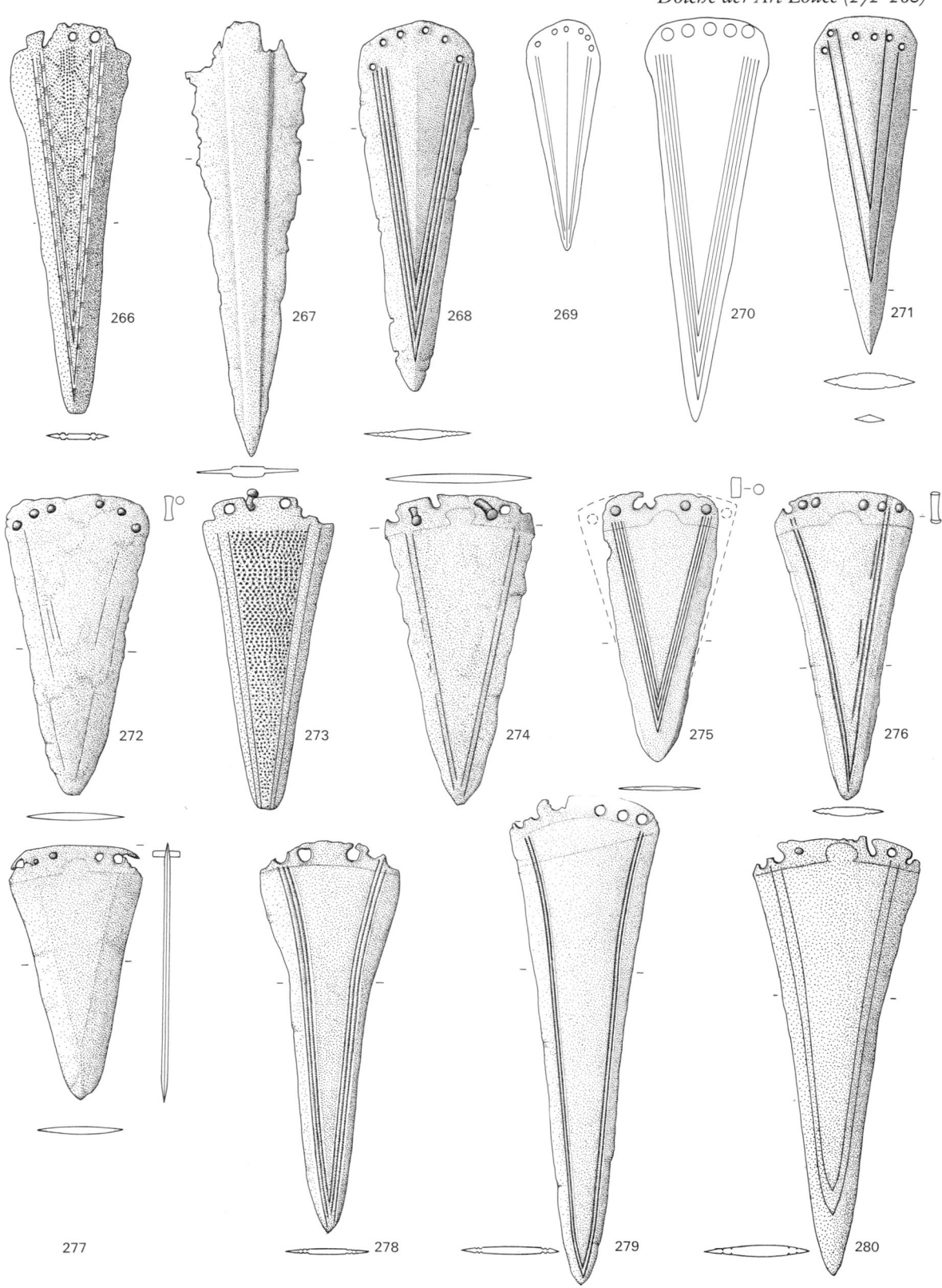

TAFEL 16   *Vollgriffdolchklingen und nahestehende Dolche (266–271);*
                                              Dolche der Art Loucé (272–280)

266 Hervelinghen. – 267 Nîmes. – 268 La-Roche-de-Rame (s. auch Taf. 49, K). – 269 Normandie (?). – 270 Pas-de-Calais (Dép.). – 271 Saint-Aigny (s. auch Taf. 50, B). – 272 Lozère (Dép). – 273 Fundort unbekannt. – 274 Loucé. – 275 Hagenauer Forst (s. auch Taf. 51, A). – 276 Mandeure. – 277 Lannion. – 278 Saint-Nazaire. – 279 Averdon. – 280 Paris. – (267 nach J. Bill; 268 nach J. Bill und Matériaux; 269 nach L. Coutil; 270 nach Rev. Arch; 272 nach Museumsphoto und Nachbildung; 274 nach G. Verron; 277 nach J. J. Butler / H. T. Waterbolk; 280 nach Museumsphoto).

M. 2:5

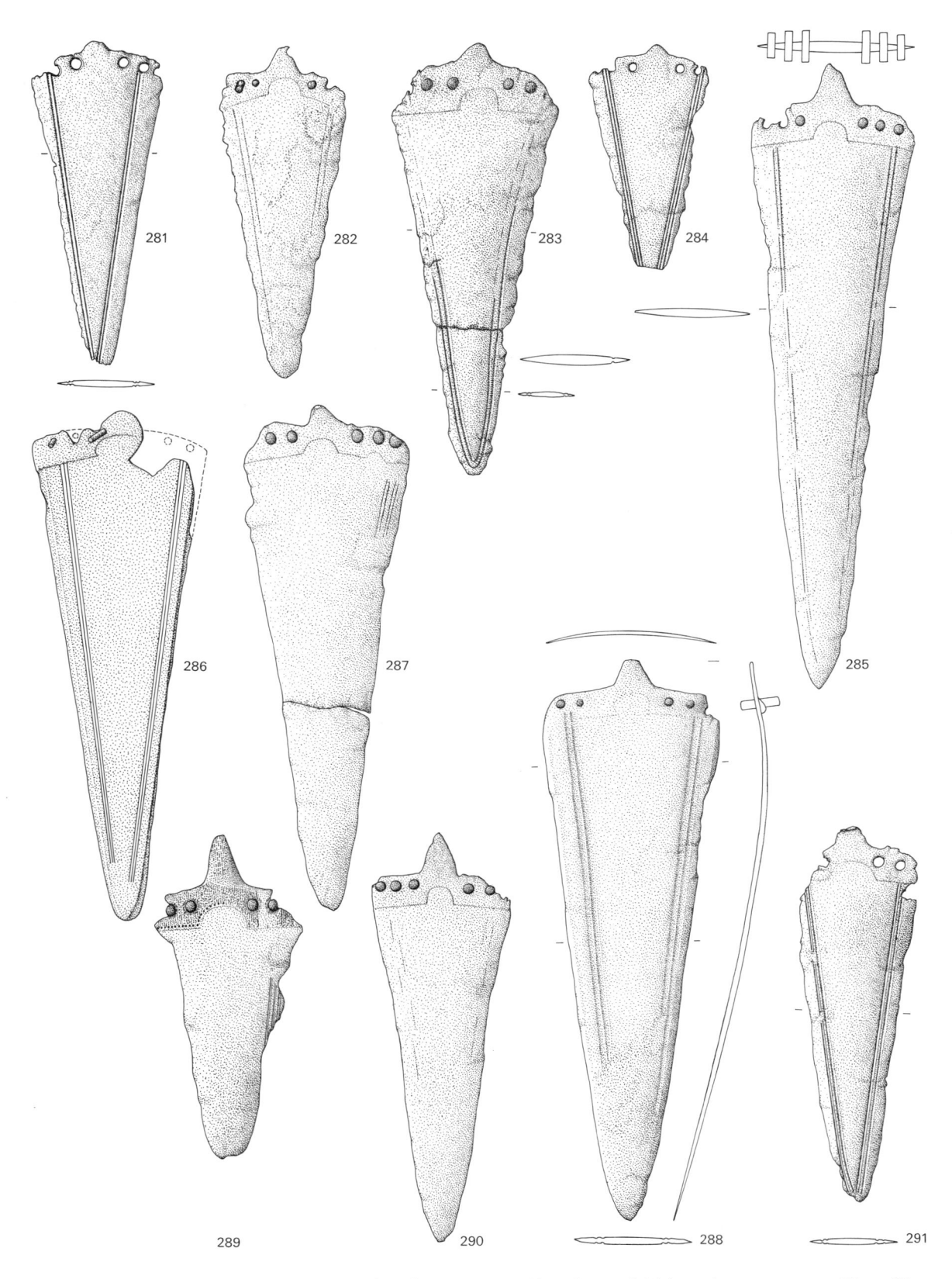

Dolche der Art Rumédon (281–291) TAFEL 17

281 Sallertaine. – 282 Loucé. – 283 Prat (s. auch Taf. 51, B). – 284 Glomel (s. auch Taf. 52, A). – 285.287.290 Ploumilliau (s. auch Taf. 51, C). – 286 Eure (Dép.). – 288 Lannion. – 289 Pleudaniel (s. auch Taf. 53, B). – 291 Longues-sur-Mer (s. auch Taf. 53, A). – (282 nach G. Verron; 284 nach G. u. A. de Mortillet und Museumsphoto; 285.287.290 nach A. Martin; 286 nach J.-C. Courtois; 288 nach J. J. Butler / H. T. Waterbolk; 289 nach A. Martin / Abbé Prigent).

M. 2:5

TAFEL 18   *Dolche der Art Rumédon (292–299.308)*

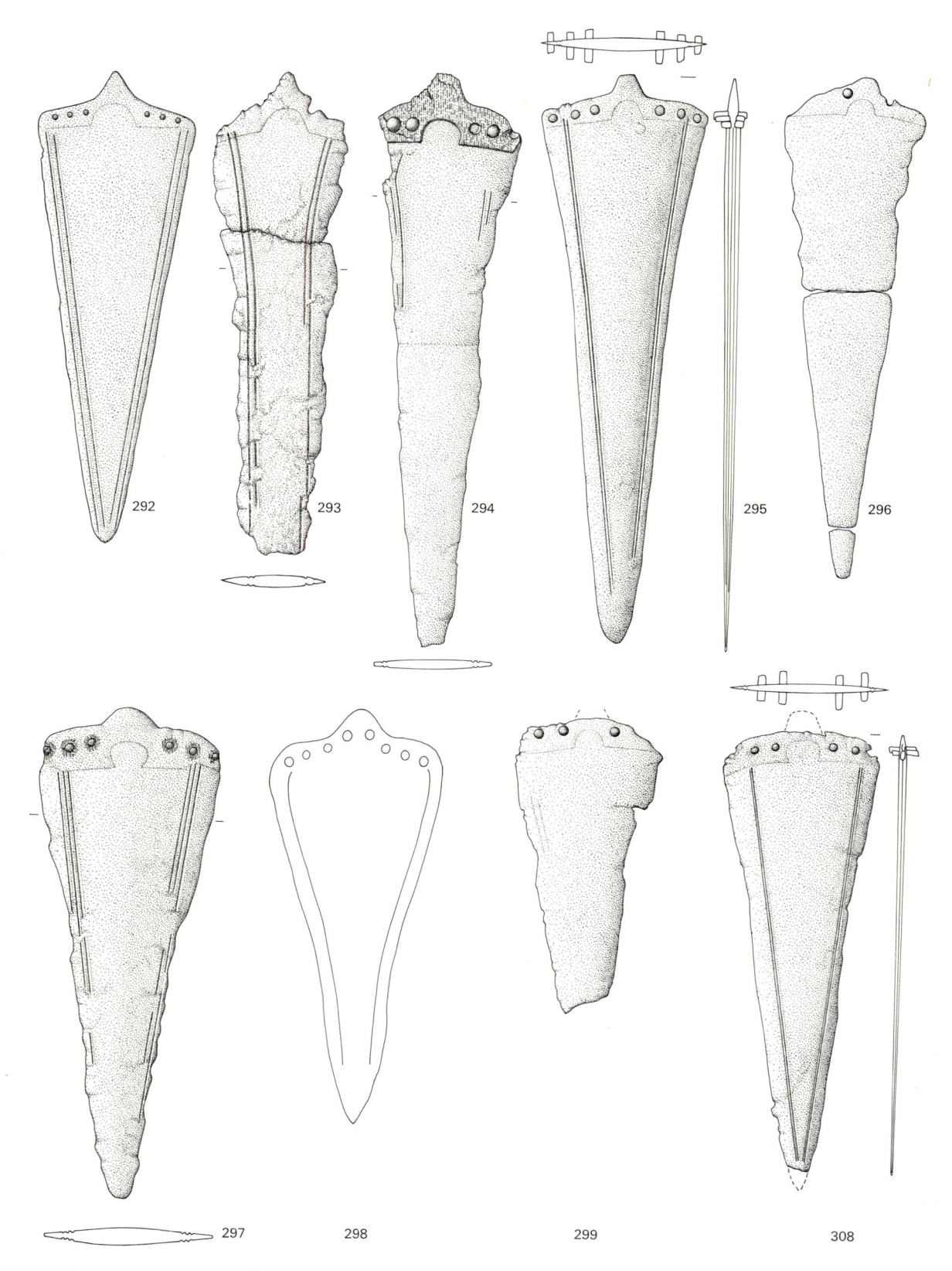

292 Plonéour-Lanvern (s. auch Taf. 52, B). – 293.299 Prat (s. auch Taf. 51, B). – 294.297 Trévérec (s. auch Taf. 54, A). – 295.308 Lannion. – 296 Trémel (s. auch Taf. 53, C). – 298 Poullan. – (292 nach P. du Chatellier; 294.297 nach A. Martin / C. Bertholet du Chesnay; 295.308 nach J. J. Butler / H. T. Waterbolk; 296 nach Abbé Prigent; 298 nach H. du Fretay; 299 nach Photo H. Schickler und Beschreibung A. Martin).

M. 2:5

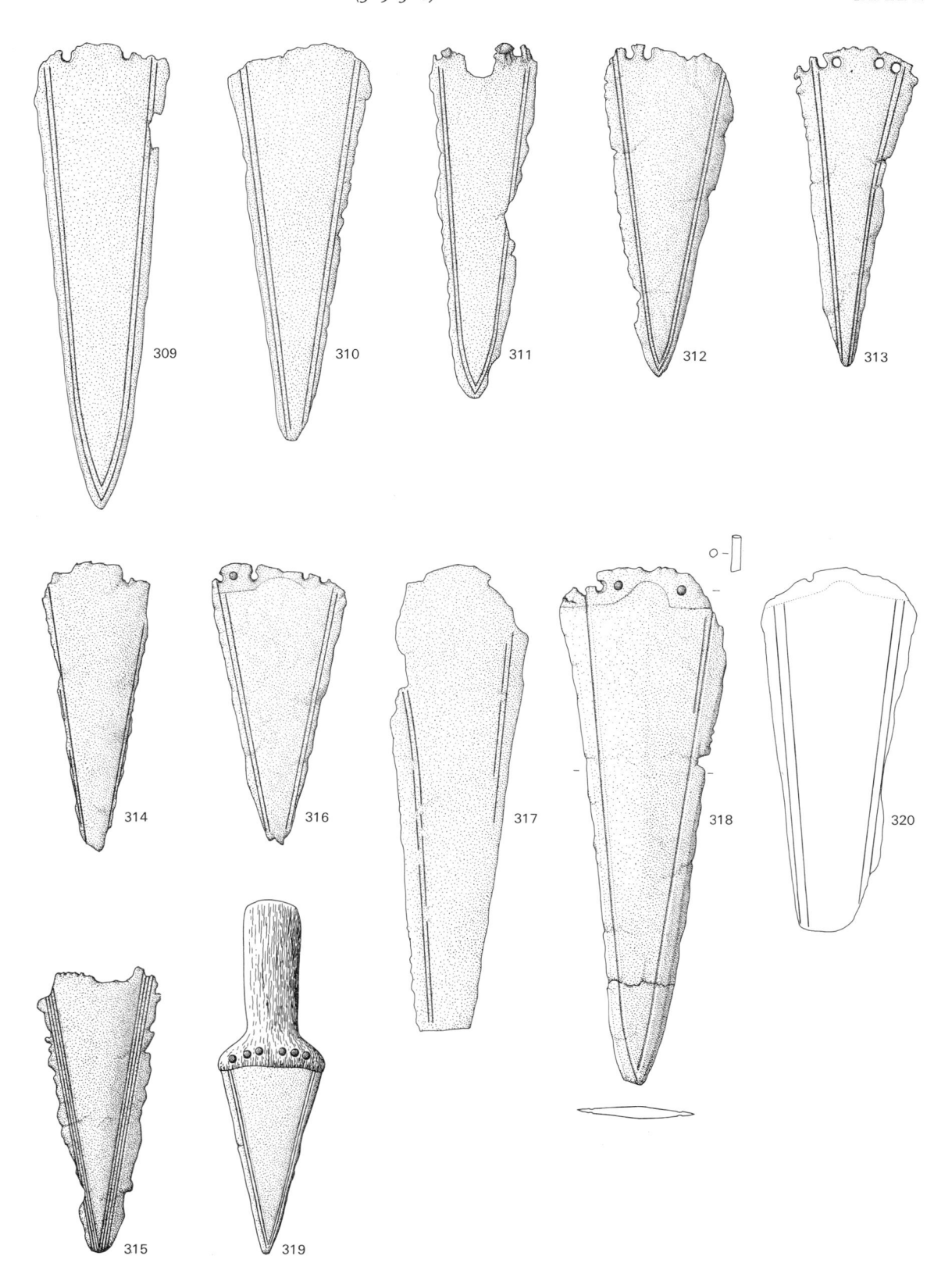

Dolche der Arten Loucé oder Rumédon (309–320) TAFEL 19

309–317 Glomel (s. auch Taf. 52, A). – 318 Longues-sur-Mer (s. auch Taf. 53, A). – 319 Plonéour-Lanvern (s. auch Taf. 52, B). – 320 Trémel (s. auch Taf. 53, C). – (309–317 nach Museumsphoto und G. u. A. de Mortillet; 319 nach P. du Chatellier; 320 nach J. Briard und Nachbildung).

M. 2:5

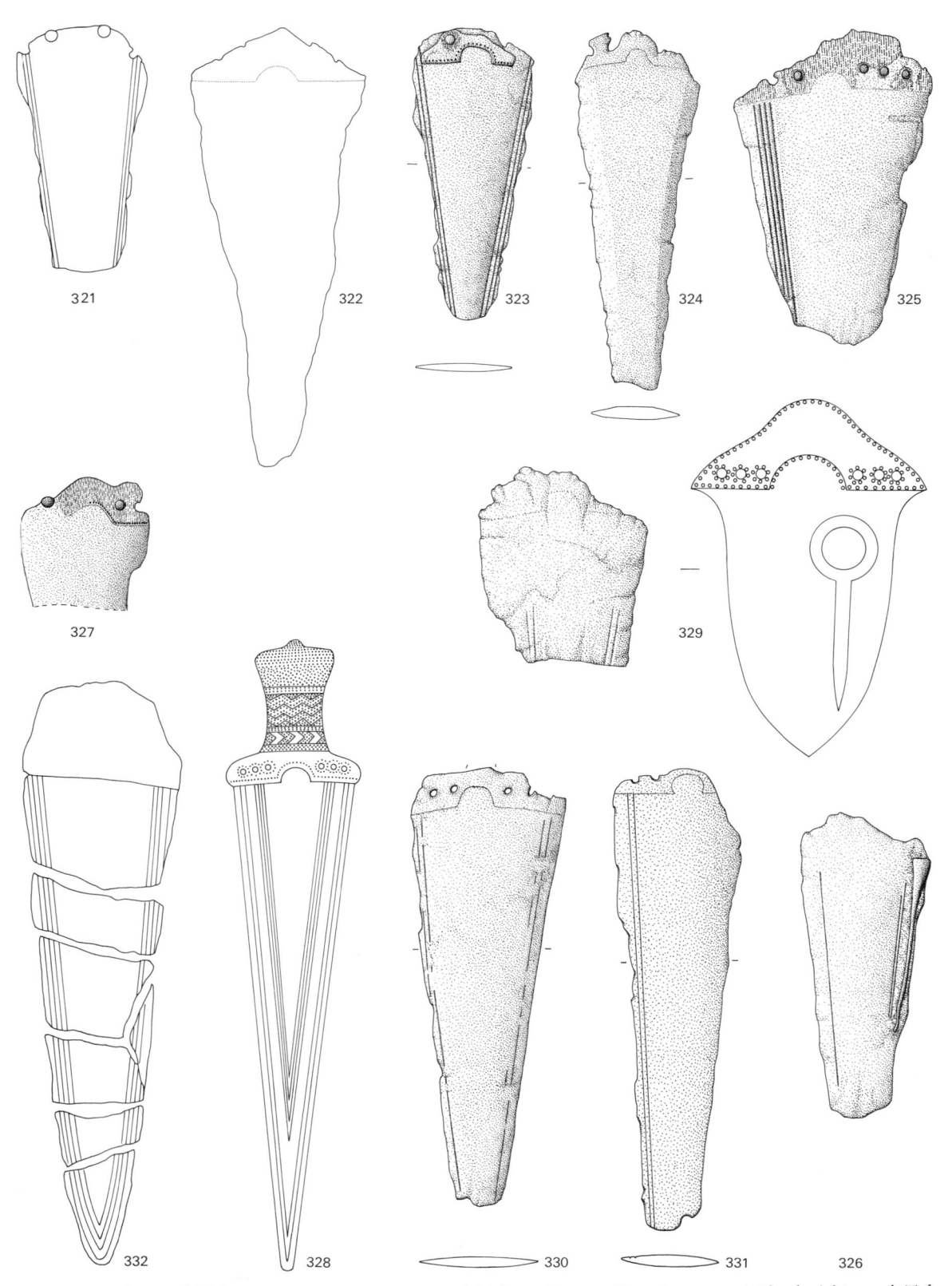

TAFEL 20	*Dolche der Arten Loucé oder Rumédon (321–332)*

321.322 Trémel (s. auch Taf. 52, A). – 323 Trévérec (s. auch Taf. 54, A). – 324 Loucé. – 325–328 Pleudaniel (s. auch Taf. 53, B). – 329 Prat (s. auch Taf. 51, B). – 330 Landerneau. – 331.332 Melrand (s. auch Taf. 55, A). – (321. 322 nach J. Briard und Nachbildung; 323 nach A. Martin und C. Bertholet du Chesnay; 324 nach Verron; 325–328 nach A. Martin und Abbé Prigent; 330 nach St. Piggott; 331 nach A. de la Grancière und Museumsphoto; 332 nach A. de la Grancière).

M. 2:5

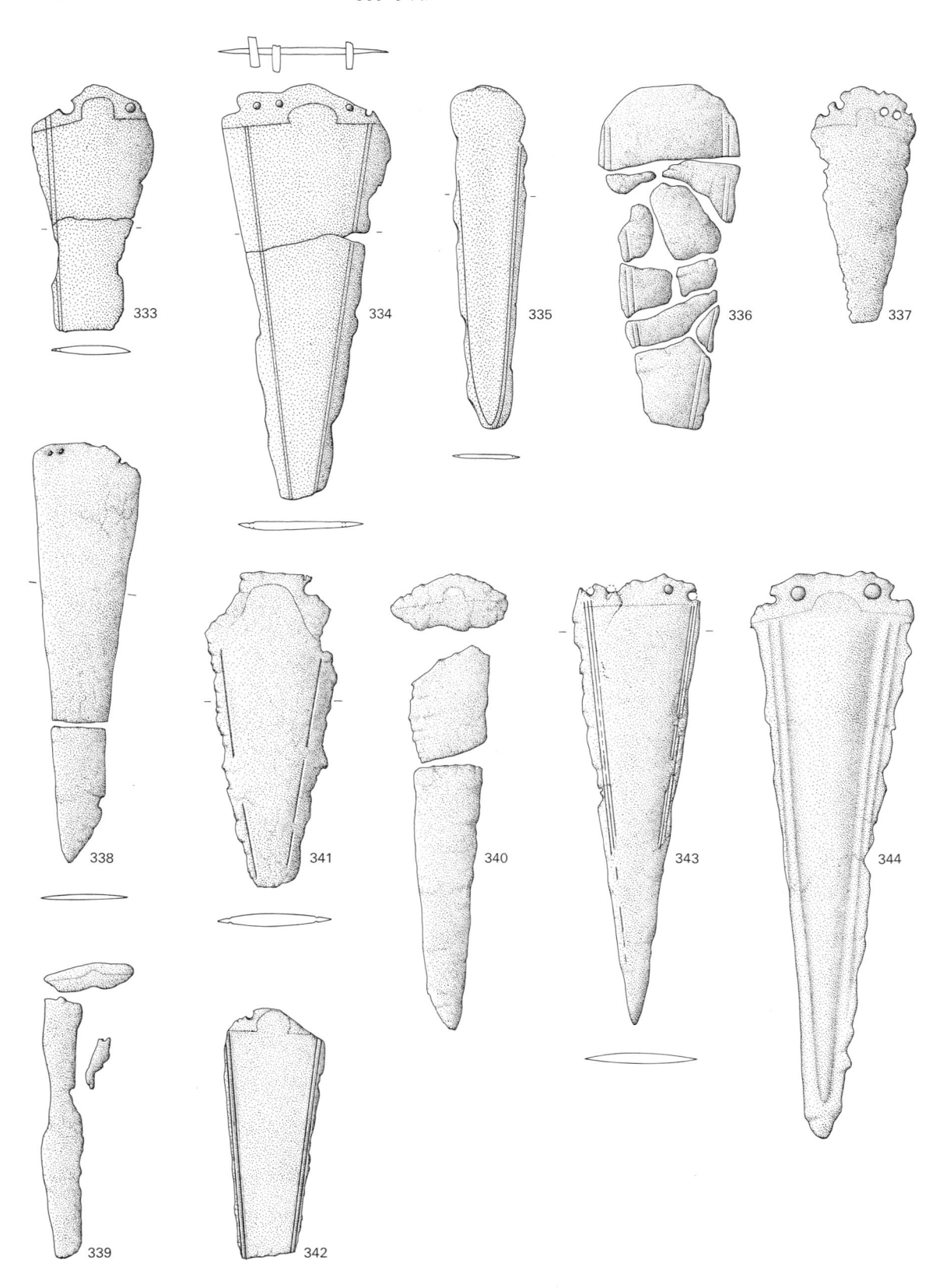

Dolche der Arten Loucé oder Rumédon (333–344) TAFEL 21

333–336 Melrand (s. auch Taf. 55, A). – 337–340 Plouyé. – 341 Guimilliau. – 342 Bailleul-sur-Thérain. – 343 Saumur. – 344 Bourg-Blanc. – (333–335 nach Museumsphoto; 336 nach A. de la Grancière; 337 nach M. Lukis und Skizze H. Schickler; 338–340 nach Skizze und Photo H. Schickler; 342 nach Zeichnung C. Blanchet; 343 nach G. Cordier / M. Gruet; 344 nach P.-R. Giot).

M. 2:5

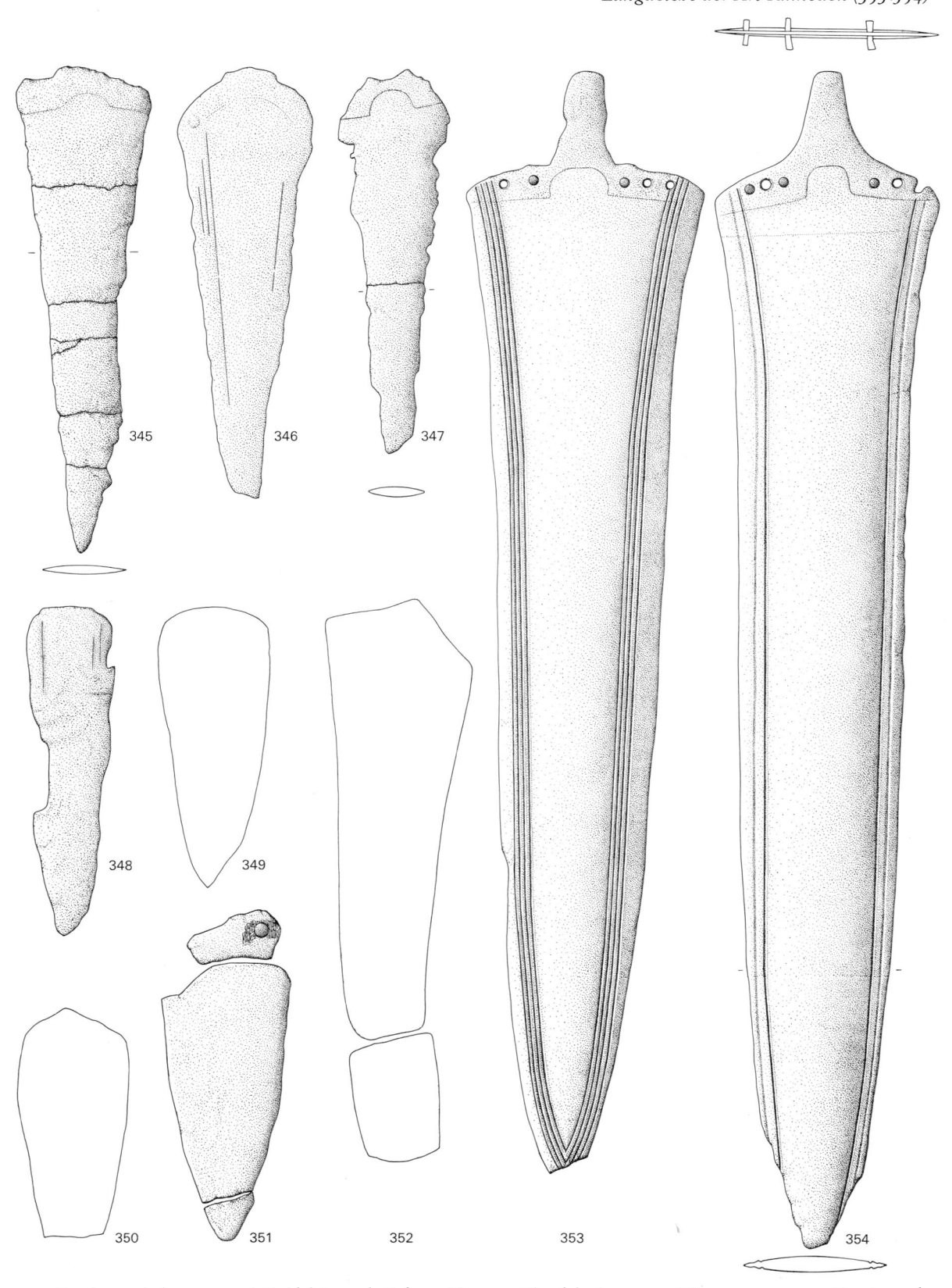

TAFEL 22   *Dolche der Arten Loucé oder Rumédon (345–352);*
                                            Langdolche der Art Rumédon (353.354)

345 Fundort unbekannt. – 346 Guidel (s. auch Taf. 54, B). – 347 Ploudalmézeau. – 348 Saumur. – 349.350 Prat (s. auch Taf. 51, B). – 351 Melrand (s. auch Taf. 55, A). – 352 Plouvorn. – 353.354 Quimperlé (s. auch Taf. 56). – (346 nach L. Le Pontois; 347.352 nach J. Briard; 348 nach G. Cordier / M. Gruet; 349.350 nach Nachbildung; 351 nach A. de la Grancière).

M. 2:5

Langdolche der Art Rumédon (355–358)   TAFEL 23

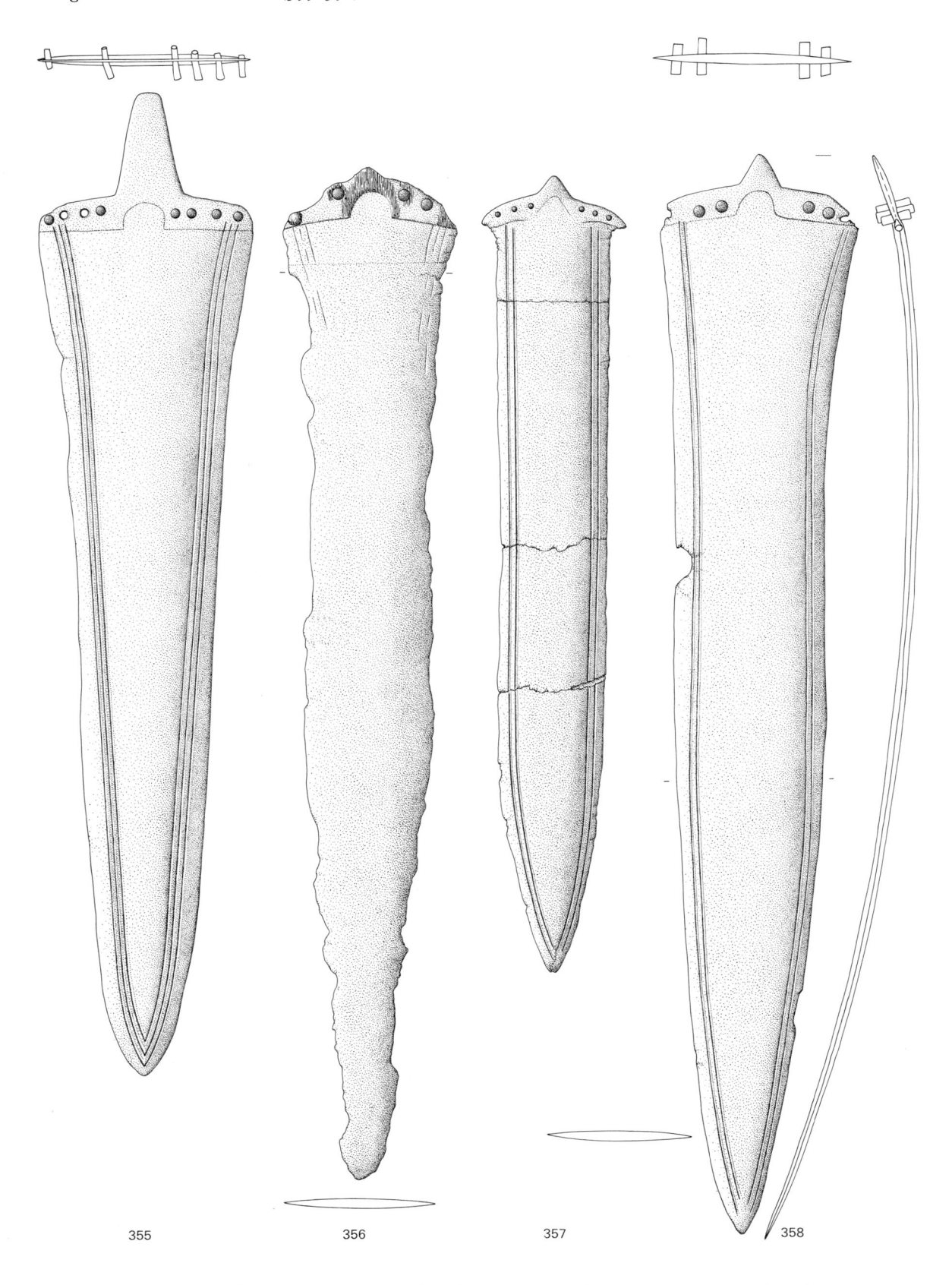

355 Quimperlé (s. auch Taf. 56). – 356 Prat (s. auch Taf. 51, B). – 357 Plonéour-Lanvern (s. auch Taf. 52, B). – 358 Lannion. – (357 nach S. du Chatellier und Unterlagen E. Neuffer / H. Schickler; 358 nach J. J. Butler / H. T. Waterbolk).

M. 2:5

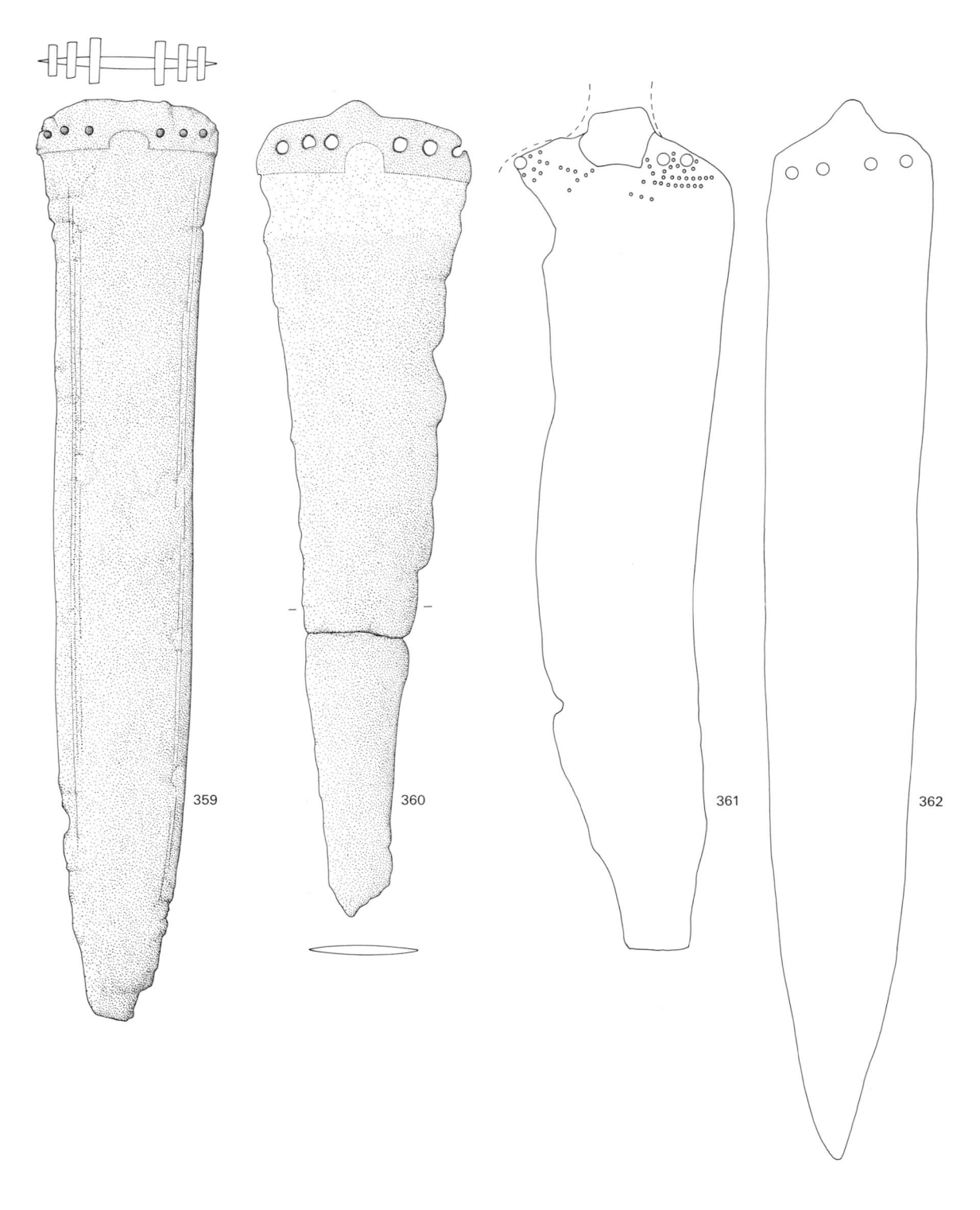

TAFEL 24　　　　　　　　　　　　　　　　　　　　　　　　　　　　　*Langdolche der Art Rumédon (359–362)*

359 Ploumilliau (s. auch Taf. 51, C). – 360 Plouyé. – 361 Plouvorn. – 362 Poullan-sur-Mer. – (359 nach A. Martin und Unterlagen E. Neuffer / H. Schickler; 360 nach M. Lukis und Unterlagen H. Schickler; 361 nach J. Briard; 362 nach H. du Fretay).

M. 2:5

Langdolche der Art Rumédon (363.367–370) TAFEL 25

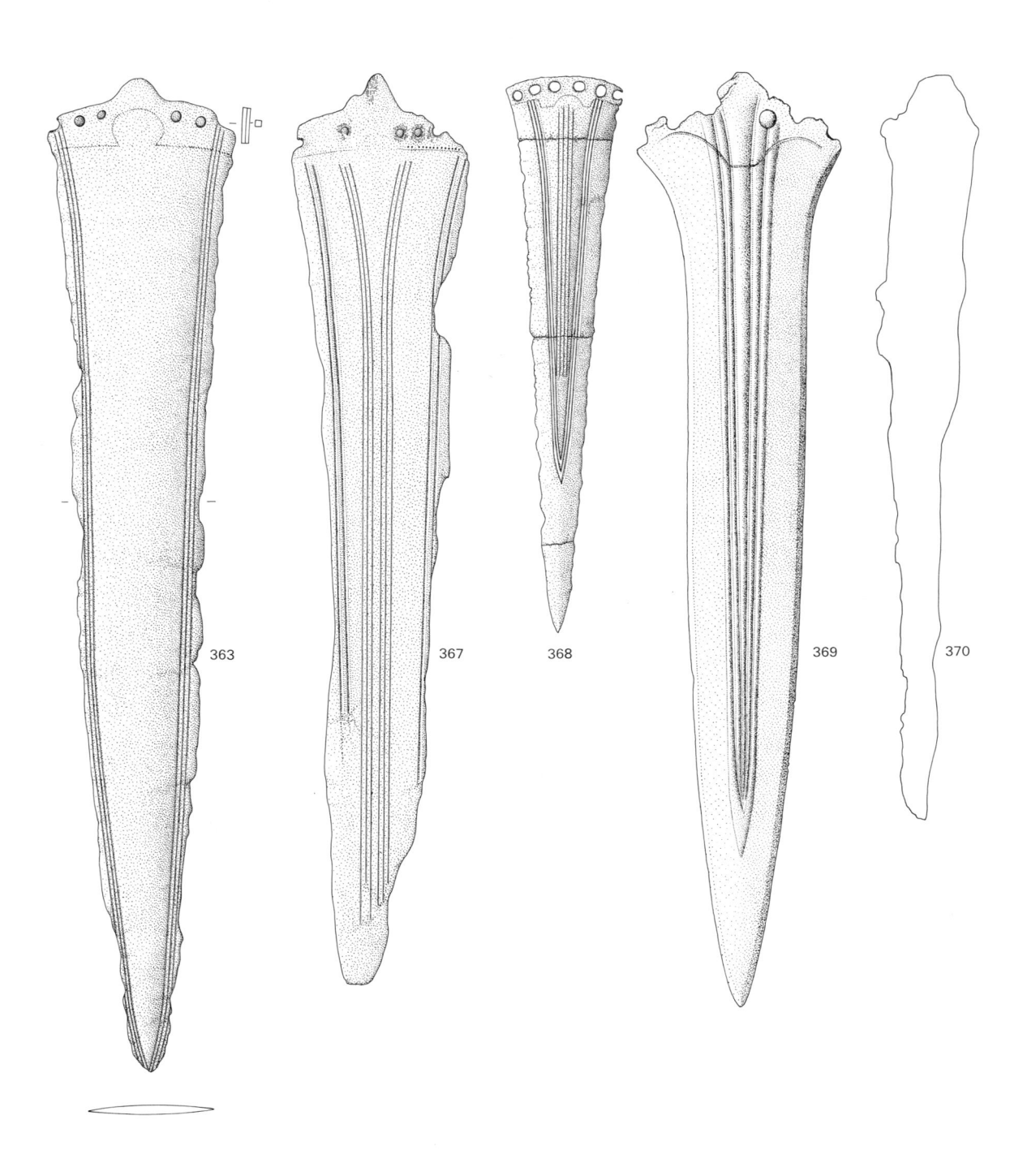

363 Bretagne (?). – 367 Pleudaniel (s. auch Taf. 53, B). – 368 Saint-Menoux. – 369 Cissac-Médoc. – 370 Plonéour-Lanvern (s. auch Taf. 52, B). – (367 nach A. Martin / Abbé Prigent und Photo E. Neuffer / H. Schickler; 368 nach J.-J. Moret; 370 nach Photo E. Neuffer / H. Schickler).

M. 2:5

TAFEL 26　　　　　　　　　　　　　　　　　　　　　　　　　　　　　　　　*Dolche der Art Trévérec (371–378)*

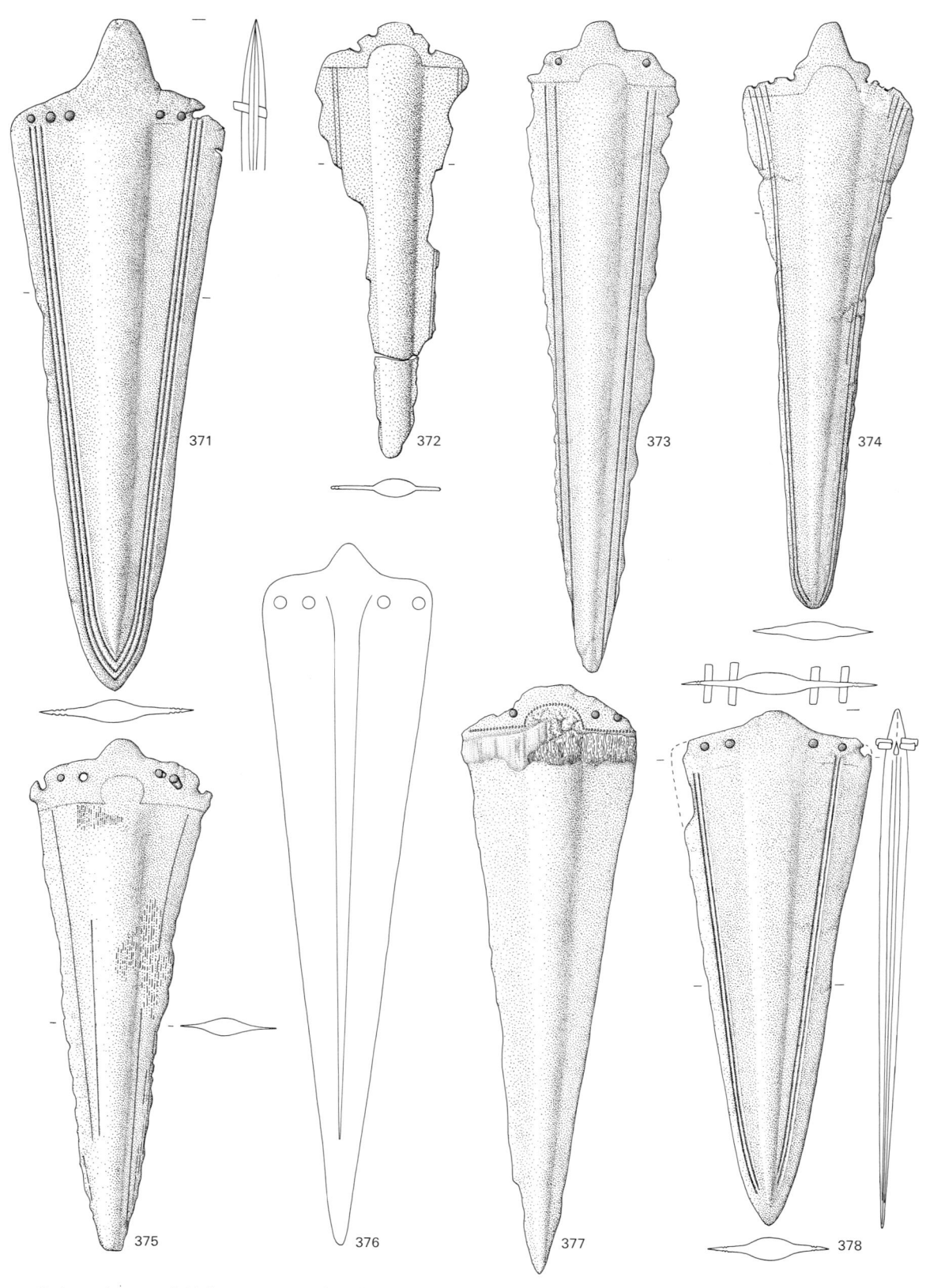

371 Quimperlé (s. auch Taf. 56). – 372 Melrand (s. auch Taf. 55, A). – 373 Plounevéz-Lochrist. – 374.375 Bretagne (?). – 376 Poullan. – 377 Guidel (s. auch Taf. 54, B). – 378 Lannion. – (372 nach Museumsphoto; 373 nach Abbé Prigent; 376 nach H. du Fretay; 377 nach L. Le Pontois und Photo H. Schickler; 378 nach H. Butler / H. T. Waterbolk).

M. 2:5

Dolche der Art Trévérec (379–389) TAFEL 27

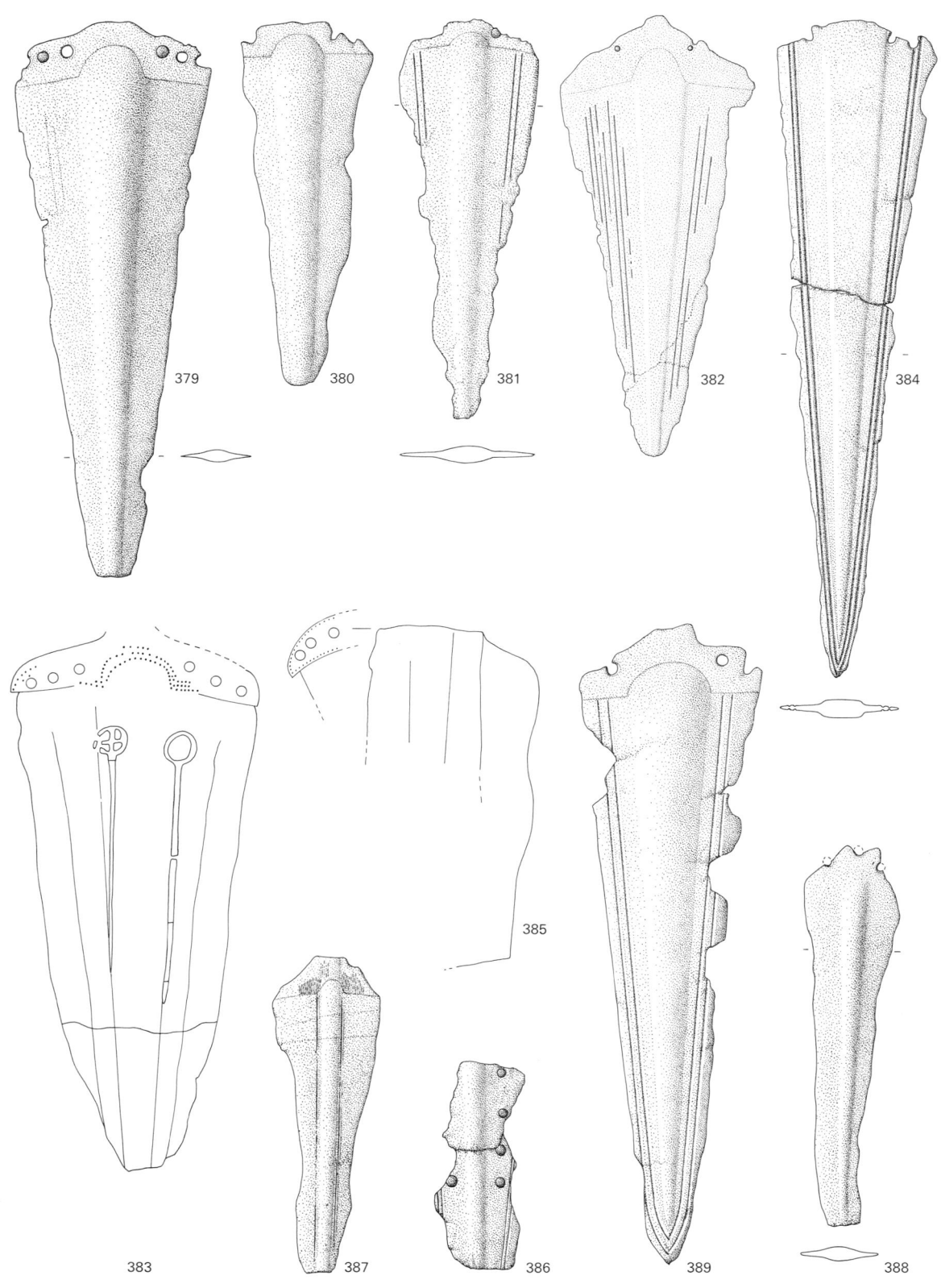

379 Beuzec-Cap-Sizun. – 380.388 Landerneau. – 381 Trévérec (s. auch Taf. 54, A). – 382 Guidel (s. auch Taf. 54, B). – 383.385.389 Plouvorn. – 384 Glomel (s. auch Taf. 52, A). – 386 Priziac. – 387 Elven (s. auch Taf. 55, B). – (379 nach Photo E. Neuffer / H. Schickler; 380.383.385.386 nach J. Briard; 381 nach A. Martin / C. Bertholet du Chesnay und Photo H. Schickler; 382 nach L. Le Pontois und Photo H. Schickler; 384 nach G. u. A. de Mortillet und Museumsphoto; 388 nach St. Piggott und Skizze H. Schickler; 389 nach L. Le Pontois).

M. 2:5

TAFEL 28   *Dolche der Art Plouvorn (394–400)*

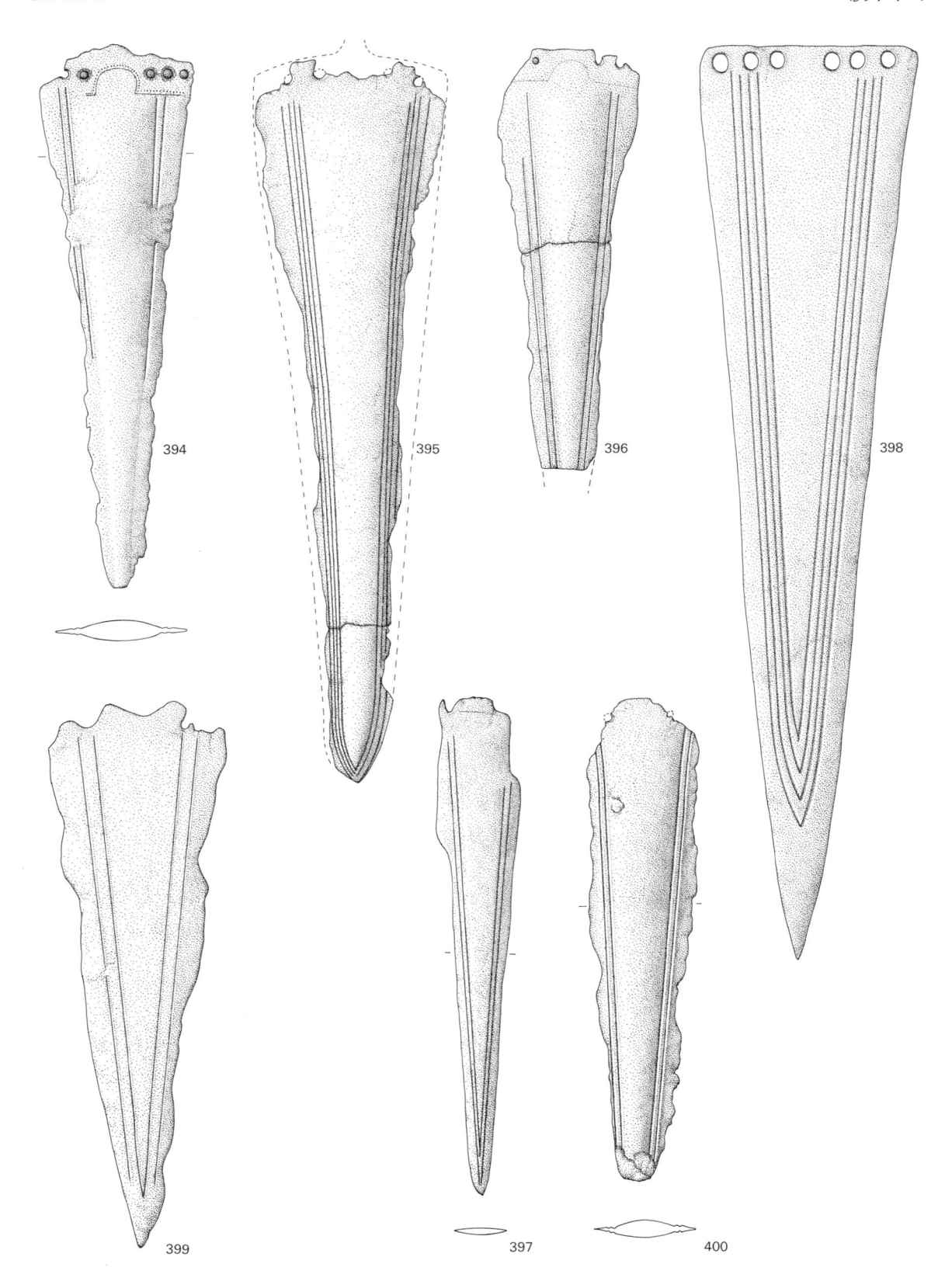

394 Trévérec (s. auch Taf. 54, A). – 395 Landivisiau. – 396 Plouvorn. – 397 Fouesnant. – 398 Normandie. – 399 Ploudalmézeau. – 400 Longues-sur-Mer (s. auch Taf. 53, A). – (394 nach A. Martin / C. Bertholet du Chesnay; 395 nach St. Piggott und Beschreibung P. du Chatellier; 396 nach Photo H. Schickler; 397 nach P.-R. Giot und Photo H. Schickler; 398 nach Rev. Arch.; 399 nach P.-R. Giot / L. L'Hostis).

M. 2:5

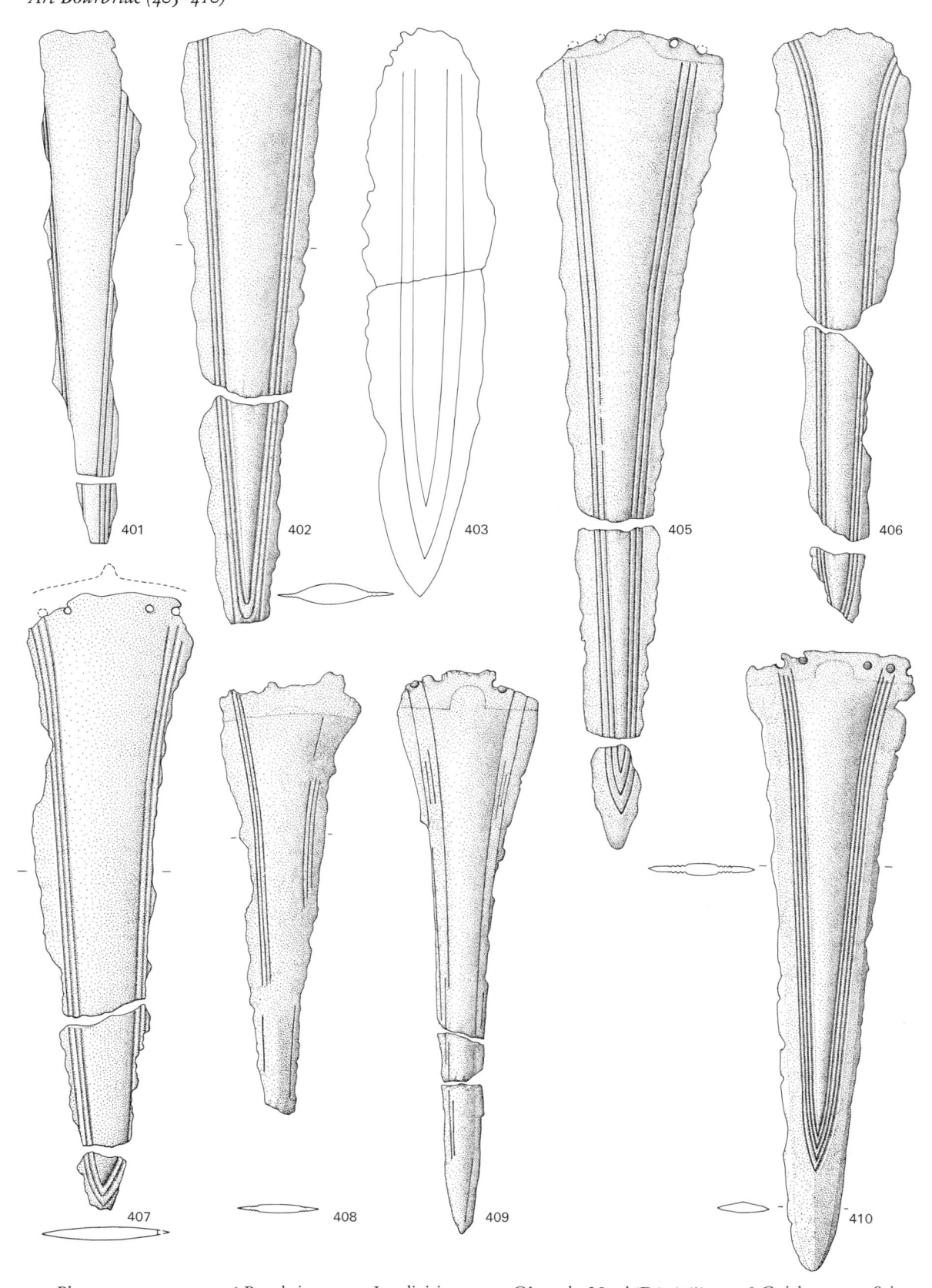

Dolche der Art Plouvorn (401–403);
Art Bourbriac (405–410)

TAFEL 29

401 Plouvorn. – 402.405.406 Bourbriac. – 403 Landivisiau. – 407 Côtes-du-Nord (Dép.) (?). – 408 Guiclan. – 409 Saint-Jean-Brévelay (s. auch Taf. 55, C). – 410 Cléguer. – (402.406.407 nach J. Briard; 403 nach St. Piggott und Beschreibung P. du Chatellier; 405 nach J. Briard und Zeichnung H. Schickler).

M. 2:5

TAFEL 30

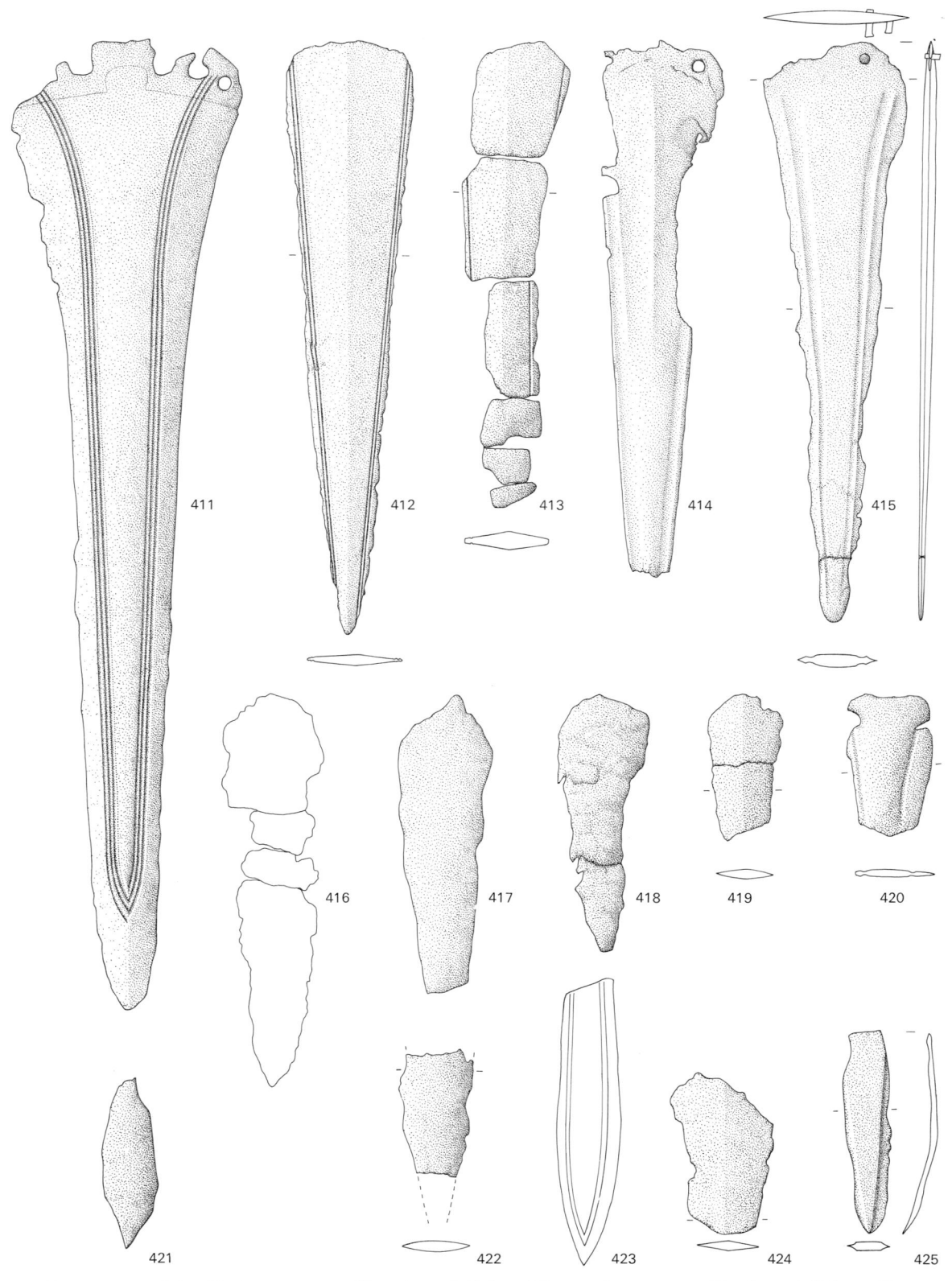

Dolche der Art Bourbriac (411–415);
Fragmente bretonischer Dolche (416–425)

411 Rennes. – 412 Saint-Maclou. – 413.420 Elven (s. auch Taf. 55, B). – 414 Longues-sur-Mer (s. auch Taf. 53, A). – 415 Lannion. – 416 Trévérec (s. auch Taf. 54, A). – 417.422 Plouvorn. – 418 Guidel (s. auch Taf. 54, B). – 419 Morbihan (Dép.). – 421 Saint-Jean-Brévelay (s. auch Taf. 55, C). – 423–425 Melrand (s. auch Taf. 55, A). – (415 nach J. J. Butler / H. T. Waterbolk; 416 nach A. Martin / C. Bertholet du Chesnay; 417.422 nach J. Briard; 418 nach L. Le Pontois; 421 nach L. de Cussé; 423–425 nach Museumsphoto).

M. 2:5

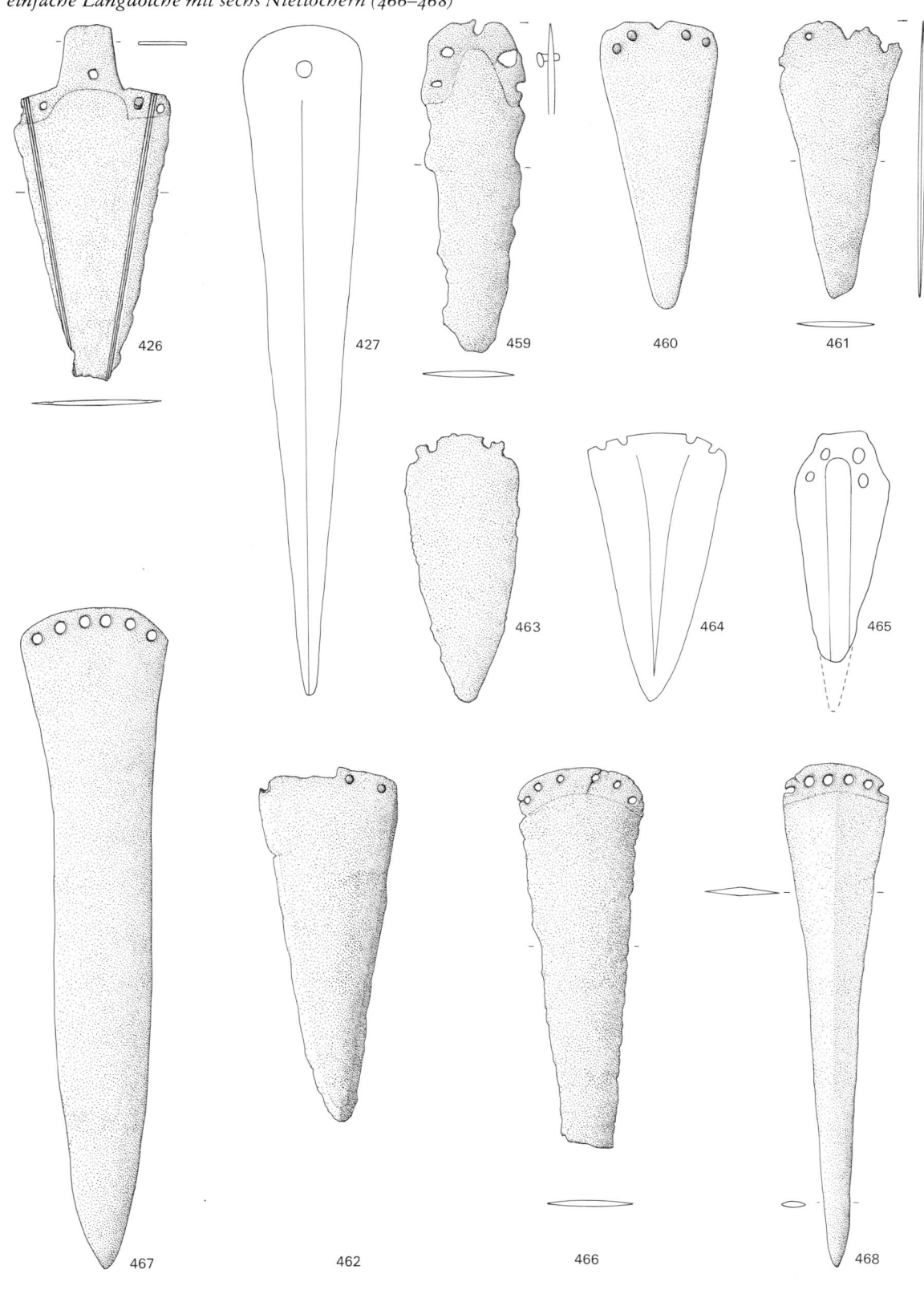

Sonderformen bretonischer Dolche (426.427); Sonderformen älterbronzezeitlicher Griffplattendolche (459–465); einfache Langdolche mit sechs Nietlöchern (466–468)

TAFEL 31

426 Naveil. – 427 Poullan. – 459 Fontaine-les-Puits. – 460 Irigny. – 461 Ivory. – 462 Castelnau-de-Médoc. – 463 Lozère (Dép.). – 464 Ris-Orangis. – 465 Normandie (?). – 466 Dijon. – 467 Cabrerets. – 468 Toulouse. – (427 nach H. du Fretay; 459 nach J. Combier; 460 nach Gallia Préhist.; 461 nach M. Piroutet; 463 nach Museumsphoto; 464 nach J.-P. Mohen; 465 nach L. Coutil; 466 nach Zeichnung E. F. Mayer; 467 nach J. Clottes).

M. 2:5

TAFEL 32

Dolche der Art Winwick (469.470); älterbronzezeitliche Dolchfragmente (472.473); Stabdolche der Art Luynes (494–497); Stabdolche der Art Amboise (498)

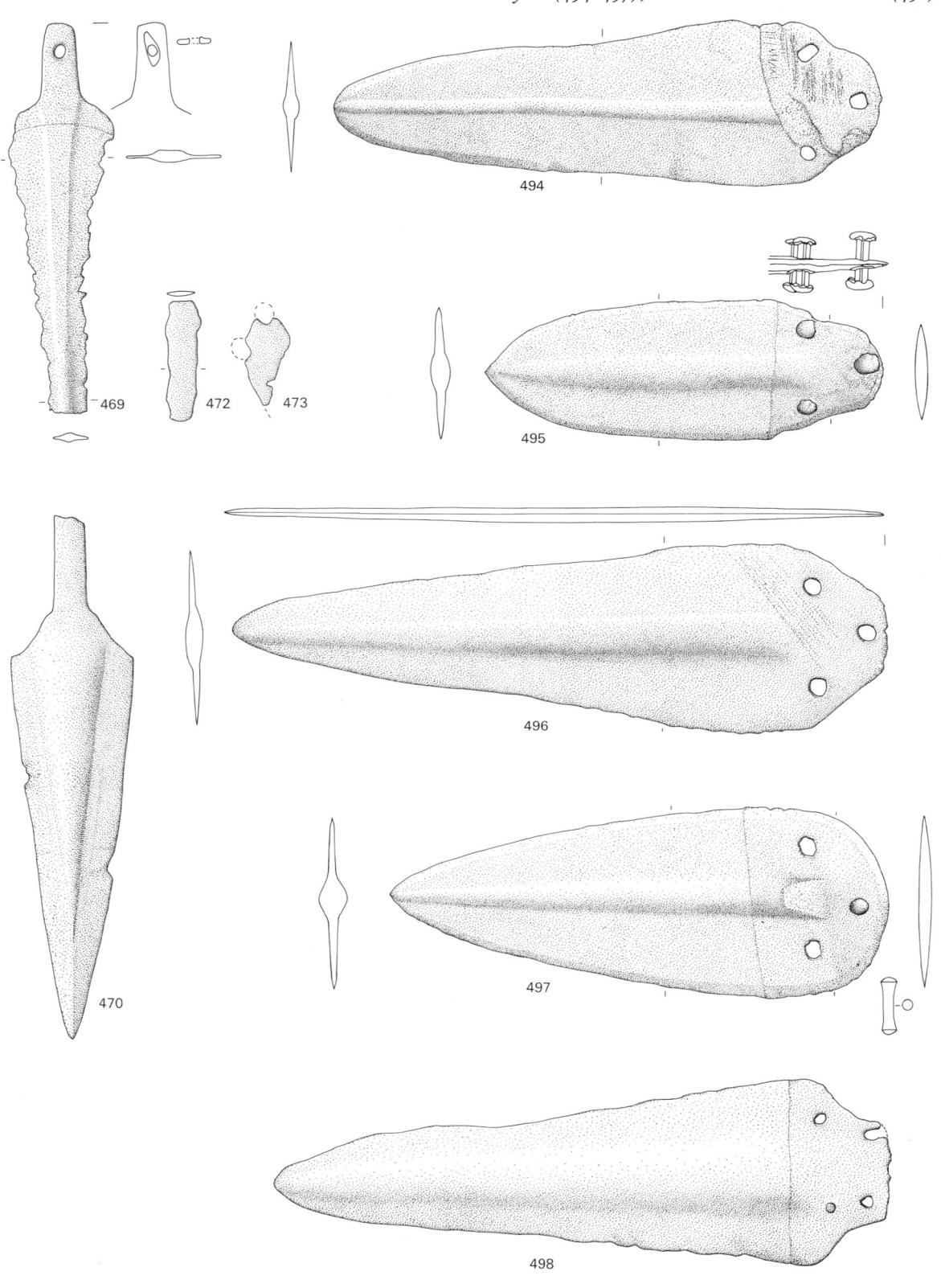

469 Villefranche-sur-Saône. – 470 Argenton-sur-Creuse. – 472 Collias. – 473 Besançon. – 494 Luynes. – 495 Eysines. – 496 Saint-Denis-en-Val. – 497 Paimboeuf. – 498 Amboise. – (470.496 nach G. Cordier; 473 nach P. Petrequin; 495 nach J. Roussot-Larroque; 498 nach Zeichnung J.-C. Yvard).

M. 2:5

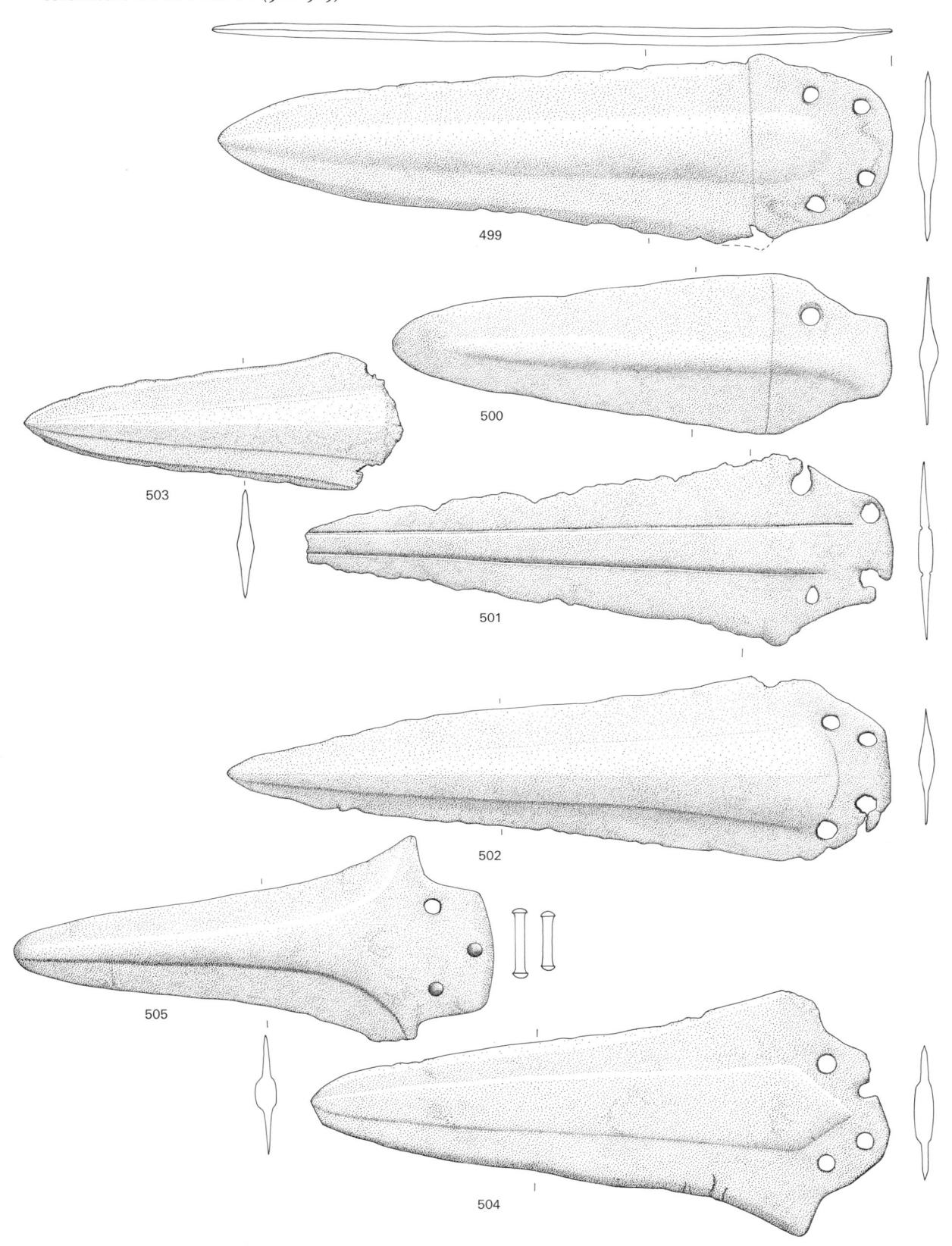

Stabdolche der Art Amboise (499.500);
Stabdolche der Art Glomel (501–505)

TAFEL 33

499 Saint-Denis-en-Val. – 500 „Vallée de la Saône". – 501 Ris-Orangis. – 502 Etigny. – 503 Fundort unbekannt. – 504 Glomel (s. auch Taf. 52, A). – 505 Armentières. – (499 nach G. Cordier; 504 nach de A. de Mortillet und Museumsphoto; 505 nach Zeichnung E. F. Mayer).

M. 2:5

TAFEL 34   *Stabdolche der Art Rouans (506–511)*

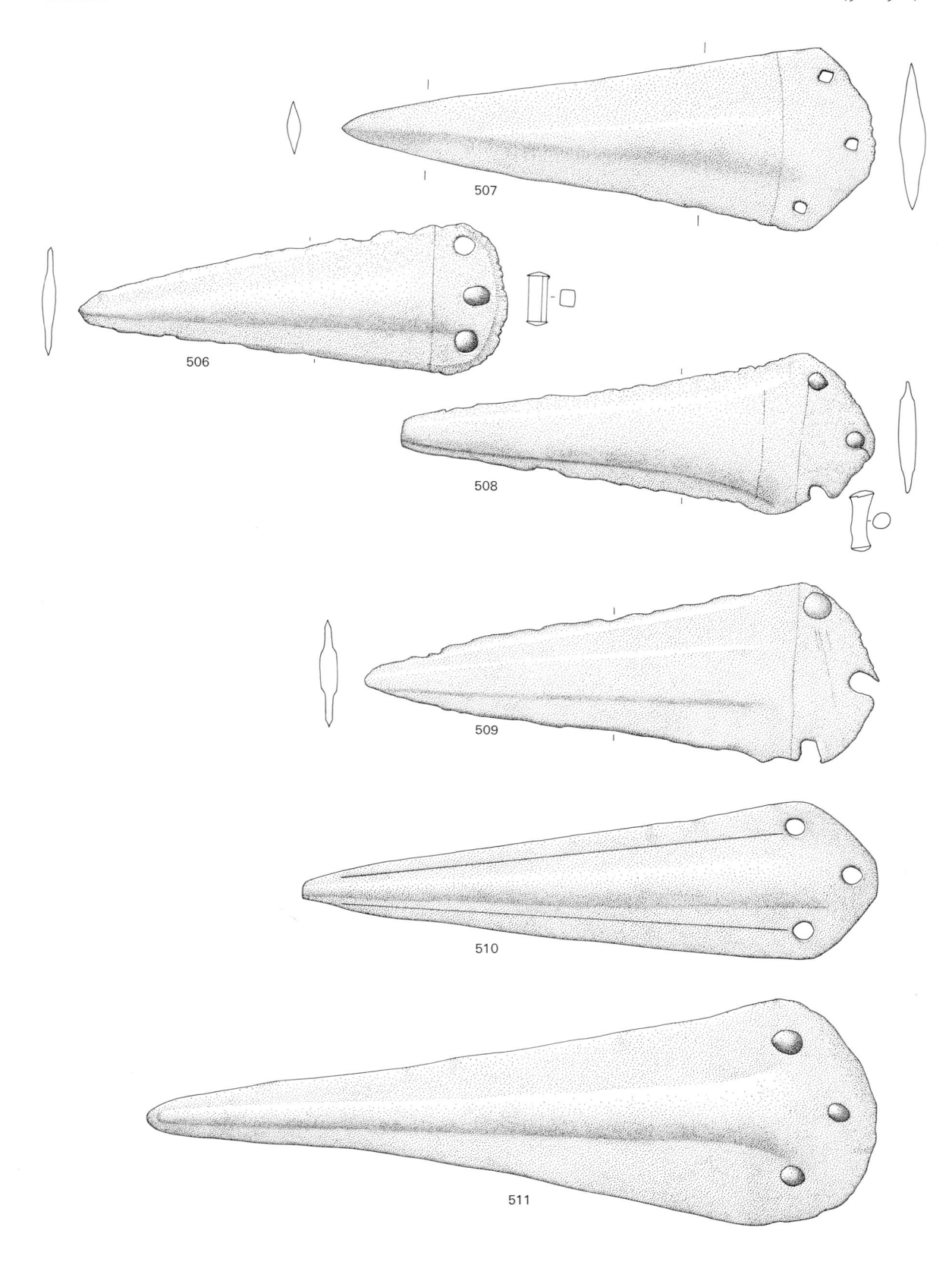

506 Rouans. – 507 Fundort unbekannt. – 508 Euffigneix. – 509 Gegend von Beaune. – 510 Sost-en-Barousse. – 511 Epone.
– (507 nach J. Gomez; 509 nach Museumszeichnung; 510 nach G. u. A. de Mortillet).

M. 2:5

Stabdolche der Art Rouans (512–516) TAFEL 35

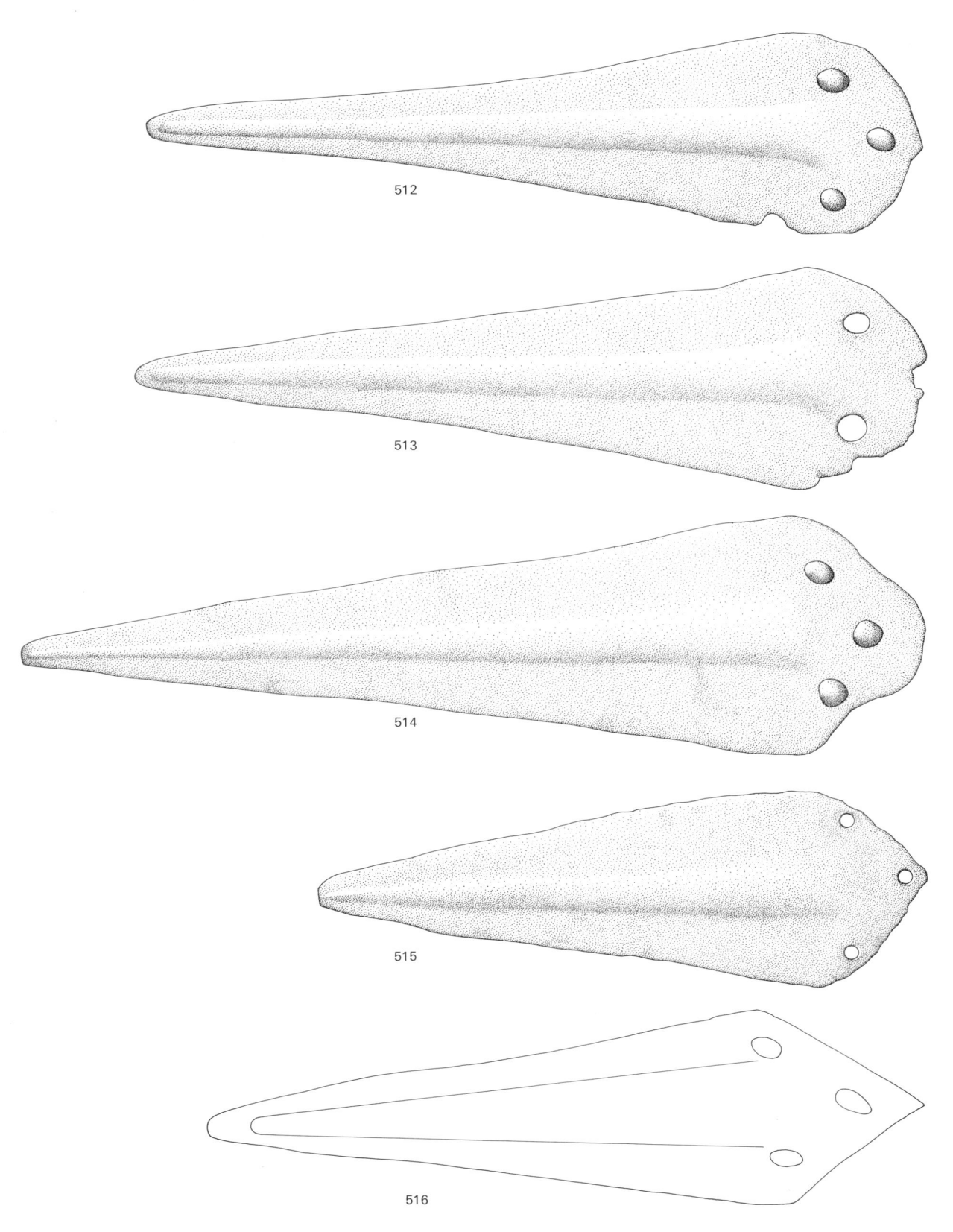

512

513

514

515

516

512–514 Epone. – 515 Ferrières-Haut-Clocher (?). – 516 Rostrenen. – (512–514 nach A. Cassan; 515 nach Gallia Préhist.; 516 nach J. Briard).

M. 2:5

TAFEL 36   *Stabdolche der Art Rouans (517–522)*

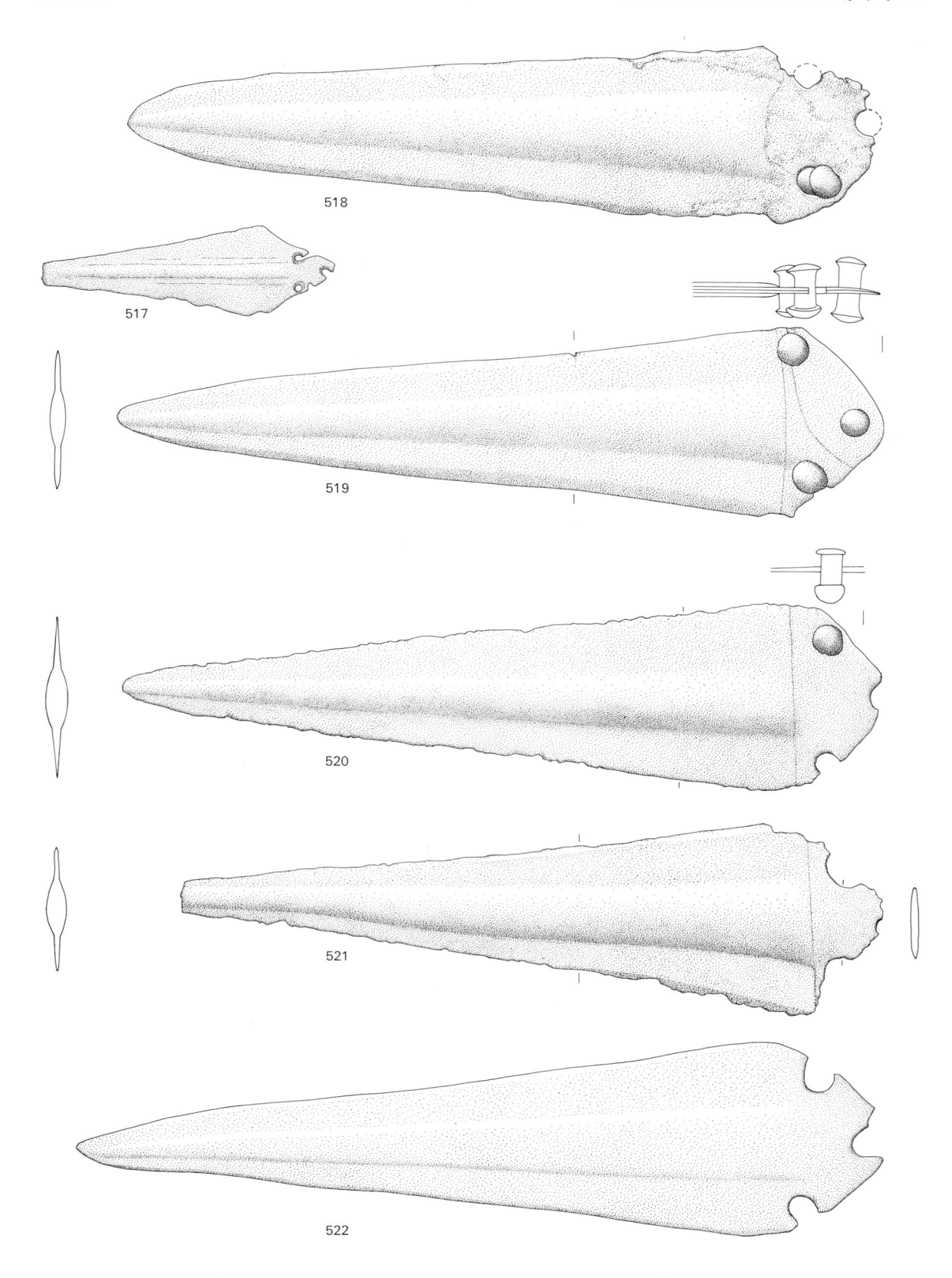

517 „Picardie". – 518 Lanfains. – 519 Saumur. – 520 Saint-Savinien. – 521 Consenvoye. – 522 Les Andelys. – (517 nach Abguß; 518 nach Gallia Préhist.; 519 nach G. Cordier; 520 nach Zeichnung J. Gachina; 522 nach L. Coutil).

M. 2:5

Stabdolche der Art Rouans (523–527) TAFEL 37

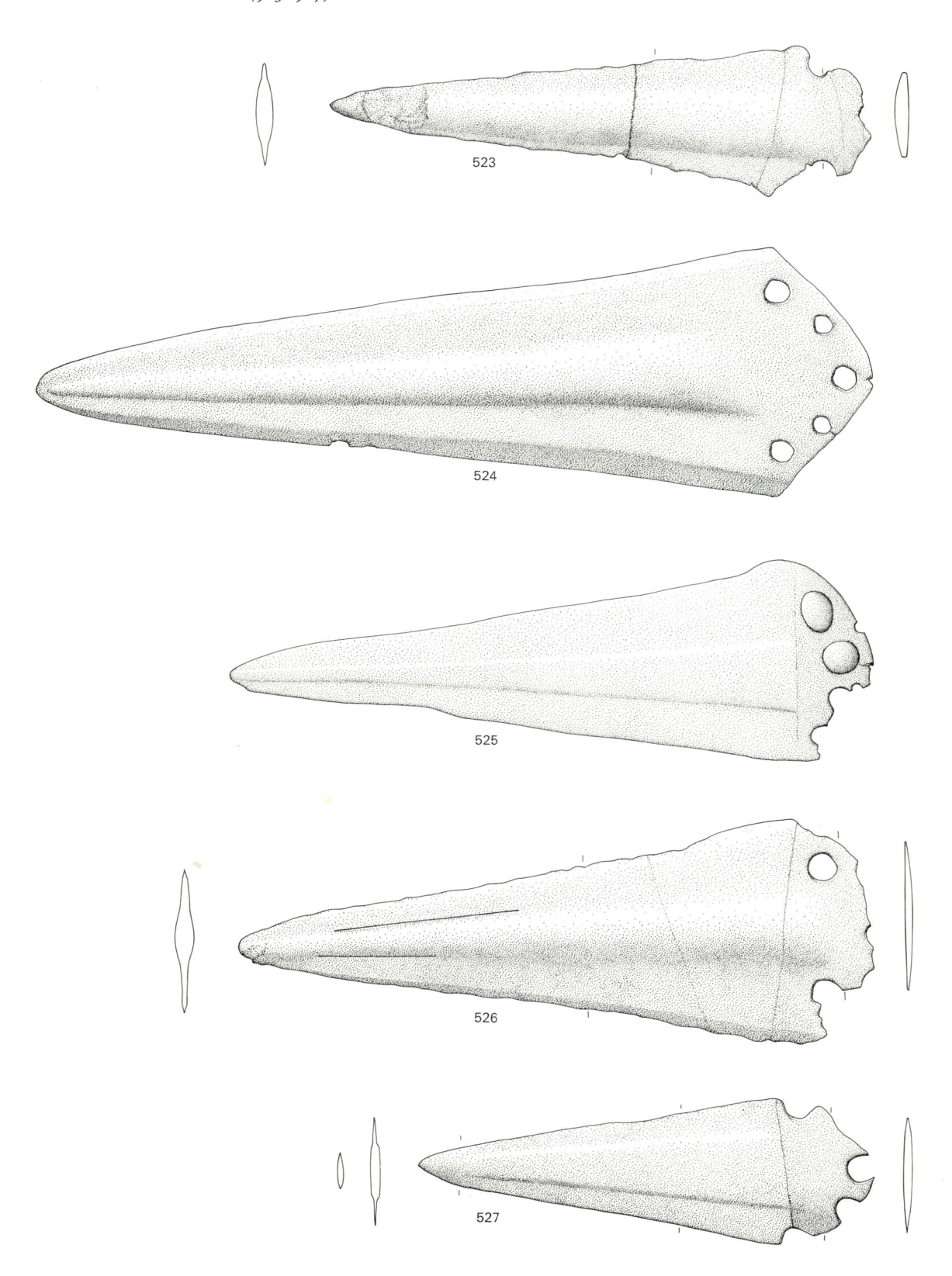

523

524

525

526

527

523 Guerlesquin. – 524 Alderney. – 525 La-Grande-Paroisse. – 526 Caylus. – 527 „Vallée de la Somme". – (524 nach T. D. Kendrick; 525 nach G. Gaucher).

M. 2:5

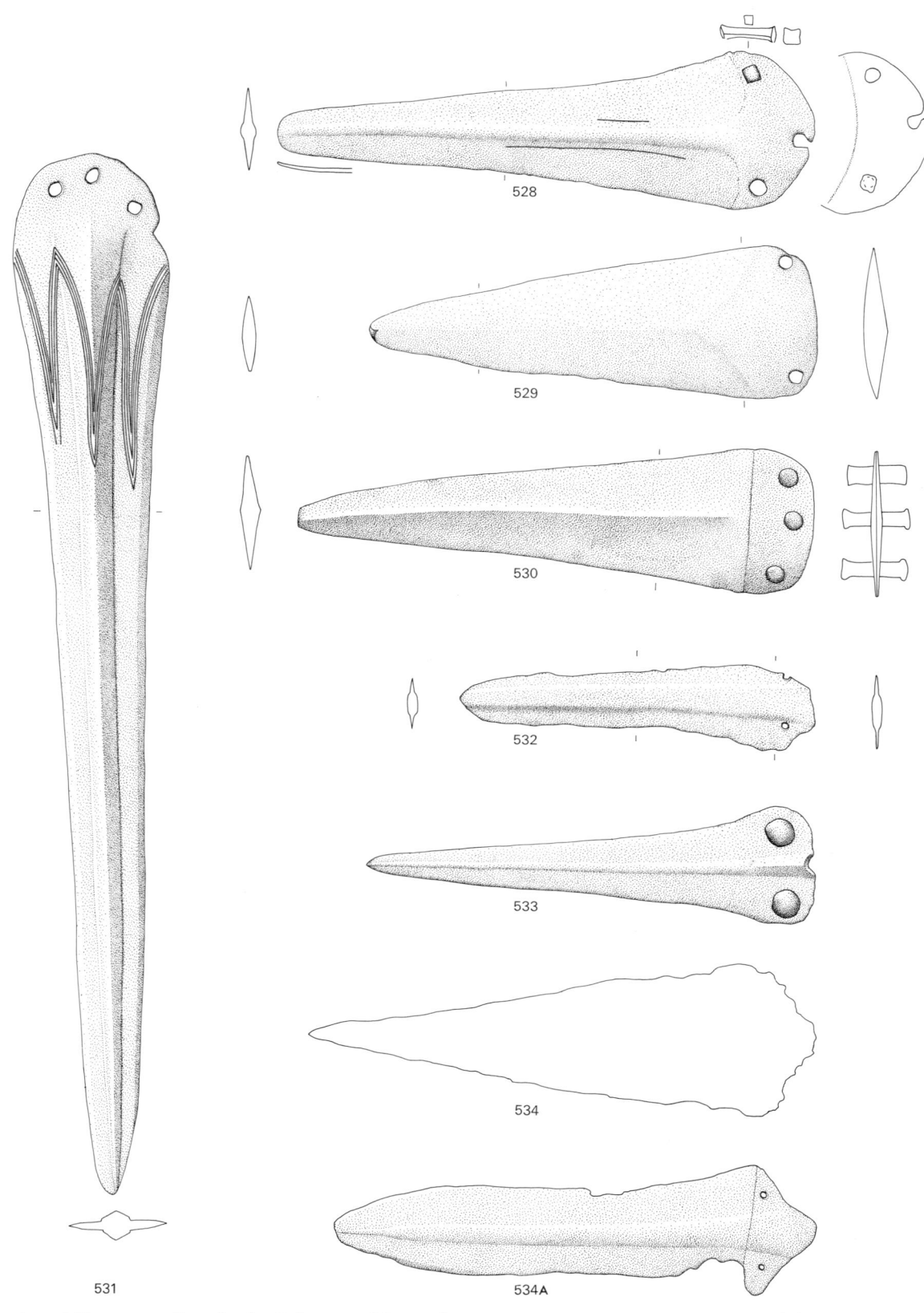

TAFEL 38　　　　　　　　　　　　　　　　　　　　　　*Sonderformen von Stabdolchen (528–534A)*

528.529 Mâcon. – 530 Fontaine-les-Puits. – 531 Montreuil-sur-Mer. – 532 Montereau. – 533 „Bassin de la Somme". – 534 Verdun-sur-Garonne. – 534 A. Fundort unbekannt. – (530 nach J. Combier; 531.532 nach J.-P. Mohen; 533 nach Abbé Breuil; 534 nach E. Carthailac).

M. 2:5

TAFEL 39

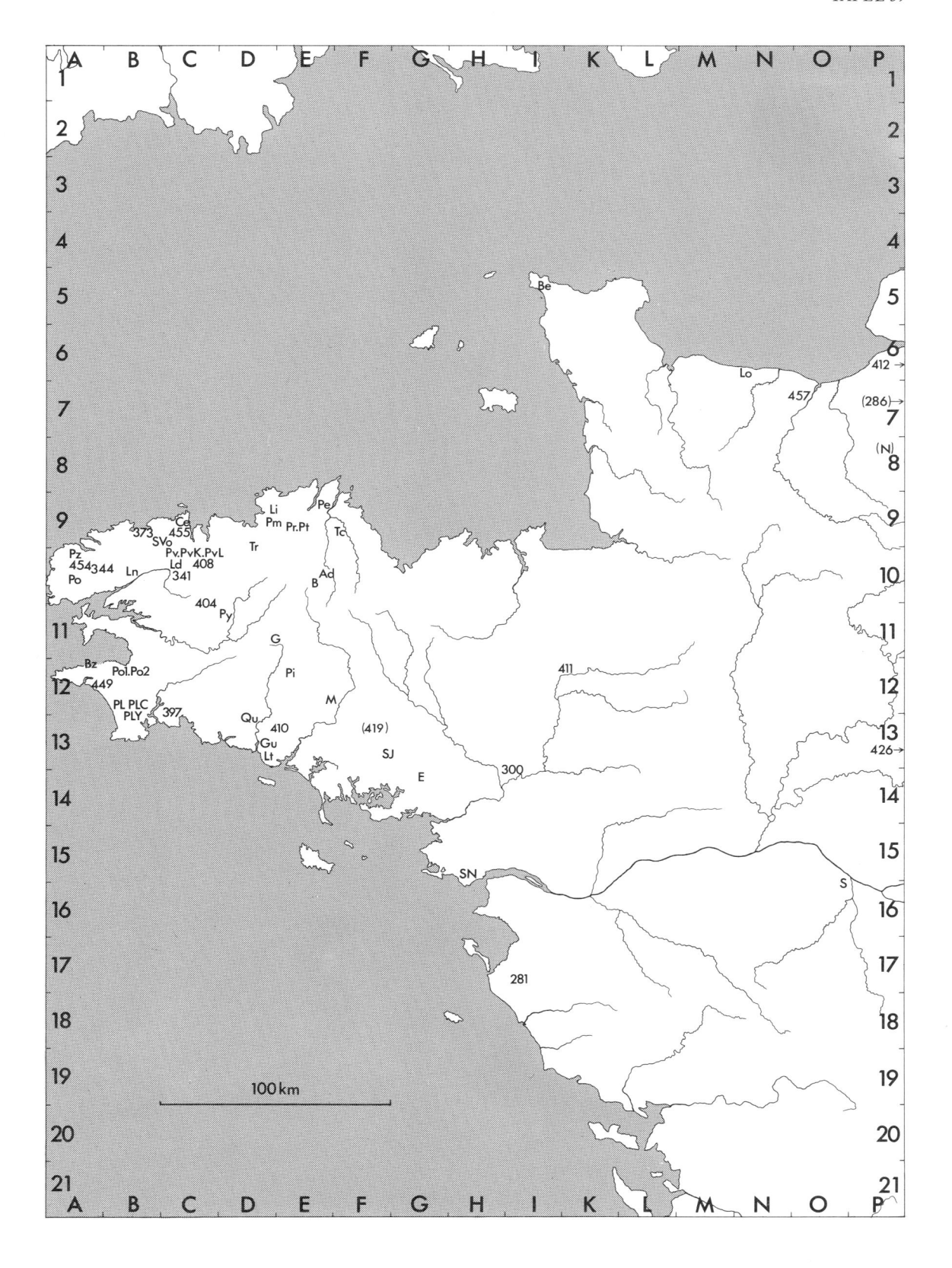

Verbreitung der in der vorliegenden Arbeit erfaßten Funde mit Bretonischen Dolchen aus Frankreich. Die Zahlen entsprechen den im Text und auf den Tafeln angegebenen Fundnummern, für die Buchstabenabkürzungen vgl. das Verzeichnis S. 153 f.

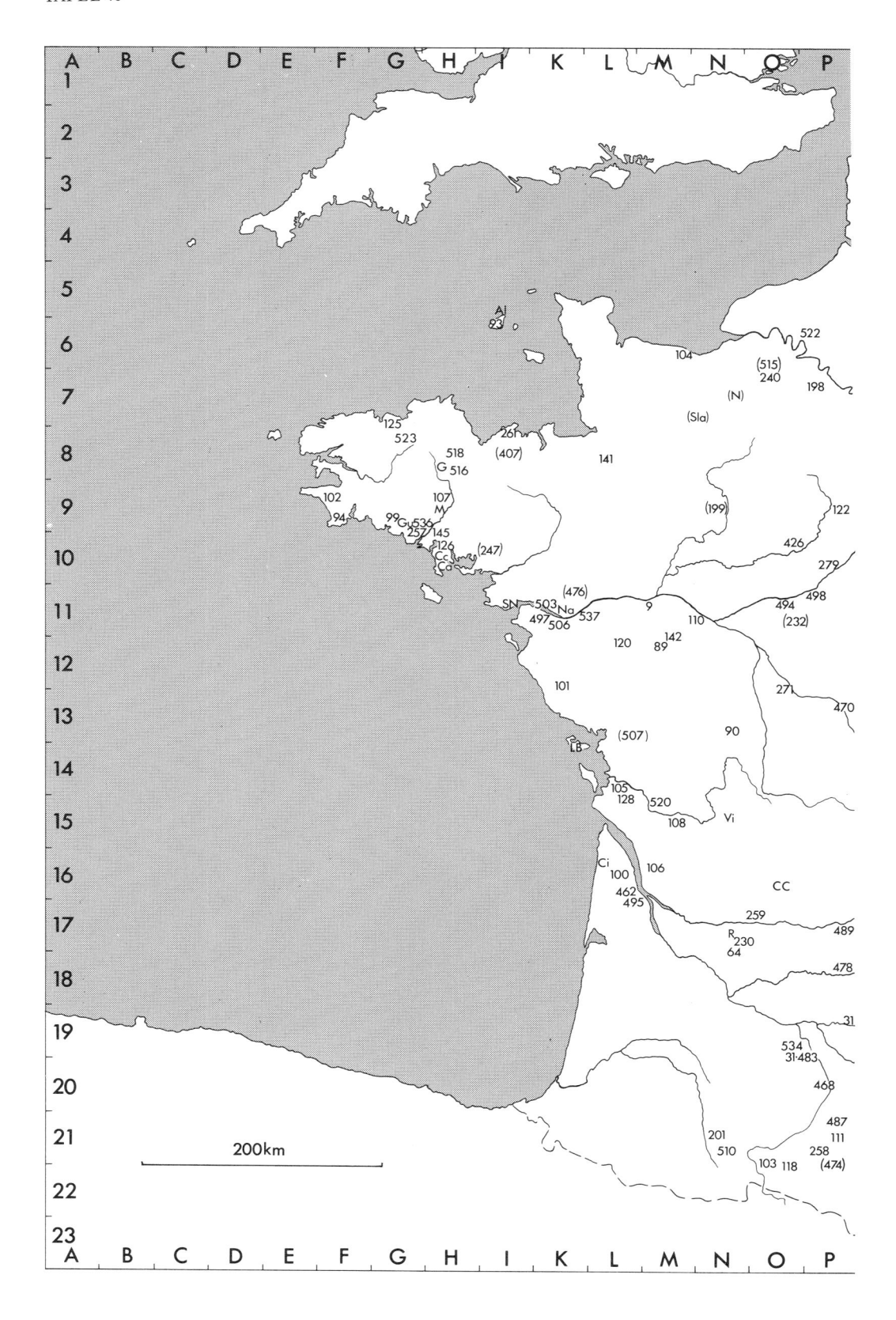

TAFEL 40

Verbreitung der in der vorliegenden Arbeit erfaßten Funde mit Dolchen (mit Ausnahme der Bretonischen Dolche) aus Frankreich. Die Zahlen entsprechen den im Text und auf den Tafeln angegebenen Fundnummern, für die Buchstabenabkürzungen vgl. das Verzeichnis S. 153 f.

TAFEL 41

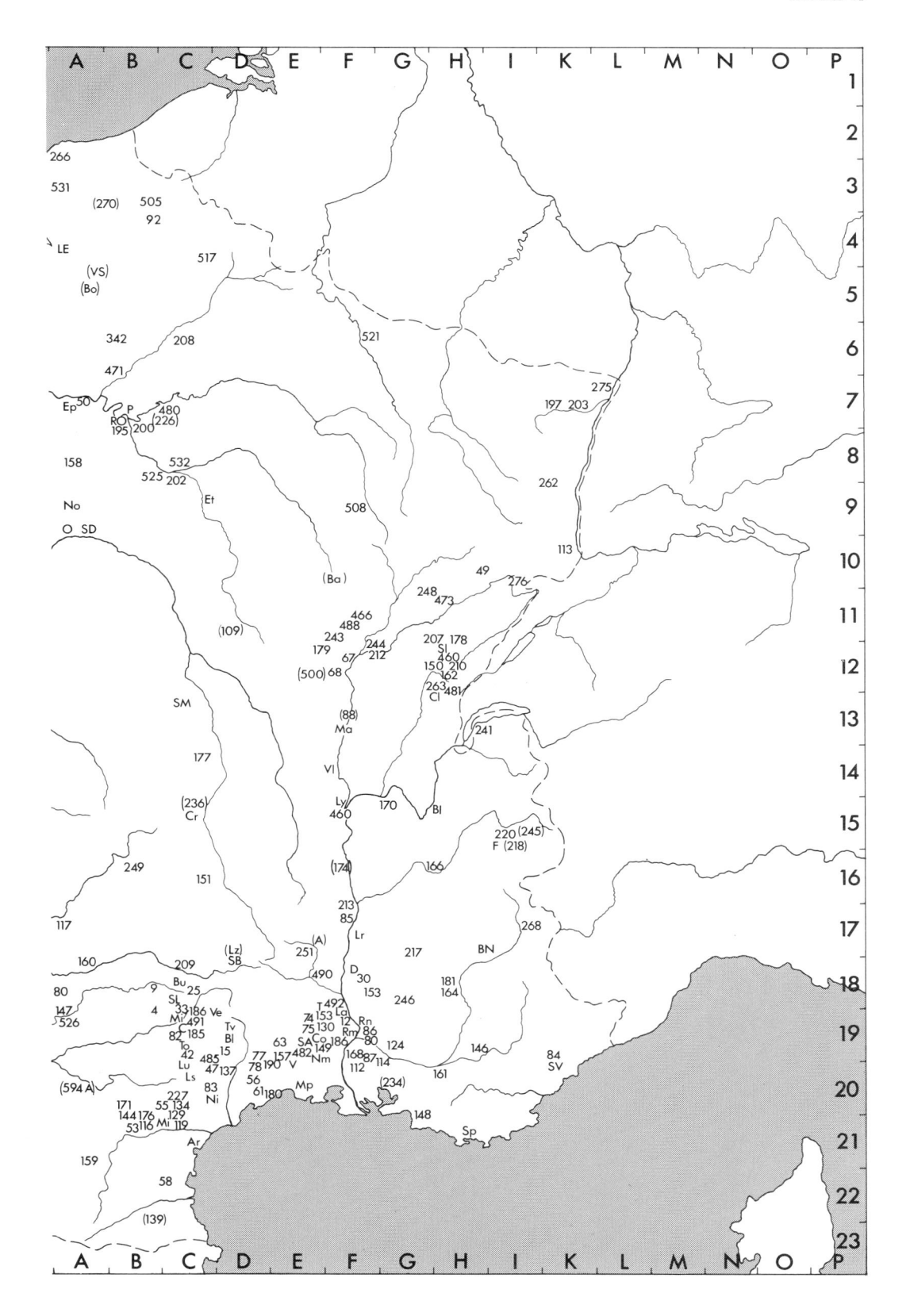

TAFEL 42

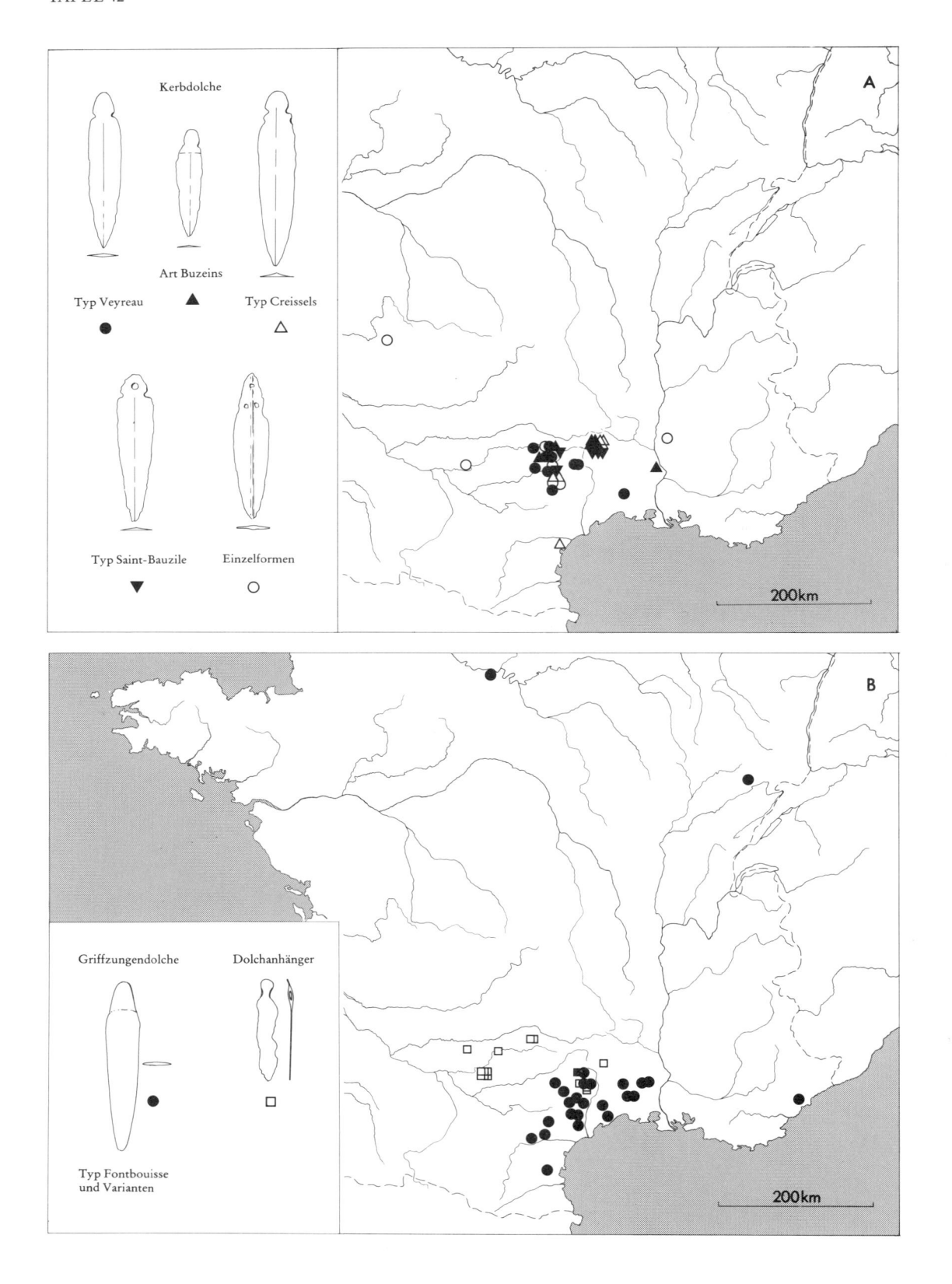

A Verbreitung der Kerbdolche. – B Verbreitung der Griffzungendolche vom Typ Fontbouisse und der Dolchanhänger (s. S. 15 f.).

TAFEL 43

Griffzungendolche

mit einfacher, dreieckiger Griffzunge ▲

mit schmaler Griffzunge (Art Soyons) ●

mit schmaler, einfacher Griffzunge (Typ Bois-en-Ré) ■

Typ Trizay △

mit Nietloch ▼

Sonderform von Griffplattendolch mit Nietloch ★

Kupferzeitliche Dolchfragmente ◐

Sonderformen von Griffzungendolchen ○

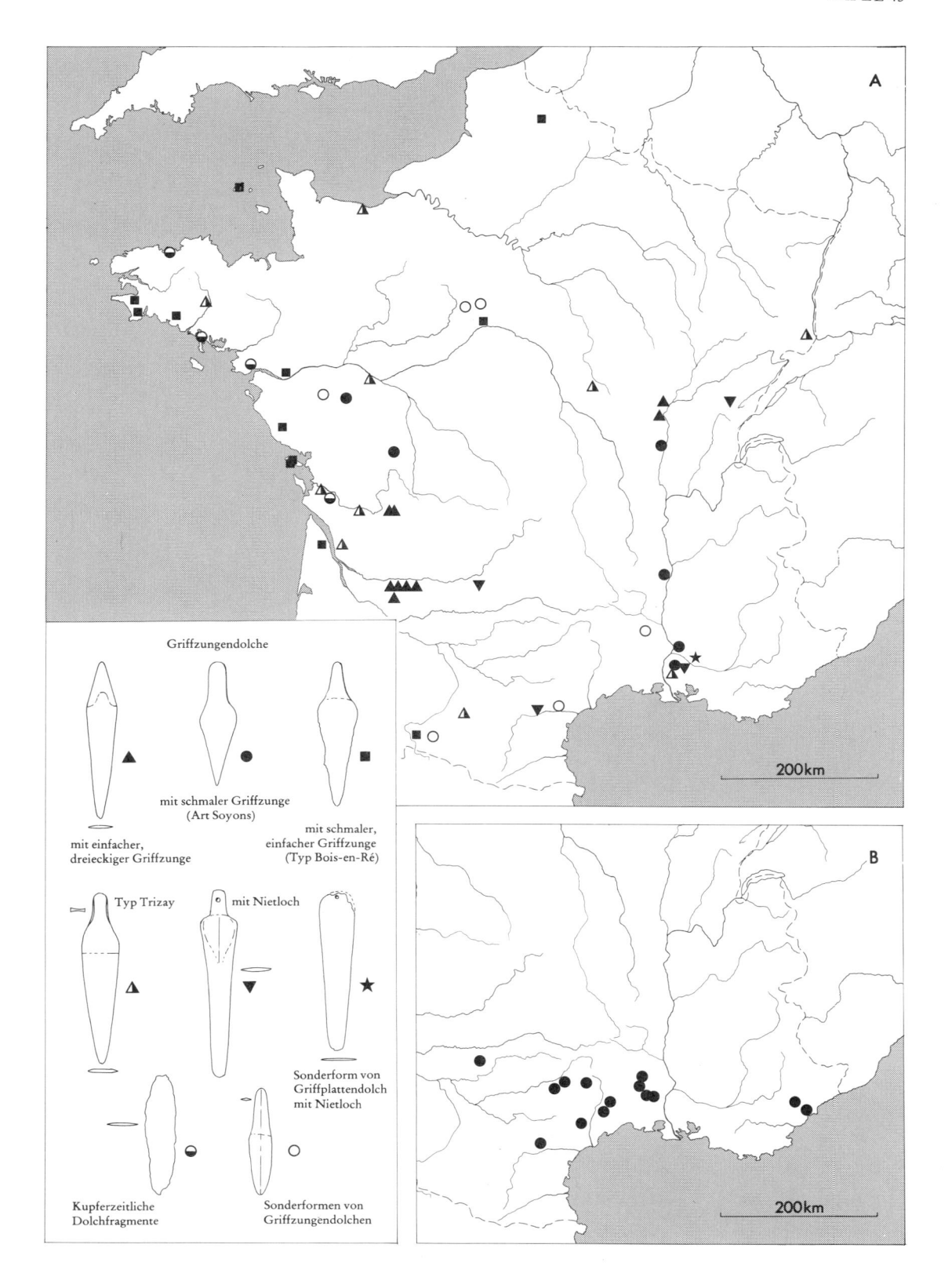

A Verbreitung der Griffzungendolche (mit Ausnahme derjenigen vom Typ Fontbouisse), von Sonderformen kupferzeitlicher Dolche und kupferzeitlichen Dolchfragmenten. – B Verbreitung der Dolchspitzen.

TAFEL 44

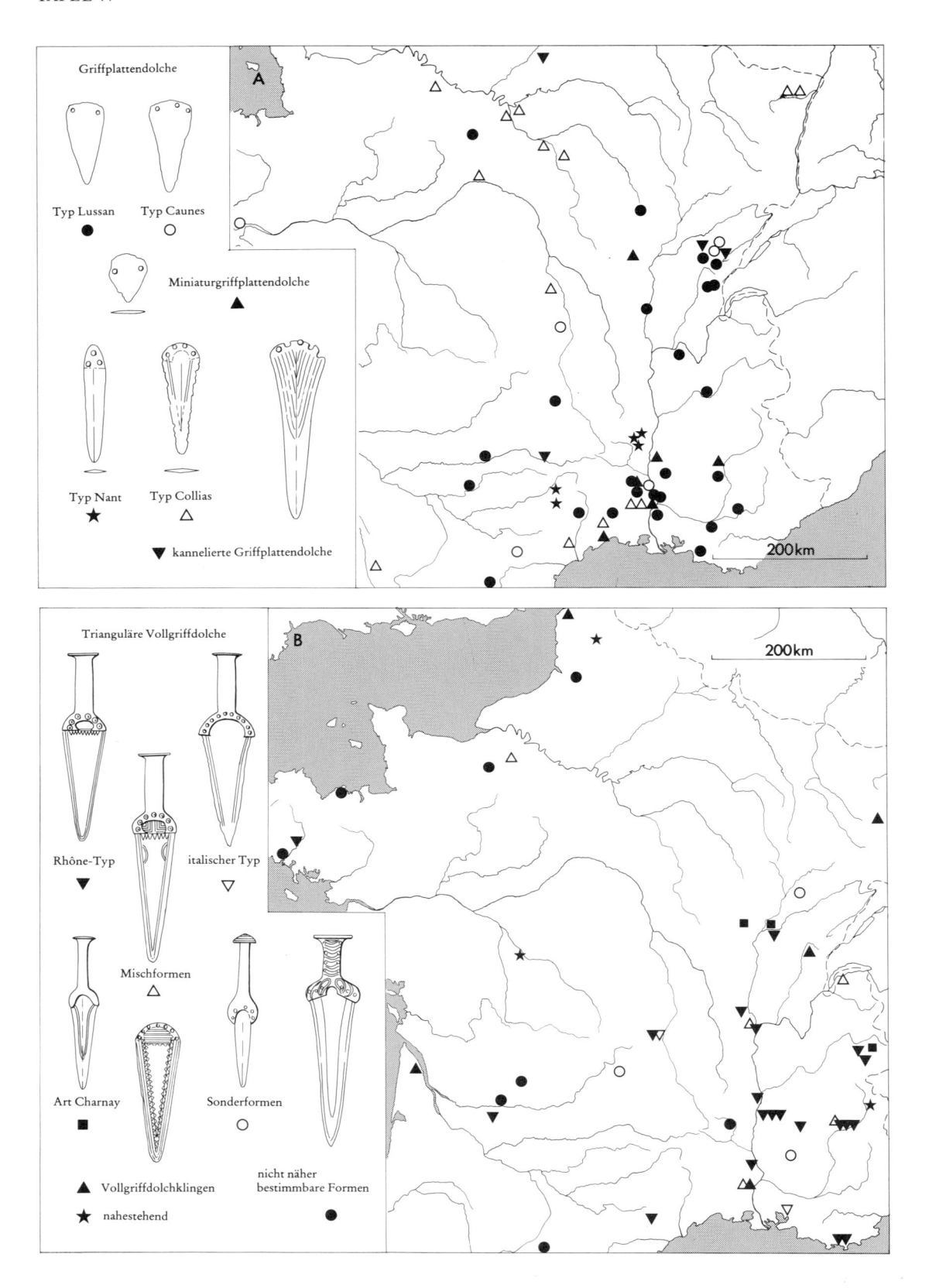

A Verbreitung der Griffplattendolche. – B Verbreitung der triangulären Vollgriffdolche.

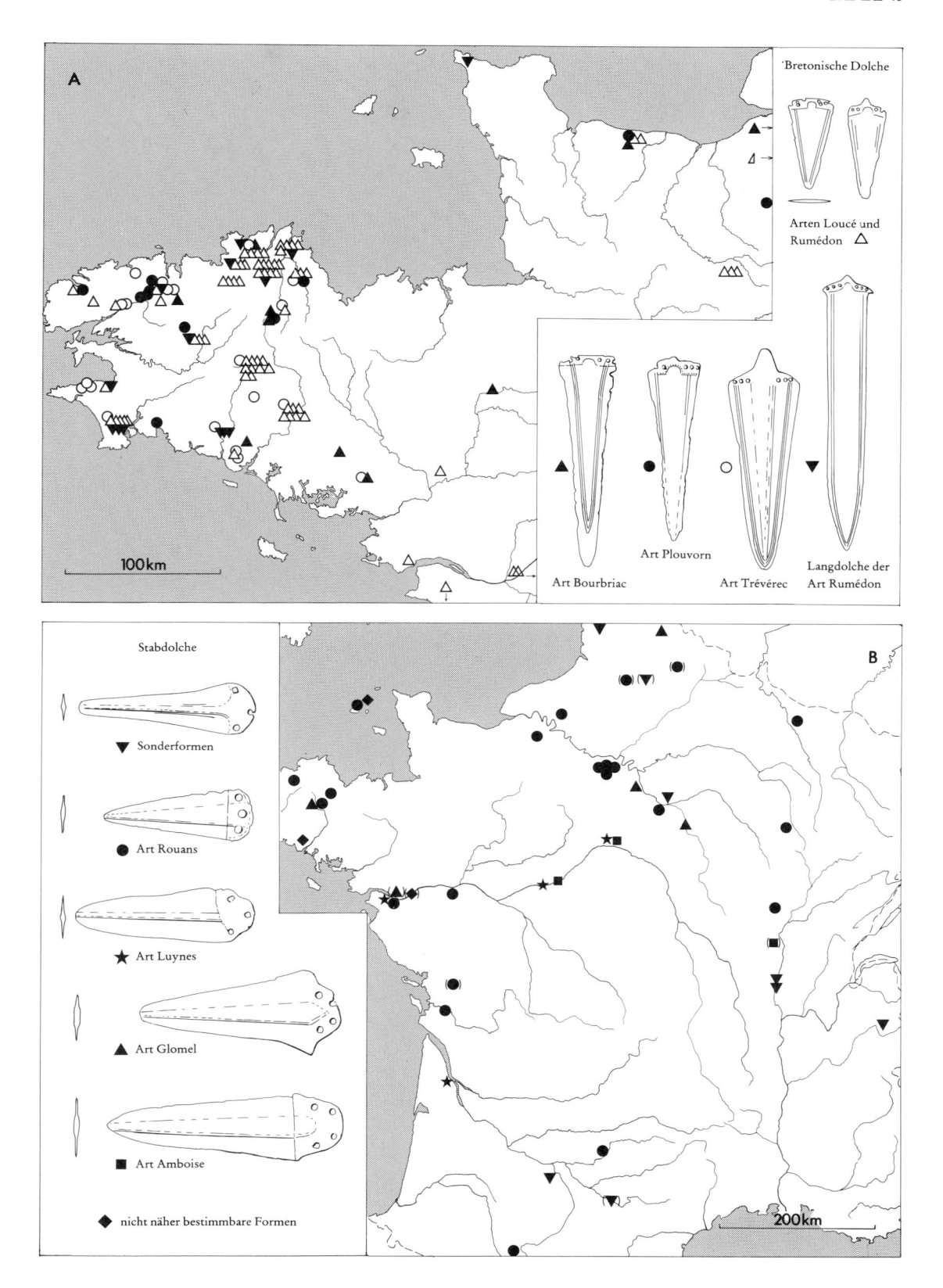

TAFEL 45

A Verbreitung der Bretonischen Dolche. – B Verbreitung der Stabdolche.

TAFEL 46

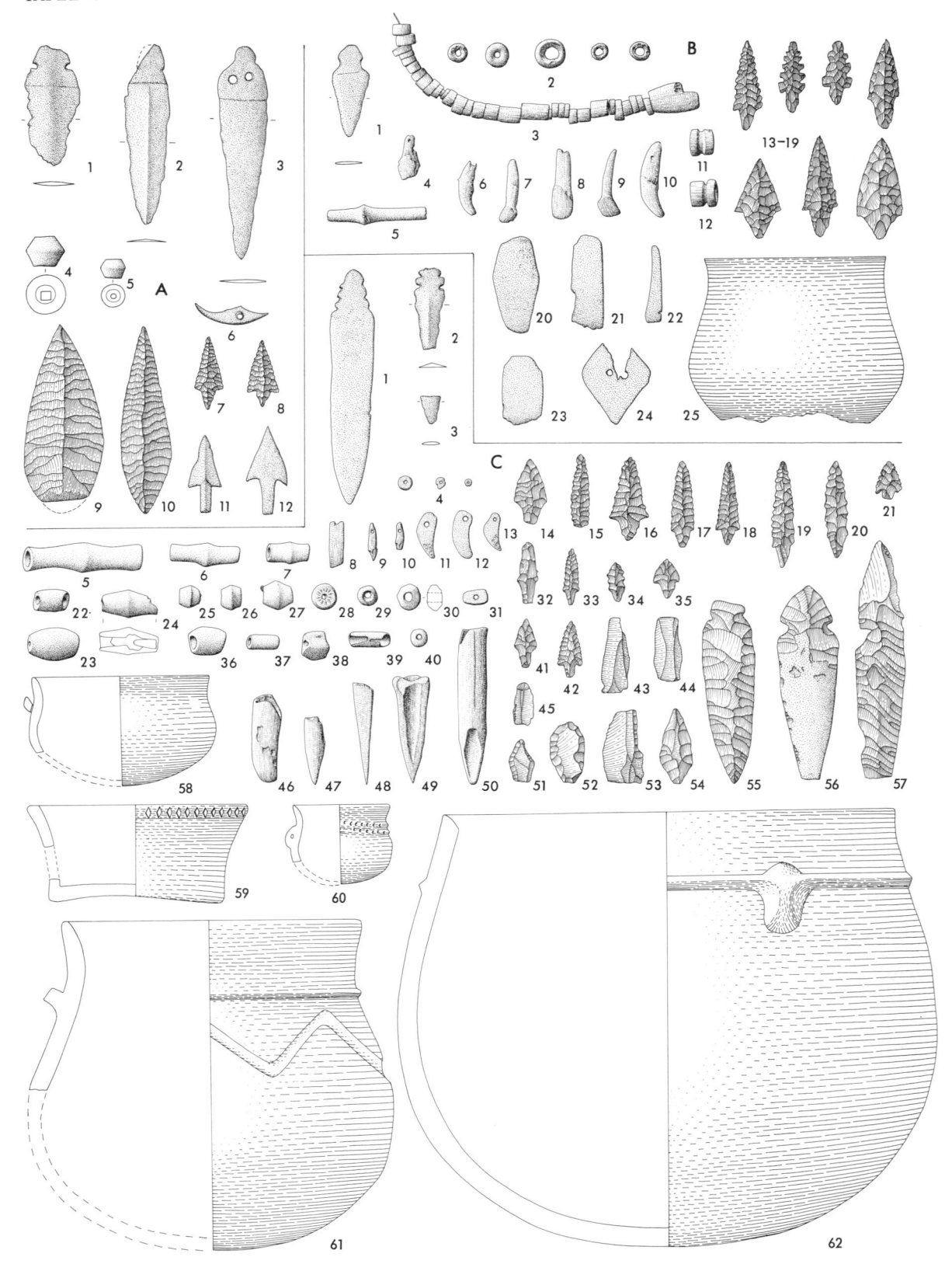

A Buzeins (Nr. 6.11.29). – B Laissac (Nr. 9). – C Creissels (Nr. 20.21.79). – (Beifunde: A nach J. Maury; B nach L. Balsan; C nach G. Costantini).

Keramik M. 1:6; sonst M. 1:3

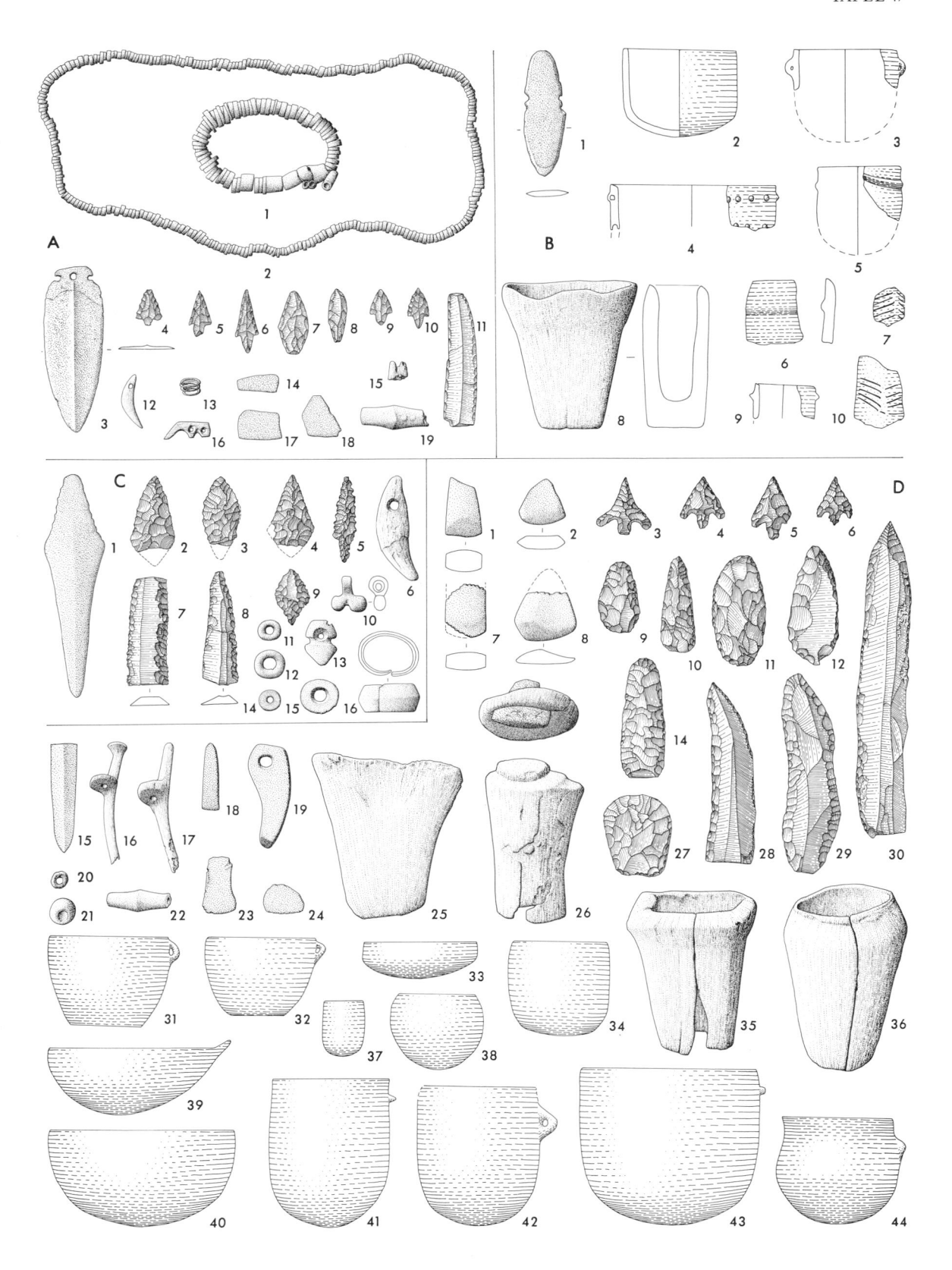

TAFEL 47

A Millau (Nr. 24). – B Verrières (Nr. 33). – C Soubès (Nr. 47). – D Beauregard (Nr. 80). – (Beifunde: A nach L. Balsan / G. Costantini; B nach A. Soutou; C nach G. B. Arnal; D nach A. Galan).

Keramik M. 1:6; sonst M. 1:3

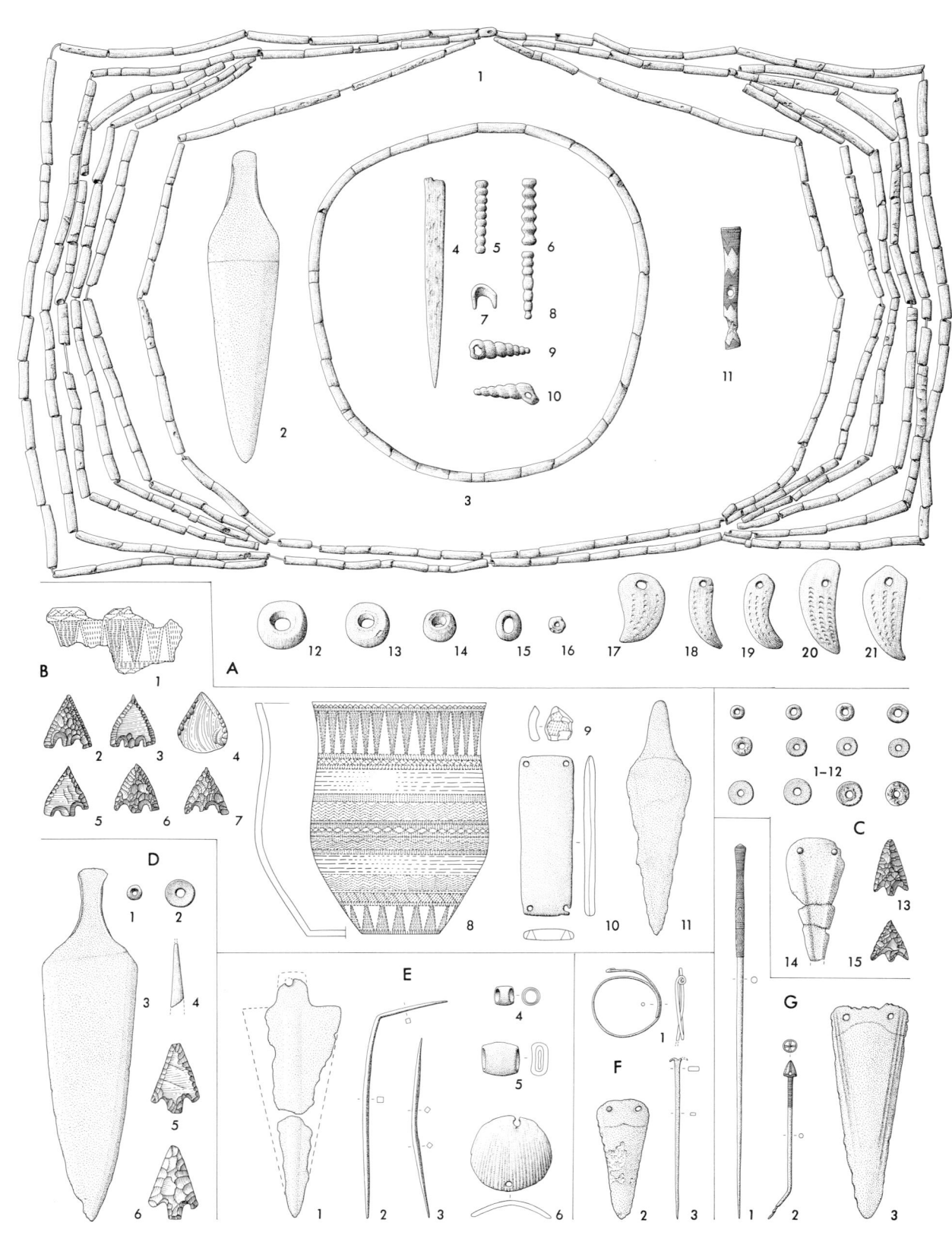

TAFEL 48

A Anglade (Nr. 106). – B Wallers (Nr. 92). – C Saint-Antonin-Noble-Val (Nr. 147). – D Château-Bernard (Nr. 108). – E Orgon (Nr. 114). – F Laurie (Nr. 151). – G Champagnoles (Nr. 162). – (A teilweise nach F. Daleau / E. Matras; B nach Photo Mus. Denain und R. Felix / G. Hantute; C nach J. Clottes / P. Darasse; D teilweise nach C. Burnez; E nach J. Courtin; F nach J.-P. Daugas).

Keramik M. 1:6; sonst M. 1:3

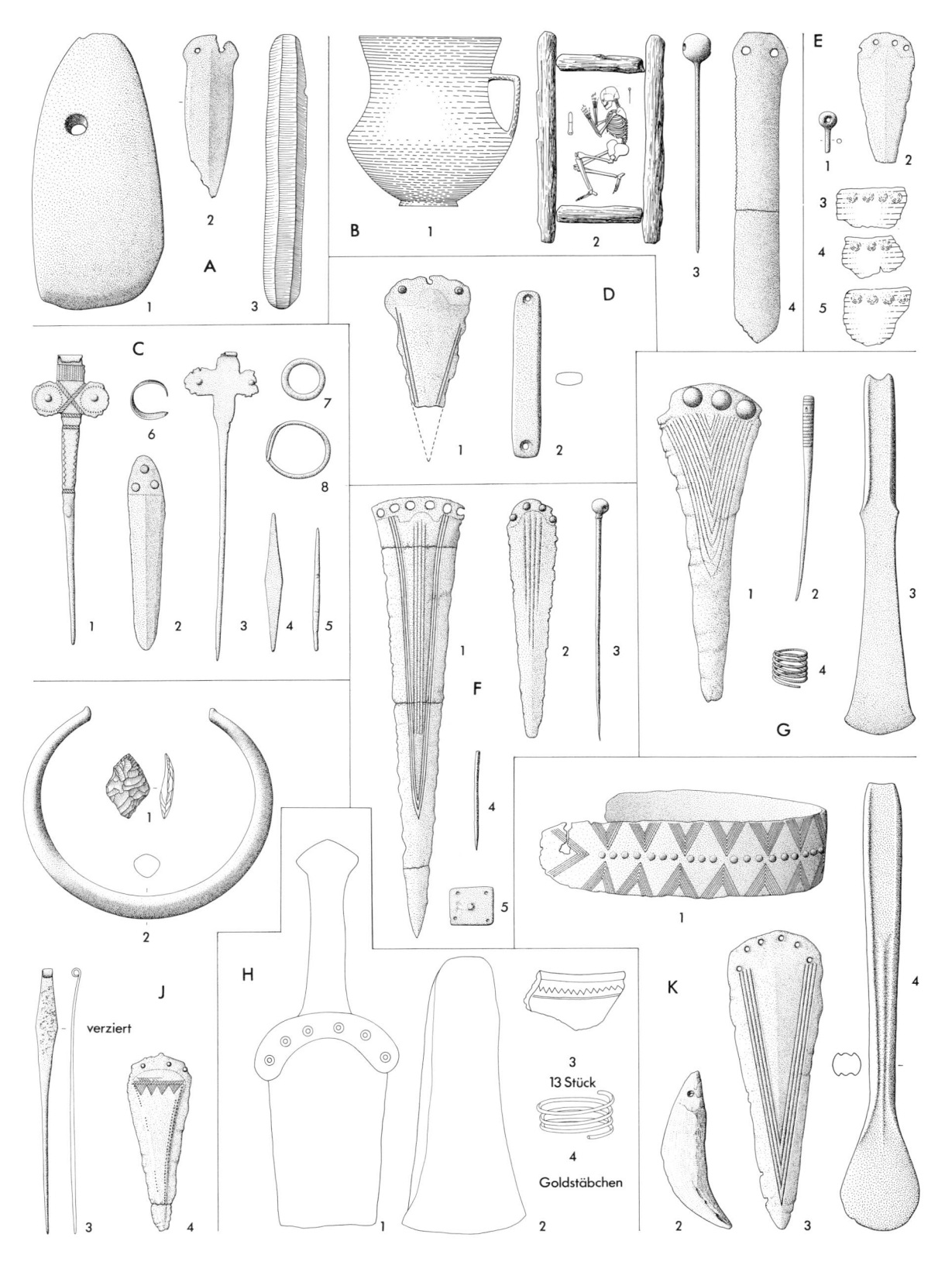

TAFEL 49

A Tharaux (Nr. 167). – B Beaucaire (Nr. 168). – C Nant (Nr. 185). – D Laudun (Nr. 175). – E Saint-Mathieu-de-Tréviers (Nr. 190). – F Saint-Menoux (Nr. 194). – G La-Chapelle-sur-Furieuse (Nr. 207). – H Singleyrac (Nr. 230). – I Eguisheim (Nr. 262). – K La-Roche-de-Rame (Nr. 268). – (A nach U. Dumas; B nach Matériaux und R. Charles; C teilweise nach G. Costantini und J. Déchelette; D nach G. Carrière; F nach J.-J. Moret; H nach J.-A. Labet; K nach Matériaux, J. Courtois und J. Bill).

Keramik M. 1:6; sonst M. 1:3

TAFEL 50

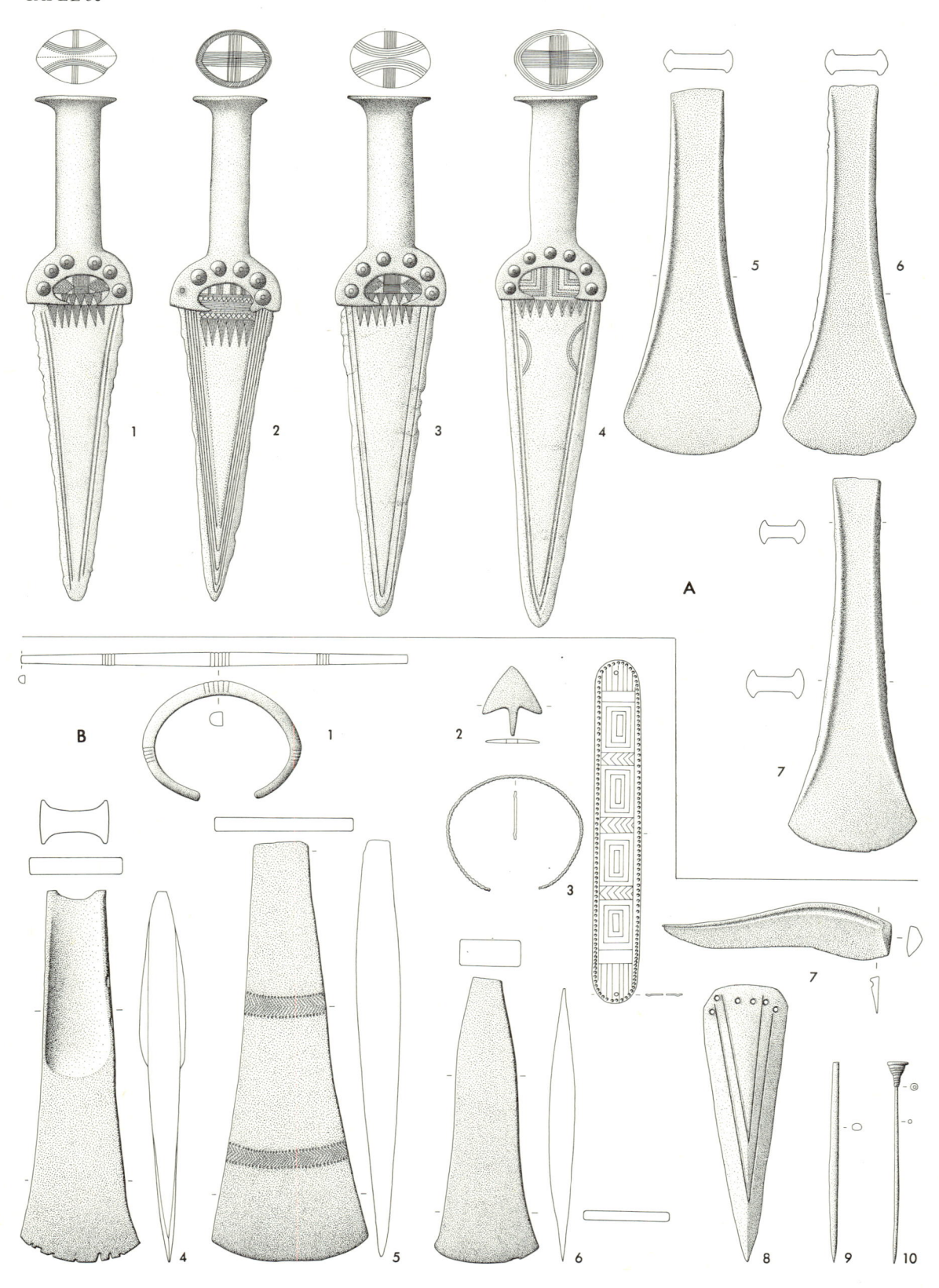

A La Batie-Neuve (Nr. 211.215.219.239). – B Saint-Aigny (Nr. 271). – (A nach A. Bocquet und J. Bill; B nach Museumsunterlagen Bourges).

M. 1:3

TAFEL 51

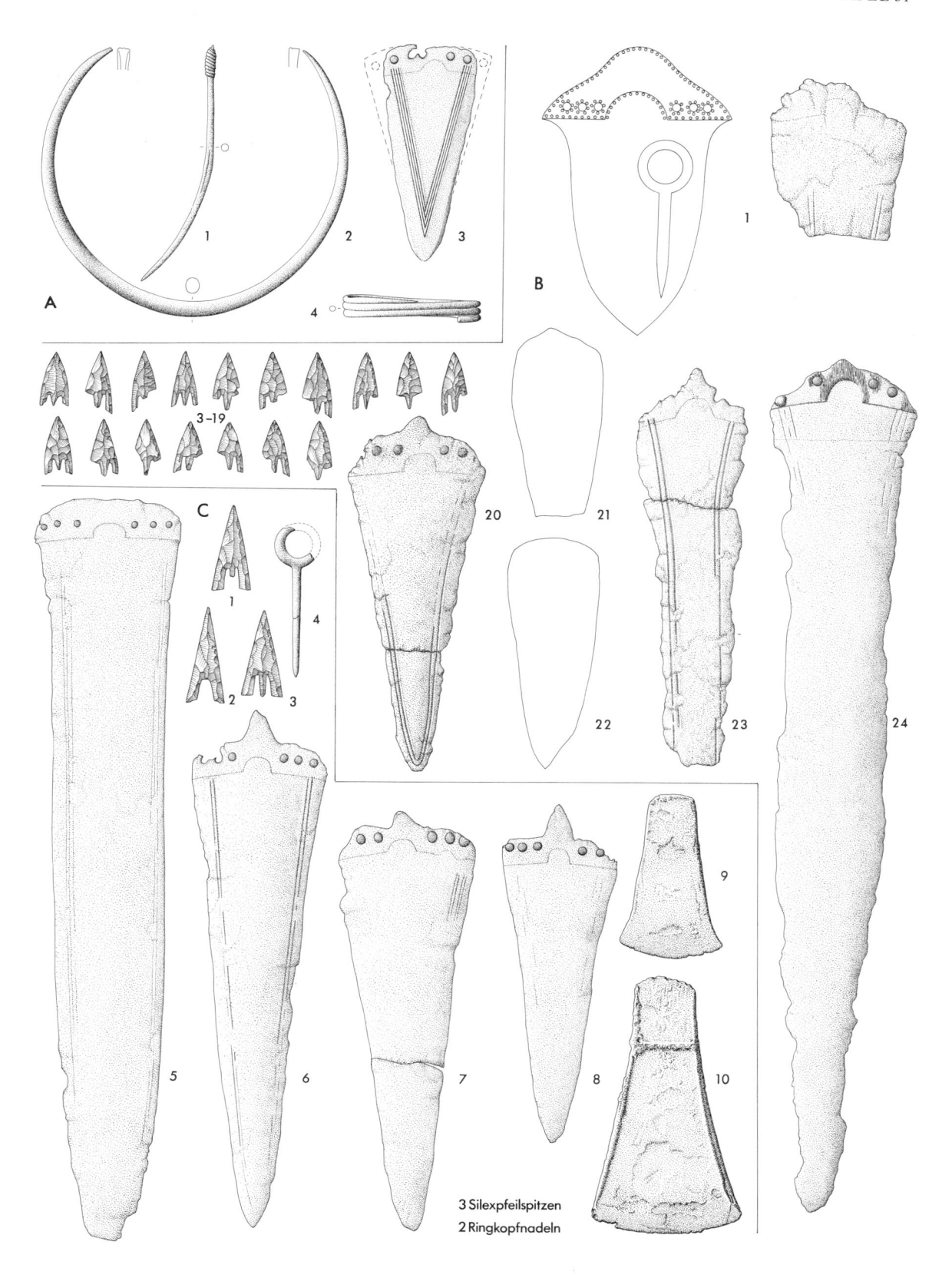

A Hagenauer Forst (Nr. 275). – B Prat (Nr. 283.293.329.349.350.356). – C Ploumilliau (Nr. 285.287.290.359). – (B teilweise nach Abbé Prigent; C nach A. Martin).

M. 1:3

3 Silexpfeilspitzen
2 Ringkopfnadeln

TAFEL 52

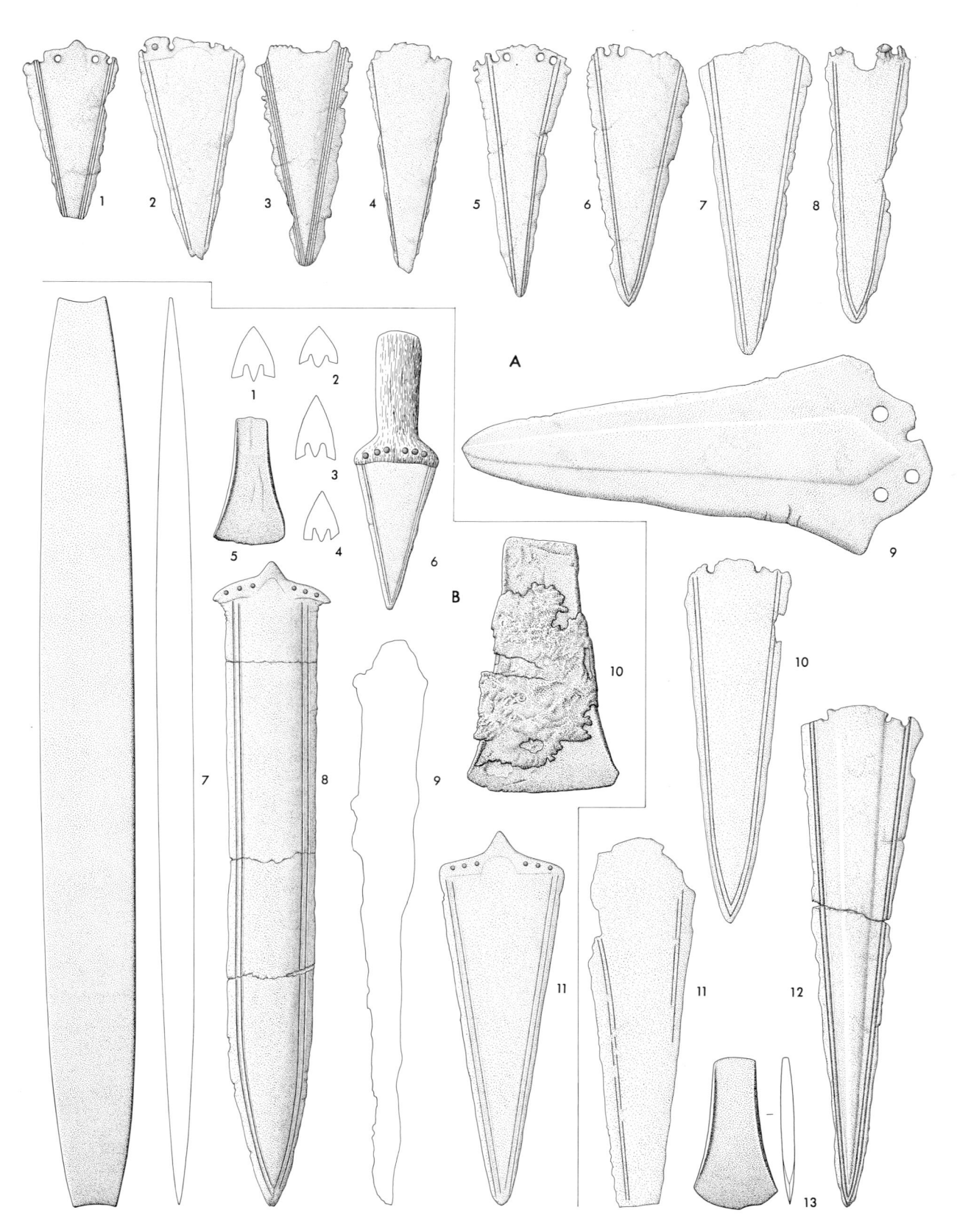

A Glomel (Nr. 284.309–317.384.504). – B Plonéour-Lanvern (Nr. 292.301–303.319.357.370). – (A nach A. de Mortillet und Photo Mus. Saint-Omer; B nach P. du Chatellier und Photo H. Schickler / E. Neuffer).

M. 1:3

TAFEL 53

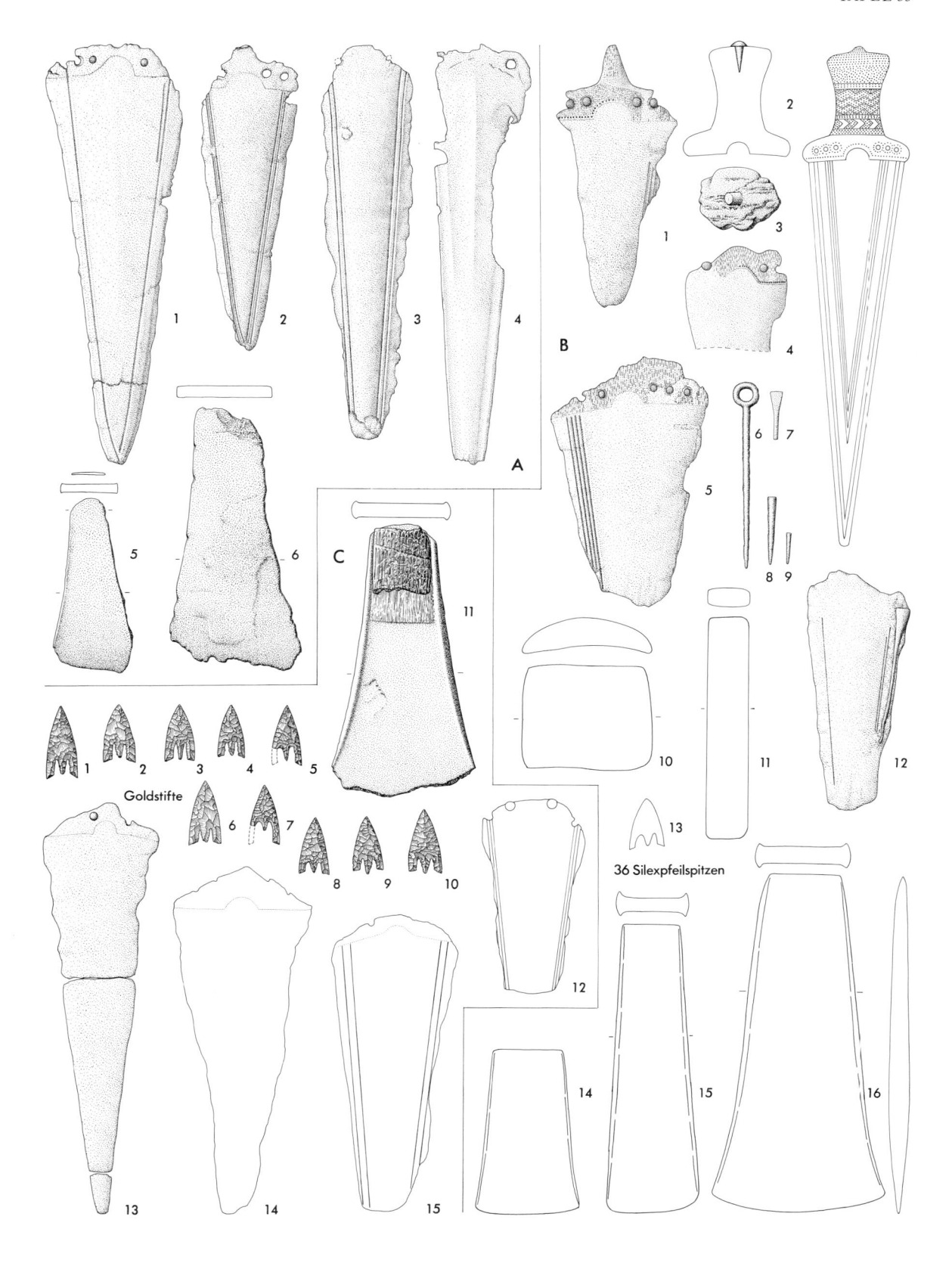

A Longues-sur-Mer (Nr. 291.318.400.414). – B Pleudaniel (Nr. 289.325–328.367). – C Trémel (Nr. 296.320–322). – (B nach A. Martin / Abbé Prigent; C teilweise nach Abbé Prigent).

M. 1:3

TAFEL 54

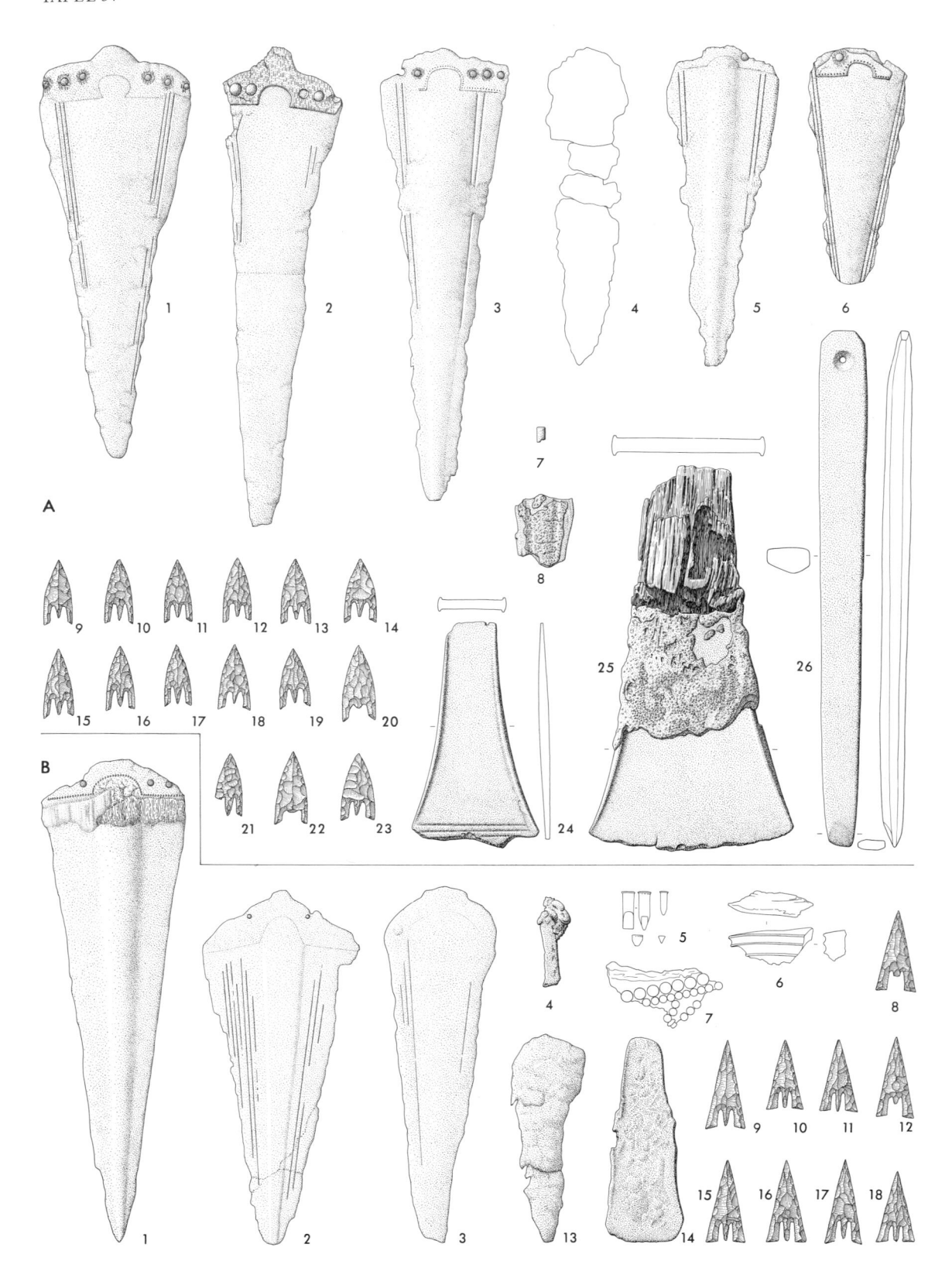

A Trévérec (Nr. 294.297.323.381.394.416). – B Guidel (Nr. 346.377.382.418). – (A nach A. Martin / C. Bertholet du Chesnay; B nach L. le Pontois und Photo H. Schickler).

M. 1:3

TAFEL 55

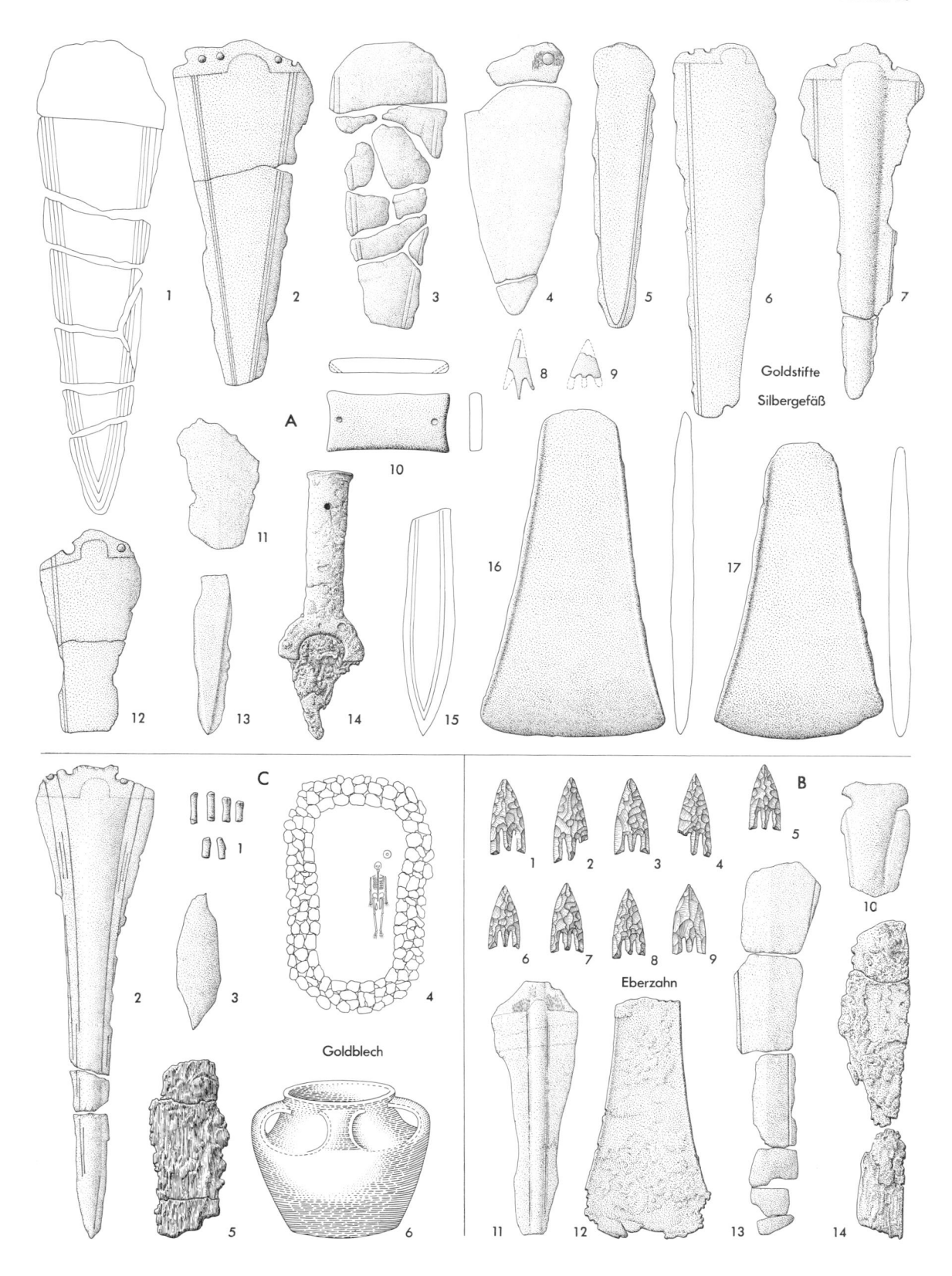

Goldstifte

Silbergefäß

A

C

Goldblech

B

Eberzahn

A Melrand (Nr. 228.331.332–336.351.372.423–425). – B Elven (Nr. 387.413.420). – C Saint-Jean-Brévelay (409.421). –
(A nach A. de la Grancière und Photo Mus. Oxford; B teilweise nach L. Marsille; C teilweise nach L. de Cussé).
Keramik M. 1:6; sonst M. 1:3

TAFEL 56

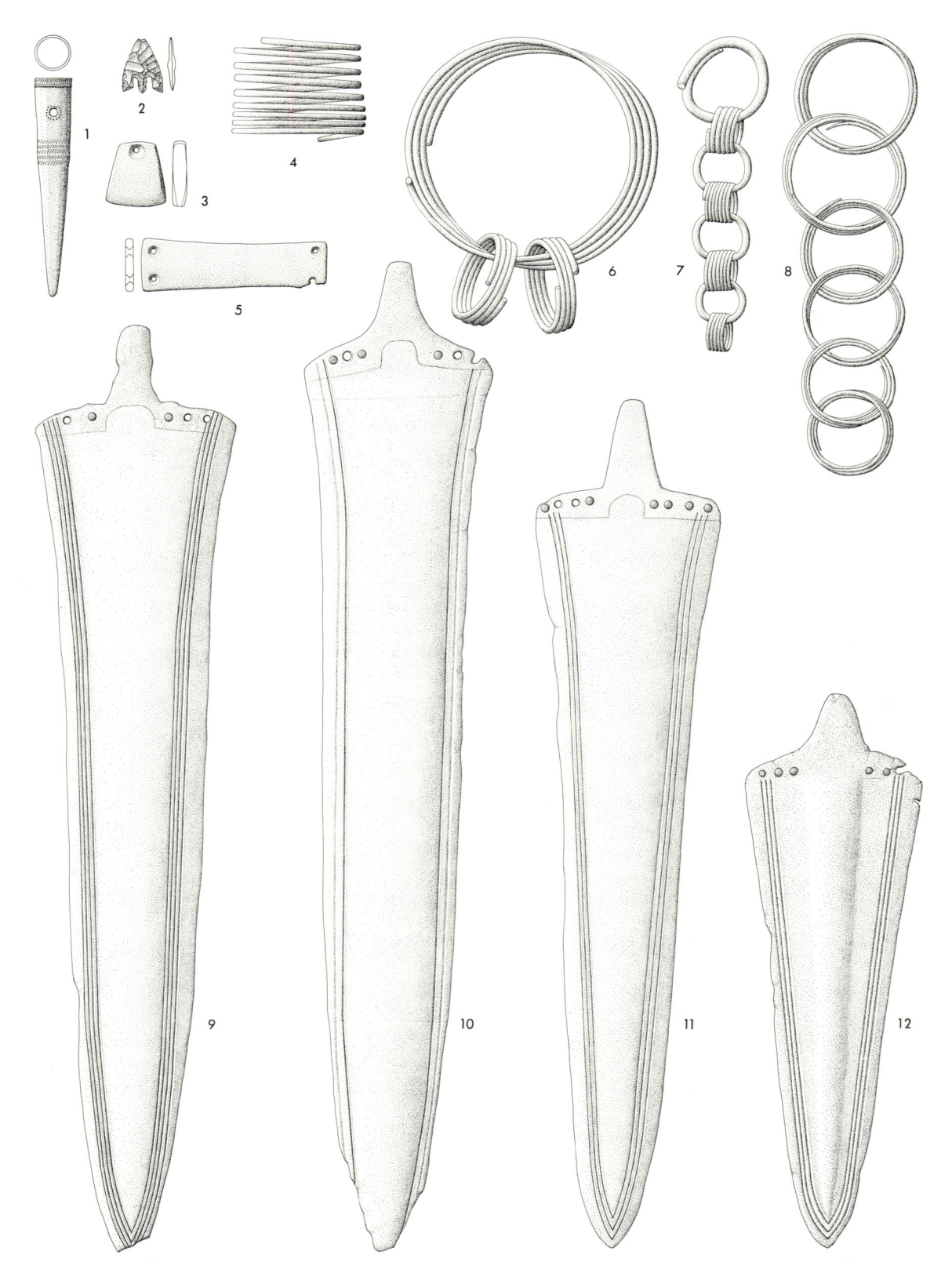

Quimperlé (Nr. 353–355.371). – (Teilweise nach J. Briard / J.-P. Mohen).
M. 1:3

TAFEL 57

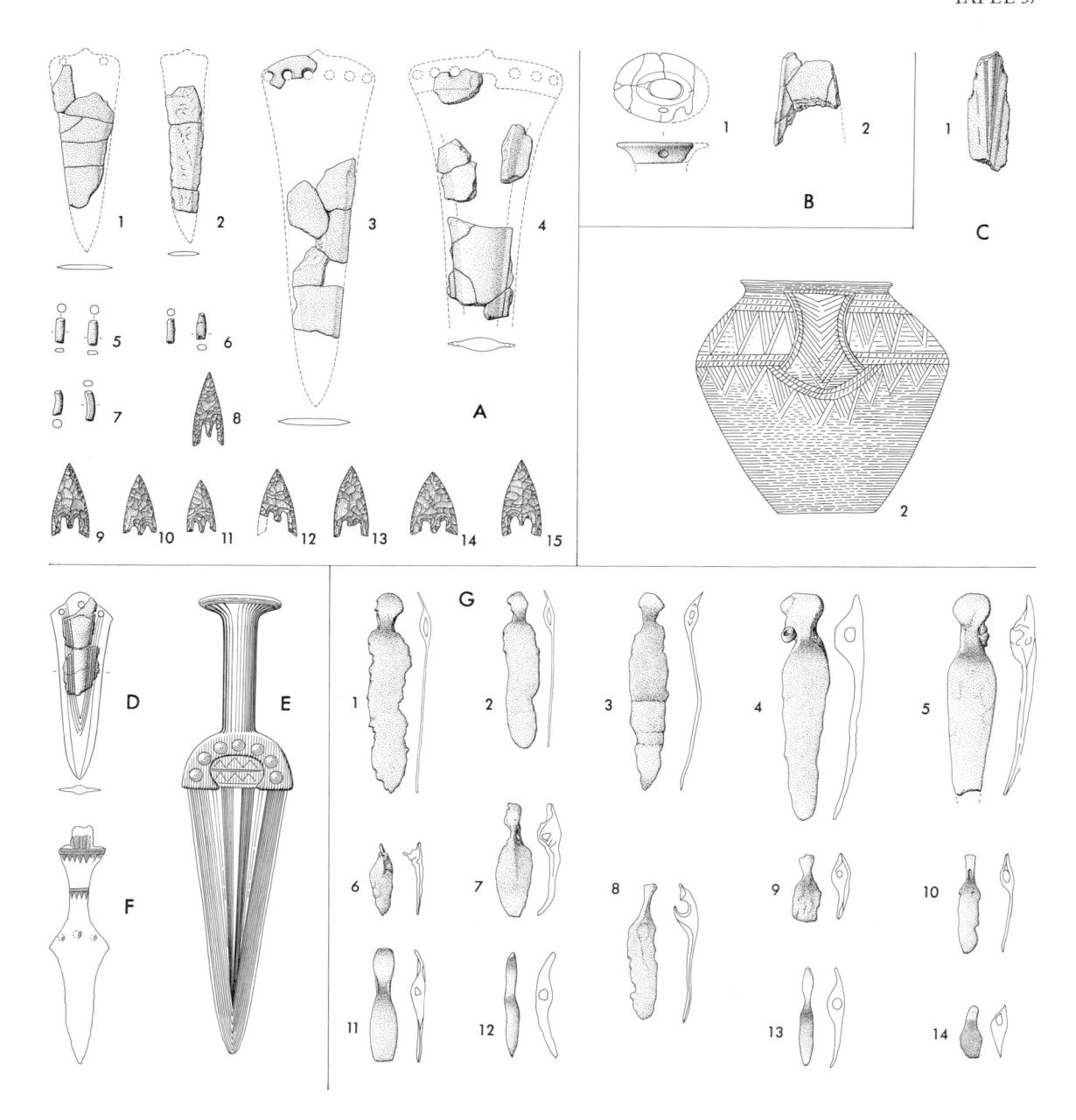

A Lescongar (s. S. 105 f.). – B Plouvorn (s. Nr. 352). – C Trézeny (s. S. 105 Anm. 10). – D Crug-yr-Afan, GB (s. S. 105). – E „Frankreich" (s. Nr. 246). – F „Dolchmodel" (s. S. 80). – G Dolchanhänger: 1.2 Saint-Rome-de-Cernon; 3 Saint-Rome-de-Tarn; 4–9 Caylus; 10 Esclauzels; 11 Salles-la-Source; 12 Canilhac; 13 Villefranche-de-Rouergue; 14 Dép. Aveyron (s. S. 15 f.). – (A.B nach J. Briard; C. nach A. Martin / Abbé Prigent; D nach C. B. Burgess; F nach Photo Brit. Mus.; G 1.2 nach J. Clottes und Photo J.-P. Serres, 3–11.13.14 nach J. Clottes, 12 nach G. Carrières).
Keramik 1:6; sonst M. 1:3; E oh. M.